Jens Rosteck

JOAN BAEZ

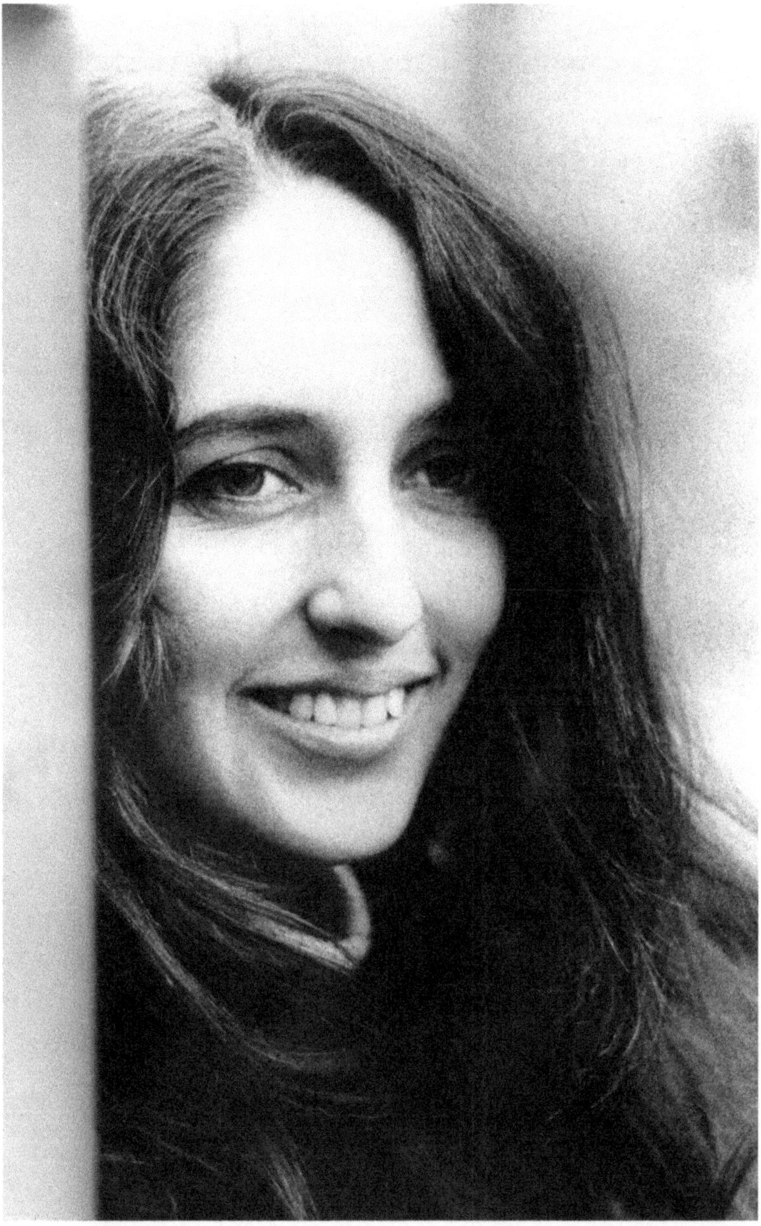

Jens Rosteck

JOAN BAEZ

Porträt einer
Unbeugsamen

Osburg Verlag

Vierte, aktualisierte Auflage 2021

Lektorat: Michael Assmann, Darmstadt;
Bernd Henninger, Heidelberg
Umschlaggestaltung: Judith Hilgenstöhler, Hamburg
Satz: Hans-Jürgen Paasch, Oeste
Druck und Bindung: CPI books GmbH, Leck
Printed in Germany
ISBN 978-3-95510-142-8

I am less than the song I am singing
I am more than I thought I could be.

It's the strength that you share when you're growing
That gives me what I need most of all.

Für Maria Ossowski
und für Beate Köhn

Inhalt

Sie wollte weniger sein als jedes unter den vielen Liedern, das sie gerade sang. Und genau damit wurde sie zu einer größeren Persönlichkeit, als sie zuvor je gedacht hätte. Lediglich im Teilen ihrer Stärken wurde ihr, während sie künstlerisch noch im Wachsen begriffen war, auch all das zuteil, was sie am meisten benötigte.

Hoyt Axtons Country-Klassiker *Less Than the Song,* den ich hier paraphrasiert habe und dem auch das Motto dieses Buches entlehnt ist, spielte Joan Baez noch in dessen Entstehungsjahr 1973 ein. Damit gab die Zweiunddreißigjährige, wohl ohne es zu beabsichtigen, gleich eine perfekte Selbstbeschreibung ab, lieferte eine vorläufige, doch schon sehr treffende Definition von sich.

Streitbare Nachtigall

> Es passiert mir oft, dass Leute in Geschäften zu mir kommen
> und mir ins Ohr flüstern: »Ich bin auf Ihrer Seite!«
> Ich sage dann immer: »Danke, freut mich,
> aber dann sagen Sie's bitte etwas lauter,
> damit es alle hören können.«

Als blutjunge, engagierte Studentin stand sie auf den kleinen Bühnen der Ostküstenstädte der USA, beteiligte sich an alternativen Festivals, machte an progressiven Unis von sich reden und spielte als vielversprechendes Folk-Talent bereits ihre ersten Platten ein. Sie lehnte sich, eher im Stillen, gegen die Bequemlichkeit und den Konformismus einer passiven, schweigenden Mehrheit auf, indem sie ein paar jahrhundertealte, melancholische Balladen ausgrub und in Coffeeshops zum Besten gab. Sie wurde kurzerhand zum Star erklärt, nachdem sie an einem regnerischen Juli-Tag, mit nassem Haar und schlammbedeckten Füßen in »Gladiatoren«-Sandalen, vor dreizehntausend Menschen einige Lieder sang. Sie wandte sich, als sei es ihre Bestimmung, ihr ganzes weiteres Leben lang friedenshungrigen Menschen zu, und sie wandelte sich bereits zur künstlerischen Aktivistin, als der Beat noch in den Kinderschuhen steckte, die Geburtsstunde der Fab Four und der Rolling Stones auf sich warten ließ und kein Ende des Kalten Krieges abzusehen war.

Die rebellischen, unangepassten und antiautoritären Sixties prägte sie maßgeblich als Wortführerin und Mahnerin, als Songpoetin und Pasionaria – wie außer ihr nur noch Bob Dylan, dessen Karriere sie nachhaltig förderte und dem sie auch privat sehr nahekam. Dieser so überaus kreativen und experimentellen, obrigkeitskritischen und vor allem politisch brisanten Dekade, deren Akteure sich die kühnen, provokativen Forderungen des Anti-Establishments wie auch die naiven, hedonistischen Träume der Blumenkinder-Generation auf die Fahnen geschrieben hatten, lieh sie eine markante, einzigartig schöne und noch dazu unverwechselbare Stimme. Und sie schenkte diesem Jahrzehnt schon damals eine Handvoll Lieder (»im Volkston«), deren Kultstatus inzwischen unangefochten ist und die sie mit kultiviertem, schnörkellosem Gesang, betörender Lauterkeit und großer Ernsthaftigkeit einem immer größer werdenden Publikum vortrug.

Sie stellte sich in den Dienst ihrer Texte. Ihre Konzerte verstand sie weniger als Entertainment denn als Aufruf zu geschärftem Bewusstsein und zu absoluter Gewaltlosigkeit, als aktiven Beitrag zur gesellschaftlichen Veränderung. Als Appell an wirklich mündige Bürger.

In den Siebzigern gestattete sie sich, längst zum Idol erklärt und mit stetig wachsendem Repertoire, Ausflüge in Richtung Country und Pop. Und reifte rasch zur ernstzunehmenden, vielseitigen Musikerin, ja zur Liedermacherin der Sonderklasse und zur international gefeierten Berühmtheit, deren aufrüttelnden Botschaften man Gehör schenkte – zumal, wenn sie als furchtlose Friedensbotschafterin in Hanoi inmitten verheerender Luftbombardements durch ihre eigenen Landsleute große Gefahren auf sich nahm. Oder wenn sie den Völkermord in Bangladesch wie die Menschenrechtsverletzungen der kommunistischen Regierung Vietnams ohne Rücksicht auf nationale Empfindlichkeiten schonungslos anprangerte.

Zeitlebens zeigte sie Solidarität, etwa bei ihrem Auftritt beim legendären Marsch auf Washington, bei der Verteidigung schutzloser schwarzer Schulkinder oder bei der Unterstützung inhaftierter Kriegsdienstverweigerer. Und sie stellte wieder und wieder ihren Mut unter Beweis, als sie Arm in Arm mit Martin Luther King im Bundesstaat Mississippi staatlichen Autoritäten die Stirn bot oder, als Vorkämpferin für die Aufhebung der Rassentrennung, Seite an

Seite mit James Baldwin und Harry Belafonte an den Märschen von Selma nach Montgomery teilnahm.

Mit derselben Selbstverständlichkeit setzte sie sich für Lech Wałęsa und streikende kalifornische Bauern ein wie für zu Unrecht Inhaftierte, für Hungerstreikende, Revolutionäre oder für die unterversorgte kambodschanische Landbevölkerung. Sie hatte sich dafür gewappnet: Ihre Munition war die hochkarätige Lyrik ihrer Vorbilder und Mitstreiter; als Arsenal standen ihr, mit Folksongs aus den Appalachen und den bewährten, von Francis James Child gesammelten Balladen aus früheren Epochen,[1] qualitativ hochrangige Americana und die gesamte englisch-schottische Volksliedtradition zur Verfügung. Ihre Schlachtfelder waren öffentliche Diskussionen, Demos und Musikbühnen, die Schulhöfe der Südstaaten, Gefängnistore, Flüchtlingslager und die Straßen der USA. »Pazifist zu sein bedeutet, aktiv und aggressiv zu sein«, über »eine Kämpfernatur« zu verfügen, so definierte sie ihre Haltung unmissverständlich – Pazifismus bedeute aber nichts weniger als Passivität. Baez wünschte stets all das einzusetzen, was sie auch beherrschte: »vom kühlen Verstand bis zum Humor«. Ihre Gabe,

---

1 Bei der umfangreichen und einzigartigen, vom US-amerikanischen Volkskundler Childs (1825–1896) zusammengetragenen und ab 1857/58 in Einzelbänden publizierten Anthologie von mehr als dreihundert Titeln handelt es sich um die Aufzeichnung amerikanischer Varianten vormals englischer und schottischer Balladen – im Vergleich mit den Originalen. Nicht zuletzt durch ihre stilistische Vielfalt, ihre melodische Bandbreite, ihren populären Tonfall und ihren thematischen Facettenreichtum lieferten sie, als wahre Fundgrube, eine der Grundlagen für das Folk Revival, wie es Mitte des 20. Jahrhunderts einsetzte. Interpreten wie etwa Burl Ives (um 1949), Ewan MacColl (1956), John Jacob Niles (1960) und Baez (auf ihren ersten Alben und bei ihren frühen Auftritten) sorgten dafür, dass ein neuzeitliches Publikum mit den attraktiven – und dabei teils archaischen, teils düsteren, teils noch immer einen Aktualitätsbezug aufweisenden Balladen – Bekanntschaft schließen konnte.

wie sie die Natur ihr verlieh – ohne eigenes Zutun – ist zugleich ihre schärfste Waffe: »Ich mache von meiner Stimme Gebrauch.«

Politische Führungs- und Ausnahmegestalten wie Václav Havel und François Mitterrand brachten ihr, dieser streitlustigen Amazone im Gewand einer Sängerin, auch öffentlich, größte Bewunderung entgegen, und sie zollte ihrerseits monumentalen Persönlichkeiten der Zeit- und Musikgeschichte wie Nelson Mandela oder Mercedes Sosa Respekt. Jimmy Carter schickte auf ihr Geheiß eine ganze Flotte der US Navy ins Südchinesische Meer und brachte sie in Stellung, um Menschenleben zu retten. Sämtliche Begegnungen mit den Großen dieser Welt absolvierte sie mit frappierender Souveränität und ohne Minderwertigkeitskomplexe. Ohne auch nur im Geringsten aufzutrumpfen, gelang es ihr im Verlauf ihres Bühnenlebens und ihrer politisch aktiven Phase, (Willens-)Stärke und Authentizität, Kultur und Charakterstärke, Esprit und Feminität glaubwürdig in einer Person zu vereinen.

Und selbst heutzutage – in einer Zeit, da die Studentenbewegung, die guten alten Ideale von Love & Peace und der Vietnamkrieg längst der Vergangenheit angehören, in einer im Medienstrudel und Dauerchat versinkenden Welt, die um David Bowie trauert und vor Donald Trump zittert, die Hunderttausenden von Flüchtlingen kein sicheres Zuhause bieten kann und zugleich von Terrorattacken nie gekannten Ausmaßes erschüttert wird – zieht sie auch weiterhin mit ihrer Gitarre und ihren zeitlosen Songs von Freiheit, Frieden und sozialer Gerechtigkeit unbeirrt von Land zu Land. Und erweist sich damit als Garantin.

Nie ließ sie sich vereinnahmen, nie gab sie sich parteiisch, nie saß sie – die »Stimme des Protests« schlechthin – einer Ideologie auf. Nie wurde sie müde, ihre Maxime »Ich trage keine Scheuklappen« zu wiederholen, angesichts der Anfeindungen durch hartnäckige Kritiker. Man warf ihr Blauäugigkeit und politische Ahnungslosigkeit vor; man beschuldigte sie, sich im Blitzlichtgewitter internationaler Kriegsschauplätze zu sonnen und sich an Stätten des Leidens wirkungsvoll in Szene zu setzen. Man konnte ihre Kompromisslosigkeit gelegentlich mit Starrsinn oder Besserwisserei verwechseln.

Auf solche Anwürfe antwortete sie mit noch mehr Präsenz. Mit Gelassenheit und mit weiteren sozialkritischen Liedern. Sie war sich ihrer Sache sicher. Glaubte standhaft an die Macht der Töne. Als Heilige wurde sie verehrt, als Heulsuse geschmäht.

Einigen war ihr Gesangsstil, der sich eher an den Tugenden klassischer Liedsängerinnen und Opernsoprane orientierte als am rauen Sound von Bluesinterpretinnen oder dem virtuosen Scat synkopierender Jazz-Diven, zuwider – zuweilen wurde ihr Dauer-Vibrato oder vorgeblich »permanentes Tremolieren« gar als »Geplärre« herabgesetzt. Doch Anfeindungen, seien sie nun ästhetischer Natur oder dogmatisch begründet, wie übertriebener Starkult oder Vergötterung beeindruckten sie kaum. Alles, was letztlich zählte, war ihr Einsatz für die Benachteiligten dieser Erde, bedingungslose Friedfertigkeit ihr wichtigstes Anliegen – und ein immerwährender, unermüdlicher Kampf um dessen Durchsetzung. Ausnahmslos mit rein künstlerischen Mitteln ausgefochten. Denn schließlich hatte sie schon als Schülerin und Jugendliche Prinzipien des zivilen Ungehorsams zur Tugend erhoben.

Die beispiellose Laufbahn von Joan Chandos Baez, der musikalischen Galionsfigur der Bürgerrechtsbewegung, der moralischen Geradlinigkeit, des uneingeschränkten Pazifismus und der US-amerikanischen Gegenkultur, umspannt mittlerweile mehr als sechzig Jahre, und unlängst, am 9. Januar 2021, mit erstaunlich großem Medienecho auf beiden Seiten des Atlantiks und auch hierzulande, vollendete sie ihr 80. Lebensjahr.

Allein das wäre schon Grund genug, sie, die Grande Dame des Protestsongs, die Unbestechliche und Unbequeme, die Vokalistin mit dem kristallklaren Timbre und die Jahrhundertfigur mit den aparten mexikanisch-indianischen Zügen, ausgiebig zu beleuchten, angemessen zu würdigen und, in einem umfassenden Lebensbild, auch kritisch zu betrachten, mit der notwendigen Distanz einzuordnen.

Doch kommt noch hinzu, dass dieser veritablen Ikone des Folk, der zugleich bekanntesten Songwriterin überhaupt, bislang unverständlicherweise erst ein Mal eine detaillierte Darstellung durch einen deutschsprachigen Autor zuteilgeworden ist – und das vor bereits dreißig Jahren. Auch in Amerika selbst oder England und Frankreich sucht man aktuelle Monographien vergebens. Diese Lücke möchte ich mit meinem Lebensbild der 1941 geborenen Amnesty-International-Preisträgerin, die man oftmals auch emphatisch als Königin des Folk, als barfüßige Madonna des Civil Right Movement, als neuzeitliche Jeanne d'Arc oder einfach nur als »das Gewissen« bezeichnet hat, um sie dann wieder als »Phoanie Joanie« zu verunglimpfen, gerne schließen.

Auch ihr Werk soll, gleichrangig mit der Betrachtung ihres so überaus ereignisreichen Lebens, im Vordergrund stehen: Den verschiedenen Kategorien, Sparten, Themenbereichen und Rubriken ihres Songkatalogs, einzelnen, wirklich herausragenden Chansons und Alben sowie Schwerpunkten ihres Schaffens widme ich zehn gesonderte Kapitel und Untersuchungen. Sie sollen Lust machen und Neugier wecken auf bereits vertraute und auch auf weniger bekannte Facetten ihrer Platten und ihres Live-Repertoires. Ihnen kann man sich losgelöst vom chronologischen Zusammenhang zuwenden; es handelt sich um Einladungen, sich eingehender mit politischen und ästhetischen Details des künstlerischen Universums von Joan Baez zu beschäftigen.

***

Baez' faszinierender Parcours vom Folk-Festival in Newport bis zu den Live Aid Konzerten der 1980er, vom Gefängnis Sing Sing bis zu Dylans Rolling Thunder Revuen, von Woodstock bis Prag, von ihrem Debüt im Club 47 in Cambridge bis zum kriegszerstörten Sarajevo, wo sie 1992/93 mit Straßenkünstlern musizierte, beginnt zweifellos in ihrem stark christlich geprägten Elternhaus, in dem sozial verantwortliches Handeln tatsächlich gelebt wurde und das ihren späteren Werdegang entscheidend beeinflussen sollte. Etliche Umzüge und die damit verbundene Konfrontation mit anderen Lebensformen, Religionen und Moralvorstellungen, vom Irak nach Kalifornien, von Rom nach Boston, gehören zum Alltag der amerikanisch-schottisch-mexikanischen Familie mit den Eltern Albert Baez und Joan Bridge und den Töchtern Pauline, Joan C. und Mimi – die letztgenannte, ebenfalls talentierte Schwester wird als Mimi Fariña, Ehefrau und Muse des hochbegabten Interpreten und Autors Richard Fariña, später ebenfalls zu einer engagierten Musikerin. Und für Joan zu einer »Schwester im Geiste«.

Joan, als mittlere Tochter eines Mexikaners und Gegners der Rüstungsindustrie, der für die UNESCO arbeitete und seine Kinder bei seinen Auslandsaufenthalten mit der grimmigen Realität einer orientalischen Großstadt wie Bagdad konfrontierte, kommt früh mit der Philosophie und Denkweise Mahatma Gandhis in Berührung. Ihr Mentor Ira Sandperl, ein jüdischer Pazifist, unterweist sie in der Lehre Gandhis und schafft so schon sehr früh die Grundlagen für Joans künftiges Wirken. Parallel dazu hadert sie mit Weltanschauungen und Bräuchen der Quäker, zu deren Versammlungen sie ihre Eltern schleppen. Bereits zu Schulzeiten lehnt sie sich gegen autoritäre Strukturen und kriegsbejahende Aktionen auf.

Mit ihrem exotischen Äußeren eckt sie, eine dunkelhäutige und auch dunkelhaarige Schönheit, oftmals an. Und dennoch erfolgt ihr Durchbruch sehr früh, ziert schon 1962 ihr Konterfei das Cover des renommierten *Time Magazine*. Kurzzeitig ist sie in der Ostküsten-Boheme der späten 1950er und frühen 1960er Jahre verankert. Mit Anfang zwanzig ist sie ganz Amerika ein Begriff, zeitweise ist sie auch kommerziell höchst erfolgreich. Man bescheinigt ihr eine bemerkenswerte Frühreife. Man huldigt einer »engelhaften« Erscheinung und preist ihre makellose, ungekünstelte »Sopranstimme von fast schmerzhafter Reinheit«. Zu weiteren Markenzeichen werden ihr inbrünstiger, aber keineswegs frömmlerischer Vortragsstil, ihr »leicht tragischer Touch« sowie ihr selbstbewusstes, ruhiges und bestimmtes Auftreten – Einschüchterungsversuche ignoriert sie. Sanfte Beharrlichkeit, gepaart mit überraschender Widerborstigkeit, zeichnet sie aus.

Jegliche divenhafte Attitüde ist ihr bis heute fremd. Und einen echten Starkult, einen »Rummel um Baez« oder eine Baez-Hysterie hat es tatsächlich bislang noch nie gegeben.

***

Baez' Vita wird bestimmt von den Wechselbädern der internationalen Politik, von internen Konflikten, gesellschaftlichen Trends und von dem sich so stark wandelnden Bild der Vereinigten Staaten in den siebzig Jahren zwischen dem Ende des Zweiten Weltkriegs bis zur Jetztzeit. Und ihre unprätentiösen Songs prägt eine gewisse Spielart der amerikanischen Musik – Folk, Traditional, Country, Protestsong, Arbeiterlied, »Anthem« –, wie sie auch in Europa zum Vorbild für eine ganze Generation von Liedermachern werden sollte. Songs, deren auf Plattenhüllen abgedruckten Texte man mitlas, auswendig lernte, guthieß, weitertrug und verinnerlichte. Musik in Form von Parabeln und Moritaten. Kurz, »music that matters« – Musik, die etwas bedeutete; Musik, auf die es wirklich ankam.

Wer Baez-Platten erwarb, jagte nicht irgendwelchen schnelllebigen Hits und musikalischen Eintagsfliegen hinterher, sondern kaufte Alben. Ihre Alben waren es, die man ausgiebig studierte, die sich auf den Plattentellern der Studentenbuden und Intellektuellen-Haushalte drehten und mit deren wechselnden Konzepten man sich kritisch auseinandersetzte. Ihre Alben waren es, die sich mal monate-, dann sogar jahrelang in den Charts hielten; ganz selten nur gelangen ihr vergleichbar nachhaltige Erfolge mit ihren Single-Auskopplungen.

Rasant war ihre Entwicklung von der Folk-Heroine und brillanten Fingerpickerin über das Sprachrohr der *flower-power*-Ära zur angesehenen Liedermacherin, zum *rock singer* und zur genuinen Songwriterin verlaufen – von *traditionals* über Standards bis hin zu selbstverfassten Miniatur-Kunstwerken und deklamierter Prosa bot sie ihren Hörern in sechs Schaffens-Jahrzehnten so ziemlich alles.

Inspiriert von Pete Seeger stand Baez, künstlerische Weggefährtin von Bob Gibson, Carolyn Hester oder Odetta, an der Spitze einer Bewegung in den USA und England, an der Peter, Paul & Mary, das Kingston Trio oder The Mamas & the Papas etwa, Phil

Ochs, Donovan oder Melanie einen gewichtigen Anteil hatten. Viele dieser Interpreten sind, mitsamt ihrem musikalischen Vermächtnis, heute Geschichte. Nur Baez ist, wie ihr einstiger Liebhaber, Sangesbruder, ehemaliger Rivale und distanzierter Begleiter Bob Dylan, immer noch da und so präsent wie eh und je.

Dylan und Baez, der »Hobo« und seine »Johanna« – das ist ein Kapitel für sich. Ihre komplexe und oft komplizierte, wechselseitig stimulierende und phasenweise aber auch stark desillusionierende Beziehung hinterließ bei ihr Narben, die nur langsam verheilten, befeuerte allerdings ihre Kreativität zusätzlich. Wie überhaupt sehr unterschiedliche Männerfiguren in ihrem Leben eine bedeutende Rolle spielen: Dylan eben, dessen Faszinationskraft auf sie im Grunde bis heute anhält, und ihr Ehemann David Harris, ein überzeugter und mutiger Aktivist, ihr Vater Albert und ihr Sohn Gabriel Harris, ihr inspirierender Seelenverwandter und geistiger Wegbegleiter Ira Sandperl, ihr erster langjähriger Freund Michael New und nicht zuletzt der spätere Apple-Chef Steve Jobs, mit dem sie eine Liaison verband.

Zahlreiche Bilder von ihr sind um die Welt gegangen: Baez, wie sie im Lauf einer Tournee mit dem Beatnik-Poeten Allen Ginsberg ausgelassen quer durch Amerika tanzte. Baez als mysteriöse »Woman in White« in Dylans experimentellem, kontrovers diskutiertem Spielfilm *Renaldo and Clara*. Baez, wie sie in der Fußgängerzone des kriegsumtosten Sarajevo mit ergreifender Eindringlichkeit *Amazing Grace* sang. Baez, die Flüchtlingslager in Thailand und Malaysia besuchte, die in Kalifornien wegen Widerstands gegen die Staatsgewalt gleich zweimal verhaftet wurde und die in Argentinien die verzweifelten Mütter der während der Militärdiktatur »verschwundenen« Kinder traf.

Baez, die sich mit Udo Lindenberg und Frank Zappa, mit Carlos Santana und Konstantin Wecker, mit Judy Collins und Bettina Wegner, mit Wolf Biermann und Paul Simon, mit Gianna Nannini und Gisela May, mit Odetta und Franz Josef Degenhardt, mit B. B. King und Kris Kristofferson, mit Emmylou Harris und Jackson Browne die Bühne teilte. Baez und Leonard Cohen, beide im Schneidersitz. Eine enthusiastische Baez, auf dem Gipfel ihrer Popularität, eine unüberschaubare Menge aus Aficionados mit Charme und Charisma um den Finger wickelnd, vor der Pariser Kathedrale Notre-Dame und auf der Place de la Concorde.

Eine mädchenhafte, langhaarige Baez, die mit Jimi Hendrix herumalberte, sich mit den Beatles traf und auch Mick Jagger Gesellschaft leistete, erscheint vor unserem geistigen Auge; eine kurzhaarige Baez, die gemeinsam mit Jack Nicholson den Vorhang für einen globalen Konzert-Event hob und wenig später mit Sting und Bono, mit Bryan Adams und Lou Reed andernorts eine Pressekonferenz gab, gleichermaßen. Baez ließ sich mit ihrer Songwriter-Kollegin Joni Mitchell in Big Sur ablichten und posierte, ganz entspannt, Jahrzehnte später in der Krone ihres kalifornischen Baumhauses. Weiterhin bietet sich eine prominente Baez, ihren frühen Ruhm genießend und Grimassen schneidend, bei einer späteren Ausgabe des Festivals von Newport den Betrachtern dar und, so aufmüpfig wie elegant, auf Plakaten die jungen amerikanischen Männer zum Ignorieren ihrer Einberufungsbefehle herausfordernd. Eine hoffnungslos verliebte, anmutige Baez, die einem auf der Schreibmaschine Songtexte tippenden Dylan von hinten die Augen zuhält, und eine von ihm auf seiner England-Tour ausgebootete, demoralisierte Baez, auf dem Rücksitz eines Taxis lustlos an einer Banane kauend. Baez – fürwahr eine omnipräsente Persönlichkeit der Kultur- und Zeitgeschichte in der zweiten Hälfte des 20. Jahrhunderts.

Ob bei Open-Air-Darbietungen oder in Haftanstalten, ob im Bombenkeller oder in einem unbedeutenden Country-Club irgendwo im Mittleren Westen, sie trat so unbeirrt wie konsequent für die Sprachlosen und die Unsichtbaren, für Justizopfer und Unterprivilegierte ein. Ihren Prominenten-Status instrumentalisierte sie gezielt für aufsehenerregende politische Publicity, mutete ihren Fans dabei durchaus so manchen »heilsamen Schock« zu.

Die Bandbreite ihrer musikalisch-politischen Aktionen reicht vom Kampf gegen Todesstrafe, Armut, Militärdiktaturen, LGBT-Diskriminierung, den Einsatz von Landminen und den

Irakkrieg über Plädoyers für den Umweltschutz, für Abrüstung und die vietnamesischen *boat people* bis zur offenen Unterstützung für Barack Obama im US-Wahlkampf. Darüber hinaus fungiert sie, die schon als ganz junge Frau im kalifornischen Carmel Valley das Institute for the Study of Nonviolence gründete, noch heute als Sponsorin des Zentralkomitees amerikanischer Kriegsdienstverweigerer. Selbst ein Award ist nach ihr benannt. Baez – auch ein Inbegriff von Seriosität.

Das Blatt wendete sich für sie – freilich nur kurzfristig – in den Achtzigern. Lediglich in der restaurativen Reagan-Ära war kaum noch Platz für Aktivisten und Persönlichkeiten ihres Ranges, war ihre kritische Stimme weniger gefragt, schien man in den USA auf ihre Präsenz getrost verzichten zu können. Nicht einmal ein Plattenvertrag war für sie in der amerikanischen Heimat seinerzeit in Sicht, obwohl sie zeitgleich in Europa auf zahlreichen Tourneen gefeiert wurde. Sie schien den Zenit ihrer Beliebtheit und Wirkungskraft erreicht und auch schon überschritten zu haben.

In den vergangenen drei Jahrzehnten ließ sie es dann etwas ruhiger angehen: Ab den Neunzigern war sie wieder zurück im öffentlichen Bewusstsein, publizierte neue Platten, wenn auch in größeren Abständen. Auch nach dem Jahrtausendwechsel hielt sie in den USA mit ihren eigensinnigen, originellen Statements nicht hinterm Berg. Heute – die Vollendung ihres achten Lebensjahrzehnts steht unmittelbar bevor – vergeht kaum ein Jahr ohne ausgedehnte Baez-Tournee, sowohl zu Hause als auch in Europa, äußert sie sich zu allen zentralen Fragestellungen unserer Zeit, ist bei Occupy ebenso präsent wie bei den Women's Marches, macht sich weiterhin für bedrohte Menschengruppen und aktuelle Ziele stark. Erläutert interessierten Nachgeborenen mit großer Geduld ihre Beweggründe für ihre unablässige Bereitschaft, Widerstand zu leisten. Noch hat es nicht den Anschein, als sorge sie sich um die Gestaltung »der Zeit danach«. Comebacks waren bisher nicht nötig.

Im Mai 2015 wurde Baez die bis dato größte Ehrung zuteil: In Berlin verlieh man ihr den prestigereichen Ambassador of Conscience Award. Ihre Laudatorin Patti Smith titulierte die Ausgezeichnete bei der Preisverleihung als »kleinen schwarzen Schmetterling«. Gleichwohl ein Schmetterling mit beträchtlicher Kraft und Energie. Bewegt sein wirkungsmächtiger Flügelschlag doch bereits seit 1959 die Herzen, Seelen und Hirne von Millionen ihrer Anhänger.

***

Drei Joans in unterschiedlichen Lebensabschnitten begegnen uns in den Medien und in Dokumentarfilmen, auf Plattenhüllen, auf Fotos und bei Konzertmitschnitten seit Langem schon auf Schritt und Tritt: drei beeindruckende Erscheinungen und doch drei Ausprägungen derselben Künstlerpersönlichkeit. Das junge, langhaarige Mädchen mit der indianischen Ausstrahlung und einer phänomenalen Stimme, das noch etwas linkisch in die Kameras strahlt, aber bereits große Kunst produziert und ihr Publikum für sich einzunehmen vermag. Die gewinnend auftretende, mit großer Verve agierende junge Frau und Aktivistin auf den Bühnen und Kriegsschauplätzen gleich mehrerer Kontinente, für deren Erscheinung Wolf Biermann das schöne Bild von der »streitbaren Nachtigall« gefunden hat. Und die große alte Dame mit dichtem grauem Kurzhaar, trotz ihrer zierlichen Statur und offenkundigen Verletzbarkeit so respekteinflößend und unnachgiebig, so aufmerksam und interessiert, so beherzt und eigenwillig wie eh und je. Eine moralische Instanz, an der niemand vorbeikommt.

Längst stellt diese Dreifach-Joan natürlich viel mehr als die Summe aller Lieder dar, die sie jemals dargeboten hat. Ihr stets an den Tag gelegtes Understatement entspricht ihrer schon sprichwörtlichen Liebenswürdigkeit und Bescheidenheit, doch fraglos haben wir es bei diesem »Engel der Friedensbewegung« inzwischen mit einer Gigantin zu tun. Nicht mit übertriebener Ehrfurcht sollte man ihr aber begegnen, sondern mit zwei Eigenschaften, wie sie sie schon immer ausgezeichnet haben: Offenheit und Neugier.

Als literarisch-musikalischer roter Faden möge mir daher eine unfreiwillige Selbstdefinition der noch ganz jungen Baez dienen, die, bei einer Pressekonferenz im Umfeld eines Auftritts, den

Ansturm allzu vorwitziger und vorschnell urteilender Reporter wirkungsvoll abwehrte. Nur zu gern hätten sie der unbeugsamen Bürgerrechtlerin einen Empfang als Star bereitet – »Star«, das war jedoch genau jene Schublade, in die sie sich nicht stecken lassen wollte.

»Wenn man schon Etiketten für mich braucht«, so wies sie die Journalisten so amüsiert wie schlagfertig zurecht, »dann zuerst bitte ›menschliches Wesen‹, gefolgt von ›Pazifistin‹, und wenn immer noch eins benötigt wird, na gut, meinetwegen ›Folksängerin‹.«

In dieser Reihenfolge ein geradezu idealer Leitsatz für mein Baez-Porträt.

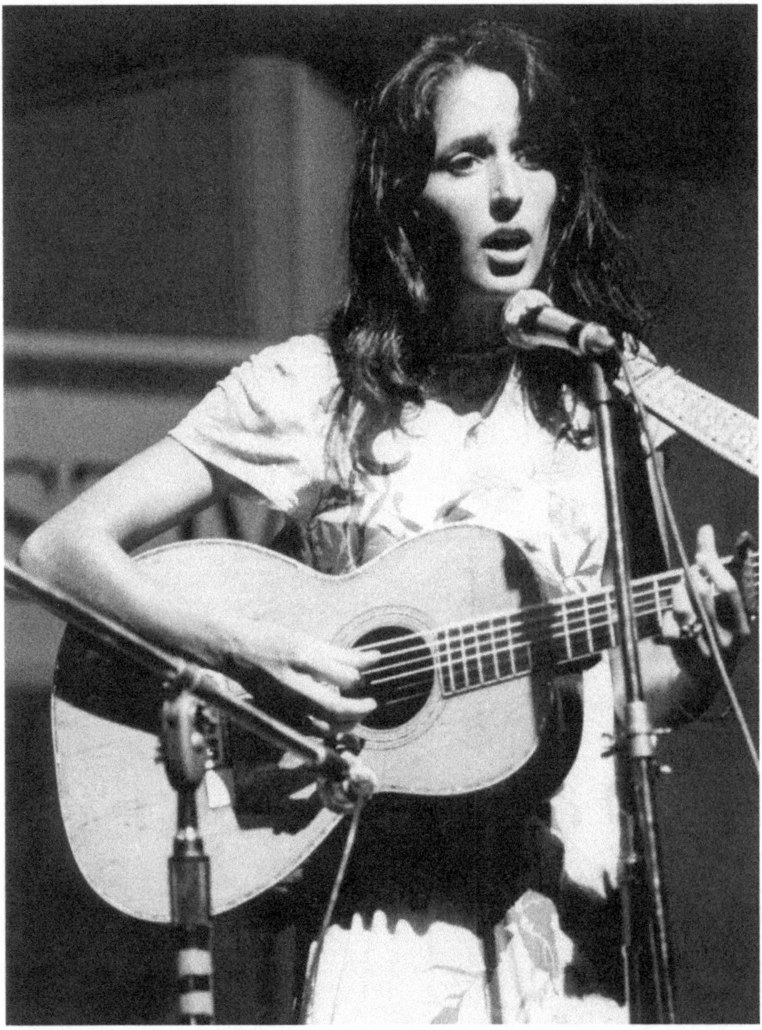

Um 1960.

Daumenkino: »Nur ich und meine Gitarre«

> Singen heißt Lieben und Zustimmen, Fliegen und Schweben.
> Singen heißt in die Herzen der Zuhörer finden
> und ihnen klarmachen,
> dass das Leben gelebt werden muss,
> dass es Liebe gibt,
> dass nichts versprochen ist,
> dass aber die Schönheit existiert
> und aufgespürt und entdeckt werden will.

Anfeuern

Crawford in Texas, August 2005: Mitten im Hochsommer campen bei brütender Hitze Hunderte von Kriegsgegnern, Oppositionellen und Friedenskämpfern in einem provisorischen Zeltlager an der Zufahrtsstraße zur Prairie Chapel Ranch, dem Ferien-Wohnsitz von US-Präsident George W. Bush. Zeitgleich ist die Besetzung des Iraks, die sich 2003 nahtlos an die völkerrechtlich fragwürdige Militärinvasion der Alliierten und den Sturz von Saddam Hussein anschloss, in vollem Gange. Täglich sterben im Irak auch weiterhin Dutzende von Menschen dies- und jenseits der Fronten qualvolle Tode, und ein Ende des Elends ist nicht abzusehen.

Die empörten Aktivisten, von denen einige schon seit Wochen ausharren, möchten von ihrem Staatsoberhaupt endlich wissen, wie lange der Konflikt mit seinem sinnlosen Morden noch weitergehen soll und warum ihre Söhne, Väter und Brüder entweder im

Kampf oder bei »Friedens«-Missionen im Irak umgekommen sind. Sie zählen die Toten, dokumentieren das Grauen und verzeichnen diese Statistiken auf ihren Pappschildern, Plakaten und Fahnen; sie wollen dem Konflikt auf der anderen Seite der Weltkugel unverzüglich Einhalt gebieten. Sie möchten verhindern, dass die Jüngsten und Besten der Nachwuchs-Generation in eine mörderische Falle geschickt werden. Bush, der nur wenige Kilometer vom Camp entspannt einen fünfwöchigen Urlaub verbringt und bei jedem Ausflug mit seiner Wagenkolonne an den johlenden Protestlern vorbeifahren muss, kann ihnen keine befriedigende Antwort auf ihre bohrenden Fragen geben. Einige von ihnen hat er schon empfangen und ihnen etwas über »die noblen Gründe« erzählt, die angeblich auch künftig die Präsenz von amerikanischen Soldaten rechtfertigen würden. Abgenommen haben sie ihm das nicht. Während er fischen geht und sich auf seiner Ranch erholt, sterben – so sehen seine zornigen Zaungäste die Lage – durch seine Politik stündlich Zivilisten und Besatzer.

Allen voran zweifelt Cindy Sheehan, die Mutter des 24-jährigen Casey, am Sinn des Irak-Krieges und seiner unheilvollen Folge-Aktionen; auch hegt sie Zweifel an den wahren Beweggründen für die Invasion und die andauernde westliche Präsenz. Casey, stationiert in Sadr City, einem Vorort von Bagdad, war im April 2004 gefallen, als er verwundete Militärangehörige in Sicherheit bringen wollte. Sheehan kann seinen Tod weder begreifen noch hinnehmen. Sie wird solange die Zufahrtsstraße blockieren und immer mehr fröhliche Picknicker und aufgebrachte Mitstreiter aus allen Landesteilen in ihrem Camp um sich versammeln, bis Bush einlenkt und sie zu einer persönlichen Unterredung empfängt. Sie verlangt, dass er ihr seine Meinung ins Gesicht sagt. Von ihm möchte sie hören, wer genau oder welche Staatsräson ihren Sohn auf dem Gewissen hat. Noch hat er ihrem Gesuch nicht stattgegeben. Dass Sheehan sich stur zeigt und zum Bleiben entschlossen ist, macht die Regierung zunehmend nervös. Die mediale Präsenz steigt täglich an, auch internationale Reporter sind inzwischen vor Ort; die Temperaturen überschreiten bereits morgens die 40-Grad-Grenze; die Spannung ist unerträglich, und dennoch herrscht fast so etwas wie Partystimmung. Abends wird gegrillt; tagsüber sucht man Abkühlung; nachts zieht man sich in behelfsmäßige Unterkünfte zurück. Alle tragen Trägerhemden und kurze Hosen; einige fürchten gar einen Hitzschlag. Slogans werden skandiert und Petitionen herumgereicht, Getränke werden verteilt, und man tauscht sich, mehr oder weniger aggressiv, mit den Bush-Befürwortern auf der anderen Seite der Straße aus. Im Fernsehen spricht man von nichts anderem mehr als dem »Camp Casey« und seiner mutigen, dickköpfigen Peace Mom.

Sheehan reichte die stille Trauer nicht. Mit Teilnahmslosigkeit und Gleichgültigkeit gab sie sich nicht zufrieden. Sie verwandelte ihren ohnmächtigen Schmerz in Tatkraft. Sie gründete eine Zeltstadt und kommunizierte mit Bush, auf virtuelle Weise, mithilfe der Journalisten aus allen Landesteilen. Sie begab sich auf Konfrontationskurs. Ließ hier, unweit einer verschlafenen texanischen Ortschaft »in the middle of nowhere«, Kreuze aufstellen, auf denen die Namen der Kriegstoten zu lesen waren. Mahnmale in leuchtendem Weiß. Und jetzt bekommt sie, aus heiterem Himmel, doch noch prominenten Besuch. Nicht der Präsident ist es freilich, der Cindy aufsucht und sich im stickigen Zelt den Leuten zuwendet, die sich unterhalb einer improvisierten Bühne mit erwartungsvollen Blicken versammelt haben. Joan Baez ist da und hat ihre Gitarre mitgebracht. Zu Bagdad und dem Irak hat sie seit ihrer Kindheit ein enges Verhältnis. Was dort geschieht, betrifft sie unmittelbar. Auch sie ist nur leicht bekleidet und schwitzt wie alle anderen. Sie setzt einen weißen Cowboyhut auf, steht für Fotos zur Verfügung, lässt sich von Sheehan in den Arm nehmen. Sie sucht das offene Gespräch, unterhält sich mit Veteranen, Müttern und Kindern, schüttelt Hände, umarmt Untröstliche. Gibt Interviews, spricht Trost zu, hat für jeden ein freundliches Wort, hält inne, um das weit ausgedehnte Feld aus weißen Kreuzen zu betrachten – eine Armee stummer Ankläger. Viele drängen sich an sie heran; Soldatenwitwen, Veteranen und Mütter von Kriegsopfern suchen den Kontakt mit ihr.

Und dann singt die damals Vierundsechzigjährige, selbstverständlich gratis, ein halbes Dutzend Lieder, auf die alle gewartet haben, die in dieser schweren Zeit passen wie die Faust aufs Auge und die alle so gut kennen, dass sie gleich mit einstimmen können: *Joe Hill* und *Gracias a la vida, Where Have All The Flowers Gone?* und *Last Night I Had The Strangest Dream. Swing Low, Sweet Chariot* trägt sie allein, ganz ohne Begleitung vor, hebt die Hand und dirigiert ihr ergriffenes Publikum, findet mit den uralten Strophen instinktiv die richtigen Worte für die zwischen Wut, Desillusionierung und Verzweiflung schwankenden Aktivisten. Ausgerechnet bei ihrer eigenen Nummer, dem berühmten *Diamonds & Rust,* geht ihr auf einmal eine Textzeile verloren, fehlen ihr dann, für wenige Takte nur, die Worte. Eine Zuhörerin hilft ihr aus der Patsche, Baez nimmt die Leerstelle – in der es bezeichnenderweise um Erinnerung, Vergegenwärtigung und Vagheit geht! – mit Humor. Die Luft ist wie zum Schneiden unter der dünnen Plane, Baez bald am Ende ihrer Kräfte, aber die Menschen im Zelt sind glücklich, ja euphorisiert – und fühlen sich endlich von jemandem ernst genommen.

Als sie im klassischen Protestsong *Last Night* einen utopischen Traum schildert, in dem alle Machthaber auf dieser Erde sich auf einen dauerhaften Waffenstillstand einigen und das Ende aller Kämpfe verkünden, wird es noch eine Spur stiller unter dem sonnendurchglühten Zeltdach. Wie die Menschen in Ed McCurdys bekanntem Lied würden auch die Bush-Gegner von Crawford am liebsten augenblicklich einen Freudentanz aufführen, Kopien eines historischen Friedensvertrages verteilen und Gewehre, Schwerter wie Uniformen ein für alle Mal zu Boden schleudern. Für die Dauer des kleinen Konzertes, das die schmächtige grauhaarige Frau ihnen zu Ehren gerade aufführt, mögen sie beinahe im Ernst daran glauben. Baez verkörpert Zuversicht und Freude; ihr Vortrag wirkt anstachelnd und vermittelt den Campern das Gefühl, etwas Richtiges, Konstruktives und Zukunftsweisendes in Gang gebracht zu haben.

Baez, die hier lediglich eine von ihnen sein möchte, bezeugt durch ihren historischen Stellenwert die Glaubwürdigkeit ihres

Unterfangens. Sie verscheucht Schwarzseherei und Mutlosigkeit. Sie leuchte noch immer wie von innen, konstatiert ein anwesender *Spiegel*-Reporter. Erst in Baez, mit ihrer unnachahmlichen Präsenz und Ausstrahlung, hat Sheehan ihre ideale Unterstützerin und Fürsprecherin gefunden. Die Bewunderung ist gegenseitig: Sheehans Widerstandsgeist hat Baez in die Einöde von Camp Casey geholt. Der Protest der Mutter sei für sie »die letzte Träne gewesen«, die das Fass zum Überlaufen gebracht habe, und »fließendes Wasser kann man einfach nicht aufhalten«. Baez zeigt sich auch beeindruckt vom Ausmaß der Bewegung – für den ersten Friedensmarsch gegen den Vietnamkrieg, an dem sie sich seinerzeit beteiligt hatte, seien gerade einmal zehn Demonstranten erschienen. Hier nun sind es mehrere hundert Idealisten, die eine Blockade aufrechterhalten und den Verkehr rund um Bushs Ranch lahmlegen.

Baez' solidarische Visite bringt die Leute keineswegs dazu, ihr gegenüber in Ehrfurcht zu verharren. Aber ihre Lieder nehmen ihnen eine große Last von den Schultern, stärken sie für die noch vor ihnen liegenden Tage und Herausforderungen.

***

Mitreißen

Vorhang auf für eine ganz andere Szene: Ulm, direkt an der Grenze zwischen Baden-Württemberg und Bayern, 1978. Wieder ein Augusttag. Wieder meint es die Sonne gut mit einem hochgestimmten, erwartungsvollen Publikum. Diesmal sind es an die 60 000 Zuhörer, die erschienen sind, um Frank Zappa und Genesis in einer alle Dimensionen sprengenden Rock-Show zu erleben. Junge Leute, die gut drauf sind, die trinken, tanzen, fummeln, in Ekstase geraten, ausflippen und sich möglichst schnell »zudröhnen« wollen. Und zwischendurch soll eine Dreiviertelstunde lang Joan Baez kurz vor Sonnenuntergang ihr Programm abspulen, das so gar nicht zu dem ohrenbetäubenden, harten Sound des Abends passen will. Lieder von Simon & Garfunkel, Dylan, den Beatles, deutsche

Protestsongs … Wie soll das funktionieren, wen wird diese kammermusikalische Einlage hier, bei einem Open-Air-Spektakel der Superlative, schon interessieren? Die großen Stars, das sind hier die anderen. Ihr werden die Knie weich.

Ihr deutscher Konzertveranstalter Fritz Rau, inzwischen ein enger Freund, spricht beruhigend von einem »Experiment« und schließt hinter ihrem Rücken bereits Wetten ab, dass sein amerikanischer Schützling, den er zärtlich »Schmetterling« nennt, vielleicht doch nicht ausgebuht werden wird – seine Kollegen hinter den Kulissen sind aber genau davon überzeugt. Schmetterling Baez glaubt indessen, wie Raus Wettbrüder, an eine bevorstehende Katastrophe. Sie hat bereits Schwierigkeiten, mit der nötigen Ruhe und Konzentration ihre Gitarre zu stimmen, so laut ist der Sound, den Bürgerschreck Zappa und seine Band verbreiten. Nach der dritten Zugabe verlässt ihr schnauzbärtiger Vorgänger, trunken vor Glück, unter tosendem Beifall die Bühne. Die Dämmerung setzt ein, ein schwarzer Vorhang wird heruntergelassen, Baez betritt zaghaft ihren Platz vor dem Mikrofon. Innerhalb der vielen Drum-Sets, Keyboards und Verstärker kommt sie sich verloren und überflüssig vor. Mit den Technikern, die natürlich wissen, wen sie da vor sich haben, tauscht sie vielsagende Blicke. Mitleid? Ermunterung? Respekt? Einen Soundcheck benötigt sie nicht. Ein Gesangs-Mikro sowie ein Tonabnehmer für ihr Instrument genügen. Die Massen vor ihr, so viel ist sicher, warten mit zunehmender Ungeduld auf Genesis, stellen sich bestenfalls auf einen Pausenfüller ein – auf Gesang zum Überbrücken. Auf Belangloses während der Umbaupause. Unruhe kommt auf. Manche sind bereits jetzt betrunken, grölen und schwanken. Viele kehren ihr den Rücken zu oder wandern ab. GIs ziehen in kleinen Gruppen von einem Ende des riesigen Felds zum anderen. Da steht sie nun, ganz allein »mit ihren sechs Saiten« und »zwei Stimmbändern«. Sie räuspert sich und startet mit einem Lied, das keiner kennt und auch keiner zur Kenntnis nimmt. Der Startschuss geht nach hinten los.

Baez, für ihren Freund Rau nicht umsonst die »personifizierte Zivilcourage«, lässt sich nicht ins Bockshorn jagen und macht weiter. Applaudiert wird kaum, aber auch noch nicht gepfiffen. »Ich befahl mich und mein Schicksal in Gottes Hände.« Sie testet ein paar Schlagworte wie »Rock 'n' Roll« oder »Woodstock«, erntet ein paar höfliche Zurufe und entwickelt so allmählich ein Gefühl dafür, wohin heute Abend für sie die Reise gehen könnte. Es wird eine Fahrt ins Ungewisse, und nur sie selbst kann das Tempo bestimmen. Sie feiert kleine Etappensiege. Bei *Joe Hill* horchen einige spürbar auf, beim ersten Dylan-Song ebbt der Lärm deutlich ab. Bei *Sag mir, wo die Blumen sind,* werden auch noch die letzten Zwischenrufer von Umstehenden mit entrüstetem Gezische zum Schweigen gebracht. Als sie *Swing Low, Sweet Chariot* intoniert, sitzen die meisten bereits, wächst die Aufmerksamkeit. Dann kippt die Stimmung zu ihren Gunsten, kontrolliert nur noch sie den Spannungsbogen. *We Shall Overcome* wird bereits von einzelnen Grüppchen von ihr eingefordert, wenige Minuten später hat sie die Menge in der Hand. Und hat selbst die Skeptiker und Ignoranten erobert. Die meisten haben längst mit dem Trinken aufgehört, »und auch von den Rowdys« ist »kein Laut mehr zu hören«. Viele singen oder summen mit. Baez bezieht, durch freundlichen Zuspruch, sogar Menschen ein, die sich außerhalb des Festivalgeländes, kaum dass ihre Stimme zu ihnen vordringt, an die Zäune gedrückt haben oder ihr von einer weit entfernten, gerade noch wahrnehmbaren Uferböschung zuhören. Alle, die direkt vor ihr stehen, haben auf einmal Tränen in den Augen, und bald kann sie auch ihre eigenen nicht mehr zurückhalten. Behutsam, aber ohne lockerzulassen, zieht sie einen nach dem anderen in ihren Bann. »Im Herzen der älteren Leute« hat sie eine Saite angeschlagen und zum Schwingen gebracht, »und die jüngeren, diejenigen, die gerade erst zehn waren, als es Sommer in Woodstock war«, spüren dies – eine Welle ungeordneter, kaum erklärbarer Emotionen erfasst die Nachgeborenen. Ein unbestimmtes Gefühl – Sehnsucht, Nostalgie, die Ahnung von etwas »Größerem«, Erhabenerem – überträgt sich auch auf sie.

Warum aber weinen diese so verschiedenen Menschen, warum röten sich ihre Wangen wie auf Befehl, warum werden nahezu alle von Rührung übermannt? »Warum? Wegen all der Jahre, die sie verpasst haben«, oder wegen der selbst erlebten Jahre, die ihnen jetzt schon fehlen wie ein alter Freund, den man schmerzlich vermisst? »Für all die ›Blumenkinder‹ in Amerika, die sie romantisiert und nachgeahmt« haben? »Für Erinnerungen, die eigentlich ihren Eltern, Tanten und Onkeln gehörten, aber nicht ihnen? Vielleicht.« Tausende sind hingerissen. Und die meisten von ihnen haben jetzt intuitiv verstanden, worum es vor langer Zeit ging, nicht nur in Woodstock, und ein Gespür dafür entwickeln können, worauf es auch weiterhin ankommt. Dank dieser Stimme der Baez, die einen kaum loslässt, die das euphorisierende Gefühl von Großzügigkeit, Freiheitswillen und Idealen transportiert. Schrittweise hat sie, ganz unauffällig, den Kulminationspunkt erreicht. Und nun ist die Dreiviertelstunde um. Sie verbeugt sich, geht ab, kehrt zurück, verbeugt sich wieder, weiß gar nicht mehr, wohin mit sich.

Am Ende springen die Zuhörer wie auf Kommando auf, toben, jubeln, klatschen sich die Hände wund. Jetzt geht die Party »erst richtig los«. Baez selbst ist überwältigt, erschöpft und wie benommen, als sie von der Bühne abgeht, wo ihr Zappa gratuliert; Rau ist sprachlos. Die meisten in ihrem Team haben rotgeränderte Augen, umarmen sie oder schütteln fassungslos die Köpfe. Und als dann die leeren Bierdosen gleich dutzendweise auf die Bühne fliegen, als das Ulmer Publikum lautstark zu trampeln beginnt und damit selbst noch Sprechchöre und ein gellendes Pfeifkonzert übertönt, muss man ihr erst erklären, dass diese plattgetretenen »Rosen aus Blech« einer ruppigen Liebeserklärung gleichkommen: Sie muss sofort wieder zurück auf die Bühne; die Zuhörer haben noch lange nicht genug von ihr. Ihr Manager duckt sich, um dem Bierdosenhagel auszuweichen, als er sie erneut ankündigt. Diesmal aber mit stolzgeschwellter Brust – er hat seine Wette gewonnen. Niemand kann es so richtig fassen, sie selbst schon gar nicht, aber nicht weniger als sieben Zugaben ringen die Fans ihr ab. Aus den geplanten fünfundvierzig sind neunzig Minuten geworden, aus dem unauffälligen Zwischenakt ein Highlight. Die Veranstalter fluchen und sind doch hochzufrieden. Sie müssen schließlich energisch einschreiten, damit man Baez endgültig ziehen lässt.

Die Umjubelte klemmt sich ihre Gitarre wieder unter den Arm und verschwindet offstage. Bahnt sich ihren Weg durch die Wohnwagen der Musiker, lange nicht so unbemerkt wie noch zwei Stunden zuvor. Schon befürchtet sie, ihren Mitstreitern »die Show gestohlen« zu haben, und so kann sie es an den Folgetagen auch in der Presse nachlesen … Diese Show, die es in sich hatte, wird sie eines Tages zu ihrem Song *Children of the Eighties* inspirieren. Doch jetzt kann sie erst einmal aufatmen, durchatmen. Der Rest des Abends versinkt dann in einem Nebel verwirrter Zufriedenheit; die laue Sommerluft vermischt sich mit dem Duft deutscher Grillwürstchen. In Ulm, um Ulm und um Ulm herum ist die 37-jährige Joan Baez bei diesem Sommerkonzert zur Sensation geworden. Nicht das erste und auch nicht das letzte Mal.

***

Verteidigen

Wir springen noch einen großen Schritt weiter in die Vergangenheit: Ost-Berlin, Chausseestraße, Mai 1966. Just am Tag der Arbeit – Ironie des Schicksals für jemanden, der vom Singen lebt und von dem Staat, in dem er lebt, ständig daran gehindert wird – läutet es nachmittags an der Wohnungstür des regimekritischen Liedermachers Wolf Biermann. Seit einigen Monaten ist der knapp Dreißigjährige durch ein Auftrittsverbot zusätzlich isoliert; nun steht ihm auf einmal eine lebende Legende gegenüber, direkt aus Kalifornien eingeflogen. Oder, in seinen eigenen Worten: »die weltberühmte Joan Baez« und »schöne Klassenfeindin aus den USA« dem »Nobody Biermann«. »Die legendäre Folksängerin besucht den« aufmüpfigen Songwriter, »den man grade in die Tonne getreten hat!« Die »singende Venus aus Amerika« begehrt Einlass in sein realsozialistisches Wohnzimmer. Mithin eine Begegnung auf Augenhöhe? Zwischen zwei politischen Poeten? Zwischen zwei Barden, wie sie verschiedener nicht sein könnten und die doch so unglaublich viel gemeinsam haben? Gitarristin »meets« Gitarristen?

Dafür spricht so ziemlich alles. Dagegen sprechen vorerst freilich die aktuellen Bedingungen und Einschränkungen. Eine in Freiheit lebende Couragierte trifft einen in einem Unrechtsstaat lebenden Mutigen, doch aufgrund seiner misslichen derzeitigen Situation eben leider oft auch Verzagten. Einen begabten Mann, dem man mit Verunsicherungen zusetzt und der täglich mit der Furcht klarkommen muss, von der Staatssicherheit eingebuchtet zu werden. Baez erscheint ihm wie ein Engel aus einem anderen Teil der Welt – in dem gewiss ganz und gar nicht alles rosig ist, in dem jemand wie sie aber selbstbewusst und vorlaut sein und den Mund aufsperren darf. Was sie momentan ja auch wieder unter Beweis stellt. Die Fünfundzwanzigjährige und wie gewohnt Unparteiische, die sich gerade an einem bundesdeutschen Ostermarsch beteiligt hat, ist in diesem Frühjahr beiderseits der Mauer öffentlich zu hören: In Westberlin singt sie im Sender Freies Berlin für den Deutschen Gewerkschaftsbund und leiht dort auch den Berliner Falken, die Baez für eine Antikriegsveranstaltung eingeladen haben, ihre Stimme; im Osten der geteilten Stadt ist sie Ehrengast des Staatskabaretts Distel, wo sie noch am selben Abend von zweihundert geladenen – also handverlesenen, ideologisch zuverlässigen – Zuhörern erwartet wird.

Man will damit prahlen, die große Baez an diesem symbolträchtigen Datum präsentieren zu können: hier und nicht im Westen! Eigentlich ist der intime Zuschnitt des Gastspiels grotesk, denn Abertausende von DDR-Bürgern hätten ihr selbstredend gern in weitaus größerem Rahmen gelauscht, in einem Stadion oder in einer Konzerthalle; die SED-Führung aber befürchtete Zwischenfälle und entschied sich zuvor für eine kleine, unverfängliche Veranstaltung für Regimetreue, Parteikader und Kulturfunktionäre. Organisiert vom ostdeutschen Fernsehfunk. So braucht die Regierung sich gar nicht erst aufs politische Glatteis begeben, und die Gefahr, dass unliebsame Äußerungen oder brisante Darbietungen auf fruchtbaren Boden stoßen könnten, womit man bei einem populären Baez-Konzert rechnen muss, wird gleich im Keim erstickt. Vorbeugung ist, im Arbeiter- und Bauernstaat Walter Ulbrichts, noch immer die wirksamste Propaganda.

Baez, deren Auftrittsvorbereitungen in der Distel bereits abgeschlossen sind und die den kurzen Weg von der Friedrichstraße zu Biermann mit zwei amerikanischen Freunden zurückgelegt hat, nimmt sich erstaunlich viel Zeit für ihren Kollegen, den verbotenen Bänkelsänger – gewiss hat sie zuvor von dessen vorangegangener Festnahme gehört und davon, dass man ihn systematisch davon abhält, Ostberliner Kulturereignisse selbst als Zuschauer aufzusuchen. Ihre Visite ist solidarischer Natur: Wie keine andere kann sie nachfühlen, was es heißt, persona non grata zu sein. Als unerwünscht deklariert zu werden, wenn man doch unbedingt singen und sich mitteilen möchte. Mundtot gemacht zu werden, wenn man von orientierungslos gewordenen Menschen sehnsüchtig erwartet wird und eben auch jede Menge zu sagen hat. Maulkörbe, das bedeutet sie Biermann, sind für sie einfach nicht akzeptabel – egal auf welchem Kontinent.

Auf Anhieb sind sie einander sympathisch. Von Berührungsängsten keine Spur. Trotz der Sprachbarriere kommt man sich schnell näher; Biermann erlebt eine aufmerksame und wissbegierige Joan Baez, fühlt sich von ihr künstlerisch geradezu liebkost und auch inhaltlich verstanden. »Als ich ihr dann mein ›Barlach‹-Lied vorsang, sägte die scharfe Melodie sich in ihre Seele. Die zwei Tränen im Auge« seiner »Besucherin«, die er schon damals als »Ikone« wahrnimmt, »waren mein Honorar«. Die »Sprache der Lieder« ist ihr beider Verständigungsmittel, eine musikalisch-poetische lingua franca; und was mit Gitarren gemeint sein soll, die man sich am liebsten wie Geliebte durch die Gitterstäbe hindurch herbeizaubert, braucht man einer Joan Baez nicht erst umständlich zu erklären. Für Biermanns spezifischen Gebrauch von Lyrik, die Wahl seiner Ausdrucksmittel und sein Idiom hat sie ein offenes Ohr. Je mehr er ihr vorsingen darf, desto ermutigter fühlt er sich. Mit seiner *Preußischen Romanze* nimmt er sie für sich ein. Und sein vertrauter »Flamenco-Sound im fremden Deutschland gefiel der Baez, denn sie selbst hat ja mexikanische Wurzeln«. Joan ist auch deshalb so neugierig auf Wolfs Chansons, da sie selbst ja gerade erst damit anfängt, eigene Songs zu schreiben. Sie revanchiert sich, indem sie ihm ihr ausgefeiltes Fingerpicking demonstriert und als Geschenk »ein Set Stahlkrallen für die Finger der rechten Hand« für ihn dabeihat. Geben und Nehmen – ein idealer Austausch. Die beiden sind literarisch, musikalisch und politisch füreinander entflammt. Genießen Interesse, Einverständnis und das Gefühl einer geschwisterlichen Zusammengehörigkeit.

Schade nur, dass die kostbare Zeit füreinander so schnell um ist. Biermanns Gäste müssen los, der Beginn der Veranstaltung steht kurz bevor. Er selbst hätte sowohl mit als auch ohne Eintrittskarte keine Chance, dem Recital beizuwohnen; er sollte sich wohl auch besser davor hüten, am Eingang der Distel eine unnötige Szene zu machen. Womit er indessen nicht gerechnet hat, ist Baez' Entschlusskraft und Unbekümmertheit. Für sie ist es ausgemachte Sache, dass ihr freundlicher, kluger Gastgeber mitkommt und auch im Innern des Kabaretts Platz findet. Ein Ticket für den Verfemten hat sie auch. Ungläubig stolpert Biermann, ihr aufmunterndes »Let's go!« noch in den Ohren, seiner »heiligen Johanna mit der Gitarre« hinterher. »Sie packte mich, zottelte mich Angsthasen resolut die Treppe runter.« Durch für ihn wohlbekannte Berliner Gefilde eilen die vier der Höhle des Löwen entgegen. Und ehe Biermann es sich versieht, landet er, nach einem sehr unangenehmen Geplänkel mit Stasi-Mitarbeitern in Zivil und einer geharnischten Intervention seiner »Athena im Zorn«, gespickt mit Drohungen und Verwünschungen auf Englisch, worauf sich auf einmal wie durch Zauberhand Tür und Tor für das Paar öffnen, im Inneren dieser Höhle. Biermann ist drin, darf zuhören. Seine Resignation ist wie weggewischt. Die Saalordner, überrumpelt von Baez' kühnem Eingreifen, wirken machtlos. Zu prominent ist der Gaststar, als dass sie es auf einen Eklat ankommen ließen: Die Augen der internationalen Presse richten sich nun erst recht auf den Distel-Abend, der ungewöhnlich stachlig auszufallen verspricht. »Arm in Arm«, so die westdeutsche *Zeit,* betreten die beiden »das Kabarett. Die Fernsehfunktionäre reagierten mit betretenem Schweigen und hektischer Ausgelassenheit. Niemand verwehrte Biermann den Einlass in die ›Distel‹. Die Amerikanerin hatte allerdings auch keinen Zweifel daran gelassen, dass sie nur im Beisein des Lyrikers auftreten werde.«

»Zähneknirschend« notierten die Agenten, wie er »sich in die letzte Saal-Reihe setzte«. Nun ist es an Biermann, zu staunen. Über die Professionalität und Authentizität von Baez' Vortrag. Über die phänomenale Qualität ihres Gesangs. Über die Aura, die von ihr ausgeht. Über das geschmeidige, pausenlose Ineinandergreifen von Songs, kurzen Einführungen und gewandten Übersetzungen durch einen smarten Dolmetscher, der selbst Sänger und Schauspieler ist. Und nicht zuletzt über ihren Mumm: Denn auf einmal hört er sie klar und deutlich sagen, dass sie ihr nächstes Lied einzig und allein für ihn, den Unerwünschten, singen werde. »Für Wolf Biermann, den ich heute Nachmittag in seiner Wohnung besucht habe.« Ihr unverwandter Blick ruht auf ihren Zuhörern; Baez lässt sie nicht aus den Augen. Der missliebige, nun aber von ihr in aller Öffentlichkeit geadelte Poet, die Stasi-Beamten, das wie vom Donner gerührte Publikum und der sprachlose Übersetzer – sie alle trauen ihren Ohren kaum, als Baez übergangslos als explizite »Widmung« an »ihren Freund« die Hymne *Oh, Freedom* anstimmt. Als sie »Mister Biermann« und seinen hinter der Berliner Mauer eingepferchten Landsleuten das uralte Gleichnis vom eingekerkerten Sklaven, der allein wegen seines tiefen Glaubens sich im Geiste nie versklaven lassen wird und zugleich die ewige Freiheit preist, beherzt darbringt. Lied und Hommage sind zuvor selbstverständlich nicht abgesprochen gewesen. Ein empfindlicher Schock für die Veranstalter. Biermann ist gerührt und auch betroffen, seine Landsleute im Saal bekommen vor lauter Schreck kaum ein Wort heraus, und der Übersetzer verzichtet wohlweislich auf die Wiedergabe von Baez' tollkühnem Statement und den nicht minder rebellischen *Freedom*-Zeilen. Die explosiven englischen Worte bleiben unwidersprochen im Raum stehen. Doch die Kameras laufen weiter, zeichnen alles auf. Die Panne lässt sich nicht mehr beheben. Jetzt ist der Skandal perfekt.

Und es soll noch besser kommen. Baez lässt die Presse wissen, was für »ein großes Erlebnis« das Treffen mit Biermann für sie gewesen sei. Eine weitere Herausforderung. Zwar spricht sie seinen Namen »Bärmann« aus, aber jeder weiß, wer hier gemeint ist. Ihr Einsatz für ihren Kollegen geht ein gehöriges Stück weiter. »Ich bedauere«, führt seine Beschützerin aus, »dass er in Ostberlin nicht mehr auftreten darf. Ich glaube, jeder Mensch und insbesondere ein Mensch mit seiner großen Begabung sollte überall auftreten dürfen. Ich selbst würde sehr gern mit ihm zusammen in Ostberlin singen. Außerdem möchte ich ihn einladen, in Amerika zu singen und seine Gedichte dort zu rezitieren.« Größere Unterstützung, noch dazu aus dem Munde einer international geachteten Pasionaria der Menschenrechte, ist ihm noch nie zuteilgeworden. Und Baez hat der DDR-Führung ihren vermeintlichen Triumph, die weltweit bekannteste Vietnamkrieg-Gegnerin für ein Exklusiv-Gastspiel engagiert zu haben, gründlich verdorben. Die beiden unbequemen Künstler vermasseln mit dem pikanten Zwischenfall diesen so hübsch inszenierten Ersten Mai.

Es versteht sich von selbst, dass der Distel-Mitschnitt sofort der DDR-Zensur zum Opfer fällt, nie im Fernsehen gezeigt wird und unter Verschluss bleibt. Dissonanzen sind tabu. Baez und Biermann hingegen gelingt am Folgetag sogar noch ein zweites privates Treffen, bei dem sie den Agenten des Unrechtsstaates erneut ein Schnippchen schlagen – und das, obwohl beide unter der Rund-um-die-Uhr-Bewachung durch die Stasi stehen, Baez tatsächlich während ihres Doppel-Aufenthaltes in Ost-Berlin zur Fahndung ausgeschrieben ist. Aus Stasi-Akten, die erst Jahrzehnte später ausgewertet werden können, geht außerdem hervor, dass man im Osten über Begegnungen von Baez mit dem West-Berliner Kabarettisten und Biermann-Vertrauten Wolfgang Neuss bestens Bescheid wusste – und somit auch über dessen Pläne, die beiden privat zusammenzubringen. Baez und ihre Entourage aber erweisen sich als gewitzter als die auf sie angesetzten Überwacher: Einen nur vorgegaukelten Aufenthalt in der Distel-Garderobe, als »Erholungs«-Pause im Anschluss an die Probe, nutzen sie am ersten Mai zur spontanen Flucht Richtung Chausseestraße; am zweiten Mai schlüpft Baez, ohne dass sie daran gehindert werden kann, nach ihrem erneuten Grenzübertritt am Checkpoint Charlie, in der Leipziger Straße in Biermanns Auto. Dort hat er schon auf sie gewartet. Erneut gehört der Tag ihnen, tauschen sie Songmaterial, Liedtexte, Tonbänder, lässt sich der brandgefährliche »innersozialistische Kleinkram« für einige beglückende Stunden ignorieren.

Baez' und Biermanns Freundschaft bleibt über Jahres-, Landes- und Regimegrenzen hinweg intakt, auch nach der 1976 erfolgten Ausbürgerung von »Mister Bärmann«. Der beiderseitige Respekt wächst stetig. Baez wird Dylan später mit Schallplattenaufnahmen ihres gemeinsamen Ostberliner Kollegen gehörig nerven; und im Sommer 1983, siebzehn Jahre nach dem denkwürdigen Zwischenfall, stehen die beiden B's dann – im Westen – anlässlich eines großen, vom Dauerregen beeinträchtigen Friedenkonzertes mit internationaler Beteiligung, im Fußball-Stadion des FC St. Pauli, gemeinsam auf der Bühne. Wie Baez seinerzeit in der Distel nimmt nun auch Biermann in Hamburg kein Blatt vor den Mund, wenn es darum geht, öffentlich die Schattenseiten des Sozialismus zu kritisieren. Das nimmt man ihm übel; das missverstehen einige als unbotmäßige Schmähung; dafür erntet er Buh-Rufe und Pfiffe. »Aber siehe da, der spontane Beifall war stark. Und das Allerbeste« an seinem Auftritt war für ihn ohnehin die Wiederbegegnung mit seiner alten Wegbegleiterin.

Baez' damaliges, so mutiges wie solidarisches Einstehen für ihn war eine Aktion gewesen, zu der sie nicht die geringste Veranlassung gehabt hatte. Dieses spontane Einstehen für einen Mann aus einem fremden Land, den sie erst wenige Stunden kannte und dem sie sich auf der Stelle verbunden fühlte, hatte ihn wieder einmal gelehrt, dass man – wie er aus Erfahrung natürlich längst wusste – mit einer Gitarre, einer Handvoll Akkorde, einer Auswahl wirklich guter Lieder und einer gehörigen Portion Zivilcourage vielleicht ein wenig die Welt verändern kann. Auch in einem unfreien Land. Wenigstens für die Dauer eines Abends. Doch lang genug, um ein deutliches Zeichen zu setzen.

***

Mobilisieren

Eine letzte Rückblende: Washington D.C., Tribüne vor dem Lincoln Memorial, 28. August 1963. Geschätzte 250 000 Menschen nehmen an diesem Mittwoch an einem »March for Jobs and Freedom«, der als eine der größten und dabei auch friedlichen Massenkundgebungen der Geschichte für die Wahrung und Erweiterung der Menschenrechte eingehen wird, teil. In der Verlängerung der National Mall schreiten die Demonstranten, zu drei Vierteln schwarze amerikanische Bürger, aus allen Teilen des Landes angereist, vom Washington Monument zu beiden Seiten des Reflecting Pool entlang Richtung Westen. Der Marsch hat utopischen Charakter und stellt sich dennoch der Realität. Der Marsch ist auch ein Wagnis. Es gilt, schwerwiegende rechtliche und gesellschaftliche Probleme zu lösen, um die noch in weiter Ferne liegende Aufhebung von Rassenschranken voranzutreiben; es gilt, alltägliche Diskriminierung zu beseitigen, die berüchtigten Jim Crow Laws zu überwinden und, das zählt zu den zentralen Forderungen des Projekts, auf die dringend nötige Verabschiedung von zwei fundamentalen Gesetzesvorhaben hinzuwirken – dem Civil Rights Act und dem Voting Rights Act. Beide werden in den Folgejahren, als direkte Konsequenz dieser eindrucksvollen Veranstaltung, tatsächlich endlich durchgesetzt.

Ultimatives Ziel ist die völlige Gleichstellung aller Bevölkerungsgruppen und die Emanzipation der Afroamerikaner. Mit jedem heutigen Schritt bewegen sich die Menschen darauf zu. Langsam, aber mit Durchhaltevermögen. Auf den Sieg, irgendwann in der Zukunft, unbeirrt hoffend. Wer hier mitmarschiert und mitorganisiert, wer Schilder mit Losungen hochhält, wer seine Entschlossenheit zur Schau stellt, betet, zuhört und mitsingt, hat sich an diesem Sommertag also nicht umsonst in die Hauptstadt der Vereinigten Staaten begeben. Wer sich hier einreiht, hilft, Geschichte zu schreiben und die Ohnmacht zu überwinden. Joan Baez ist mit dabei, in vorderster Front.

Schon in den frühen 1940er Jahren gab es Pläne für einen derartigen Friedensmarsch mit weitreichenden Folgen, doch erst jetzt signalisiert erstmals eine Regierung, die Kennedy-Administration, eine gewisse Kooperationsbereitschaft hinsichtlich der Planung und Vorbereitung. Erst jetzt, im Juni, hat sich der Präsident in einer aufsehenerregenden Rede, der »civil rights address«, via Radio und Fernsehen an die Nation gewandt, Perspektiven aufgezeigt und guten Willen bekundet. Erst jetzt, auf dem Höhepunkt der Bürgerrechtsbewegung und dem damit einhergehenden »Trend« zu wirksamen, intelligenten und gewaltlosen politischen Aktionen, zu Sit-Ins und Diskussionen, scheint ein günstiger Zeitpunkt für die Massendemo gekommen. Man will dafür Sorge tragen, dass die Präsenz vieler mündiger Bürger, die meisten davon Angehörige der schwarzen Mittelschicht, weltweit als verantwortungsvolle, selbstbewusste Machtdarstellung wahrgenommen wird und nicht wieder in Chaos, Straßenkämpfe, Mord, Plünderungen und bürgerkriegsartige Zustände ausartet. Das Risiko, das man eingeht, ist denkbar hoch.

Wahr ist aber auch: Der allgegenwärtige Rassismus mit seinen Beleidigungen, Demütigungen, körperlichen Übergriffen und Hassausbrüchen hat inzwischen unerträgliche Ausmaße angenommen, und die von Millionen stillschweigend tolerierten oder gar gutgeheißenen, tatsächlich aber verheerenden Phänomene einer amerikanischen »Apartheid« wirken sich noch immer auf sämtliche Lebensbereiche aus – Schulen, öffentliche Verkehrsmittel, Lokale, Chancen am Arbeitsmarkt – und sind einfach nicht mehr hinnehmbar. Lynchjustiz und andere üble Gewaltakte müssen fortan unwiderruflich der Vergangenheit angehören. Die Veranstalter haben sich trotz gewaltiger logistischer und enormer finanzieller Probleme, trotz der Ermordung des schwarzen Aktivisten Medgar Evers im Bundesstaat Mississippi, trotz schwieriger Sicherheitsvorkehrungen, trotz schlimmer Ausschreitungen in den Südstaaten, wie sie in jener aufgeheizten Ära an der Tagesordnung sind, und trotz des Rückschlages, den ein fruchtloses, desillusionierendes Treffen zwischen dem engagierten Romancier James Baldwin und

Senator Robert Kennedy kurz zuvor in New York darstellte, nicht beirren lassen. Für die Initiatoren des March on Washington, allen voran Bayard Rustin und Asa Philip Randolph, ist überdeutlich geworden, dass ein viel zu großer Teil der Bevölkerung und der verantwortlichen Politiker die massiven Rassismus-Probleme entweder nicht wahrnimmt oder sie verdrängt und kleinredet.

Aus heutiger Sicht wissen wir, wie sich das Rad der Geschichte weitergedreht hat – mit den Morden an den beiden Kennedy-Brüdern, dem Präsidenten John Fitzgerald und dem späteren demokratischen Vorwahlkandidaten Robert, der seinerseits die Präsidentschaft anstrebte. Mit den ebenfalls mörderischen Attentaten auf den Widerstandskämpfer Malcolm X und den Bürgerrechtler Martin Luther King. Wir kennen aber auch die immense Bedeutung der großen Rede eben dieses Baptistenpastors und Vordenkers Martin Luther King, die diesen entsetzlichen Bluttaten voranging und die mit dem darin enthaltenen Leitmotiv *I Have a Dream* visionäre und mythische Bedeutung erlangt hat. King ist der letzte Sprecher an jenem 28. August, als er diese Zuversicht verströmenden Worte verkündet, und niemand unter den 250 000 Zuhörern wird die Kraft, Wucht und Glücksverheißung seiner rhetorisch meisterhaften, moralisch aufwühlenden Ansprache wohl je vergessen.

Selbstverständlich sind unter den schwarzen Berühmtheiten James Baldwin, Sidney Poitier und Harry Belafonte anwesend, und ebenso selbstverständlich liefern schwarze Kultsängerinnen wie Mahalia Jackson, Odetta und Marian Anderson, die bereits 1939 an gleicher Stelle, auf den Stufen vor dem Lincoln Memorial, einen denkwürdigen Auftritt absolviert hatte, herausragende musikalische Beiträge an diesem wahrhaft historischen Tag. Weniger vorhersehbar und damit umso bemerkenswerter ist die Präsenz einiger weißer Prominenter – der Oscar-gekrönte Filmregisseur Joseph L. Mankiewicz und zwei der größten Filmstars jener Epoche, Marlon Brando und Charlton Heston, verleihen der Veranstaltung zusätzlichen Hollywood-Glamour. Und ihre von den Medien gebührend gewürdigte Teilnahme – nicht mehr und nicht weniger als eine politische Botschaft – lässt sicher auch den einen oder anderen

Zuschauer aus dem »anderen« Lager, der dem Protestmarsch skeptisch oder feindselig gegenüberstand, aufhorchen, nachdenken oder ins Grübeln geraten.

Und dann ist da noch eine Handvoll weißer Musiker, die zugunsten der Anliegen und Rechte der Schwarzen singen. Allesamt »Folkies«, denen gerade die Musikhörer der Nation zu Füßen liegen. Trotz ihrer Jugend bereits geschätzt und gefeiert, sehr erfolgreich und eben weder Vertreter eines oberflächlichen Musik-Genres noch bloße Tanzmusik-Interpreten: seriöse junge Leute. Der vielversprechende Nachwuchs Amerikas, kritische Geister und kluge Köpfe. Peter, Paul & Mary etwa. Das Trio ist mit Dylans schon damals emblematischem *Blowin' in the Wind* zu hören sowie mit dem Pete-Seeger- und Trini-Lopez-Millionen-Seller *If I Had a Hammer,* einem veritablen Ohrwurm. Unbedingte Gerechtigkeit wird in diesem vordergründig so unterhaltsamen, eingängigen Lied eingeklagt. Ferner erscheint Dylan höchstpersönlich, gerade mal zweiundzwanzig Jahre alt, mit seinem brandneuen Protestsong *Only a Pawn in Their Game,* worin er den erst zwei Monate zurückliegenden, politisch und rassistisch motivierten Mord an Medgar Evers thematisiert. Dylan, der sich später nur noch höchst ungern für Kundgebungen und präzise politische Ziele zur Verfügung stellen wird. Und da ist Joan Baez, auch sie erst 22, in einem ärmellosen, lilafarben karierten Sommerkleid. Eine Kette und eine Anstecknadel mit dem Peace-Symbol sind der einzige Schmuck, den der Superstar der Folk-Bewegung heute trägt. Ernst schaut sie drein. Zuerst, noch vor dem Konzert, hat sie nur Augen für Brando, ihr Idol aus Jugendzeiten, gehabt: »Da stand er, sieben Meter von mir entfernt, umgeben von Zeitungsleuten und Menschen, die nach Stars Ausschau hielten. Ich war barfuß und lehnte mich gegen eine Säule auf den Stufen zum Kapitol. Ich versuchte, mir einen ungetrübten Blick auf sein Gesicht zu verschaffen, und hoffte dabei, er würde einmal zu mir hinüberschauen und mir dann direkt in die Augen schauen. Als er in der Menge verschwand und sich in Luft auflöste, schlug mein Herz so heftig, dass mein ganzer Körper zitterte.«

Das Geständnis eines verliebten Teenagers, möchte man meinen. Das Déjà-vu-Erlebnis einer Kinogängerin. Die Schwärmerei einer Halbwüchsigen. Baez schämt sich nicht, noch in ihren Aufzeichnungen *And A Voice to Sing With* daran zu erinnern. Doch schon wenige Stunden später hat sie sich wieder im Griff, ist sich ihrer historischen Mission in vollem Umfang bewusst. Es geht darum, die sich nach echter Veränderung sehnenden Teilnehmer dieser einzigartigen Demonstration ein für alle Mal aus der unterwürfigen Position der Bittsteller zu entlassen und stattdessen Macht und Entscheidungsspielraum auch in ihre Hände zu legen. Zehn Minuten stehen ihr zur Verfügung, um einen Beitrag zu diesem grundlegenden Sinneswandel zu leisten. Diesmal hat sich die Ausgangssituation in ihr Gegenteil verkehrt: Zehntausende von Augenpaaren ruhen auf Baez' Gestalt, die hinter einem Wald von Mikrofonen beinahe unterzugehen droht, als sie ganz allein auf das Podium am Lincoln Memorial klettert, auf dem an diesem Tag auch der namhafte Eva Jessye Choir zu hören sein wird. Mit Dylan hat Baez bereits im Duett *When the Ship Comes In* präsentiert, ein Lied, das erst wenige Tage alt und an dessen Entstehungsgeschichte sie maßgeblich beteiligt worden ist.

Jetzt aber gehört Washington ihr und ihrer Stimme. Ruhig, konzentriert und gelassen dirigiert sie die Teilnehmer der Kundgebung zu den Strophen und dem Refrain von *Oh, Freedom* und *We Shall Overcome.* Gibt zwischendurch die neuen Textzeilen vor, zieht die mitsingenden Demonstranten ganz allmählich in den Bann dieser zeitlosen Hymnen. Nahezu alle, die gekommen sind, um ihr und Dr. King zuzuhören, stimmen mit ein, folgen ihren Vorgaben. Ein Ozean aus Menschen. Auch Baez hat nämlich einen Traum durchlebt, einen Traum von Frieden, Brüderlichkeit und Chancengleichheit, der dem des berühmten Redners gleicht und von dem sie ihren Zuhörern im Laufe dieser zwei so einfachen Lieder indirekt erzählt. Und mit dem sie ihre Herzen, Seelen und Hirne erreicht. Das ist weit mehr als nur ein bescheidener Beitrag zu einem Tag, der in die Annalen der Geschichte eingehen wird. Ihr Gesang ist, wie der Gehalt einer gelungenen Ansprache, ausschlaggebend für den Erfolg des gesamten Unterfangens.

Minutenlang ist von hier bis zur National Mall, vom selben Mikro aus, von dem auch King spricht, nichts anderes wahrzunehmen als der klare Sopran einer jungen Frau. Und das wird lediglich der erste in einer langen Serie von Gesängen sein, mit denen Baez Zukunft gestaltet und echte Hoffnung zu wecken vermag. »Ich glaube, ich habe schon früh erkannt, dass man viele kleine Momente braucht, um etwas zu ändern, nicht nur einen großen«, bekannte sie im Jahre 2015, als sie auf 1963 zurückblickte. »Solche Tage waren genauso wichtig für mich wie der große Tag in Washington.«

»Nur ich und meine Gitarre«, darauf hat Baez ihre historische Rolle in Stellungnahmen und Interviews oft zu reduzieren versucht. Weiter nichts. Schmälern hat sie sie damit nicht können. Mehr wäre auch gar nicht nötig gewesen, um die Menschen für einen entscheidenden Moment innehalten zu lassen. Es stimmt schon: Nur ihre Gitarre und sie.

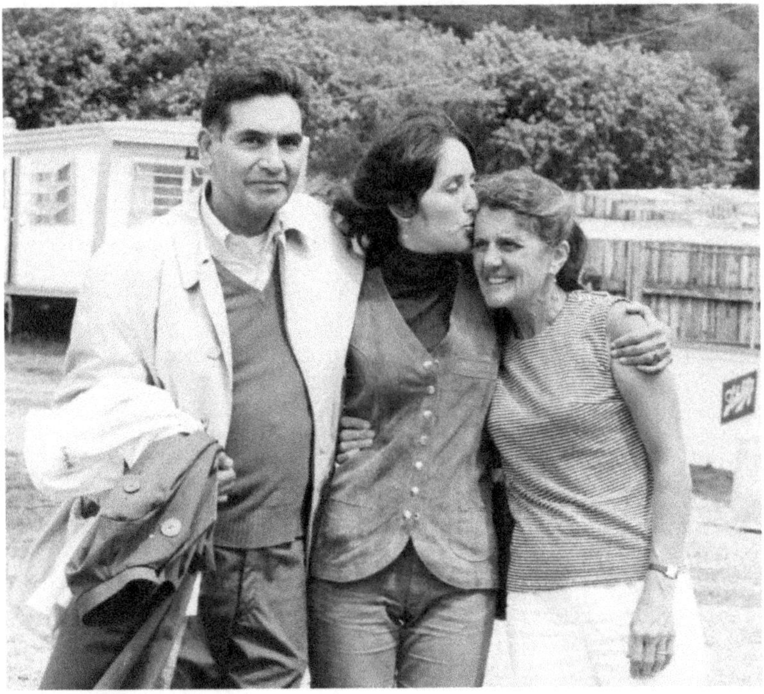

Elterntag: Zwischen Albert Vinicio und Big Joan. Newport, Juli 1967.

Nowhere Girl

> Ich bin keine Heilige. Ich bin ein Lärm.
> Den größten Teil meiner Zeit verbringe ich
> mit witzigen Bemerkungen, Singen, Tanzen, Schauspielern,
> und damit, auf Dauer lästig zu fallen.
> Ich liebe es, im Mittelpunkt zu stehen,
> und, sorry für so viel Einbildung,
> dort stehe ich meistens auch.

Mit dem ereignisreichen, finsteren Weltkriegsjahr 1941, das in Europa geprägt war von der Umsetzung des »Unternehmens Barbarossa« und der geplanten Vernichtung des Bolschewismus durch die deutsche Wehrmacht, von der Ausweitung der bewaffneten Konflikte in Afrika und auf dem Balkan sowie von immer intensiveren Massenmorden und Deportationen durch das nationalsozialistische Unrechtsregime, vor allem in Polen und in der Sowjetunion, verbindet noch heute wohl jeder US-Amerikaner eines der größten Traumata in der Geschichte des Landes: den vernichtenden Überraschungsangriff der Japaner auf Pearl Harbor am 7. Dezember und den direkt darauf folgenden Eintritt der Vereinigten Staaten in den Zweiten Weltkrieg, mitsamt der von Präsident Franklin D. Roosevelt unterzeichneten Kriegserklärung an Japan. Für das Gros der Bevölkerung in den USA dürften sich die Entbehrungen und Einschnitte im Alltagsleben, verglichen damit, was zur selben Zeit unzählige Menschen auf anderen Kontinenten durchleiden mussten, vorerst noch in Grenzen gehalten haben. Aber von einem unbeschwerten Zeitalter konnte fortan auch in Amerika, das sich an die erst im August gemeinsam mit Großbritannien verkündete Atlantik-Charta gebunden fühlte, keine Rede mehr sein; das globale Kriegsgeschehen mit seinen Auswirkungen bestimmte das Schicksal, die Gespräche und die Lebensplanung aller Familien. Junge Paare wurden auseinandergerissen, Männer und Söhne einberufen; Mütter bangten, Verliebte gerieten in Panik, Ungewissheit und Zukunftsangst wuchsen. Für sie alle begann eine zunehmend beunruhigende Phase.

Dennoch suchten auch 1941 viele unter ihnen vorübergehend Zerstreuung in den Kinosälen des Landes, wo künftige Klassiker der Filmgeschichte wie Orson Welles' *Citizen Kane,* Alfred Hitchcocks *Suspicion* oder John Hustons *The Maltese Falcon* zur Uraufführung kamen. Und dennoch durften sich, was ungleich wichtiger war, auch 1941, dem Todesjahr von Virginia Woolf und James Joyce, einige unter ihnen über Nachwuchs freuen: die Eltern von Bob Dylan und Paul Anka etwa, von Faye Dunaway und Nick Nolte, von Paul Simon und Art Garfunkel. Elf Monate vor der Attacke auf Pearl Harbor, gleich zu Beginn des Jahres, und wenige Tage vor Neil Diamond kam auf Staten Island in New York am 9. Januar die mittlere Tochter des mexikanisch-schottischen Ehepaares Báez zur Welt. Joan Chandos wurde, was ihren ersten Vornamen betraf, nach der Mutter, Joan Bridge, benannt; vom Vater Albert Vinicio Báez schien sie, wie vom ersten Tag an sichtbar wurde, die »typisch« lateinamerikanischen Züge und den dunklen Teint geerbt zu haben. Ihre Schwestern Pauline, ihre Vorgängerin, und Mimi, ihre Nachfolgerin, waren heller, weißhäutiger als sie. Schon ab der frühesten Kindheit empfand sie sich daher als fremd- und andersartig, als »ethnisch uneindeutig«. Joan junior bekam als einzige von den dreien regelmäßige rassistische Anfeindungen zu spüren. Was die anderen beiden Mädchen durften, blieb ihr oft verwehrt – einen öffentlichen Rasen, ein Geschäft, ein Haus betreten oder einfach nur mitspielen. Mit ihrem seidig schwarzen Haar und ihrer scharf geschnittenen Nase war sie die »Mexikanerin« von den drei Kindern, später in Bagdad dann die »Araberin«, und es dauerte nicht lange, da wurde sie schon von bornierten Mitbürgern, Nachbarn oder Klassenkameraden als ebensolche bezeichnet oder, schlimmer noch, als »Nigger« beschimpft. Worauf sie schon als ganz Kleine schlagfertig zurückgerufen haben soll: »Sie sollten mich erst einmal im Sommer sehen!«

Die Baezes, mit ihrem eigentlich uramerikanischen Migrationshintergrund, waren, schon wegen ihrer nomadischen Existenz und ihres konsequent humanistischen Engagements, alles andere als eine Durchschnittsfamilie. Sowohl Vater Albert, 1912 in Puebla geboren, und Mutter »Big Joan«, eine nur wenige Monate jüngere Schottin, waren beide im Alter von zwei Jahren in die USA gelangt, jeweils als Kind von Kirchenleuten. Albert wuchs in Brooklyn heran, wo sein eigener Vater, ein Methodistenpfarrer, der dem Katholizismus entsagt hatte, predigte und wirkte. Die Nöte der Unterprivilegierten und Bedürftigen zu lindern, so wurde ihm von Beginn an vermittelt, war das vordringliche Anliegen jeglichen religiösen Handelns und Strebens. Gute Taten waren in diesem Milieu, wo man mehr Spanisch als Englisch sprach, eine Selbstverständlichkeit, Solidarität wurde tagtäglich praktiziert, eigene Ansprüche stellte man in den Hintergrund. »Mein Vater«, so notierte seine stolze Tochter Joan später nicht ohne Bewunderung, war »ein guter Typ, ein echter Mann. Er liebte Gott, die Religion und seine Eltern.« Auch fand sie, dass er bemerkenswert ehrlich und »sehr hübsch« sei. »Der Heilige in unserer Familie.« Viel hätte nicht gefehlt und Albert, der bei den Methodisten bereits als Jugendlicher seelsorgerische Pflichten übernahm und gelegentlich auch zu den Gemeindemitgliedern sprach, wäre selbst in die Fußstapfen seines Vaters getreten und ein »professioneller« Methodist geworden. Doch seine Leidenschaft für die Naturwissenschaften, insbesondere Mathematik und Physik, erwies sich als stärker. In den Worten Joans: »Es gab eine Zeit in seinem Leben, als er Pfarrer werden wollte, aber die Heuchelei der Kirche brachte ihn davon ab. Stattdessen wurde er Wissenschaftler.« Ein begabter, zielstrebiger Akademiker, der schon während seines Studiums stets eine bessere, menschenwürdige Welt vor Augen hatte. Ein Idealist.

Albert Baez absolvierte einen Studienabschluss nach dem anderen, forschte dann an der Westküste weiter. Aus dem Pfarrerssohn wurde im Verlauf seiner Ausbildung in Drew, Syracuse und Stanford ein brillanter Physiker und Mathematiker, der später für die Weiterentwicklung von Röntgenmikroskopen und Röntgenteleskopen mitverantwortlich sein sollte und an weiteren bahnbrechenden wissenschaftlichen Entwicklungen großen Anteil hatte. Es dauerte nicht lange, bis auch Vertreter der Rüstungsindustrie seine Talente erkannten und ein Auge auf den fleißigen, promovierten Nachwuchsforscher warfen. Vorerst widerstand er indessen allen Sirenenrufen, verschrieb sich auch weiterhin der Arbeit in Universitätslaboren. Daheim war Albert der Familienvorstand eines »Viermäderlhauses«. Pauline, die Älteste, war übrigens die einzige seiner drei Töchter, in deren Leben Musik eine weniger prominente Rolle spielen sollte, obwohl auch sie einige Lieder komponierte. Joan, mit ihrer Position zwischen den Stühlen, fühlte sich anfangs eher zu ihr, der Diskreten, hingezogen als zu der kleinen Mimi, in den Augen ihrer Schwestern ungleich zarter, anmutiger und attraktiver als sie beide, einer Mimi, die bei jedermann sogleich den Beschützerinstinkt weckte und die man einfach liebhaben musste. Pauline und Joan, die beide bereits Klavierstunden nahmen, verbündeten sich daher gegen den hübschen und allzu beliebten Nachkömmling. Alberts Frau Big Joan, von deren »Antlitz eine ungeheure Kraft« ausging, wachte mit Tatkraft und Energie über das Wohlergehen des fünfköpfigen Haushaltes.

1936 hatte Albert die aus Edinburgh stammende Tochter eines musisch veranlagten Priesters der Episkopalkirche geehelicht, die als erst Dreijährige ihre Mutter verloren hatte und danach, als junge Halbwaise in Amerika, jahrelang die Tyrannei von zwei cholerischen, hartherzigen Stiefmüttern über sich ergehen lassen musste. Eine resolute und intelligente Frau mit teils schottischen, teils irischen Vorfahren, die, vom freidenkerischen Vater vernachlässigt und von dessen despotischen Ersatzfrauen drangsaliert, sich schon in ihrer schwierigen Jugend ein dickes Fell zugelegt hatte. Die bereits früh entdecken musste, »dass Oblaten herrlich schmeckten, aber nicht sehr satt machten« und mit anderen Kindern »in einer Art Zigeuner-Camp« notgedrungen geröstete Kartoffelschalen verspeiste, um nicht Hunger zu leiden. Eine tüchtige Frau, der das Leben bislang nichts geschenkt hatte und die ihren eigenen drei Töchtern gerade deshalb besonderen Lebensmut, Spaß und ungebrochene Zuversicht vermittelte. Eine gütige Pragmatikerin.

Gemeinsam zogen Albert und Big Joan, zu Hause jeweils durch eine harte Schule gegangen und an Entbehrungen gewöhnt, an einem Strang; zusammen gingen sie durch dick und dünn. Materieller Wohlstand war für sie beide nebensächlich, Kategorien des Mainstreams hatten keine Bedeutung für sie, der beständige Kampf für soziale Gerechtigkeit und gegen Ungleichheit besaß Priorität. »Falsche Töne« konnten beide nicht ausstehen, »Kaffeekränzchen« kamen nicht in Frage, Bequemlichkeit und schematischem Denken stemmten sie sich entgegen. Bei einem High School Dance in Madison, New Jersey, hatten sich diese beiden jungen Leute mit vergleichbarem Background kennengelernt und ineinander verliebt – Einwanderer und gebrannte Kinder einer religiös geprägten Erziehung, aufgrund deren Rigorosität sie nur unter »ferner liefen« vorkamen. Gleichwohl waren sie schon mit Anfang zwanzig bestens damit vertraut, wie man öffentlich zu Menschen spricht, die man erreichen, belehren und bestenfalls bekehren möchte, denen man wenigstens einmal in der Woche etwas Mahnendes, Nachdenkenswertes, Verbesserungswürdiges mit auf den Weg gibt. Sie wussten beide um das Phänomen Sendungsbewusstsein, eine Haltung, die sicher auch, ob gewollt oder ungewollt, ein wenig auf sie selbst abgefärbt hatte. Joan war, auch was ihre Mutter anging, des Lobes voll, und blickte zu ihr auf: »ein Vamp, eine Zigeunerkönigin, ein mystisches Wesen, eine Aristokratin«, zusammengenommen also »ein wunderbarer Mensch«. Ihr zufolge wusste Joan Senior rein gar nichts über »mystizistische Theorien, aber für mich ist Gott häufiger in ihrer Gegenwart als bei anderen Menschen, und es scheint, als sei Mutter mit ihm so vertraut, dass sie ihre besondere Beziehung nicht zu benennen braucht«.

Selbstverständlich hatten solche ungehemmt positiven Zuschreibungen auch ihre Schattenseiten, ihre problematischen Aspekte: Big Joan war dereinst in dem Glauben erzogen worden, dass Geld und Sex »schmutzige Sachen« seien, dass man Kindern Zuneigung ausschließlich durch harte Bestrafung vermittelte und dass sich alles »Unappetitliche« am irdischen Dasein verdrängen ließ, indem man kurzerhand »jeden Menschen in ein weißes Gewand steckte«. Joan war sich schon früh sehr wohl bewusst, dass ihre Eltern, bei all der Güte und geistigen Großzügigkeit, die sie ihr und ihren Schwestern zuteilwerden ließen, in gewisser Weise eben auch Opfer ihrer Erziehung durch eingefleischte Prediger waren, empfänglich für Kasteiung, Verzicht und Sanktionierung. Wie viel davon ihre Töchter »abbekommen« würden, ließ sich nur schwer sagen. Bei aller Lebensfreude, bei aller Ausgelassenheit herrschte immer auch ein moralischer Imperativ, ein moralisierender Unterton bei den Baezes. In Gesprächen, am Tisch und im Familienkreis. Man ließ sich nicht gehen, man verhielt sich respektvoll und pflichtbewusst, man gab keinen voreiligen Impulsen nach – man bemühte sich um vorbildliches Benehmen und über jeden Tadel erhabenes Handeln. Albert etwa rührte so gut wie nie ein Glas Wein an, musste erst in Paris »lernen«, in Maßen auch einmal – was gastronomische Freuden betraf – ein wenig über die Stränge zu schlagen.

Widerstandsgeist und Auflehnung waren der kleinen Joan buchstäblich in die Wiege gelegt worden. Denn sowohl Big Joan als auch Albert waren entschiedene Anti-Konformisten und überzeugte Pazifisten. Im Zweifelsfalle entschieden sie sich grundsätzlich *gegen* eine vielversprechende Karriere und *für* ihre ethischen Prinzipien – eine Attitüde, die dem persönlichen Vorankommen und üppigen Einkünften nicht immer förderlich war und die ein beschauliches, abgesichertes Familienleben mit gewissem Komfort und finanziellem Ruhepolster mehr als einmal in Frage stellte. Als Verantwortliche und Führungskräfte der amerikanischen Rüstungsindustrie und des Verteidigungswesens ihre Fühler nach Dr. Baez ausstreckten, um ihn als kompetenten Wissenschaftler für großangelegte Projekte und heikle nukleare Experimente zu gewinnen – damals, mitten im Kalten Krieg, steuerte man gerade auf neue, brandgefährliche Konflikte zwischen den Großmächten Sowjetunion und USA sowie ihren jeweiligen Satelliten zu –, ordnete er seinen beruflichen Ehrgeiz endgültig seinen Überzeugungen unter und schlug verlockende, lukrative Angebote an den führenden Universitäten und deren Forschungsinstituten aus. Mit den fragwürdigen Vorbereitungen zum atomaren Wettrüsten wollte er, ein »besessener Arbeiter« mit großem Pflichtgefühl, selbst als »kleines Rädchen im Getriebe« nichts zu tun haben und sich damit verbundenen Gewissenskonflikten gar nicht erst aussetzen müssen. Baez ließ sich weder ködern noch kaufen. Stattdessen gab er sich mit Posten an zweit- und drittklassigen Unis und damit auch einem Bruchteil des Gehaltes zufrieden, das ihn woanders erwartet hätte; auch verlagerte er die Schwerpunkte seiner Aktivitäten ins Gesundheitswesen und den Unterricht, und er akzeptierte Missionen für die UNESCO. Willentlich nahm er einen Prestigeverlust in Kauf.

Direkte Folge dieser kompromisslosen Gestaltung seiner Laufbahn, bei der er den Hauptakzent fortan exklusiv auf Erziehung und Humanitäres legte, war ein ewiges Auf und Ab für ihn und seine vier Frauen. Wenn er für die Neueinrichtung eines Labors oder eine Forschungsmission in einen anderen Bundesstaat, ein anderes Land oder gar einen anderen Kontinent entsandt wurde, mussten alle mit. Eine provisorische Existenz. Umzüge, Standortwechsel, bei denen es die fünf selbst nach Übersee verschlug, nur vorübergehendes Eingewöhnen. Improvisierte Unterkünfte, kein echtes Heimatgefühl, zahlreiche Abschiede und wenig Bindung an Einheimische, neue Nachbarn oder auch nur kurzfristige Freunde. Eine nahezu unmögliche Assimilierung. Einrichtung und Verwurzelung waren von vornherein zum Scheitern verurteilt. Keine Chance für Stabilität. Permanentes Fremdeln. Aufgezwungenes Globetrottertum. »Wir blieben nirgendwo länger als vier Jahre.« Wohnorte und Straßen, wie sie am Fenster eines fahrenden Zuges vorbeifliegen. Deren Namen man sich kaum einprägen kann, bevor die nächsten gepackten Kartons schon wieder vor der Tür stehen und auf den Weitertransport warten. Adressen ohne Aussagekraft. Ein Zickzackkurs zwischen Ostküste und Westküste, Neuengland und Kalifornien in schnellem Wechsel – ein solches

Hin und Her sollte später auch ein bewährtes Pattern für die erwachsene, erfolgreiche Joan werden. »A drifter's world.«

In ihrem Cover von *Please Come to Boston,* einer populären Komposition des Songwriters Dave Loggins aus dem Jahre 1974, die Baez bereits 1976 live präsentierte und anschließend in ihr Repertoire aufnahm, klingt – in die Verse eines Liebesliedes gekleidet – die Sehnsucht nach einem einzigen, verlässlichen Ort, an dem man es sich (zu zweit) irgendwann einmal gemütlich machen könnte, an dem auch so etwas wie Vertrautheit und Geborgenheit entsteht, wie ein Echo ihrer Kinderjahre an. Boston, Denver und Los Angeles werden dort als potentielle Stationen sowie attraktive Stätten der Zufriedenheit erwogen und einem bodenständigen, wenig verheißungsvollen Tennessee gegenübergestellt. Um ein Innehalten wird förmlich gebettelt – wobei offenbleibt, ob die angestrebte Sesshaftigkeit (und Verschmelzung mit dem geliebten Gegenüber) am Ende tatsächlich erfolgt und nicht doch lediglich ein frommer Wunsch bleibt.

Wie verläuft eine Kindheit bei so viel Unrast, wie eine Teenagerzeit mit dermaßen viel Unruhe und wenig Chancen auf einen echten Freundeskreis? Notgedrungen schottete sich die kleine Baez-Familie, die mal in Buffalo zu Gast und dann wieder, tausende Kilometer entfernt, in Redlands »zu Hause« war, gegen die völlig unbekannte und stets neu zu erobernde Außenwelt ab; die Mädchen blieben unter sich. Sie waren aber auch stark aufeinander fixiert. *Zu* stark? Erstaunlich viele Amateurfilme existieren von den zahlreichen Umzügen der Baezes – Albert dokumentierte Autofahrten, Zelte, Stopps an Rastplätzen, Spiele auf Wiesen, Tanz – und Fotos, auf denen die Kinder mit Vorliebe Grimassen schneiden. Spielkameraden sind in diesen Streifen nur äußerst selten auszumachen. Einerseits wuchsen Alberts Töchter, die Big Joan zur Hand gingen und im Haushalt mithalfen, behütet auf, erfuhren viel Aufmerksamkeit und Zuwendung. »Meine Mutter war die Henne, mein Vater war der Hahn. Wir waren die kleinen Küken.« Wobei immer die Gefahr der Abkapselung bestand. Andererseits konnten sie sich wie Privilegierte fühlen, denen man schon in frühen Jahren die

Welt zeigte – die eine Zeitlang in der Schweiz, in Südeuropa oder im Nahen Osten leben durften und damit Länder und Regionen, Kulturen und Lebensweisen, Aromen und Bräuche kennenlernten, von denen andere nur träumen konnten. Nicht unbedingt unter den gleichen komfortablen, luxuriösen Bedingungen wie für den Diplomaten-Nachwuchs üblich, doch vielseitig, exotisch und reizvoll genug.

In ihren Erinnerungen beschrieb Joan schlaglichtartig das schon fast schizophrene Dasein ihrer Kinderjahre: ein Spaziergang mit dem verehrten Vater über mondäne Pariser Boulevards und die momentane Unschlüssigkeit, als sie in einem feinen Restaurant ein bestimmtes Dessert bestellen sollten. Eine unerträglich heiße Nacht im Libanon, auf Durchreise. Der bestürzende Anblick eines in Bagdad von der Polizei geschlagenen und verscheuchten Bettlers. Die lähmende Hilflosigkeit, als sie mitzuerleben gezwungen war, wie einige Iraker, »nur zum Vergnügen«, einen wehrlosen Hund zu Tode steinigten. Ihre eigenen schlimmen Qualen, als sie im Irak schwer an Gelbsucht erkrankte und in heruntergekommenen Spitälern behandelt werden musste. Die Schrullen amüsanter Pensionsgäste in ihrem Haus an der Glenwood Avenue im kalifornischen Menlo Park, als ihre Eltern und sie für kurze Zeit, gemeinsam mit ihrer geliebten Tante Tia, Untermieter aufgenommen hatten. Das Pflücken wilder Erdbeeren nahe einem schweizerischen Chalet. Das beschämende Gefühl, abermals in irgendeiner amerikanischen Stadt eingeschult und den Mitschülern vorgestellt zu werden: »Ich war nicht sehr beliebt, weil ich wieder ein Neuling und noch dazu Mexikanerin war.« Verwirrende Momentaufnahmen und verstörende Begebenheiten für ein halbwüchsiges Mädchen, das sich denkbar unattraktiv fand, sich reichlich ungestüm aufführte, sein Äußeres an den meisten Tagen »für etwas komisch hielt« und sich einfach nirgendwo, während all dieser irritierenden Reisen, sprunghaften Ortswechsel und halbherzigen Schulaufenthalte, heimisch fühlte.

Insbesondere in den vielen Schulen auf gleich drei verschiedenen Kontinenten kam sie sich vor wie ein Fremdkörper; der Unterricht war ihr verhasst, der Austausch mit Mitschülern kam manchmal gar nicht erst richtig in Gang. Sie langweilte sich mit den weißen Kindern und entwickelte früh ein Faible für die Underdogs, die im Gegenzug freilich wenig mit ihr anfangen konnten. Die mexikanischen Mädchen mochten nicht lange mit Joan spielen, weil sie kein Spanisch beherrschte – obschon sie ihnen doch so ähnelte. »Ich war mager und hatte ganz braune Haut.« Trotzdem blitzte sie ab. Die mexikanischen Jungs, die sie ihrerseits »sexy« fand und die mit coolem Gehabe die kalifornischen Schulhöfe kontrollierten, gingen ihr aus dem Weg oder schenkten ihr wenig Beachtung. Dabei hätte sie alles dafür gegeben, wie sie gestand, »selbst gelogen und gestohlen«, nur um gleichberechtigt in einer Clique dabei sein zu dürfen und um ausnahmsweise einmal gute Freunde zu haben. Der blauäugigen, niedlichen Mimi mit ihrer Begabung für den Tanz flogen dagegen nur so die Herzen zu.

Und dann war da noch der Familienname, dessen korrekte Aussprache immer wieder Diskussionsstoff bot und neuen Bekanntschaften umständlich erklärt werden musste. Für Hispanophone, die Joan und ihre Schwestern kennenlernten, stellte er kein nennenswertes Hindernis dar: Báez, mit dem Betonungsakzent auf der ersten von zwei Vokal-Silben, das war unmissverständlich. Alle anderen aber rätselten oder waren unsicher: Einsilbig oder mehrsilbig? Gelispeltes oder scharfes z am Ende oder einfach nur ein s oder Doppel-s? Bess? Betz? Bäs? Beis? »Baise« wie im Französischen schied als zu obszön von vornherein aus, wurde natürlich auch ausprobiert. Mit Bájess oder Bajéss kam man der Sache schon näher. Der richtige Sound war und blieb jedoch ein Stolperstein. Oder es entwickelte sich ein Spiel mit Intonationen. Stets wurde nachgefragt: Wie genau? [dʒoʊn ˈbaɪəz]? Wie noch mal? Die Betroffenen regten dann regelmäßig an, es mit der englischen Aussprache des Klanges »bize« zu probieren und auf dem langgezogenen »ai« einen Moment zu verweilen bzw. ganz zu Anfang die Stimme unmerklich zu heben.

Joans Sozialisierung gestaltete sich kompliziert. Kontaktaufnahmen zu anderen Kids waren langwierig oder misslangen öfter, als ihr lieb war. Vertraute man ihr ein kleines Nachbarskind an, kniff sie es heimlich und wies alle Schuld von sich, sobald es zu schreien anfing. Einen japanischen Jungen trieb sie so lange über das Schulgelände, bis er sich auf der Flucht, vorbei an Schaukeln und Klettergerüsten, an einem eisernen Karussell verletzte. Von einem großen schwarzen Mitschüler ließ sie sich wiederum beschützen. Und für eine verwahrloste Kleine, die ihr leidtat, sammelte sie Geld und trug Geschenke zusammen. Widersprüchliche Emotionen und extreme Verhaltensweisen, die nicht zusammenzupassen schienen. Ihre Eltern versuchten sie mit dem Geschenk eines Collie-Welpen namens »Professor Wooley« zu trösten. Beim Wettlaufen und im Kunstunterricht war sie die Klassenbeste, konnte endlich ein paar Auszeichnungen einheimsen – und »dürstete« nichtsdestoweniger nach richtigen Freundschaften. Allmählich entwickelte sie eine regelrechte Phobie gegen alles Schulische. Allein der Gedanke an Unterricht oder an das Kantinenessen verursachte ihr Übelkeit. Erst ihr Hausarzt flößte ihr wieder ein wenig Selbstvertrauen ein, indem er ihr sagte, dass sie nicht vordergründig hübsch, sondern »auf eine eigene Art« schön sei. Dass die dunklen Ringe unter ihren Augen etwas ganz Besonderes seien. Da vergaß Joan für einen kurzen Moment, wie sehr sie insgeheim bereits unter ihren viel zu kleinen Brüsten, ihrer pickligen Stirn und ihren »spindeldürren« X-Beinen gelitten hatte. Weiterhin hielt sie sich dagegen für einen »tolldreisten schwarzhaarigen Outcast« und war ebenso weiterhin genervt, wenn Albert und Big Joan ihr zum wiederholten Male Mut zusprechen wollten und von dem legendären »Millionen-Dollar-Lächeln« ihrer mittleren Tochter faselten. Das konnte sie einfach nicht mehr hören.

Unheilvolle, weil unsichtbare Dämonen bemächtigten sich der Heranwachsenden und trieben sie fortwährend in die Enge. Regelmäßige, zu großer Besorgnis Anlass gebende Panikanfälle waren ein sichtbarer, physischer Ausdruck ihrer tiefen Verunsicherung – und wohl auch einer gravierenden Orientierungslosigkeit. Joan entwickelte einen beinahe pathologischen Brechreiz, gepaart mit lähmenden Gefühlen von Angst und Handlungsunfähigkeit, der sie zu den unpassendsten Momenten heimsuchte. Vorzugsweise mitten in der Nacht, wo sie von ihren ratlosen Eltern gestützt wurde, wenn sie verkrampft über der Kloschüssel hing und sich ein ums andere Mal entleerte, oder in der Schule. Dort flüchtete sie sich nur zu gern aus den Unterrichtsräumen in den Krankenraum und konnte so, nachdem sie sich wieder einmal die Seele aus dem Leib gekotzt hatte, der Realität für ein paar Stunden entfliehen. Oder sie blieb gleich zu Hause, an der Seite ihrer Mutter, die alles daransetzte, diesen ominösen, »grauenhaften schwarzen Mann« für immer aus dem Dasein ihrer Tochter zu verbannen. »Wir beide wussten« ohnehin, dass sich in der Schule »niemals etwas von Bedeutung abspielen würde«.

Aus unerfindlichen Gründen war ihrer kleinen Joan dauernd schlecht – in ihrem Umfeld gewöhnte man sich schließlich an diese üblen Attacken und lernte damit umzugehen, so wie die Familie eines Epileptikers weiß, was im Falle eines neuen Krankheitsschubes auf der Stelle zu tun ist. Big Joan, die sie liebevoll umsorgte, war der Rettungsanker im Verlauf solcher Phasen, in denen die »Agonie der Angst« übermächtig wurde; ein mit den Achseln zuckender Albert, der alles mit Verstand und Logik zu analysieren versuchte, der unnötigerweise auf das noch viel größere Leid hungernder Araber in der Nachbarschaft hinwies und sich partout keinen Reim auf ihre gestörte Befindlichkeit machen konnte, stand Linderung und Genesung dauernd im Weg. Er ermahnte sie, sie solle ihr Essen doch gefälligst »bei sich« behalten, sich zusammenreißen. Er missverstand ihren Zustand als Neurose oder tat ihn als Marotte ab. Seine Beschwichtigungsversuche, sein Gestammel und seine offenkundige Hilflosigkeit machten alles nur noch schlimmer für Joan.

Ihre Mutter, ihre Tante »und meine Schwester Mimi waren die Einzigen, die imstande waren, den Bann des Schreckens, der mich so oft gefangen hielt, zu brechen«. Das allein war zwar »auch noch keine Heilung«, aber wenigstens ein Anlauf, ein Trost, eine Hilfestellung und ein Schulterschluss. Als sich in Bagdad die Situation wieder einmal zuspitzte, nahm Big Joan ihre so arg gebeutelte Tochter ohne langes Federlesen für ein paar Monate aus der Schule und schenkte ihr damit nicht nur Freizeit, sondern auch Ruhe und dringend benötigte Freiheit. Die beiden gönnten sich eine Auszeit, genossen lange Pausen und aßen Zitrusfrüchte in einem Innenhof, abgeschirmt von Störungen und Eindringlingen, oder bereiteten Tee zu; die kleine Joan experimentierte mit Alberts Mikroskop, beschäftigte sich mit Insekten und zeichnete mit immer größerer Leidenschaft. Vermochte sich allmählich zu entspannen. Ein weiterer Rückzug ins Schneckenhaus, ein neuer solitärer Kreativitätsschub für die bereits extrem Introvertierte. Was damals mit ihr geschah, ging allerdings über eine harmlose pubertäre Identitätskrise weit hinaus. »Den größten Teil meiner Kindheit« und Jugend, so resümierte sie später, »verbrachte ich mit der Abwehr imaginärer Schrecken, und ich vermute, dass mein Vater diese Art Horror nie verstanden hat.« An diese unerfreulichen Jahre in einem Niemandsland, die sie als »dunkel« beklemmend und »vergeudet« empfand, an diese fundamentale Krise, die sie fassungslos gemacht und aus dem seelischen Gleichgewicht gebracht hatte, erinnerte sie sich nur mit Unbehagen. Erleichtert war sie nur, wenn sie, jenseits von Zeit und Raum und eingelullt in einen Dämmerzustand, der nie lange anhielt, in einem Traumreich verschwinden und in ein inneres Gefilde der Wünsche und Visionen abtauchen konnte. Bald machte sie es sich zur Angewohnheit, solche Träume und auch Tagträume festzuhalten und präzise zu protokollieren. »Aber mein Vater hatte nie auch nur den blassesten Schimmer, worum es ging, wenn ich weinte und zitterte.«

Ein stummer Vorwurf an den geliebten, respektierten Albert, weil er ihr und den anderen Baez-Frauen ohne Unterlass diese Tortur von Heimat- und Identitätslosigkeit zumutete? Weil sie ihm die Maske der Ratio vom Gesicht reißen und ihn, ohne Schonung walten zu lassen, mit ihren so unausgegorenen wie wirren Gefühlen konfrontieren wollte? Sollten er und ihre Umgebung das zwanghafte, schon pathologische Übergeben und die intensiven Angstzustände als drastische Zeichen einer dauerhaften Überforderung deuten? Als Symbol für einen nicht akzeptablen, sozusagen »unverdaulichen« Alltag? War das Chaos in ihrem Leib und ihrer

Seele lediglich ein Spiegel der ebenso chaotischen Lebensführung der Baezes, Weltenbummler wider Willen, bei der man nie im Voraus planen konnte und die Schuljahre selten wirklich in ruhigen Bahnen verliefen? »Ich vermutete, dass mein Vater diese Art Horror nie verstanden hat.« Sie fühlte sich von ihm nie in vollem Umfang ernst genommen und drohte daran fast zu verzweifeln. Auch als sie sich, dann bereits als junge Frau, nicht allein medizinische Hilfe suchte, sondern auch ihr Seelenleben unter Mithilfe von geschulten Fachleuten gezielt unter die Lupe nahm, als sie sich also ihren Persönlichkeitsstörungen stellte, um nicht länger eine Getriebene zu bleiben und sich jahrelang, mit einer umfassenden Therapie, in die Obhut von Psychologen und Psychiater begab, dauerte es sehr lange, bis Albert die absolute Notwendigkeit solcher schmerzhaften Prozeduren für seine Tochter erkannte und hinnahm. Ohne gleich wieder, ganz der kühle Naturwissenschaftler, abfällige Scherze über die Seelenklempner und den fragwürdigen Sinn ihrer Untersuchungen und Techniken zu machen.

Dass auch ihr Vater litt, auf einer ganz anderen Ebene, aber nur wenig davon nach außen dringen ließ, verdient Erwähnung: Schnell hatte er nämlich herausgefunden, dass viele seiner Kollegen ihre Anstellungen bei der UNESCO oder bei anderen humanitären und wissenschaftlichen Einrichtungen nicht primär wegen irgendwelcher hehren Ideale gewählt hatten, sondern aufgrund anderer unbestreitbarer Vorzüge – der Möglichkeit, in der Welt herumzukommen, etwas »geboten« zu bekommen und sich an begehrenswerten oder faszinierenden Orten aufzuhalten, um Auslandszulagen einzustecken. Sie betrachten ihre Jobs als reinen »Deal« und Chance für ein schickes Leben; aus ihrem Opportunismus machten sie auch in Gesprächen nicht den geringsten Hehl. Im Gegensatz zu Albert hatten sich viele unter ihnen darüber hinaus auch noch materiell verbessert. Pazifismus oder Idealismus schienen ihnen herzlich egal, ja »schnurz« zu sein.

Albert nahm derlei freimütige Bekenntnisse zu solch schnöden Beweggründen mit Ungläubigkeit und Fassungslosigkeit auf. Kaum jemand nahm ihm ab, dass er tatsächlich an eine Mission glaubte, echte Überzeugungen vertrat und unbedingt eine »Aufgabe« erfüllen wollte. Der Schock saß tief und machte ihn sprachlos. Big Joan hingegen entrüstete sich lautstark, empörte sich an seiner Stelle: »Die Tatsache, dass Menschen vor Hunger sterben, geht ihm gegen den Strich«; er sei naiv genug gewesen zu glauben, er könne wirklich etwas gegen Missstände und Elend ausrichten, könne »lebensnotwendiges Wissen vermitteln«. Nun mussten beide zur Kenntnis nehmen, dass sie, wohl allzu naiv, Aufrichtigkeit und Altruismus auch bei anderen stillschweigend vorausgesetzt hatten. Was sich vor Ort als Schimäre entpuppte. »Vielleicht sind wir nicht ganz richtig im Kopf«, so ließ sich Big Joan, stellvertretend für Albert und die Töchter vernehmen, »aber ich habe mir nicht vorstellen können, dass es Leute gibt, die aus anderen Motiven hier arbeiten.« Eine herbe Enttäuschung für jemanden wie ihn, daran gewöhnt, aufrecht durchs Leben zu schreiten. Die Fassade des institutionalisierten Gutmenschentums begann zu bröckeln. Desillusioniert zog Baez mit den Seinen zur nächsten Uni, zur nächsten Forschungsstätte, ins nächste Land weiter. Und suchte sein Seelenheil einmal mehr bei den Quäkern.

Seit einigen Jahren schon waren Big Joan und Albert ihren angestammten Glaubensgemeinschaften abtrünnig geworden und hatten sich dem Quäkertum verschrieben. Die Akzentuierung der Rolle des individuellen Gewissens, der Kampf gegen jegliche Diskriminierung und Erniedrigung anderer Menschen, die unauflösliche Verschränkung von spiritueller Erfahrung, gelebter Religiosität und guten Taten im Alltag sowie der Glaube an die Einzigartigkeit und Kostbarkeit jedes menschlichen Wesens, allesamt Quäker-Ideale, waren ihnen hochwillkommene Richtlinien und Leitsätze. Ebenso die strikte Ablehnung kirchlicher Hierarchien und die konsequente Verweigerung jeglichen, vom Staat oktroyierten »Dienstes« an der Waffe. Bei den aus Sicht der Töchter schier endlosen Sitzungen mit ihren langen Schweigephasen verbreitete sich eine Atmosphäre der Konzentration, der Ereignislosigkeit und der Austerität, die dem kollektiven Austragen innerer Konflikte förderlich war, das »In-sich-Gehen« begünstigte und eine Art Selbstreinigung hervorbrachte. Für die Baez-Teenager handelte es sich dabei um eine sterbenslangweilige und noch dazu ausnehmend monotone Veranstaltung, die sie als quälend und nervtötend empfanden. Sie alberten herum und rissen ungehörige Witze, machten sich über die alten, freundlichen und natürlich auch recht betulichen Leute in den Quäkerversammlungen lustig. Solch geballter Ernsthaftigkeit und stummer, halbstundenlanger Meditation standzuhalten verlangte ihnen einiges an Geduld ab. Nur mit größter Mühe konnten sie deshalb ihr Kichern bändigen und Lachsalven unterdrücken, wenn man ihnen, zum Beispiel anhand einer in einer Blechdose gepflanzten Bohne, aus der danach Keime, Knospen und schließlich auch ein zartes Pflänzchen emporwuchsen, gleichnishaft vom Wunder des Lebens sprach und ihre Sensibilität für alles Fragile, Beschützenswerte und Ephemere zu wecken suchte. Wie eben nur heranwachsende Kinder in einem bestimmten Alter es fertigbringen, zogen auch Joan, Pauline und Mimi die gutgemeinten Darlegungen und Mahnungen der Quäker ins Lächerliche, blödelten, was das Zeug hielt und rollten die Augen, wenn man sie am darauffolgenden Sonntag erneut in eine dieser trostlosen, doch von einem herkömmlichen Gottesdienst grundverschiedenen Schweigeversammlungen mitschleppte.

Ganz spurlos können die Parabeln und Gebete der Quäker-Freunde ihrer Eltern, die so schwer zu ertragenden Unterweisungen und Gewissensappelle indes nicht an den Baez-Töchtern und insbesondere nicht an der pubertierenden Rebellin Joan vorübergegangen sein, denn insgeheim bildeten sich bei ihr im Alter von zehn bis fünfzehn Jahren, aller Unbill zum Trotz, so etwas wie ein eigenständiges soziales Gewissen und genuin solidarische Impulse heraus – dem zarten Pflänzchen in der Dose gar nicht so unähnlich. Eine solche Empfänglichkeit für Ungerechtigkeit und Ungleichheit, die erst erwachen kann, wenn man endlich einmal von sich selbst absieht, war wohl erstmals während des Irak-Aufenthaltes gegeben. Hier, umgeben von orientalischem Ambiente, schloss sie, bei der Lektüre der berührenden Tagebücher von Anne Frank, innige Bekanntschaft mit einer fast Gleichaltrigen, die sie nie persönlich kennenlernen würde. Joan erfuhr von deren tragischem Schicksal, indem sie 1951 die buchstäblichen letzten Aufzeichnungen eines todgeweihten und zugleich völlig unbekümmerten Menschen las. Verfasst von einem jungen Mädchen, das – ebenfalls in einem fremden Land, nur dass es sich beim Amsterdamer Exil um ein gefährliches Versteck handelte und nicht um die Wohnung eines ausländischen Forschers – mit grundsätzlich ähnlichen Problemen und widerstreitenden Gefühlen haderte wie sie. Und dem, ohne es auch nur ahnen zu können, der Abtransport in die nationalsozialistischen Vernichtungslager und damit ein früher Tod unter grausamen Umständen bevorstand. Gerade einmal sechs Jahre war das her.

Hier in Bagdad stand Joan aber auch der ganz konkrete, tägliche Überlebenskampf von Bettlern und im Müll wühlenden Armen, Strandgut einer unbarmherzigen Gesellschaftsordnung, deutlich vor Augen. Das fand nicht zwischen Buchdeckeln oder in ihrer Vorstellung statt, sondern spielte sich direkt vor ihrer Haustür ab, unterhalb ihres Balkons, auf dem Schulweg. Allerorts wohnte Joan Szenen des Jammers bei; sie sah schwärende Wunden an den Leibern dieser Unglücklichen, auf denen sich die Fliegen dutzendfach niederließen; sie gewahrte verkrüppelte Kinder; sie erblickte Männer, denen Gliedmaßen fehlten, und Frauen, die auf einem Beinstumpf mühsam die schmutzigen Straßen entlanghumpelten. Versehrte Kreaturen, wohin man auch schaute. Auf sich allein gestellt, ohne Aussicht auf Hilfe oder Fürsorge. Ausgestreckte Hände, verzweifelte Gesichter, weit aufgerissene oder bereits erloschene Augen. Das irdische Elend in seiner ganzen Bandbreite. Konnte man, wie Joan, die Lage ein bisschen erträglicher machen, wenn man einen bescheidenen Beitrag leistete, sich um herrenlose Tiere kümmerte oder eingewickelte Kuchenstücke in den Mülltonnen versteckte? Oder war das nur der berüchtigte Tropfen auf den heißen Stein?

Und es war auch anlässlich von zwei unterschiedlichen »quaker meetings«, dass sie nur wenige Monate später, zurück in den USA und eher zufällig, zum ersten Mal in ihrem Leben zwei charismatische Männer würde reden hören und erleben können. Zwei Männer, die ihren Werdegang nachhaltig beeinflussten und von deren Seite sie nicht mehr weichen sollte: der damals noch junge Baptistenprediger und künftige Friedensnobelpreisträger Martin Luther King sowie der Pazifist und überzeugte Gandhi-Anhänger Ira Sandperl. Ein Schwarzer und ein Jude, zwölf und achtzehn Jahre älter als sie. Ein begnadeter Rhetoriker und ein »bärtiger Guru mit Ziegenbocklachen«. Schon bald ihre Brüder im Geiste. Und ihre politischen Weggefährten. Beide besaßen die Gabe der Rede. Beide vermochten es, ihre Gemeinden und Zuhörer mitzureißen, den berühmten Funken überspringen zu lassen und mit wenigen, einfachen wie kenntnisreichen Worten überzeugende Visionen von einer lebenswerteren Welt zu entwerfen. Joan wollte es ihnen gleichtun – nur dass sie es mit künstlerischen Mitteln versuchen würde.

***

Joans frühe Jugendjahre waren somit eine zweischneidige Angelegenheit. Zum einen herrschte im Hause Baez eine konstante Aufbruchsstimmung, wurde stets aufs Neue die Neugier der Töchter geweckt und für Enthusiasmus gesorgt. Die Kinder durften in einem sicher anstrengenden und gelegentlich aufreibenden, meistens aber stimulierenden familiären Rahmen gedeihen. Ihr Miteinander war von Zuwendung und Kultur in einem lebensbejahenden Kontext bestimmt, Toleranz wurde gefördert und Vielfalt geboten. Sie lernten Französisch und waren damit dreisprachig. Ihr Erfahrungshorizont wurde systematisch erweitert und bereichert; man offerierte ihnen außerdem eine kosmopolitische Perspektive. Joan sollte davon profitieren: Als Weltstar und Aktivistin fiel es ihr relativ leicht – und offenbar leichter als anderen –, monatelang auf Tournee zu sein, sich in wildfremden Ländern zurechtzufinden oder sich auf den schwierigen Aufenthalt in totalitären Staaten oder in der Dritten Welt, oft unter prekären Bedingungen und trotz Sprachbarriere, einzulassen. Und für einen Werdegang als anständiges, freiheitsliebendes und weltoffenes, nur ihrem Gewissen verpflichtetes und durch keine Macht der Welt einzuschüchterndes

Individuum hatte sie die Erziehung durch Albert und Big Joan geradezu prädestiniert.

Zum anderen plagten sie unaufhörlich ihre Phobien. Auch der chronische Brechreiz sollte nie ganz verschwinden, sondern sich im Laufe ihres Bühnenlebens als überdimensioniertes, unkontrollierbares Lampenfieber fortsetzen – kaum ein Konzert, wo es ihr nicht die Kehle zuschnürte und die Luft abschnitt, wo ihr nicht eine Panikattacke zusetzte und wo sie nicht zwischendurch in den Kulissen verschwinden musste, um sich bis zur Erschöpfung zu entleeren und danach kühles, erfrischendes Wasser ins Gesicht zu spritzen. Richtig aufgeklärt wurde sie ebenfalls nicht. Alberts fanatischer Puritanismus hinterließ Spuren, auch das schmerzte. Mit Prüderie, mit latenten Schuldgefühlen und mit übertriebener Zurückhaltung hatte sie sich auseinanderzusetzen. Das alles waren Narben, die lange nicht verheilen wollten. Jahrelang grämte sich seine Tochter, weil Albert »niemals etwas Nettes« zu ihr sagen konnte. Ferner stand den Baezes, wo immer sie sich auf dem Globus oder in den Staaten auch gerade aufhalten mochten, meist nur ein knappes Budget zur Verfügung; die Kinder wurden kurzgehalten. »Das Wort ›Budget‹ habe ich die ganze Zeit gehört, und es verbindet sich für immer mit dem Bild von Mutter, die aus diversen Taschen Dollarscheine in kleinen braunen Umschlägen zieht, die wie ein Akkordeon gefaltet sind.« Jeder davon wurde zweimal umgedreht, bevor man ihn ausgab. Und der Radius von Joan, Mimi und Pauline war, einmal am neuen Ort angelangt, recht eingeschränkt – schon aus Gründen der Sicherheit ließ man sie nur höchst ungern aus den Augen.

Dass Joan gut zeichnen und subtile Porträts wie gelungene Karikaturen von Familienmitgliedern, Klassenkameraden und Filmstars anfertigen konnte, stellte sie eine Zeitlang zufrieden. Dass sie auch Talent zum Schreiben besaß, bewies ein erstaunlich offenherziger und kritischer, in Teilen selbstentlarvender und schonungsloser Text, den sie mit vierzehn über sich und ihre Familie, über ihre Meinungen, Einstellungen und Überzeugungen verfasste, um ihn dann auch noch zu illustrieren – und kaum dass sie das amüsante literarische Selbstporträt fertiggestellt hatte, ließ sie es jahrzehntelang der Vergessenheit anheimfallen. (Ihm ist auch das Motto für dieses Kapitel entlehnt.) Dass sie Stimmen imitieren, Grimassen schneiden und die Familienmitglieder auch mit Wortwitz zum Lachen bringen konnte, wurde stets goutiert. Dass sie sich mit philosophischen Fragen auseinandersetzte und, auf Geheiß Sandperls, Klassiker wie Tolstoi und Laotse und neuere Denker wie Aldous Huxley studierte, machte sie klüger und nachdenklicher.

Doch erst die Musik wurde für sie schließlich zum Vehikel, sich aus dem familiären Kokon wenigstens schrittweise zu befreien, andere zu unterhalten und zugleich ihren Fokus auf Anliegen und Probleme zu richten, die weit außerhalb ihrer eigenen Befindlichkeits-Sphäre lagen. Musik war am ehesten geeignet, ihre Persönlichkeit zu entwickeln und dabei auch eine ganz neue, bühnentaugliche Person zu erfinden. Musik erlaubte ihr, über den eigenen Schatten zu springen und doch ganz bei sich selbst zu sein. Mit ihrer Art Musik zu machen, so fand sie schnell heraus, lenkte sie automatisch die Aufmerksamkeit der Menschen auf sich, konnte endlich Freundschaften schließen und dann auch die Gunst junger Männer für sich gewinnen. Mit ihrer speziellen Ausprägung musikalischer Darbietung vermochte sie Anerkennung zu ernten. Schenkte man ihr Gehör und nahm sie wahr. Bis es so weit war, gingen noch einige Jahre ins Land.

Wurde mit dem Besitz eines einfachen Instrumentes über Nacht ein anderer Mensch aus ihr? Man schenkte ihr eine Ukulele, und, wie auf Kommando, ruhte sie nicht, bis sie die Standardakkorde beherrschte und den etwas schmalzigen, aber auch optimistischen Hit *You'll Never Walk Alone* aus Rodgers' und Hammersteins Musical *Carousel* vortragen konnte. James Cavener, Freund der Familie und ehemaliger Student von Albert, erinnerte sich noch Jahre danach an die plötzliche Euphorie des jungen Mädchens und die überraschende Wandlung, die mit ihr vorging. Das frühere Bild einer zutiefst Unglücklichen und Einsamen, zwölf oder dreizehn Jahre alt, die sich als Halbmexikanerin stigmatisiert fühlte und die sich zu Unrecht unattraktiv fand, stimmte mit »Joanies« neuem Image überhaupt nicht mehr überein. Mit der Ukulele in der Hand und mit einer bis dato nie gekannten Lust zu singen wuchsen ihr Flügel. Eine Metamorphose. Diese »neue« Joanie, gerade mal fünfzehn, imitierte Elvis Presley und versuchte sich an allen Rhythm-'n'-Blues-Standards jener Ära, denn deren Akkordfolgen waren vorhersehbar und relativ leicht kopierbar. »C-Dur, a-Moll, F-Dur, G-Dur.« Vier Griffe nur, und eine ganze Welt tat sich für sie auf. Auch ihre Schwestern spielten bald Ukulele und Gitarre; Mimi erwies sich als die Begabteste. Im Wohnzimmer brillierte freilich Joan, klampfte und sang drauflos, wie man es von ihr gar nicht erwartet hatte. Calypsos von Harry Belafonte, Folksongs von Odetta. Oder aus der aktuellen Hitparade Abgekupfertes. Zwischen Sofa und Sitzecke trumpfte sie auf, schuf sich ihre erste »große« Bühne. Und auf einmal interessierten sich auch ihre Mitschüler für sie: »Meine Stimme war dünn und unsicher und lieblich. Genau wie ich. Wenn ich während der Mittagspause sang, machten die weißen Kinder, selbst die aus der oberen Gesellschaftsschicht, plötzlich viel Aufhebens um mich.« Endlich.

Unter dem peruanischen Pfefferbaum auf ihrem kalifornischen Schulhof stellten ihre jungen, erwartungsvollen Zuhörer ihre Bänke so auf, dass sie ein Dreieck ergaben, und Joanie fand sich in dessen Zentrum wieder. »Center stage.« Ließ sich anstarren wie ein seltenes Tier. *Suddenly There's a Valley* sang sie dann, alle Strophen, und erntete anerkennende Bemerkungen, Applaus. Ein paar offene Münder waren auch zu sehen. Niemand verließ die improvisierte Bühne oder verhielt sich gleichgültig. Nach der Performance wurden ihr alle möglichen Fragen gestellt, einige nahmen sie mit zum Eisstand, andere spazierten mit ihr auf und ab. Man wollte wissen, woher sie kam, wo sie bereits überall gelebt hatte. So konnte sie mit ihren Reisen prahlen, über einige Lieder Auskunft geben. Man riss sich demnach nicht gerade um sie, aber sie fiel auf. Die Isolation, in der sie sich nun schon lange hatte einnisten müssen, schien aufgehoben. »Sie plauderten mit mir und ich mit ihnen, als würde ich dazugehören.« Musik half Joanie dabei, sich integrieren zu können.

Viele Freunde hatte sie deshalb noch längst nicht. »Ukulele zu zupfen und den ›lunch time clown‹ zu spielen, brachte mir die Aufmerksamkeit der anderen Kinder.« So blieb sie doch immer jemand Besonderes.

Woran es noch haperte, waren Intonationssicherheit und stimmliche Nuancen. Im Schulchor wurde sie entweder als Sopran, Mezzo oder als Alt eingesetzt; beim Vorsingen für den örtlichen Gesangsverein, in dem sich ein von ihr ein beneidetes, kokettes Gespann, niedliche Zwillingsschwestern, trällernd, swingend und fingerschnippend hervortat und dem sie nachzueifern trachtete, fiel sie durch. Nur zwei Gründe kamen aus ihrer Sicht für dieses Scheitern in Frage: dass sie erstens nicht zur »in crowd« gerechnet wurde, also sich noch nicht genügend soziales Prestige unter den konkurrierenden Mädchen erworben hatte, und dass es zweitens ihrer Stimme noch am nötigen Vibrato fehlte und damit an Reife und Kunstfertigkeit. »Da ich machtlos war, was meinen Status anging, traf ich die Entscheidung, dass ich meine Stimme grundlegend ändern müsse.« Die nächsten Tage brachte sie daheim damit zu, stundenlang ihren Adamsapfel »zwischen den Fingern zu zwirbeln« und in Räumlichkeiten mit Hall und natürlichem Echoeffekt gehörig zu experimentieren. Nach kurzer Zeit stellte sich das gewünschte Resultat wie von allein ein: Das Vibrato war da, Volumen und Modulationsfähigkeit ließen sich steigern und ausbauen; Joans Organ war »powerful« und klang »älter«, gereifter und vor allem unverwechselbarer denn je zuvor. »Das war sagenhaft! Genauso musste und wollte ich weitertrainieren.« Einen »voice coach« hatte sie für dieses Intensivtraining nicht benötigt.

Mit dieser neuen Stimme, an der sie fortan Stunde um Stunde feilte und bei der sie sich auch an Belafontes zartem, klarem Bariton orientierte, trat sie erneut vor Publikum und hatte alsbald, bei Gemeindeversammlungen, zu Hause oder in der Schule, als »out-in-front-girl« phänomenalen Erfolg damit. »So klar wie die Luft im Herbst«, befand ein Sachkundiger des *TIME Magazine* im November 1962, keine vier Jahre nach ihrem Debüt im Club 47, und charakterisierte Joans »Instrument« wie folgt: »Ein vibrierender, kraftvoller, unerzogener, aufwühlender Sopran«, der auch in tiefer Lage noch zu überzeugen wusste. Damit meinte er die Zwanzigjährige. Was er notierte, besaß aber Gültigkeit über den Tag hinaus. Alle Nervosität fiel von ihr ab, sobald sie Menschen gegenübertrat, die ihr Zuhörbereitschaft und Aufmerksamkeit signalisierten; vor Publikum erblühte sie schon jetzt, mit sechzehn, wie eine einstige Schattenpflanze im prallen Sonnenschein. Aus der Schüchternen wurde somit eine bewusst Vorlaute, eine nicht mehr zu Überhörende.

Zu einem wahren Erweckungserlebnis geriet dann das Pete-Seeger-Konzert, zu dem sie Tante Tia und »Onkel« Rugger in die Sporthalle der Palo Alto High School mitnahmen. Diese Folklegende, damals erst 35 Jahre alt, bei einem Fundraising Event für die Demokraten live spielen und agieren zu sehen und engagierte Texte zu hören, die augenblicklich eine Saite in ihr zum Klingen brachten, motivierte sie mehr als alles andere. Joan und auch Mimi, die gleichfalls gefesselt war, spürten den Aufruhr in Seegers Songs und auch die Anspannung, wurden angesteckt von der Bereitschaft zur Auflehnung, wie sie dieser Barde – der »Daddy des Folk« – mit jeder Faser seines Körpers transportierte. »Joan erzählte mir zu einem späteren Zeitpunkt, dass es an jenem Abend geschah, direkt nach meinem Konzert« in jener unbedeutenden Schulsporthalle, berichtete Seeger Jahre darauf. »Sie betrachtete sich im Spiegel und sagte zu sich selbst: ›Auch ich kann eine solche Sängerin sein.‹« Tia und Rugger dagegen erkannten erst lange danach, zu welch außerordentlichem, »bedeutendem« Gastspiel sie ihre Nichten damals eingeladen hatten. Ein unvergesslicher Moment. Nichts sollte mehr so sein wie zuvor im Hause Baez.

Joan war inzwischen mit ihrer neuen Folk-Gitarre, einer Gibson mit Stahlsaiten, wie verwachsen. Sie trank Espresso und las die Existentialisten. Sie hatte gleich fünf Verehrer hintereinander – einen Asiaten, einen Intellektuellen, einen Motorradfahrer, einen Millionärs-Sohn und einen Romantiker –, schlief aber mit keinem von ihnen, tauschte sie gegeneinander aus, bewahrte sich ihre Jungfräulichkeit. »Ich hatte keine Freundschaften, Affären oder Beziehungen – ich hatte Eskapaden, ich spielte Streiche.« Wenn es einmal richtig schön oder abenteuerlich zu werden versprach, meldeten sich postwendend, wie alte Bekannte, ihre morgendlichen Dämonen zurück, so dass sie wieder abtauchte, sich zur Magenentleerung im Badezimmer einschloss oder ganze Nachmittage beim Psychiater zubrachte. Anderntags machte sie – ohne fachliche Anleitung – allein mit ihrer eigenwilligen, aber fruchtbaren Stimmbildung weiter. Und dann erfolgte endlich ihre erste Bewährungsprobe in Sachen ziviler Ungehorsam, gewissermaßen die Probe aufs Exempel, in Form einer an Lächerlichkeit nicht mehr zu überbietenden Luftschutzübung: Dreimal hintereinander klingelte im Februar 1957 eine schrille Glocke in ihrer Palo Alto High School, und alle Schüler sollten daraufhin, so verfügte es ein behördliches Dekret, in aller Seelenruhe nach Hause marschieren oder trampen, ihre Eltern verständigen, sich daheim im Keller verstecken, »Survival«-Kekse verzehren und so tun, als würden sie, sich mit Notrationen versorgend und Geduld an den Tag legend, einen atomaren Angriff in der Tat überleben können. Einen natürlich vom Erzfeind Sowjetunion ausgehenden Angriff mit Langstreckenraketen. Mit anderen Worten: Die genarrten Schulgänger sollten abwarten und Tee trinken. Dass es so etwas wie atomare Verstrahlung gab, dass auf Monate hin nicht mit einem Verlassen von Schutzräumen zu rechnen war, dass die heimischen Keller nicht angemessen gesichert waren, dass die Vorräte nicht ausreichen würden und dass kein Kind, selbst wenn es um sein Leben rannte, es auf der Flucht auch nur rechtzeitig bis vor die Haustür schaffen würde, kam in der Anordnung selbstredend nicht vor. Joan handelte daraufhin so pragmatisch und vernünftig, wie Albert und die Quäker-Freunde es ihr vermittelt, nicht aber, wie die Schulleitung es ihr vergeblich einzubläuen versucht hatte: Couragiert blieb sie an ihrem Pult sitzen. Sie weigerte sich aufzustehen und dem grotesken Befehl Folge zu leisten. Für keine Macht der Welt wollte sie den Lemming spielen. Aus Alberts Physikbüchern wusste sie nur zu genau, dass solche todbringenden Geschosse, von der russischen Ostküste abgefeuert, ungleich schneller in Kalifornien einschlagen würden als ihr Nachhauseweg dauerte. Geschwindigkeit war schließlich keine Hexerei. Das ganze Unterfangen erwies sich als absolut zwecklos und war geradezu lachhaft – billige Propaganda, mit der man wohlmeinende Eltern und blauäugige Schüler zum Narren hielt.

Einem freundlichen Französischlehrer gelang es selbst mit sanft wiederholten Aufforderungen nicht, ihren Widerstand zu brechen und sie zum Verlassen des Lehrinstitutes zu bewegen; die beiden lieferten sich ein minutenlanges, von Unverständnis dominiertes Streitgespräch, und einige Stunden später war der Spuk sowieso vorüber, die Simulations-Übung »erfolgreich« abgeschlossen. Mit einer so standhaften Gegnerin hatte wohl, auch schulintern, niemand gerechnet. Doch ehe sie, Big Joan und Albert es sich versahen, geriet ihre Sturheit, so wohlbegründet sie auch gewesen sein mochte, zum Politikum: Über Joans mutiges »Sitzenbleiben« wurde in der Zeitung lang und breit berichtet; die junge Baez gelangte sogar auf die Titelseite. In Leserbriefen wurden Vermutungen über eine kommunistische Verschwörung laut; wieder einmal hatte Joan eine Außenseiter-Position eingenommen. Womöglich war dies ihr erster großer Presseartikel überhaupt. Und ihre Premiere als politische Aktivistin. Sanktionen hatte sie gottlob nicht zu gewärtigen; zur Rede gestellt wurde sie auch nicht. Einige von ihren Schulkameraden blickten von da an zu ihr auf, wussten nicht so recht, ob sie Joan nunmehr bewundern oder eher meiden sollten. In ihrer Familie und ihrem Umfeld aber waren alle des Lobes voll: Big Joan und Quäker-Mentor Ira Sandperl, der in Zukunft noch mehr Zeit mit ihr als mit seiner eigenen Frau verbringen sollte, waren mächtig stolz auf sie – und selbst Albert zeigte sich zufrieden. Seine Joanie konnte, anstatt immer nur Wortspiele, Lieder und Jungs im Kopf zu haben, gelegentlich doch richtig ernsthaft handeln. Genau wie er es ihr immer gepredigt und vorgelebt hatte. Im Wohnzimmer arbeitete die kleine Rebellin sich bereits wieder unermüdlich an Seegers Interpretation von *Ain't Gonna Study War No More* ab, an Odettas *Lowlands* und an Belafontes *Scarlet Ribbons*. Diese Songklassiker waren ihre Tonleitern. Und dass sie dafür viel, lange und hart üben musste, brauchte man ihr nicht zweimal zu sagen. Das tat sie von ganz allein. Aus freien Stücken.

***

Der vorerst letzte große Umzug der Baez-Familie beförderte Joan dann ans Ziel ihrer Wünsche und Hoffnungen. Diesmal ging es wieder zurück an die Ostküste. Albert trat zu Beginn des Jahres 1958 eine Stelle am renommierten Massachusetts Institute of Technology (MIT) in Cambridge an, und zum ersten Mal stand unseren Nomaden, die sich in Belmont, also in unmittelbarer Nähe von Boston und der Harvard University, niederließen, ein geräumiges, großzügiges Haus zur Verfügung. Pauline war bereits flügge geworden und hatte einige hundert Meilen weiter südlich ein Studium aufgenommen; Joan, mittlerweile siebzehn, und die dreizehnjährige Mimi perfektionierten in getrennten Zimmern von früh bis spät ihren Gesang und ihre Fingerpicking-Technik.

Um sie herum brodelte es. Energie und Esprit lagen in der Luft. Wohin man auch blickte, zogen Studenten durch die Straßen, schien niemand, von den Dozenten abgesehen, älter als dreißig zu sein. Auch schien niemand zu arbeiten: Es wurde zusammengehockt und palavert, flaniert und musiziert. Wer sich nicht, in einen Dufflecoat gehüllt, mit Gleichaltrigen und Kommilitonen auf den Straßen herumtrieb, Zigaretten drehte und bei animierten Debatten die Welt neu erfand oder lustvoll um die richtige Meinung kämpfte, hockte in den Bibliotheken und Seminaren oder bevölkerte die Dormitories und Studentenheime. Folk war in aller Munde. Oder Blues: Auf den Plattentellern drehten sich historische Aufnahmen des vielseitigen und viel zu früh verstorbenen schwarzen Musikers Leadbelly, der auch Traditionals interpretiert hatte.

Alle Welt hörte *Tom Dooley,* riss sich um die neuesten Platten des Kingston Trios, las und diskutierte die Schriften der Beat-Generation. Hippies waren noch keine auszumachen, aber neben dem vorherrschenden Dresscode – schwarz, pariserisch und düster, was zur grüblerischen, existentialistischen Grundstimmung der jungen Intelligentsia passte – tauchten hie und da schon die ersten bunten Gewänder aus dem Orient, aus Asien und aus Südamerika auf. Make-up war verpönt unter den Bohemiens. Die jungen Mädchen legten selbstgefertigten Schmuck der Native Americans an und trugen ihre Haare lang, waren, sofern es das Wetter erlaubte, meist barfuß unterwegs. So auch Joan, die sich erst gar nicht lange mit studentischen Aktivitäten aufhielt.

Zum Leidwesen von Fakultätsmitglied Albert hegte keine seiner drei Töchter ernsthafte akademische Ambitionen; auch Joan schien er seinen Forscherehrgeiz nicht vererbt zu haben. Die Stillung ihres Wissensdurstes trieb sie nicht um. Eher lustlos und wie nebenbei schrieb sie sich in der School of Drama, einer Unterabteilung der Boston University ein, nachdem alle ihre anderen Bewerbungen gescheitert waren, und suchte ihre Kurse nur sporadisch auf. Nach kurzer Zeit brach sie ihr Theater-Studium ohne Bedauern gleich wieder ab und jobbte stattdessen – kurioserweise als Vespa-Verkäuferin und -Fahrlehrerin, was ihr ein gutes Gehalt einbrachte, und bald darauf, was ihrer karitativen Einstellung eher zu entsprechen schien, als Betreuerin in einem alteingesessenen, ehrwürdigen Blindeninstitut, in dem ihr die sehbehinderten und oftmals ausgegrenzten Kinder rasch ans Herz wuchsen. Doch auch dort wurde sie nach wenigen Wochen wieder vor die Tür gesetzt – barfüßiges Erscheinen, »alternative« Kleidung und lockerer Lifestyle wurden im Perkins Institute gar nicht gern gesehen. Joan legte auch diese Erfahrung ad acta, verarbeitete sie, auch weil ihr das Schicksal der blinden Kinder sehr nahegegangen war, später aber ausführlich in ihren Memoiren.

Andere Lebensbereiche besaßen unterdessen ungleich größere Wichtigkeit für sie. Allen voran ihre künstlerische Vervollkommnung. Boston und Harvard waren das Mekka der amerikanischen Folk-Szene. Mädchen wie sie versuchten sich an den tragisch umflorten Child Ballads, Liedern von Trennung, Einsamkeit und unerwiderter Liebe, deklamierten tragische Begebenheiten aus versunkenen Zeiten; bebrillte Nerds brachten ihre Banjos mit und erweckten, mit todernster und schwermütiger Miene, die Appalachian Folk Songs wieder zum Leben: von alten Immigranten-Weisen beeinflusste Songs aus den Bergen. Coffeehouses und Teestuben, in denen regelmäßig ein sogenanntes Hootenanny stattfand, also ein zwangloses öffentliches Miteinander unterschiedlicher Sänger und Interpreten vor einem »Open Mike«, der Jam Session im Jazz vergleichbar, schossen wie Pilze aus dem Boden. Junge Talente präsentierten sich hier erstmals vor Publikum oder sangen, für einen geringen Obolus, gleich in Duos oder Trios gemeinsam.

Die Rock-'n'-Roll-Ära, obschon landesweit noch in voller Blüte stehend, hatte man hier bereits unwiderruflich zu Grabe getragen. Von reinem Entertainment, bloßer Tanzmusik und all dem, für das der Begriff »bubblegum culture« stand, grenzte man sich in Harvard ab. Jazz war etwas für die Hardcore-Intellektuellen; die Folk-Fans verlangte es nach Schlichtheit und Authentizität. Nach Songs, die etwas zu »bedeuten« hatten. Niemand stand der Sinn nach Glamour, Schick, Raffinesse, »sophistication« oder edlen Cocktails; man begnügte sich mit Tee oder Kaffee, gab sich ausgedehnten Streitgesprächen hin, bis die Köpfe rauchten, und qualmte natürlich auch wie verrückt. Big Joan und Albert, denen bereits vom ausgiebigen Um-die-Häuser-Ziehen ihrer Joanie ganz schwindlig wurde, zählten zu jener Gruppe altmodischer Eltern, die befürchteten, dass aus allen Musikern irgendwann einmal Drogenkonsumenten und unweigerlich auch Drogenabhängige würden. In dieser Hinsicht brauchten sie sich keine Sorgen zu machen – nicht einmal der Genuss von Joints besaß den geringsten Reiz für ihre Tochter. Nie geriet sie auch nur in Versuchung, behielt stets einen klaren Kopf. Was denkbar untypisch für ihre Epoche und ihr künftiges Milieu war.

Durch eine weitere Protestaktion, mit der sie gleich wieder der rebellischen Natur der Baezes Ehre machte – Joan und ein junger Blonder namens Doug hatten sich gleich zu Studienbeginn geweigert, die von der Uni-Leitung vorgeschriebenen »beanies«, also mit Emblemen versehene Mützen oder Scheitelkäppchen aufzusetzen und zu tragen –, geriet sie in einen Zirkel ähnlich aufmüpfiger und ebenfalls musikalisch inspirierter Mädchen gleichen Alters. Debbie Green, eine schon recht erfahrene Interpretin, zeigte ihr neue Lieder, einen nachahmenswerten Gesangsstil und grundlegende Akkordverbindungen; bei Margie Gibbons konnte sie zuweilen von deren sturmfreier Bude profitieren – denn Joan, jetzt auch stolze Besitzerin einer Konzertgitarre, hatte sich soeben Hals über Kopf in den gutaussehenden, sanftmütigen Michael New, einen Weißen aus Trinidad, verliebt. Michael eroberte ihr Herz im Sturm; Michael war alles in einer Person für sie: Prototyp eines denkenden Youngsters der Gegenkultur, Rebell. »Möchtegern-Poet, Dichter, Matrose, Philosoph, ›wonderboy‹«, schwärmte sie hemmungslos. Hübsch, schmal und neunzehn Jahre alt. »Wir waren ununterbrochen zusammen. Als ich zum ersten Mal Schneeflocken auf Michaels Haar erblickte, wirkten sie dermaßen schön, dass ich am liebsten eine davon gewesen und sogleich geschmolzen wäre. Um bis zu ihren Wurzeln vorzudringen, unter seine Haut, und dort dann auch zu leben. Weil das genau der Ort war, wo ich hingehörte.« Sie konnte ihr neues Glück kaum fassen, und sie vermochte diesen Ausnahmezustand auch aufs Schönste zu formulieren.

Selbstredend studierte sie genau zu diesem Zeitpunkt gerade den Liebeslied-Klassiker *Plaisir d'amour,* einen weiteren ihrer Favoriten, ein. Und Big Joan marschierte mit ihrer minderjährigen Tochter zum Frauenarzt, den sie bat, dem völlig vernarrten Mädchen ein Diaphragma zu verschreiben – dabei waren Verhütungsmittel Ende der 1950er in Massachusetts noch verboten … Vater Baez war einigermaßen fassungslos über diese neumodischen »Sex-Gewohnheiten« und über die Beiläufigkeit, mit der ihm davon berichtet wurde. In nur wenigen Monaten hatte Joan ihre frühere Welt auf den Kopf gestellt. Folk war ihr ein und alles, Michael ihr verständnisvoller, zartfühlender Traummann, und vom Club 47, einem angesagten Lokal in der Mt. Auburn Street, ging urplötzlich, wie durch ein märchenhaftes »Sesam, öffne dich«, ein Angebot an sie aus, erstmals dort aufzutreten, wo sich schon etablierte Folkgrößen Woche für Woche die Klinke in die Hand gaben.

Albert höchstpersönlich hatte zuvor Erkundungsgänge in die so überaus attraktive, die Uni-Jugend wie einen Magnet anziehende Coffeehouse-Szene mit seinen Töchtern unternommen, war also nicht ganz unschuldig am Lauf der Dinge; ein Freund der Familie bot zusätzliche Hilfestellung beim Zustandekommen des bescheidenen Engagements. Da saß sie nun auf einem kleinen Podium, mit einem Kloß im Hals und ihrer Goya auf den Knien, umringt von ihren ersten und anfangs auch treuesten Fans: Schwestern und Eltern, ein Kollege, eine Freundin, zwei Bekannte. Zusammen mit dem Besitzer des Clubs saßen acht, mit dem später eintreffenden Lover Michael neun Leute im Publikum. In der zweiten Hälfte ihres Sets waren sie zwölf. Und das Honorar betrug zehn Dollar. Als sie sich aber ein Herz fasste und *Black Is the Colour of My True Love's Hair* anstimmte, einen bewährten Appalachian-Titel mit schottischen Ursprüngen, den auch Nina Simone gerne darbot, wurde es augenblicklich mucksmäuschenstill im Saal, und die kleine Schar wirkte ganz ergriffen. Joan hauchte den Traditionals neues Leben ein. Und dies mit einer Unbedingtheit und Leidenschaft, die alle sprachlos machte. Mit einem Pathos, das ergriff. Eine Woche darauf war der Club 47 schon zur Hälfte gefüllt, bevor sie eintraf, Neugierige warteten bereits auf Joan Baez und ihre uralten, ergreifenden Balladen wie *Silver Dagger* oder *John Riley;* zwei Wochen später war er randvoll und nach einem Monat ausverkauft. Die Kunde von ihrer Vortragskunst verbreitete sich wie ein Lauffeuer. Ehe sie sich's versah, gastierte sie auch im Ballad Room oder im Golden Vanity und tingelte, für stetig kletternde Honorare, bald regelmäßig und auch mehrmals pro Woche durch die übrigen Folk-Etablissements von Cambridge, Harvard und Boston.

Liest man die Kommentare von Zeitzeugen nach, wird man feststellen, dass die Urteile über die Neuentdeckung Baez sogleich übereinstimmend positiv ausfielen, und selbst die Wortwahl der Kommentatoren glich sich aufs Haar: mysteriös sei sie und wie eine kindliche Königin, dem in tiefen Nebel gehüllten Moor einer alten Legende entstiegen. Eine Fusion von dunkler Ostküsten-Bohemienne und geerdeter Westküsten-Gottheit. Von einer

Stimme, die Engel zum Weinen bringe, war die Rede, und von faszinierender Intonationssicherheit. Von großer Souveränität und von ihrer Courage: dass sie sich die Aneignung eines so traditionsbehafteten, reifen Repertoires schon jetzt zutraute. Es wurde auch behauptet, dass sie einer Fado-Sängerin gleiche. Verletzlich und schüchtern oder wie ein schöner kleiner Vogel wirke sie, wie ein bei der Jagd in die Enge getriebenes Tier. Uneitel sei sie und dennoch von ihrer Ausstrahlungsfähigkeit überzeugt. Unnahbar, undurchschaubar und gleichzeitig die Glaubwürdigkeit und Aufrichtigkeit selbst. Superlative noch und noch. Zahllose poetische Attribute, die auch von der Schwierigkeit zeugten, das Ereignis Baez angemessen in Worte zu kleiden.

Einige fragten sich, ob sie den Ablauf ihrer Recitals lediglich mit Instinkt steuerte oder ob sie die Dramaturgie ihrer Liedblöcke bereits unter Kontrolle hatte. Ihren frühen Zuhörern fiel außerdem auf, dass sie nie lachte oder auch nur lächelte. Mit tiefem Ernst, mit Tiefsinn und auch mit großer Feierlichkeit brachte sie ihre Lieder dar. Sie selbst spürte eigentlich Abend für Abend nichts als Angst, Scheu, Unsicherheit und Unzulänglichkeit – obwohl sie merkte, dass sie die Leute im Saal schon noch ein paar Titeln in der Hand hatte und die Aficionados ihr bereits aus der Hand zu fressen begannen. Oder sie erlebte sich als tyrannisch, oberlehrerhaft und unbarmherzig: Hörte jemand im Raum ihr ausnahmsweise einmal nicht »richtig« zu, tuschelte oder blätterte in einem mitgebrachten Buch, wagten es ein paar Jüngere doch tatsächlich, zu kichern oder ihre Darbietung hinter vorgehaltener Hand ein wenig durch den Kakao zu ziehen, setzte sie eine strenge, tadelnde Miene auf, sandte Blicke wie tödliche Pfeile in die Richtung der Störquelle oder brach ihren Vortrag ganz ab – solange, bis Ruhe eingekehrt war oder die Störenfriede, mit hochrotem Kopf und von den wirklich interessierten, entrüsteten Mithörern zurechtgewiesen, eilig den Saal verließen. Baez kannte keine Gnade. Absolute Aufmerksamkeit forderte sie ein und sogar Ehrfurcht. Selbst den lärmenden Mitgliedern einer Motorrad-Gang, die eines Abends in ihre Vorstellung platzten, verschlug es binnen Kurzem die Sprache, als sie Joan hörten. Von ihrer Aura ließen sie sich gefangen nehmen, ihr Gelächter und ihre zotigen Sprüche verstummten jäh; und sie lauschten ihr, wie fromme Lämmer oder wundersam Geläuterte, bis zum Schlussakkord ihres letzten Liedes, um sie dann frenetisch zu feiern. Als hätten sie nie eine andere Art von Musik bevorzugt.

Innerhalb weniger Monate hatte Joan sich einen Namen gemacht in den wenigen Quadratkilometern rund um den Harvard Square und damit auf jenen Brettern, die seinerzeit die Welt für sie bedeuteten. Mit ihren Kollegen Bill Wood und Ted Alevizos nahm sie im darauffolgenden Mai einige Titel für eine Kollektiv-LP auf: *Folksingers 'round Harvard Square* versammelte Duette, ein Trio und sechs Solonummern von Baez – darunter *Lowlands* und *Sail Away Ladies.* Peter Robinson, ein Freund der Baezes, hatte die Initiative für diese Einspielung unter amateurhaften technischen Bedingungen ergriffen. Ein erster Schritt zum Ruhm auch auf Tonträgern; jahrelang sollte diese bescheidene Session noch als Bootleg, also als nicht autorisierter Mitschnitt, in Fan-Kreisen kursieren oder illegal wiederveröffentlicht werden. Poster von Joan, Ted und Bill waren auf einmal allgegenwärtig in Boston und Umgebung; kurzfristig erwog sie sogar eine Namensänderung und verwarf sie rasch wieder; die Leute begannen, sich auf der Straße nach ihr umzusehen, sie wiederzuerkennen und erfreut ihren Namen auszurufen.

Zum ersten Mal in ihrem jungen Leben durfte sie richtig glücklich sein und sich begehrenswert fühlen. Michael war »ihr Gott«, und die Menschen hörten ihr gerne zu, zahlten sogar Eintritt, um sie zu erleben. Zwar musste ihr Liebhaber mit ihrer neuen Berühmtheit erst einmal fertigwerden, und es kam bereits zu einem ersten verbalen Schlagabtausch zwischen der gefragten Sängerin, die immer weniger Zeit für ihn hatte, und ihrem unbekannten männlichen Anhängsel. Als sein Ärger wieder verraucht war und die Zuneigung erneut aufflammte, liebte sich das junge Paar in Margies Studentenbude aber mit umso größerer Intensität. Im Sommer trennten sich ihre Wege vorübergehend: New besuchte seine Familie in Trinidad, und Baez, die währenddessen ab und an auch mit anderen Jungen flirtete, eilte von Auftritt zu Auftritt, verkaufte Vespas, traf sich mit Debbie und riet der inzwischen ebenfalls hochmotivierten Mimi, so wohlmeinend wie hochnäsig, es ihr möglichst nicht gleichzutun und in ihre noch frischen Folk-Fußstapfen zu treten: eine berühmte Sängerin in der Familie, das sollte reichen. Und sie wollte Mimi auch die Demütigung ersparen, dauernd in ihrem Schatten zu stehen und nur als »die kleine Schwester von Joan« zu gelten.

Ein erster kurzer Ausflug in die Welt des Showbusiness, einer Sphäre, für die sie von Beginn an nichts als Skepsis empfand, kam noch etwas zu früh für Joan. Albert Grossman, der einflussreiche künftige Manager von Bob Dylan und Peter, Paul & Mary, hatte sie im Juli 1959 für zwei Wochen in das Gate of Horn, seinen schicken und landesweit angesehenen Nightclub in Chicago, gelockt. Die Bezahlung war gut, sogar sehr gut. Baez lernte gleich zu Beginn zwei Kollegen kennen, zu denen sie zuvor lange aufgeblickt hatte: die Folk-Stars Bob Gibson, einen versierten Banjo-Spieler, Gitarristen und Sänger, in den sie sich augenblicklich verguckte, und die großartige, imposante Odetta mit ihrer voluminösen Stimme, »riesig wie ein Berg, schwarz wie die Nacht und mit einer Haut wie Samt«. Auch Odetta verhielt sich keineswegs arrogant und schloss Joanie, die sich wie eine Sechsjährige vorkam, sogleich in ihre üppigen Arme. Großzügig und ohne Herablassung wurde sie in den Kreis der Älteren aufgenommen, und sie fand schnell heraus, dass man in gewissen Kreisen sowohl ernste als auch alberne Lieder präsentieren, dass man auch als seriöser Folkie durchaus Entertainment betreiben konnte. Aber ebenso schnell beschlich sie das Gefühl, dass die betuchten Kunden und Gäste im Etablissement ihre Art Musik nur als angenehmes Hintergrundgeräusch wahrnahmen, kaum auf die Texte achteten und sich somit nicht wirklich für »Kunst« erwärmen konnten. Tagsüber hauste sie in einem Mädchenwohnheim, spielte mit schwarzen Kindern aus den Elendsvierteln am Seeufer, schrieb sehnsüchtige Briefe an Michael, ignorierte die Avancen einiger attraktiver Musiker und sang abends vor gutgekleideten, etwas blasierten Mitgliedern der High Society, die für einen Longdrink die Hälfte ihrer Abendgage hinblätterten. Ein krasser Kontrast.

Baez fühlte sich unwohl, nicht dazugehörig. »Ich war, jedenfalls damals als Achtzehnjährige, aus einem anderen Holz geschnitzt als diese feinen Leute, die mit Cocktails« in der Hand gelangweilt herumstanden oder an kleinen Tischchen saßen und plauderten. Sie mochte es nicht, wenn ihre gehaltvollen, mit Bedeutung aufgeladenen Songs am Publikum fast unbemerkt vorbeiplätscherten und die routinierten Witzchen des Conférenciers mit beifälligem Lachen quittiert wurden. Ihr ging es um volle Konzentration, um Hingabe und auch um Andacht. Von Gleichgültigen oder Snobs wollte und benötigte sie keine Anerkennung. »Ich brauchte meine akademischen, rebellischen, kaffeetrinkenden Bewunderer«, entschied sie, nicht ohne Selbstironie, »die mit nur einem Gedanken im Kopf ihrer Madonna zuhörten, und die es dennoch nie wagen würden, sie anzurühren.« Joan streifte ihren Poncho über und trat die Rückreise an, den Koffer voller Bargeld. Am nächsten Abend war sie bereits wieder im Club 47 zu hören, traf im Café Yana ihre verlässlichen Bostoner Freunde.

Nur wenige Tage im Anschluss an ihr seltsames Engagement schlug dann die große Stunde der kleinen Baez. Gibson hatte sein erst vor wenigen Tagen abgegebenes Versprechen gehalten und sie nach Rhode Island zum Newport Folk Festival eingeladen, das in jenem Juli 1959 zum ersten Mal, als Pendant zu seinem bereits etablierten Jazz-Zwilling, ausgerichtet wurde. Man wollte dem nicht mehr zu bremsenden Folk-Boom Rechnung tragen und endlich die Großen der Zunft in einem angemessenen Rahmen versammeln. Die Veranstaltung ließ sich gut an; Tausende von Zuhörern wurden erwartet. Odetta und ihr Bassist nahmen Joan mit dorthin. Zwei ganze Tage lang lungerte sie, in ihr »archetypisches Boheme-Kleid« gewandet, an der Bühnenrampe herum und versuchte, mit allen, die Rang und Namen hatten, ins Gespräch zu kommen. Lange Zeit war nicht klar, ob sie überhaupt würde auftreten können; Festival-Leiter George Wein war nicht sonderlich erbaut von der Idee, mit der Gibson ihm in den Ohren lag. Immerhin war Gibson bereit, ein paar Minuten seiner eigenen kostbaren Vortragszeit zu opfern, um Baez zu promoten – das sprach schon einmal für sie. Würde

Wein sich überreden lassen und einwilligen? Zu allem Überfluss regnete es, nein es goss kontinuierlich. Bühne und Zuschauerareal drohten in den Fluten zu versinken. Alle wateten im Matsch. Genau wie zehn Jahre später in Woodstock.

Als Gibson sie am 12. Juli dann doch auf die Bühne holt, ist Joan in ihrem orangefarbenen mexikanischen Outfit bis auf die Haut durchnässt, ihre feuchten Haarsträhnen hängen ihr wie aus der Form geratene Korkenzieherlocken vom Kopf, ihre Füße starren vor Dreck. Wie von einer fremden Macht gesteuert schreitet sie vorwärts. »In jenem Moment« hört sie nichts als die Beschleunigung ihres Herzschlags; alle Bewegungen um sie herum sind Teil »eines Stummfilms«, und alle Geräusche bleiben an der Oberfläche hängen, dringen nicht zu ihr vor. Aus den Augenwinkeln nimmt sie ermutigendes Zunicken und nach oben gerichtete Daumen wahr. Bob schenkt ihr ein »strahlendes, vergnügtes Lächeln und« einen »frechen Blick«, mit dem er ihr bedeuten will, dass das ganze Leben nichts als ein einziger großer Witz sei. Während der Anmoderation, bei der ihr Name fällt und auch jener der Stadt, in der sie gerade lebt und auftritt, blickt Joan in die Menge unter ihr, die dem Dauerregen bislang tapfer getrotzt hat, stellt sich genauso tapfer dreizehntausend Augen- und Ohrenpaaren.

Zwei Spirituals sind es lediglich, mit denen Gibson und Baez, mal zweistimmig, mal alternierend, die Leute aus der Reserve locken – das elegische *Virgin Mary Had One Son* und das furiose *We Are Crossing Jordan River.* Zwei Lieder nur, noch nicht einmal »ihre« ureigenen Folksongs und noch dazu mit biblischem Kontext, aber sie verändern die Stimmung schlagartig. Besonders Joans Solo-Strophen lassen alle stutzen, schlagen ein wie eine Bombe. Die Leute springen wie elektrisiert auf, spielen verrückt, rasten aus. Sprechen von einer veritablen Explosion. »Als ob ein Streichholz und eine Dynamitstange einander berührt hätten.« Anderen ist, als habe eine Hohepriesterin zu ihnen gesprochen, als seien alle auf dem verregneten Feld wie auf ein Zeichen verzaubert worden. Ein Zuschauer erlebt, wie sein erst wenige Monate alter Sohn mitten in einer besonders nachdrücklichen, expressiv gesungenen

Baez-Phrase aus dem Tiefschlaf erwacht. Allen geht der Vortrag nahe. Gibson kann zufrieden sein. Auf seine »Entdeckung«, auf die Chance zur Performance, die er ihr eingeräumt hat, bildet er sich nicht viel ein und vergleicht, die Bescheidenheit selbst, seine Initiative mit der das öffentliche Interesse weckenden Berichterstattung durch einen Forscher, der als erster Zugang zum Grand Canyon hatte. Wie lange kann man das Wissen und die Kunde von einem Wunder vor der Menschheit schon geheim halten? »Glauben Sie wirklich, dass dieses Mädchen in Cambridge eine Unbekannte geblieben wäre? Wenn ich Joan Baez nicht vorgestellt hätte, hätte es bald jemand anderer getan.«

Doch um ihn geht es schon gar nicht mehr. Joan, kaum von der Bühne abgetreten und umjubelt, ist bereits von Bewunderern, Agenten und Zeitungsleuten umringt. Ein lebensverändernder Augenblick. Und Newport ist um eine Sensation reicher. »A star is born.«

Lady Madonna

> Ich habe einen sehr großen Ehrgeiz für mein Leben.
> Ich hätte gern, dass die Menschen aufhören,
> sich gegenseitig umzubringen.
> Dann könnte ich endlich länger schlafen
> und brauchte nicht so viel für Valium auszugeben.

Bei vielen, wenn nicht gar den meisten künstlerischen Karrieren laufen die ersten Jahre nach einem ähnlichen, oftmals gleichen Schema ab: Auf Tastversuche und frühe, allzu frühe Erfolge folgen herbe Rückschläge, Krisen und Enttäuschungen; der Weg zum Gipfel ist mühsam und mit vielen Stolpersteinen und Schwierigkeiten versehen; das Ringen um Anerkennung gerät zu einem langen, von Verunsicherung und Selbstzweifel begleiteten Prozess. Auf den kontinuierlichen Zuspruch von Presse und Medien darf man sich nie verlassen, auf Lorbeeren nicht ausruhen. Man muss sich durchboxen und seinen jeweiligen Status, der immer gefährdet ist und jederzeit in Frage gestellt werden kann, verteidigen. Selten stellt sich ein Gefühl der Sicherheit und Stabilität ein, und es gilt, mit noch größerer Anstrengung Konkurrenten aus dem Weg zu räumen oder zu übertrumpfen. Lernen muss man, mit der wankelmütigen Gunst des Publikums fertigzuwerden. Und einmal ganz oben angelangt, wird die Luft dünn, wird es einsam um einen. Wächst das Unvermögen, nicht abzuheben, sondern »auf dem Teppich« zu bleiben.

Auf Baez scheinen alle diese Gesetzmäßigkeiten nicht oder nur in eher abgeschwächter Form zuzutreffen. Kaum dass sich die Kunde von ihrem fulminanten Debüt in Newport verbreitet hat, sieht sie sich an die Spitze der amerikanischen Folk-Bewegung katapultiert und steht für die nächsten zwei Jahrzehnte praktisch ununterbrochen, ohne Knick in der Laufbahn, im Scheinwerferlicht. Zu ihren ersten größeren Konzerten in Ostküsten-Colleges und dann auch in New York strömen die Massen; oft sind ihre Gastspiele auf Anhieb ausverkauft. Zwischen der Veröffentlichung ihrer ersten, offenkundig gelungenen Solo-LP, die sich monate-, ja jahrelang auf den Spitzenplätzen der Charts behauptet und ihren landesweiten Ruhm mehrt, und der Cover-Story im *TIME Magazine*, mit der sie als führende Gestalt der neueren Musikszene gewürdigt und somit vollends zum Star wird, liegen gerade einmal zwei Jahre.

Auch sonst hat sie augenscheinlich alles richtig gemacht: mit der Wahl des tüchtigen, tatkräftigen Managers Manny Greenhill, der sie »mit einem Händchen« für eine kluge und nicht übereilte Auftritts-Strategie sicher durch die Unwägbarkeiten des Konzertbetriebs steuert. (1961 etwa gibt sie lediglich zwanzig Vorstellungen, obwohl Anfragen für zweihundert vorliegen.) Mit der grundsätzlichen Entscheidung, von Anfang an nicht ausschließlich als Sängerin in Erscheinung zu treten, sondern immer auch gesellschaftlich Stellung zu beziehen und politisch zu agieren. »Protest und Musik begannen bei mir zeitgleich. Mit zwölf Jahren war mein politisches Bewusstsein entwickelt, beeinflusst durch die Idee des gewaltfreien Widerstandes. Mit sechzehn habe ich in der Schule einen Sitzprotest organisiert. Ich stellte früh fest, dass beides gut zusammengeht – und dass ich am glücklichsten bin, wenn ich beides verbinden kann. Wobei ich dankbar dafür bin, dass ich immer ein Publikum hatte, mit dem ich meine Gefühle und Gedanken teilen durfte.« Und mit einem untrüglichen Instinkt für vertrauenswürdige Gestalten und optimale kreative Bedingungen: Dem Impresario Albert Grossman, der sie bei der angesehenen Columbia unter Vertrag nehmen will, gibt Joan erneut einen Korb, kaum dass sie sich vom verstörenden Anblick all der goldenen Schallplatten im Direktionsbüro von Columbia erholt hat, und wählt statt Blendwerk, Renommee und schnellem Geld – in dieser Hinsicht dann doch wieder ganz der Vater – das kleine, aber feine Label

Vanguard, wo sie jahrelang von dessen gewissenhaftem, fachkundigem Produzenten Maynard Solomon liebevoll betreut werden, wo man ihr künstlerisches Mitspracherecht einräumen und wo sie ein solides, sorgfältig erarbeitetes Album nach dem anderen herausbringen wird. Auch schlägt sie einen üppig dotierten Werbevertrag aus. Schließlich ist nicht alles Gold, was glänzt.

Warum gerade Folk und keine andere musikalische Ausrichtung oder Spielart? »Folkmusik ist etwas Ungeschminktes«, lautet Joans Definition. Um »echten« Folk handle es sich immer dann, »wenn die Musik von jemandem kommt, der mit der Welt in Verbindung steht – und der Songs schreibt über die Wahrheit«. Baez gibt zwar unumwunden zu, sich nur eher oberflächlich mit den historischen Zusammenhängen und der ästhetischen Dimension von Folk beschäftigt zu haben. Auch in die Vierteljahresschrift der Folkies, *Sing Out!*, habe sie eigentlich nur flüchtig hineingeschaut; die Ausgaben stapeln sich ungelesen bei ihr zu Hause. Glaubwürdigkeit ist jedoch für sie das Gebot der Stunde. Absoluter Einklang von Denken, Handeln und dem Willen zur Veränderung. Die Identität der Interpreten muss »stimmen«, Haltung und innere Einstellung dürfen nicht gespielt sein.

Warum steht gerade sie so sehr im Rampenlicht und keine andere? Neben Baez tummeln sich in jenen Aufbruchsjahren schließlich eine ganze Reihe junger, talentierter und durchaus auch attraktiver Sängerinnen und Gitarristinnen auf den Bühnen des amerikanischen Folk Revival. Alle sind ungefähr gleichaltrig oder nur unwesentlich älter. Carolyn Hester, Jahrgang 1937, die erste Frau von Baez' künftigem Schwager Richard Fariña, spielt zum Beispiel eine Schlüsselrolle beim Folk-Boom im New Yorker Greenwich Village und hilft dabei, die legendäre Gerde's Folk City zu etablieren; ihre ersten beiden Alben nimmt sie bereits 1957 und 1960 auf. Judy Henske, Jahrgang 1936, dominiert die Coffeehouses in Los Angeles und San Diego, bevor sie im Folk-Film *Hootenanny Hoot* von 1963 mit einem Solo-Auftritt zu sehen ist. Jo Mapes aus Chicago, Jahrgang 1935, kann mit Charisma, exzellentem Gitarrenspiel und Bühnenpräsenz für sich einnehmen, die fragile Karen

Dalton, Jahrgang 1938, mit ihrer brüchigen, bluesigen Stimme und ihrer scheuen, melancholischen Aura. Von ihnen allen erobert lediglich Judy Collins, Jahrgang 1939, an Seeger und Woody Guthrie geschult sowie ebenfalls anfangs im New Yorker Folkmilieu verwurzelt, über die Jahre und Jahrzehnte weltweit eine eigene treue Hörerschaft und legt, von ihrem Debütalbum 1961 an, mit Dylan-, Ochs- und Paxton-Interpretationen den Grundstein für eine vergleichbar erfolgreiche Laufbahn.

Doch nur Baez, in den Augen und Ohren vieler Zeitgenossen unzweifelhaft eine Erscheinung wie ein Gesamtkunstwerk, taugt zur Sensation: Da ist, selbstredend, die begeisternde Stimme, von der sie selbst in aller Demut konstatiert, es handle sich dabei wohl um ein Geschenk Gottes, eine Gabe, die ihr einfach in den Schoß gefallen sei, ein phantastisches Instrument, dass das Schicksal ihr zur Verfügung gestellt habe und das – eine regelrechte Verpflichtung – auf vielfältige Weise von ihr zum Einsatz gebracht werden müsse. Eine Stimme, die sie bislang noch nicht fachgerecht ausbilden ließ. Da ist ihr immer überzeugenderes, souveränes Gitarrenspiel, ihre rhythmische Sicherheit, ihre Begabung für kammermusikalische Gestaltung, ihre betörende Phrasierung, ihr Spiel mit Spannungsaufbau, Akzentsetzung und Verinnerlichung. Da ist ihr apartes Äußeres, der nicht von der Hand zu weisende »exotische Einschlag«, gepaart mit einer eher unterkühlten, dennoch dezent erotischen Ausstrahlung – lange Haare, nackte Füße, folkloristische Gewänder, anmutiges Auftreten, herausfordernde Blicke, Verzicht auf Schminke sowie eine gewisse aufreizende Introvertiertheit, die jäh in Konfrontation umschlagen kann, wenn sie gerade die Männer im Publikum ins Visier nimmt und anfunkelt. Ein größerer Gegensatz zu den aufgedonnerten Blondinen des Vorgängerjahrzehntes ist kaum denkbar. »Für immer verwundet, für immer jung.« Viele Jungs im Publikum, Folk-Fans wie Studenten, würden wohl gern die Stelle von Michael New einnehmen, mit dem sie sich gerade in Carmel und Big Sur häuslich niedergelassen hat, träumen sich an die Seite der intelligenten wie engagierten »latin beauty«.

Und da ist, *last but not least,* Baez' ebenso unverwechselbarer Hang zur Einmischung. In den Zeitraum zwischen ihrem ersten Newport-Gig und dem Erscheinen von *Farewell, Angelina,* ihrem dann bereits sechsten Album für Vanguard in sechs Jahren, fallen, neben vielen anderen Aktivitäten, die den staatlichen Autoritäten und der schweigenden Mehrheit im Lande bereits ein Dorn im Auge sind, ihre energische Unterstützung des Free Speech Movement an der Universität von Berkeley, ihre Veröffentlichung eines radikal pazifistischen Artikels mit dem Titel *I Do Not Believe in War* sowie ihre öffentlich gemachte Weigerung, Einkommensteuer für Rüstungsausgaben und Kriegsvorbereitungen zu zahlen. Der Boykott eines Fernsehsenders, der zuvor ihren Folk-Übervater Pete Seeger ausgesperrt hat, und die mutige Entscheidung, in den Südstaaten nur noch in ausschließlich den Schwarzen vorbehaltenen Colleges aufzutreten, als Zeichen ihrer Solidarität für Opfer des alltäglichen Rassismus. Ihre Mithilfe beim Aufbau von Amnesty International – eine Pioniertat. Sowie die Gründung ihrer eigenen Schule für gewaltlosen Widerstand, die sie, ebenfalls in Kalifornien, Mitte der Sechziger zusammen mit Ira Sandperl ins Leben ruft und mit den Einnahmen aus ihren Plattenverkäufen finanziert. Eine erstaunlich vielfältige und disparate Bilanz für einen Liebling der Medien wie Baez, die bereits viel Geld verdient und, wenn sie es nur wollte, noch viele weitere Titelseiten von Hochglanzillustrierten schmücken könnte. Ihr steht der Sinn allerdings nach Mobilisierung und nicht nach eitler Selbstdarstellung. Ihr politischer Ehrgeiz ist womöglich schon jetzt, obgleich 1965 »on top of the world«, ausgeprägter als ihre künstlerischen Ambitionen.

***

In der Zwischenzeit verläuft ihr Privatleben in weniger stürmischen, wenngleich keineswegs geordneten Bahnen. Schritt für Schritt emanzipiert sie sich vom Elternhaus. 1960/61 schlägt die Stunde des Experiments. Noch ist es nur wenige Monate her, dass Vater Albert, um ein Zeichen zu setzen gegen Joans neumodische Auffassung von »wilder Ehe«, aus Protest in einem Schlafsack am Strand nächtigte, solange sein »nicht offiziell erklärter« Schwiegersohn über Nacht mit seiner Tochter im Familienhaus blieb. In ihrem neuen kalifornischen Idyll mit Michael, wo sie jetzt die Hausfrau gibt, die sich eher unbeholfen an improvisierten Gerichten abmüht, und er den Dichter, kommen sich die beiden jungen Leute, unter reichlich primitiven Bedingungen an zwei abgelegenen Orten an der Westküste, noch etwas näher als vormals in Boston. Sehr zurückgezogen leben sie dort. Ihr Glück hält immer nur für einige Wochen, wobei Baez' musikalisches Vorankommen in den Highlands von Carmel und über den Klippen von Big Sur stets das Nachsehen hat und Manager Greenhill, dem sie nicht vertraglich, sondern nur per Handschlag ihr Vertrauen zugesichert hat, auf größere geographische Flexibilität drängt. Denn ihre wichtigen Gastspiele finden auch weiterhin an der Ostküste statt. Ein kräftezehrendes Pingpongspiel mit vielen Reisen, großen Distanzen, der Aufnahme eines neuen Studioalbums und langer Abwesenheit funkt den beiden Liebenden öfter dazwischen, als ihnen lieb ist. Vorerst zählt in ihrem selbstgewählten »Schweinestall«, einer simplen Bude auf dem Land ohne Telefonanschluss, nur Michael für sie. Der für ihr soziales Wirken freilich nichts als ein müdes Lächeln übrighat: »Wenn er mich nicht verachtete, betete er mich an, auf meine Unsicherheit ging er mit großer Zärtlichkeit ein, und ich blieb vier uneindeutige, verschwommene Jahre lang seine Jungfrauen-Hure. Wir schliefen oft miteinander.« In den bis auf den letzten Platz besetzten Konzertsälen von New York, wo die Fans sogar auf Stehplätzen ausharren, um sie zu sehen und zu hören, wird sie zeitgleich als Heilige Johanna der Protestmusik gefeiert.

In der Presse liest Baez, dass sie angeblich für »verwirrte Intellektuelle« singt, und verfügt selbst doch erst über ein unausgereiftes intellektuelles Selbstverständnis. Eric von Schmidt, als Songwriter, bildender Künstler und Verfasser einer Folk-Chronik eine Schlüsselfigur jener Aufbruchsjahre und Augenzeuge von Joans damaliger Entwicklung, beurteilt ihre zwiespältige Ausgangssituation wie folgt: »Sie wechselte aus einer selbstquälerischen Kindheit direkt in das Scheinwerferlicht einer Kunstform über, die noch bei vielen mit Erwachsenen-Werten assoziiert wurde.« Baez wird erwachsen, als sie sich frühzeitig und konsequent gegen das stereotype Studenten-Dasein stemmt. Bei ihren Kommilitonen nimmt sie nur enervierende Passivität wahr, Untätigkeit und Trägheit: »Sie liegen in ihrer Bude, rauchen Pot und machen nichts als blödes Zeug.« Nichts für sie. Pure Zeitverschwendung. Baez wird erwachsen, indem sie in Schmuddelklamotten in einem noblen Autohaus aufkreuzt und kurzentschlossen für sich und Michael einen sechstausend Dollar teuren Jaguar kauft. Und damit viel zu schnell fährt. Indem sie Albert eine nagelneue Vespa schenkt und ihn damit maßlos beschämt. Und indem sie, bei einem Besuch daheim, großzügig Geldscheine im Haus verstreut, um Schwestern und Eltern zu zeigen, wie wenig sie sich aus ihren hohen Gagen macht und wie gern sie die Dollars mit ihnen teilt. Dass ein solch unbekümmerter Umgang mit Reichtümern auf ihre Familie verletzend wirken könnte, kommt ihr erst später in den Sinn.

Baez wird auf einer strapaziösen Mexikoreise erwachsen, wo sie sich eine schwere Lebensmittelinfektion einfängt und im Fieberrausch nur undeutlich wahrnimmt, dass ihre Platten in den Avantgarde- und Künstlerzirkeln des Landes ungeheuer beliebt sind. Mit zweiundzwanzig, kaum dass die Infektion auskuriert ist, wirft sie eine turbulente Liebesaffäre zu einer Siebzehnjährigen namens Kim beinahe aus der Bahn. Joan entdeckt die Freuden der gleichgeschlechtlichen Leidenschaft, und das angenehme Gefühl, von gleich mehreren Menschen zur selben Zeit begehrt zu werden, schmeichelt ihrem Ego. Und macht irrsinnigen Spaß. Sie gibt sich der unerwarteten und überraschend erfüllenden Erfahrung mit Haut und Haaren hin. »Als Kimmie und ich dann endlich Liebe machten, war es großartig und total natürlich. Ich fragte mich allen Ernstes, weshalb darum ein so übertriebenes Gewese gemacht wurde. Es ließ mich sowohl an den Bedenken der Gesellschaft als auch an meinen eigenen zweifeln.« Zeitlebens bewahrt sie sich daraufhin eine große Offenheit für homoerotische Emotionen und Konstellationen.

Wahr ist aber auch: Je wichtiger Kim in ihrem Leben wird, desto weiter entfernt sie sich von ihrer Jugendliebe Michael. Ihren Analytiker, einen Psychotherapeuten, ist sie, trotz zuweilen überbordender Glücksgefühle, hingegen noch lange nicht los. Auch benötigt sie die schützende Anwesenheit von Big Joan auf ihren ersten Konzerttourneen, bedarf gelegentlich mütterlichen Beistandes – in den Garderoben als Helferin zwischen zwei Panikattacken, diskret im Hintergrund bei Interviews, einfach nur zur Beruhigung. Indessen gelingt es ihr inzwischen, ihre derzeitige Lage in Worte zu fassen: »Wenn meine Ängste heute in meinem Leben keine so überragende Rolle mehr spielen, liegt das zum Teil auch daran, dass ich so viele Passionen und Verpflichtungen habe, die den Horror beiseite rücken und an seine Stelle treten.« Und in den Worten Eric von Schmidts: »Sie war ein junges Mädchen, das Lieder sang von tiefem Wissen aus Lebenserfahrungen, während ihr eigenes Leben noch ein Wirrwarr aus Ängsten und Unsicherheiten war.«

***

Noch besteht ein eklatantes Missverhältnis zwischen den konkreten politischen Aktionen und Events, an denen sie sich beteiligt und wo sie es auf Anhieb schafft, nachhaltige Wirkung zu erzielen, und ihrem persönlichen politischen Bewusstsein. Sie empfindet ihre Haltung als diffus, desorientiert und damit unzulänglich, fühlt sich, was Zeitgeschichte, Theorie und Philosophie angeht, nicht hinreichend gebildet, kompetent oder auch nur informiert. »Es war alles sehr vage. Ich möchte, dass die Dinge weniger vage sind.« Bislang speist sich ihr Engagement vornehmlich aus Naivität, Intuition, Impulsivität und einem enthusiastischen Mitmach-Willen. Eine große Leserin ist Baez in jenen Anfangsjahren auch nicht. Als Frau der Tat mag sie sich nicht mit langwierigen Studien und mühsamem Unterricht aufhalten; akademischen Institutionen misstraut sie. Also legt sie den Grundstein für ihre eigene Schule, eine liberale Einrichtung, etabliert sie, unter Aufwendung beträchtlicher finanzieller Mittel, binnen weniger Monate und offeriert damit sich selbst und anderen die Möglichkeit zur umfassenden Unterweisung in Friedensbelangen und in der Tradition der Gewaltlosigkeit. »Learning by doing« ist ihre Devise. »Miteinander redend und lachend.« Und eben nicht dumpfer Paukerei in düsterer oder freudloser Atmosphäre huldigend. Dort, in einem hellen, lebenszugewandten Westküsten-Ambiente, wird man meditieren und durchaus Disziplin walten lassen, wird sich mit größtem Ernst Selbstzweifeln stellen und sich von Selbstgerechtigkeit abwenden, wird sich ausführlich mit den Errungenschaften von Laotse auseinandersetzen, wird sich mit Henry David Thoreau beschäftigen, dem amerikanischen Vater des zivilen Widerstandes, der einst die Pflicht zum Ungehorsam zur Tugend erhoben hatte, und selbstverständlich mit den Lehren von Gandhi. Gandhi-Spezialist Ira Sandperl, den sie ein »herrlich verkommenes Überbleibsel des amerikanischen öffentlichen Schulsystems« nennt und mit dem sie seit ihrem Erweckungserlebnis in Teenagerjahren eine ungewöhnliche und auch unzerstörbare Freundschaft verbindet, scheint ihr der Richtige für Leitung und Unterweisung ihres »Institute for the Study of Nonviolence« zu sein. »Ich spürte, dass er vielleicht über Antworten verfügte, die sonst keiner hatte.« Sie nimmt seine außerordentlich intensive spirituelle Motivation wahr.

Sandperl, Sohn eines betuchten Chirurgen aus St. Louis, Missouri, entstammte einer jüdischen Familie, in der zwar vieles erlaubt, Dummheit aber ein Tabu war und Gewaltanwendung verpönt. Ein angenehmes, sorgloses Leben in wohlhabenden Kreisen schien für ihn vorherbestimmt; die Begegnung mit dem Denken und der Lehre Gandhis veränderten seine Einstellungen und seine Ziele jedoch mit einem Schlag für immer. Sein Studium in Stanford brach er ab, um seine humanistische Erziehung anderweitig zu vervollkommnen, begnügte sich mit Gelegenheitsjobs und führte ein heiteres, bedürfnisloses Einsiedlerdasein. Die radikale Erkenntnis, dass absolute Gewaltlosigkeit der einzige Schlüssel zu einer toleranten, von Unterdrückung freien Gesellschaftsordnung sein konnte, trieb ihn von nun an um. Er fühlte sich dazu auszusehen, die Leitsätze Gandhis zu propagieren. Sah die Verbreitung von dessen Schriften und Überlegungen, das Halten von Vorträgen und die von ihm initiierte Präsenz kontroversen Gedankenguts an Unis und Schulen als echte Berufung an. Zuweilen verfluchte er den indischen Vordenker zwar sarkastisch dafür, auf so hartnäckige Weise in seinen Lebensweg eingegriffen zu haben, bezeichnete ihn gar despektierlich als lästige Ratte. Doch für eine Umkehr war es längst zu spät. Als gewitzter »Tunichtgut, der sich danach sehnt, ein Heiliger zu sein«, hielt Sandperl sogenannte »Fußbodenpredigten« bei Quäker-Versammlungen ab, pries »die imaginären Wasser der Reinigung«, schwor dem Verzehr von Fleisch ab, vernachlässigte Frau und Kinder und spazierte stattdessen bereits mit der jungen Joan, einer Neuentdeckung für ihn, die einfach die ersten Schulstunden schwänzte, »in der Morgensonne spazieren« und verspottete »alle Welt«.

Ein groteskes Paar? Angetan mit Kordhosen, Tirolerhut und einem abgetragenen Dufflecoat und aufgrund seiner Kinderlähmung hinkend war der Bartträger und vorbildliche Pazifist Sandperl nur scheinbar, nur äußerlich ein Antipode von Baez. Wie sie, von ihm »Beazle« getauft und als liebenswertes »enfant terrible« wahrgenommen, war Ira vom verzweifelten Wunsch besessen, auf der Stelle »der Welt helfen zu müssen«. Sie wiederum schleuste Ira damals als »Agitator« für einen spontanen Vortrag in ihre High School ein, zum Verdruss der dortigen Verwaltung; sie ignorierte den Argwohn ihrer Eltern, die den Umgang des achtzehn Jahre älteren Mannes – trotz dessen vorbildlicher, ehrenhafter Anliegen – mit ihrer Tochter befremdlich fanden; und sie scherte sich auch nicht um die latente Eifersucht von Sandperls Gattin, die wenig Begeisterung zeigte, als Joan, kaum von der Ostküste zurückgekehrt, als Erstes gleich bei Ira aufkreuzt und ihm mit ihrem Projekt der Schulgründung in den Ohren liegt. Eine sexuelle Liaison haben die beiden von Anfang an kategorisch ausgeschlossen – um ihre Beziehung »rein« und unproblematisch zu halten, um sich auf ihre wesentlichen Ziele zu konzentrieren. Er begleitet sie inzwischen auch auf einigen ihrer Tourneen, spricht ihr ständig Mut zu. »Wenn ich singe, ist er immer hinter der Bühne und für mich da, wenn ich schlappmache und die Panik mich packt.« In seiner Gegenwart lässt sie es zu, »weiche Knie« zu bekommen. Bei ihm mag sie sich verkriechen und schenkt ihm so viel Vertrauen, dass sie ihren Kopf in seinen Schoß legen kann. Ihn wird sie, als sie später gemeinsam im Santa Rita County Gefängnis wegen Blockade einer Militäreinrichtung einsitzen, sogar als ebenbürtigen Knastbruder akzeptieren. Ihr gefällt sein Sinn für Humor ungemein, seine Begeisterungsfähigkeit und seine Charaktereigenschaften, die ihren eigenen gleichen: »sensibel und klug, freundlich, clever, vielversprechend und extrem dickköpfig«. Hellwach und »hoffnungslos inkonsequent«, genau wie sie. »Er war damals – und bleibt bis zum heutigen Tag – ein« sicherer Faktor in ihrem Leben. »Ich wusste, dass er ein Teil meines Schicksals war.«

Kurzzeitig erwägt sie gar, ihre Bühnenlaufbahn als »Rachel Sandperl«, als seine imaginäre Tochter oder Partnerin, zu starten und ihren richtigen Namen über Bord zu werfen. Was ihr einen jüdischen Anstrich verliehen, sie von einer ethnisch-religiösen Gruppe in die nächste befördert hätte. Nie möchte Joan sich aber vorwerfen lassen, willentlich ihre mexikanischen Wurzeln verleugnet zu haben. Ira bringt sie außerdem dazu, ihr zuweilen kompliziertes Verhältnis zu Schwesterchen Mimi zu überdenken und ihre grundsätzlich vorhandene Zuneigung zu ihr in einem neuen, viel positiveren Licht zu sehen. Joan solle sich einfach vorstellen, jeder Tag mit der Jüngsten könne die unwiderruflich letzte Begegnung unter Schwestern sein – und sich entsprechend liebevoll verhalten. Mimi ist von diesem plötzlichen affektiven Ansturm durch Joan, auf den sie sich keinen rechten Reim machen kann, überwältigt und wirkt verunsichert.

Sandperl zufolge kam es nicht darauf an, nach der einen, verbindlichen »Wahrheit« zu forschen, sondern ausschließlich auf den »Versuch«. Handeln hieß: versuchen. Leben hieß: einen Versuch zu wagen. Man sollte sich frei machen von »irdischen Bindungen und Begierden« und so oft wie möglich den Monolog – nicht den Dialog! – mit Gott anstreben, was »vollständiges sich Einlassen auf die Menschheit« nicht ausschloss, sondern unverzichtbar machte.

Thoreaus Maxime »Lass dein Leben ein Reibungswiderstand sein, der die Maschine zum Stehen bringt« eignete er sich in vollem Umfang an. Seine eigene Grundsatzfrage: »Wann werden die Menschen endlich lernen?« bzw. »dazulernen?« klingt bereits wie eine Zeile aus Seegers *Where Have All the Flowers Gone?/Sag mir wo die Blumen sind* oder Dylans *Blowin' in the Wind.* Und er formulierte auch eine treffende Definition des Konzeptes der »nonviolence«: »Gewaltlosigkeit heißt mit der Vorstellung aufzuräumen, dass es in Ordnung geht zu töten.« Eine Absage an jegliche Wehrpflicht und vom Staat ausgehende »Kriegserklärungen«. Sandperl bemühte sich darum, »politische, ökonomische, soziale, institutionelle und psychologische Alternativen zum Krieg zu schaffen«. Er wandte sich strikt gegen jede Form von Nationalismus, für ihn nichts weiter als eine primitive, nichtssagende »Bindung an ein Stück Land« – etwas Zufälliges, was um jeden Preis noch im 20. Jahrhundert überwunden werden müsse. Er sprach jedem politischen Führer, jedem Soldaten das Recht ab, Kinder zu töten. Er führte mit Baez eine »geistige Ehe«, in der die inhaltliche, weltanschauliche Übereinstimmung neben dem seltsamen »Glück, am Leben zu sein« und einer ähnlichen Ader für Humor und Ironie am meisten zählte, liebte sie auf unkonventionelle Weise, und sie erwiderte seine Gefühle und gedanklichen Regungen mit »konstruktiver und zärtlicher Kameradschaft«. Beide kamen »sie im Grunde nirgendwoher«. Gemeinsam bilden sie ein ideales Team, um ihre Botschaften in die Welt hinauszutragen und die Menschen in ihre so herrlich unverschulte »Lehranstalt« im Carmel Valley zu locken.

»Schon damals hatte sie etwas Magisches, etwas ganz und gar Ungewöhnliches an sich«, gab Sandperl seinerseits über den Teenager Joan zu Protokoll. »Ich erinnere mich, wie sie auf einem der Treffen, auf dem ich eine Rede hielt, sang. Das kam beim Publikum so gut an, dass ich sagte: ›Honey, wenn du groß bist, müssen wir uns zu einem Prediger-Team zusammentun.‹« Nun ist es also so weit und sein Wunsch, der sich mit ihrem Bedürfnis trifft, gezielte, präzise Friedensarbeit zu leisten und ethische Grundlagen für die persönliche Mentalitätsbildung zu schaffen und zu nutzen,

Wirklichkeit geworden. »Ich war der älteste ihrer Freunde, also hat sie sich logischerweise an mich gewandt«, konstatiert Ira.

Mitte der Sechziger schließen sich somit drei unternehmungslustige Autodidakten in Kalifornien zu einem Trio zusammen, das mit der Gründung des Institute for the Study of Nonviolence eine Pioniertat vollbringen sowie ein deutliches Zeichen setzen will: Baez, die sich selbst das Singen beigebracht hat, Sandperl, der Amateur-Philosoph und Pädagoge aus Leidenschaft, und John Gamble, der gar kein ausgebildeter Architekt ist und dennoch für sie beide das Institut im asiatischen Stil entwirft. Mitten in einer herrlichen, weitgehend unzerstörten landschaftlichen Umgebung. Die Natur ist allgegenwärtig. Mahlzeiten werden gemeinsam eingenommen und Yoga-Kurse abgehalten; wer mag, darf fasten; es gibt Schweigephasen, Anleitungen zum graduellen Abbau von Aggressivität und genau festgelegte Zeitabschnitte, in denen man nicht rauchen soll; und Baez selbst ist hier nur eine Studentin unter anderen, genießt keinen Sonderstatus, legt keinerlei Allüren an den Tag. Sechswöchige Seminare sind die Regel. Die Kursgebühren halten sich in Grenzen. Jeder packt mit an. Gewiss ist die Einrichtung förderungswürdig und wird doch zu hundert Prozent aus privaten Mitteln bestritten – aus Joans Gagen, Tantiemen, Plattenverkäufen. Wenn abermals Geld fehlt, schießt Baez erneut kräftig zu. Zuweilen hält auch sie, die Gründerin, einen kurzen Vortrag in dieser idyllischen Fluchtburg für Pazifisten und kritische Geister, aber ihr künstlerisches Wirken bleibt ausgeklammert.

Es wäre zu schön, um wahr zu sein, würde sich gegen ein solches Projekt für eine Insel der Seligen kein Widerstand regen. Kaum dass das Vorhaben offiziell bekannt und beantragt worden ist, kaum dass um die Baugenehmigung gerungen wird, ruft Joans Ankündigung bereits eine Schar schwerreicher, aufgebrachter Nachbarn auf den Plan. Sie fürchten eine deutliche Wertminderung ihrer eigenen Villen und Grundstücke und sorgen sich um die Verwahrlosung ihrer schönen Gegend, sollten sich hier demnächst Beatniks, Hippies und ungepflegte Nichtstuer tummeln. Den privilegierten Anwohnern von Monterey ist schwer begreiflich zu machen, weshalb es Menschen geben kann, die aus purer Lust an der Zeitverschwendung lieber gemeinsam über den Sinn des Lebens nachdenken, kontemplativ den Tag gestalten und Visionen von einer friedlichen Zukunft entwerfen als vermeintlich »anständigen« Berufen nachzugehen und sich in die Knechtschaft einer Festanstellung – wie etwa ein Bürojob in der Rüstungsindustrie – zu begeben. Diese ehrenwerten Mitbürger möchten nicht von zwielichtigen, schmuddeligen und womöglich gar anarchistischen oder subversiven Elementen umgeben sein, deren Zu- und Wegzug sie nicht kontrollieren können, möchten auf keinen Fall mit alternativen Lebensformen, erotischen Provokationen oder gar Ausschweifung konfrontiert werden. Sie möchten nicht sehenden Auges ins Chaos gestürzt werden. Sie sehen ihren wohlverdienten, von privaten Sicherheitsfirmen garantierten Ruhestand ernsthaft in Gefahr; sie wollen alles Urbane und Andersartige verbannen, ihren Kindern den Anblick von Drogenabhängigen und Langhaarigen ersparen, Mauern des Anstands um ihren schützenswerten Lebensraum errichten. Dass diese Lobby der Wohlmeinenden ihr Paradies damit zum Ghetto von Egoisten umdeutet, fällt ihr nicht auf. Dass in einer Schule für intelligente Erwachsene, wo über Gewaltlosigkeit diskutiert wird, wahrscheinlich nicht der geringste Lärm entsteht, kommt erst gar nicht zur Sprache.

Eine öffentliche Anhörung, bei der die Vertreter des Bezirks das Sagen haben und, nach Abwägen aller Argumente und Einwände, über das Für und Wider des Projektes befinden, wird beschlossen und schließlich einberufen. Es soll über die Nachteile und bedrohlichen Aspekte der Schulgründung debattiert werden – dass die Etablierung des Instituts auch positive Reklame für das County bewirken, ja Anerkennung und Respekt zeitigen könnte, ist offenbar nicht der Rede wert. Mehr als fünf Stunden lang müssen sich Baez, sich mal tapfer behauptend, dann wieder einer »unglücklichen Analysandin« ähnelnd, und ihr Mitstreiter Sandperl vor wütenden Rentnern, übereifrigen Zaungästen und Fernglas-Voyeuren, gelangweilten Bezirksdelegierten, befangenen Zeugen, vor Sachverständigen und Publikum rechtfertigen, ihre

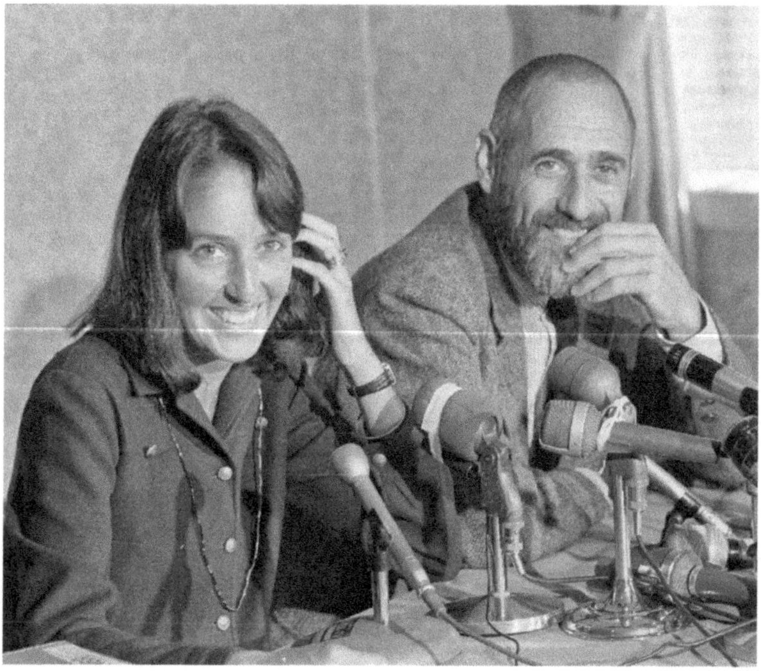

»Beazle« und Guru: Mit Ira Sandperl, im Kreuzverhör mit der Presse, Februar 1967.

Beweggründe darlegen, Vorwürfe entkräften, Einwänden entgegentreten und Protesten gegen die angebliche Missachtung der Flächennutzungsvorschriften den Wind aus den Segeln nehmen. Die Gegenseite beschwört finstere Zeiten in Form von Massendemonstrationen und sogar Zustände wie in Nazi-Deutschland herauf, bringt ihre große Sorge um die potentielle Demoralisierung junger Männer und damit künftiger Rekruten zum Ausdruck. Schon die Vorstellung des Anblicks von Miss Baez und ihrer Mitschüler im Garten der Schule während der heiligen Mittagspause, die genau dann unbehelligt in ihren makellos sauberen Swimmingpools ihre Runden drehen wollen, stellt für einige Eigentümer ein erhebliches Ärgernis dar.

Zwei Ordnungen und Modelle stehen sich heute im Saal unversöhnlich gegenüber: Das sich für alle Ewigkeit im Recht wähnende, wertkonservative Establishment auf der einen und die Joans und Iras dieser Welt auf der anderen Seite. Letztere sind mehr als nur ein Störfaktor, stellen echte Rebellen aus der Perspektive ihrer Feinde dar: »Wir wollten«, bekräftigt Ira, »vor allem eine nicht gewalt*tätige* Bewegung zu einer gewalt*losen* Bewegung machen. Joan hatte einen ungeheuren Anteil daran«, die bis dato stagnierende amerikanische Friedensbewegung »aus ihrer Krise zu holen«. Mit dem neuen Institut vollzieht sie gemeinsam mit Sandperl einen weiteren großen Schritt in diese Richtung. Der Prozess gesellschaftlichen Wandels scheint unumkehrbar; hier nun wird ihr aufgrund einer lokalen Initiative einstweilen der Prozess gemacht. Insofern ist der Stein des Anstoßes in Carmel Valley, eigentlich eine Lappalie, aber auch ein aussagekräftiges Indiz für ein grundsätzliches Phänomen in Baez' Vita, gewinnt weitreichende Bedeutung: »Sie war immer gerade dort, wo die Barrikaden standen.«

Im Gerichtsgebäude von Salinas ist an jenem Vorweihnachtsnachmittag des Jahres 1965 eine Zeitzeugin von Rang anwesend – eine weitere Joan: Joan Didion, die unbequeme Journalistin, angesehene Schriftstellerin und (zeitweise) Mitherausgeberin der *Vogue*. Ihr, einer unbestechlichen Chronistin, die ihren lakonischen, engagierten Reportage-Stil schon früh zu einer regelrechten Kunstform verdichten sollte, bei der präzise Beobachtungsgabe, Literarisierung und soziale Analyse zu gleichen Teilen vorhanden sind, verdanken wir das genaue Protokoll jenes teils absurden, teils unfreiwillig komischen Schlagabtausches. Vordergründig interessiert auch Didion, damals einunddreißig, der Ausgang dieses Streitgespräches über »den Frieden, die Moral und die allgemeine Wohlfahrt« von Monterey County – einen Frieden, der ausgerechnet durch die Errichtung einer Schule, die sich einzig und allein mit Friedensfragen befasst, in Frage gestellt sein soll. Was ihr in ihrem kurzen Bericht hingegen besonders gut gelingt, ist ein nuancenreiches Porträt ihrer Namensvetterin, die sie mit Etiketten wie »Madonna der Unzufriedenen« und »Pfand der Protestbewegung« versieht. Eine Charakterstudie. »Sie war die richtige junge Frau zur richtigen Zeit.« Eine Momentaufnahme der großen und zugleich

»sehr stillen« Joan Baez an der Schwelle zum Weltruhm, die hier heute, fast wie eine Angeklagte, einer albernen Kosten-Nutzen-Debatte wegen in der ersten Reihe sitzt. Und dennoch unerschrocken wirkt, ganz die Ruhe selbst ist. »Sie ist außergewöhnlich schön«, beginnt Didion ihre Schilderung von Joan Nummer zwei, »noch schöner als auf den Fotos, die das Indianische ihrer Züge betonen, aber weder die erstaunliche Feinheit oder die Geradlinigkeit von Knochen und Augen zeigen, noch ihr auffälligstes Merkmal: diese absolute Direktheit, das Fehlen jeglicher Arglist.« Und während sich im Gerichtssaal die abfälligen Bemerkungen und halblaut gemurmelten Beleidigungen häufen, mit denen man diesen halbmexikanischen Eindringling im Land des Luxus verunglimpft, legt Didion mit einem Kompliment nach: »Sie besitzt eine große Natürlichkeit und ist das, was man früher eine Dame nannte.«

Was folgt, ist eine Bestandsaufnahme. Didions Leser erfahren durch diesen Essay vom Stellenwert einer charismatischen Amerikanerin, einer jungen Frau, die sie bislang vielleicht nur aus den Schlagzeilen kannten. Baez »wollte nicht unterhalten, weder damals noch überhaupt. Sie wollte die Menschen bewegen, mit ihnen eine Gefühlsgemeinschaft bilden. Ende 1963 hatte sie mit der Protestbewegung etwas gefunden, auf das sie ihre Gefühle konzentrieren konnte.« Eine Beobachtung, die sich hier in Salinas eindrucksvoll bestätigt. Als ihr eine Schar von Alteingesessenen vorwirft, ihre Grundstücke und Häuser hätten mittlerweile schon an die fünfzigtausend Dollar an Wert eingebüßt, nur weil sie unbedingt auf dem Nachbar-Terrain Jiddu-Krishnamurti-Thesen verkünden, Sit-ins veranstalten und Laotse-Gebote deklamieren wolle, hält sie ihnen sachlich und in aller Ruhe entgegen, dass sie selbst schon mehr als das Doppelte in die Gegend investiert habe, mithin sogar zu deren Wertsteigerung beitrage und gar nicht an die Annullierung ihres Vorhabens denke. Ladylike und souverän.

»Nach einer Weile erhob sie sich«, schreibt Didion mit unverhohlener Bewunderung, »und stand ruhig da, bis es im Saal vollkommen still geworden war. Ihre Gegner saßen angespannt auf den Stühlen, bereit aufzuspringen und alles zu kontern«, was Baez zur Verteidigung ihres Projektes und dessen friedlicher Nutzung »vorzubringen gedachte«. Als sie gesprochen hat, mit klarer, unaufgeregter Stimme, wobei sie »die Delegierten ruhig ansah«, spüren alle Anwesenden, dass Baez sich ihrer Sache vollkommen sicher ist. »Daraufhin lächelte die Eigentümerin« zwei besonders widerborstige Anrainer »hintersinnig an und nahm inmitten absoluter Stille wieder Platz«. Um Viertel nach sieben, nach einer gefühlten Ewigkeit und der abschließenden Abstimmung, ist die Lehrstunde »angewandter Demokratie« vorbei und der Spuk vorüber. Baez und Sandperl wird grünes Licht gegeben; mit einer knappen Mehrheit von drei gegen zwei Bezirksdelegierten-Stimmen ist die Verlängerung der Genehmigung beschlossene Sache. Ihre Schule darf ihren Standort behalten und weitermachen, Unterricht und Kurse dürfen auch in Zukunft abgehalten werden. Ein schöner Sieg. Ein klares Ja zur Friedenspädagogik und zur Friedenserziehung. Noch dazu errungen mit friedlichen Mitteln. Und doch nur ein Etappenziel auf einem längeren, ungleich beschwerlicheren Weg. Didion zieht ihrerseits Bilanz und unterstreicht, als direkte Konsequenz des soeben Erlebten, eine weitere faszinierende Facette des Baez-Effektes. Der bisweilen an ein Wunder grenzt: »Alles, was Baez tut, ruft offenbar gewisse ominöse Untertöne im kollektiven Bewusstsein hervor.« Die Schlacht um das Institut ist erfolgreich geschlagen, und auch die heute Unterlegenen, die im Wortsinne von ihr entwaffnet worden sind, haben dabei noch etwas hinzugelernt.

***

Nicht immer geht es so glimpflich für Baez aus wie hier in Salinas. Zur Schau getragener Pazifismus und ein Bekenntnis zur Gewaltlosigkeit rufen unweigerlich feindselige Reaktionen hervor. In ihrer Erinnerungs-Collage *Daybreak* berichtet sie von gleich zwei Situationen, in denen sie in Rechtfertigungszwang gerät – und die in Konfrontationen münden. Einmal sitzt sie, besonders gutgelaunt, mit Sandperl im Flugzeug, genießt das musikalische Bordprogramm über den Wolken und lässt sich dazu hinreißen, den ihr über Kopfhörer zugespielten Motown-Sound der Supremes aufzugreifen, zu summen, mitzusingen, zu klatschen, zu wippen und mit den Fingern zu schnippen. Auch von Stevie Wonders souligen »Himmelsklängen« lässt sie sich anstecken, imitiert den Groove, albert mit Ira herum. Ohne Rücksicht auf die übrigen Mitreisenden, womöglich ruhebedürftige Passagiere. Ihre kleine Show, Ausdruck ungetrübter Lebensfreude, ist nicht nach jedermanns Geschmack: Von einem Ehepaar, das ein paar Reihen vor ihnen sitzt und sich von ihrer Einlage belästigt fühlt, wird sie mit wüsten Beschimpfungen und wütenden, bösen Blicken bedacht; sogar ein Wurfgeschoss landet an ihrer Schulter. Ignorieren kann sie die Attacke nicht. »Es wurde mir klar, dass ich weder der Musik zuhören noch den Himmel betrachten konnte, solange ich mich nicht dem geballten Unmut auf den Sitzen vor mir gestellt hatte. Ich kletterte über Iras Beine und ging die drei Schritte zur Reihe A.« Als sie die Leute zur Rede stellt, nicht ohne sich für ihren Lärm zu entschuldigen, wird rasch klar, dass sie von ihnen als die ominöse »Joan Baez« erkannt worden ist – ein Störenfried, für den diese Durchschnittsamerikaner nach eigenem Bekunden »nun mal nichts übrig haben«. Eine Querulantin. Und erst recht nicht für eine ihrer »politischen Reklamesendungen«: So wurde ihr harmloses Mitsingen nämlich gleich gedeutet. Im darauffolgenden Streitgespräch wird aus dem lapidaren Vorfall rasch eine grundsätzliche Kontroverse: Hier die politische Aktivistin, dort Leute, eingezwängt hinter »eisernen Scheuklappen«, die einfach ihre Ruhe haben möchten und jemandem wie Baez, der die Menschen im Land aufwiegelt, schon immer einmal ihre Meinung sagen wollten. Indem sie sie zum Beispiel mit einer Münze oder einem Stückchen Zucker bewerfen, als wolle man einem unartigen Kind sein Gequengel auf ebenso unreife Weise heimzahlen. Als Joan wenigstens um eine Chance zur Verständigung bittet, erntet sie noch höhnischere Kommentare. »Yeah«, zischen die aufgebrachten, mittlerweile hasserfüllten Passagiere, »Verständigung.« Das habe ihnen gerade noch gefehlt. Und klassifizieren sie zum Schluss als »Pazifistin« – aus ihrer Sicht die schlimmste vorstellbare Kategorie, die ultimative Beleidigung.

Das rote Tuch schlechthin. »Hasserfüllt« starrt man sie an. Joan, nun zutiefst schockiert, bestätigt die Vermutung ihrer Feinde im Flugzeug, »outet« sich als echte Friedensaktivistin. Und muss zur Kenntnis nehmen, dass jeder weitere Dialog zwecklos ist.

An anderer Stelle in ihrem Büchlein, in einem fiktiven Frage- und Antwort-Spiel mit dem Titel »Was würden Sie tun, wenn …?«, zeichnet Baez, teils amüsiert, teils deutlich genervt, exemplarisch den Verlauf einer Unterhaltung zwischen einer Pazifistin und einem Zweifler nach. So wie sie sie in ihrem Leben gewiss Dutzende von Male zu führen gezwungen war. So wie sie jeder bundesdeutsche Kriegsdienstverweigerer in früheren Jahrzehnten im Laufe demütigender »Gewissensprüfungen« vor Berufsmilitaristen in Kreiswehrersatzämtern über sich ergehen lassen musste. Der Fragesteller versucht dabei, den »bekennenden« Friedensfreund mit hypothetischen, immer absurderen Fangfragen in die Enge zu treiben, um ihm am Ende doch ein Bekenntnis zur Gewaltbereitschaft zu entlocken und als inkonsequent zu überführen. Konstruierte Zwangslagen à la ›Würden Sie einen Mord sehenden Auges zulassen?‹ werden dabei entworfen. ›Würden Sie Ihre von einem Angreifer bedrohte Großmutter notfalls nicht aktiv verteidigen? Würden sie bei einem vermeidbaren Unfall nicht eingreifen, auch wenn dabei Verletzungen Unschuldiger in Kauf genommen werden müssten?‹ Auf sehr intelligente Weise dreht Baez in diesem kindischen Katz- und Maus-Spiel, bei dem die Selbstgerechtigkeit des Fragenden und die unglaubwürdige Passivität des Antwortenden, automatisch dazu verurteilt, herumzulavieren und sich aus seiner »starrsinnigen« Position herauszuwinden, von vornherein »gesetzt« sind, den Spieß um und entwirft jetzt ihrerseits Horrorszenarien: Nicht um von einem Einbrecher bedrohte Omas, nicht um »läppische« Bedrohungen im Alltag gehe es ihr, sondern um ganz reale Kriegsszenen. Darum, »wie man bei uns Menschen beibringt, auf eine richtig gute, effiziente Art zu killen«. Sie malt sich und ihrem überraschten Inquisitoren die staatlich organisierten Gräuel in Indochina und anderswo plastisch aus: »Durch den Dschungel robben, aus Flugzeugen abspringen«, Unschuldige und Wehrlose

»mit einem Bajonett die Eingeweide« aufschlitzen. Spricht von jungen Männern, die die Entscheidungen von Politikern in weit entfernten Sitzungssälen ausbaden müssen, den kommunistischen Vietcong den Garaus bereiten, sich gegenseitig abschießen und sich vor Todesangst »in die Hose machen«. Damit hat ihr Gegenüber, das davon faselt, dass Töten in der Natur des Menschen liege und etwas Angeborenes sei, nicht gerechnet. Dennoch weist ihr fiktiver Dialogpartner alle pazifistischen Gegenargumente in Bausch und Bogen zurück. Über Krieg möchte er natürlich nicht sprechen. Stellt die Machbarkeit von pazifistischen Aktionen grundsätzlich in Frage sowie deren Aussicht auf Erfolg. Baez gibt ihm sogar recht und räumt ein: »Bis jetzt haben wir glorreich versagt.« Aber sie gibt in einem abschließenden Statement die Hoffnung eben nicht auf, erteilt aller Taktik und Strategie eine Absage, bekräftigt ihr Recht auf Utopie und konstatiert: »Die einzigen Leute, die noch größeren Mist gebaut haben als die, die die Gewaltlosigkeit organisieren, sind« jene, »die die Gewalt« auch weiterhin »organisieren«.

Aus heutiger Sicht wirkt die Leidenschaft und Parteilichkeit, mit der in den Sechzigern solche Diskussionen um im Grunde unversöhnliche Standpunkte geführt wurden, vielleicht ein wenig übertrieben aufgeregt oder auch altmodisch, kann man sich über die Feindseligkeit, Verbissenheit und persönliche Angreifbarkeit der Kontrahenten nur wundern. Besteht nicht seit Jahrzehnten ein Konsens über die Wichtigkeit und Unverzichtbarkeit von Friedensarbeit? Ist Bereitschaft zu verbaler und militärischer Abrüstung, zumindest innerhalb der freien Welt, nicht längst eine Selbstverständlichkeit? Wer so fragt, argumentiert auf dem Hintergrund historischer Erfahrungen, die vor einem halben Jahrhundert noch nicht in diesem Ausmaß absehbar waren: die seinerzeit wirklich unvorstellbare Abschaffung der Wehrpflicht in der Mehrzahl der westlichen Länder, das schmähliche Ende etwa des Vietnamkriegs mit seinen unzähligen Opfern, das unermessliche Leid, das die Genozide in Kambodscha, Ruanda oder im ehemaligen Jugoslawien hervorgebracht haben, die gerade nicht pazifistisch begründete Passivität des Westens im gegenwärtigen, mit äußerster Brutalität geführten Syrien-Konflikt, das »globale Wissen« um die Krisenherde in Zeiten florierender sozialer Netzwerke und die gleichzeitige Ohnmacht von uns Zuschauern.

Das Ringen um die »richtige« Einstellung zu Krieg und Gewalt, wie sie Baez' Anfangsjahre noch bestimmte, ist inzwischen der zynischen Erkenntnis gewichen, trotz Meinungsfreiheit, trotz antimilitaristischer Gesinnung und trotz »objektiver« Informationen im internationalen Kriegsgeschehen nicht viel ausrichten zu können. Und wegen der offenkundigen Vergeblichkeit und Aussichtslosigkeit auch gleich auf Empörung und Demonstrationen zu verzichten. Untätigkeit und Bequemlichkeit wiederum waren in den Sixties für viele denkende Individuen unvorstellbar und auch nicht hinnehmbar: Jene Menschen, die soziale Missstände und bewaffnete Auseinandersetzungen nicht länger akzeptieren konnten, gingen damals für ihre Überzeugungen auf die Straße, erhoben ihre Stimme, verschafften sich Gehör. Fortwährend prangerten sie an. Dabei gerieten sie immer erneut mit Zeitgenossen aneinander, für die, aus vollster Überzeugung, Gewalt auch weiterhin ein probates Mittel zur Durchsetzung politischer Ziele blieb, oder mit Personengruppen, für die Demos und plakativ artikulierter Widerstand nicht der richtige Weg zu sein schien. Die ihre Missbilligung auf andere Weise kundtaten oder sich einfach nicht zum Skandieren von Slogans und zum Organisieren von Störaktionen berufen fühlten. Für Joan Baez war eine Vermittlung zwischen solch konträren Positionen nicht möglich: Sie hatte sich längst entschieden. Auch in ästhetischer Hinsicht – eine von politischer Einmischung unbefleckte Ausübung ihres Metiers, eine Haltung abgehobenen Musizierens als »L'art-pour-l'art«-Künstlerin, das Eingehen lauer, halbherziger Kompromisse zugunsten uneingeschränkter Popularität waren ihre Sache nicht. Selbst Menschen in ihrem Privatleben bekamen es deutlich zu spüren, wenn sie dem Engagement den Vorrang einräumte. Einfach war das sicher nicht, nicht einmal für sie selbst. »So sehr Joan die Aufmerksamkeit ersehnt haben mag, die sie plötzlich erhielt, so extrem schwierig war es für sie, damit umzugehen«, notierte ein aufmerksamer Eric von Schmidt. Stets stand sie im Fokus, entweder als Zielscheibe verabscheuungswürdiger Angriffe oder, weitaus häufiger, als eben gerade nicht angreifbares Wesen von ganz besonderer Qualität. Als Lichtgestalt. Was sich mit Joan Didions Einschätzung deckt, Miss Baez sei »manchmal darüber besorgt, dass sie für sehr viele ihrer Bewunderer der Inbegriff von Schönheit und Wahrheit ist«. Wenn sie doch viel lieber als der Inbegriff von Zorn, Entrüstung und dem unbedingten Willen zu Veränderung wahrgenommen worden wäre.

***

Missglückte die von vielen Journalisten und Medienvertretern zur Liaison des Jahrzehnts hochstilisierte, in Wirklichkeit aber höchst instabile Liebes- und Lebensgemeinschaft von Baez und Bob Dylan letztlich nicht auch wegen einer solch grundsätzlichen Unvereinbarkeit von Emotionen, Innovation, Kreativität und Politik? Wegen unversöhnlicher Vorstellungen von Songästhetik und Privatsphäre, vom Inhalt und von der Gestalt der Lieder und dem, welche äußere Wirkung daraus bezogen werden konnte – oder besser nicht sollte? Was ist, im Laufe der Jahrzehnte, nicht alles in die »Traumpaarung« Baez/Dylan hineingeheimnisst worden! In wie vielen Interviews ist Joan ermüdend oft nach jenen kurzen, gewiss aufregenden, aber eben auch desillusionierenden Monaten an der Seite eines jungen Mannes befragt worden, der in ersten Presseberichten entweder anerkennend als »James Dean der Folk-Welt« oder skeptisch als Möchtegern-»Huckleberry Finn« Beachtung fand. Ganze Bücher werden wohl bald dieser merkwürdigen Beziehung aus einer glamoursüchtigen Ära gewidmet sein, die von Liebesgeschichten und Tragödien von Prominentenpaaren wie »Liz und Dick« (Elizabeth Taylor und Richard Burton), Jackie und John F. Kennedy oder Maria Callas und Aristoteles Onassis gar nicht genug bekommen konnte. Eine minutiöse Nachzeichnung des komplizierten Auf und Ab von Joan und Bob, diesen beiden so grundverschiedenen Heroen und veritablen Stars der Folk-Welle, in den Jahren 1961 bis 1965 würde hier den Rahmen sprengen. Beschränken wir uns daher auf die wichtigsten Etappen.

Es ist dabei von Anfang an unverzichtbar, das unwahrscheinliche, faszinierende Gespann Baez/Dylan nie isoliert, sondern stets als Teil einer Viererkonstellation zu betrachten und auch zu begreifen: In diesem komplizierten Geflecht von Anziehung und Eifersucht, von Talent und Rivalität, von Attraktivität und Geltungsbedürfnis spielen auch Schwester Mimi und ihr künftiger Ehemann Richard Fariña an Schauplätzen wie Paris, Kalifornien und Ostküste ihren zentralen Part. Öfter noch als paarweise waren diese vier Persönlichkeiten als Quartett unterwegs, und dies in zum Teil atemberaubendem Tempo. Mit den Baez-Schwestern hatte »Dick« Fariña, Jahrgang 1937, ein hochbegabter Schriftsteller, Sänger, Instrumentalist, Songwriter und auch Organisator, als Sohn eines Kubaners und einer Irin die Herkunft gemein – neben der Leidenschaft für Poesie und Folk. Mit Dylan verband ihn Umtriebigkeit, Ungestüm und Ehrgeiz, eine schillernde biographische Vorgeschichte, ein genuiner dichterischer »Ton« und ein unbedingter Wille. Wo Dylan sich wortkarg gab und enigmatisch blieb, fiel Fariña eher durch seine Sprunghaftigkeit und Hitzköpfigkeit, seine Überredungsgabe und Eloquenz auf. Zwei »Genies« auf dem Weg nach ganz oben. Zwei Männer mit einem überdimensionierten Ego. Zwei heimatlose, begeisterungsfähige junge Burschen in Gesellschaft der Baez-Schwestern, die sich für einander erwärmen konnten und phasenweise auch respektierten. Unzertrennliche Buddies oder echte Freunde? Eher nicht.

Obwohl es Fariña keinesfalls an Talent mangelte, er mit der Schriftsteller-Avantgarde auf Tuchfühlung ging – sein bester Freund war der spätere Romancier Thomas Pynchon – und keine Gelegenheit ausließ, mit vielfältigen Aktivitäten alle künstlerischen Facetten zur Geltung zu bringen, stellten sich bei ihm, ganz im Gegensatz zu Bob, Anerkennung und Erfolg erst spät ein – und fielen dann auch noch recht verhalten aus. Jahrelang schrieb er unermüdlich an seinem ersten großen, ambitionierten Roman, während Dylan die Angebote für Buchverträge seit seinem kometenhaften Aufstieg mit Baez wie von selbst ins Haus flatterten. In musikalischen Belangen war und blieb Dylan hingegen ein Einzelkämpfer, während Fariña intime, verhaltene Songs für sich und seine noch kindliche Gattin Mimi schrieb. Und sie einfühlsam vortrug, indem er sich und sie dabei auf der »mountain dulcimer«, einem zuvor in Vergessenheit geraten, dann wiederentdeckten, zitherartigen Zupfinstrument aus den Appalachian Mountains begleitete. Mimi zuliebe, die er in Paris und Chartres kennengelernt und der er monatelang den Hof gemacht hatte, verließ er seine erste Frau, die vielversprechende, gutaussehende Folksängerin Carolyn Hester, Hals über Kopf. 1963 heiraten Fariña und die noch minderjährige Mimi gleich zweimal – heimlich in Frankreich, sehr zum Missfallen von Albert und Big Joan, und dann noch einmal »richtig« an der Westküste – und waren damit noch lange vor Bob und Joan ein »offizielles« Paar.

Die vier Youngsters besuchten sich gegenseitig in der Folgezeit, beäugten sich auch, gewannen Gefallen aneinander, schmiedeten gemeinsame Pläne, verglichen sich miteinander und versteckten sich zuweilen voreinander. Und sie traten, in ihrer Eigenschaft als singende Folkies, auf den Bühnen Amerikas immer als Paare auf – ein diskretes Paar, das Musik für Eingeweihte und Puristen machte, und ein Vorzeige-Paar, dessen Gig man sich nicht entgehen lassen wollte und das mit beeindruckenden »messages« aufwarten konnte: Mimi und Dick, weil Fariña es so entschieden hatte und das Publikum daran auf Anhieb Gefallen fand, und Dylan und Baez, weil Baez es so wollte und obschon das Publikum anfangs nicht die geringste Lust auf das »kratzstimmige, rattengesichtige Kid« aus Minnesota verspürte, unwirsch und ablehnend auf ihn reagierte und es lieber gesehen hätte, Joan als Solistin zu genießen wie in all den unbeschwerten drei, vier Jahren zuvor. Anders formuliert: Fariña profitierte von der Anwesenheit und den Gesangsbeiträgen wie Gitarrenkünsten der scheuen, mädchenhaften Mimi, deren Herz er im Sturm erobert hatte, beträchtlich; Baez tat sich karrieretechnisch nicht unbedingt einen Gefallen damit, Dylan zu promoten und gegen alle Widerstände durchzusetzen. Ihr aber ging es um Dylans Songs und deren Aussagekraft. Und so wie Fariña auf Mimi stolz sein durfte, stellte Baez ihren Stolz über den von ihr entdeckten Poeten, Rebellen und Sprachkünstler zur Schau.

Als der fast gleichaltrige, um erste Anerkennung ringende Dylan der bereits etablierten Baez 1961 in Gerde Folk's City im New Yorker Greenwich Village über den Weg läuft, ist sie nicht sonderlich beeindruckt von ihm. Ohnehin scheint er an jenem ersten Abend eher ein Auge auf Mimi, deren Frankreichaufenthalt noch bevorsteht, geworfen zu haben. Joans »neurotischer« Noch-Lebensgefährte Michael steht einem genaueren Kennenlernen ebenfalls im Weg. Gerüchte kommen ihr zu Ohren, dass Manager Grossman ausgerechnet aus Bob, diesem »winzigen, blutjungen Bürschchen«, einen »ganz Großen« machen will und wird, größer noch als Elvis. Schwer glaubhaft. Sie vermag in Bob nichts als einen »urban hillbilly« zu erblicken, behält aber seinen einzigartigen Mund in Erinnerung – sinnlich, weich, zurückhaltend, mokant – mitsamt einer Flut ungeordneter, beeindruckender Gedanken, die ihm entströmen. Sowie seine bestürzende Fragilität, die sie auch später für ihn einnehmen wird. Von Beginn an scheint die Rollenverteilung festzustehen, er weckt in ihr Beschützerinstinkte: »Ich war nur [vier] Monate älter als er und fühlte mich wie seine Mutter.«

Als sie ihn genauer unter die Lupe nimmt, bemerkt sie seine Nervosität und Rastlosigkeit, seine fahrige Gestik, seine unfertigen, oftmals kryptischen Bemerkungen, sein seltsam zusammengewürfeltes Outfit, seinen trockenen Humor und seine mitleiderregende Blässe. Registriert, dass er wenig von sich erzählt, fast gar nichts von sich preisgibt. Dass er gern flunkert und aufschneidet. »Zartfühlend war er selten.« Lächeln tut er noch seltener. Einen normalen Herzschlag täusche er, so Joan, nur vor. Über Grobheiten, Indifferenz, unverhohlene Selbstbezogenheit sieht sie großzügig hinweg. Und er verbringt, wofür sie ihn bewundert, ganze Tage und Nächte, rotweintrinkend und kettenrauchend, an der Schreibmaschine, produziert wertvolle Songs und so unverständliche wie kostbare Gedichte am laufenden Meter. Eine Inspirationsmaschine; viel scheint sich bei ihm aufgestaut zu haben, das jetzt »herauswill«. Dylan produziert auch später unaufhörlich Neues, Erstaunliches, Verstörendes und Geniales, wenn er bei Baez in Kalifornien auf

Besuch ist, oder wenn sie beide, gemeinsam mit den Fariñas, in Grossmans Villa bei Woodstock wochenlang beim Housesitting vereint sind.

Richtig an ihn heran kommt Joan allerdings kaum, auch dann nicht, als sie bereits ein Paar sind. »Er hielt uns alle auf Abstand, abgesehen von jenen ganz seltenen Momenten, nach denen wir alle gierten.« Ihre Zuneigung zu ihm wächst jedoch stündlich, der Ton in den Briefen an Big Joan, wenn sie über ihr Zusammensein Bericht erstattet, wird zusehends euphorischer. Baez erlebt erstmals, dass sie ein anderer Künstler ihrer Generation zum Staunen zu bringen vermag. Wohnt einer wundersamen Verwandlung vorbei. »Wir sahen dieses verwahrloste, kleine, dreckige menschliche Wesen mit dem blassen Gesicht auf die Bühne gehen und seinen *Song to Woody* singen.« Sein rauer, ungehobelter Vortragsstil lässt sie innehalten, wirkt aufwühlend auf sie. Das Ruppige und Kauzige an ihm zieht sie in den Bann. Zärtlich tauft sie ihn ihren »Dada-König«. Womit das Unerklärliche und Sprach-Artistische an ihm in gleichem Maße auf den Punkt gebracht werden.

Man sieht die beiden immer häufiger in der Öffentlichkeit. Sie holt ihn ins Boot. Lädt ihn ein, Teil ihrer Tour zu werden. Sie zwingt die Leute dazu, sich an ihn zu gewöhnen, ihn zu akzeptieren, ihn zu mögen, ihm ihr Ohr zu leihen. Stößt sie liebevoll systematisch vor den Kopf mit ihrer Dylan-Manie. Kein Joan-Konzert fortan, bei dem sie ihn nicht spontan oder geplant auf die Bühne holt, mit ihm duettiert, ihm den Vortritt und bald auch den Rest der Vorstellung überlässt. Vom Lückenbüßer zum »guest star«, vom Überraschungsgast zum Duopartner und zu einer festen Größe, die sich nicht lange bitten lässt und, eher linkisch, ein Drittel des Programms bestreitet, für das Joans Fans begehrte Tickets erworben haben. Das Publikum protestiert, jault auf, schreibt ihr entsetzte Briefe oder lässt es bald zähneknirschend geschehen; die Klatschpresse reibt sich die Hände, die Produzenten machen große Augen. Auch Kenner und Snobs verschließen ihre Ohren nicht länger.

Auf gemeinsamen Fotos wirken Bob und Joan entspannt, aufeinander fixiert und auch neugierig, glücklich. Auf Folkfestivals sind sie beide bald die Attraktion, machen sich auch »optisch« glänzend. Eine in den Monaten nach dem Kennedy-Attentat tief traumatisierte Nation, harmoniebedürftig und voller Sehnsucht nach aufmunternden Schlagzeilen, mit denen ungetrübte Freude an zwei füreinander bestimmten Jugendlichen publik wird, dankt es ihnen. Und irgendwann achten die Menschen, die ihnen zuhören, endlich auch einmal nicht nur auf das Paar – auf die Queen und den Kronprinzen – und dessen gerade erst erwachte Vertrautheit, Verliebtheit und Komplizenschaft, sondern auch auf die Lieder und die Texte, die Dylan und Baez ihnen präsentieren. Protestsongs der ersten Stunde. Songs, wie man sie noch gehört hat. Lieder am Puls der Zeit.

Masters of War, Chimes of Freedom, Oxford Town, The Lonesome Death of Hattie Carroll, The Times They Are a-Changin', A Hard Rain's a-Gonna Fall, When the Ship Comes In, Only a Pawn in Their Game und natürlich *Blowin' in the Wind,* diese kinderliedhafte Jahrhundert-Hymne, mit der Peter, Paul & Mary sofort einen sensationellen Hit landen, sind poetische und zugleich eingängige Gebilde von einem anderen Planeten. Gleichnishaft, voller unvergesslicher Metaphern und archaischer Evokationen. In ihnen bilden eindringliche und dann auch wieder schwer verständliche Bilder eine Einheit mit Aktualitätsbezug und Potential zu Aufruhr und Widerstand, sind Literatur und Rebellion zugleich. Im Wochenabstand fließen diese künftigen Klassiker Joans derzeitigem Compagnon aus der Feder, einem alles mit sich reißenden, unaufhaltsamen lyrischen Strom gleichend. Manche dieser Werke Bobs entstehen gar bei ihr zu Hause, zwischen zwei Espresso-Pausen in ihrem Cottage. »Ich hätte nie gedacht, dass diese kleine Kröte etwas so Gewaltiges, Wirkungsmächtiges hervorbringen könnte«, bekennt Baez unumwunden, nachdem sie Dylan erstmals mit *With God on Our Side,* einem ihrer späteren gemeinsamen Favoriten, erlebt hat. Sie spürt mehr denn je zuvor, dass ihr bisheriges Repertoire, ausnahmslos Folk-Oldies, Songs aus der Child-Sammlung und Traditionals, schon seit Langem viel zu begrenzt ist und sie zunehmend einengt. »Ich wusste nicht, wie ich diese Lücke füllen sollte – es lagen nun mal nicht überall tolle neue Protestsongs herum.« Auf Anhieb erkennt sie, dass Dylan all jene Anliegen, die ihr am Herzen liegen, mit seinen Liedern auf den Punkt bringt und den Zuhörern damit eine Vision eröffnet; sie reißt sich daher um jede neue Frucht seines Schaffens, stürzt sich auf seine Songs wie eine Verdurstende. Ringt ihm mehr als einmal das Versprechen ab, diese Perlen innovativer Liedkunst als Erste interpretieren zu dürfen, nimmt für jede neue Solo-Platte mehrere Dylan-Titel auf.

Mit seinen Protestliedern und »finger-pointing-songs«, die ihr Autor gar nicht als solche wahrnimmt oder als Ausdruck des Kampfes für soziale Gerechtigkeit intendiert hat, bekommt Baez' Laufbahn, sowohl als Musikerin als auch Aktivistin eine neue, entscheidende Stoßrichtung. »Ich war wie im Delirium.« Dylans Lieder »passen« wie angegossen zu ihren politischen Aktivitäten und befreien sie im selben Atemzug von ihrer Festlegung auf traurige, melancholische Balladen von anno dazumal wie etwa *Silver Dagger* oder *Mary Hamilton,* deren Wirkungskraft, seien sie auch noch so innig und formvollendet vorgetragen wie von ihr, allmählich zu schwinden beginnt. Baez kann mit Dylans Songs endlich das Image der Artigen und Harmlosen loswerden; ihr Agieren und ihr Gesang sind endlich deckungsgleich. Alles Nostalgische wird von nun an eliminiert. Ein immenser Zuwachs an künstlerischer und politischer Identität ist für sie zu verzeichnen. Und einige seiner Songs verwandelt sie sich auf eine derart vereinnahmende Weise an, erfüllt sie dermaßen mit Leben, Seele und Inbrunst, dass man glauben könnte, es seien ihre eigenen »brain children«, und macht sie im Handumdrehen zu Klassikern ihres Repertoires.

Dylan behagt es derweil, unter ihre Fittiche genommen zu werden. Ihr Einsatz für ihn wirkt nicht allein auf die Zuhörer ansteckend, Baez' Vehemenz, immer wenn es für sie um ihn geht, haut auch ihn förmlich um. Der Magie ihrer Stimme, so grundverschieden von der seinen, beizuwohnen, ihr Gitarrenspiel hautnah zu spüren, ihrer Aura teilhaftig zu werden und ihre Präsenz mitzuerleben, zu teilen und musikalisch zu »kommentieren« versteht er als Geschenke, die er sehr wohl zu würdigen weiß. Ein Privileg.

Auch er »wächst« mit jedem Auftritt zu zweit. Joans großzügige Einladungen an ihn sind denn auch mehr als eine Eintrittskarte in die Welt derjenigen, die es geschafft haben; die Gigs mit Baez werden für ihn zum Sprungbrett. Bei der Neuauflage des Folkfestivals von Newport im Sommer 1963 triumphiert das »königliche« Paar, das seine künstlerische Zweisamkeit im selben Zeitraum dann mit seinen historisch bedeutsamen Song-Einlagen beim Marsch auf Washington krönt; ihr gemeinsamer Auftritt in Monterey sowie Baez' ausverkauftes Mega-Konzert in der mythischen Hollywood Bowl tun ein Übriges. Hinzu kommen die freundschaftlichen Empfindungen füreinander, das Bewusstsein, gerade eine ganz besondere historische Phase zu erleben und sie aktiv, gemeinsam und kreativ gestalten zu dürfen. Ahnen Dylan und Baez, wenigstens im Unterbewusstsein, dass ihr Musizieren und ihre öffentliche Präsenz immer stärker auch Symbolcharakter gewinnen, dass sie zwischen 1963 und 1965 nicht nur Musik-, sondern auch Zeitgeschichte schreiben? Betrachtet man heute entsprechende Filmaufzeichnungen aus jenen bewegten Monaten, so wird man das Gefühl nicht los, dass die beiden einerseits ziemlich genau wissen, was sie tun, und davon durch und durch überzeugt sind. Und man spürt andererseits auch, dass es sich bei ihnen einfach um zwei junge, gerade erwachsen gewordene Menschen handelt. Anfang zwanzig, voller Energie und wohl auch ein wenig überrascht über das nicht abebbende Interesse der Leute und Kameras um sie herum. Zum Einsingen vor ihren großen Auftritten trällern sie gar, unbekümmert und zweistimmig, bekannte Hits von den Everly Brothers wie *Bye Bye Love* – ein Teenager-Ritual …

Fällt das Wort Liebe? Und falls ja, dann von beiden? »Ich glaube, wir mochten uns auch, und ich liebte ihn ernsthaft. Ich wollte mich um ihn kümmern und ihn singen lassen. Ich meine, seine Haare kämmen, seine Zähne putzen und ihn auf die Bühne bringen.« In dieser Reihenfolge? Und wie steht es mit dem wechselseitigen Begehren? Mütterliche Regungen allemal, eine Konstante. Vorerst ungetrübt von Gefühlen der Enttäuschung oder Empörung. Letztere folgen auf dem Fuße. Baez erwähnt, dass sie einmal einen riesigen Eintopf zubereitete für eine Handvoll Gäste, und Bob sich gleich über die Fleischbrocken hermachte, wobei für die anderen nur noch das Gemüse übrigblieb, aber nichts »Substantielles«. Ein Gleichnis für sein späteres Verhalten ihr oder anderen gegenüber? Freunde, die ihn einmal auf dem Weg zu ihr im Auto mitnahmen und auch wieder abholten, erinnern sich lebhaft daran, dass Dylan nach einem langen, intensiven Wochenende zu zweit, bei Baez daheim in ihrer kalifornischen Klause, was von ihr als große Annäherung und inniger Moment erlebt wurde, auf der Rückfahrt kein einziges Wort über Joan verlor, so als hätte die Begegnung gar nicht stattgefunden.

Dylan, dessen Bekanntheitsgrad deutlich ansteigt, ist zur selben Zeit ja auch hin- und hergerissen zwischen Suze Rotolo, seiner alten Flamme und Muse, und seiner neuen Partnerin Sara Lownds, seiner künftigen Ehefrau. Ferner bewegt er sich, parallel zu seinen Folk-Aktivitäten und rauschhaften Schreibphasen, im Dunstkreis von Andy Warhols Factory und damit auch von Warhols ureigenem Geschöpf, dem ambivalent agierenden Model Edie Sedgwick, einer Mischung aus It-Girl und Femme Fatale. Womöglich existieren in jenen Monaten also zwei voneinander abgetrennte Ausprägungen von Dylan: der Noch-Protestsänger und Baez-Begleiter, der konkretem Engagement, Mitmarschieren und Demos bald abschwören wird, der von den Folkfestivals zusehends die Nase voll hat, zwischen West- und Ostküste pendelnd, und ein »neuer« Dylan, der sich bereits in Richtung Rock orientiert, woanders Witterung aufgenommen hat und sich Tendenzen und Trends zuwendet, die von der Folkie-Welt meilenwert entfernt sind. Beide »Dylans« schwimmen mittlerweile ganz oben auf der Welle des Erfolges.

Auch nehmen Queen und Kronprinz – ein Kronprinz, der sich inzwischen auf dem Weg zur Mit-Regentschaft befindet – erstaunlicherweise keine einzige LP zusammen auf, was doch im Bereich des Möglichen liegt und wünschenswert wäre, zumindest erwartet werden könnte. Ein gehöriger Widerspruch zu ihrer andauernden Doppelpräsenz bei Konzerten … Auf den Covern ihrer Solo-Alben sind Joan und Bob ebenfalls weiterhin immer nur allein zu sehen.

(Einzige Ausnahme: Dylan, der auf seinem *The Freewheelin'*-Cover mit Rotolo – aber eben nicht mit Joan – in inniger Umarmung durch den New Yorker Schneematsch stapft.) Mimi und Dick Fariña hingegen präsentieren sich auch bei ihren LP-Veröffentlichungen als Duo, mit Doppelporträts auf der Vorderseite und mit beiden Namen auf der Hülle. Als funktionierende Einheit von Leben, Liebe, Folk und Kunst.

Mimi ist es durch die gelungene künstlerische Partnerschaft mit Fariña endlich gestattet, aus Joans Schatten treten und als eigenständige Musikerin und Sängerin wahrgenommen zu werden. Sie schreibt sogar eigene Lieder, die ihre berühmte ältere Schwester noch Jahrzehnte danach öffentlich darbieten wird. Was Baez angeht, so registriert sie diese emanzipatorischen Bestrebungen mit Wohlwollen, duettiert immer häufiger mit Mimi, und singt, neben Protestsongs von Phil Ochs, nun auch engagierte, kraftvolle Lieder von Fariña mit unmittelbarem Zeitbezug. *Birmingham Sunday* von 1963, Dicks betroffen machende Hommage an die Opfer einer vom Ku-Klux-Klan bombardierten Baptistenkirche in Alabama, zählt, gerade durch ihre Zartheit, zu seinen stärksten Eingebungen und kann, zumal in Baez' zurückgenommener, verhaltener Interpretation, eine Wucht entfalten, die an Dylans beste Songs aus jenem Zeitraum heranreicht. Unterdessen kleiden sich gerade Dutzende junger Frauen bei den Open-Air-Veranstaltungen, auf denen Dylan und sie dominieren, genau wie Baez, tragen die Haare wie sie, sehen ihr zum Verwechseln ähnlich. Äußeres, aber untrügliches Zeichen, dass Joan, die inzwischen nicht mehr allein auf die Schönheit ihres Vibrato achtgibt, sondern auch einen ganz neuen, forschen und zuweilen auch rabiaten und fordernden Ton in ihre vokale Gestaltung integriert, im Zenit ihres Ruhms steht. Viele ihrer Altersgenossinnen möchten aussehen wie sie, möchten ihr gleichen.

Zurück in Kalifornien, zeigen sich Richard und Bob gegenseitig ihre Prosa-Manuskripte, feuern sich an. Oder wagen sich gemeinsam mit Surfbrettern hinaus in die Brandung von Carmel. Dick, dem Joans künstlerische Ader nicht entgangen ist, ermuntert Joan, seine Gedichte mit ihren Zeichnungen zu illustrieren und daraus, als Sammlung komplementärer Bagatellen, sogenannte »Little Nothing Poems« zu machen, was ihr schmeichelt. Bob pirscht sich einmal mehr – und wieder vergeblich – an Mimi heran, bringt dann auf der Stelle sein berückendes Lied *Lay Down Your Weary Tune* als einen »Song des Rückzugs« zu Papier. Anderntags posieren die drei Baez-Frauen, Joan, Mimi und Big Joan, ganz in Schwarz gekleidet, abwechselnd mit Dylan und Fariña brav beim Studio-Fotografen: klischeehaft steife Aufnahmen fürs Familienalbum. (Ohne Albert.) Um wenig später alle vier die kurvige Küstenstraße von Big Sur hinunterzudonnern und Kultautor Henry Miller in Pacific Palisades ihre Aufwartung zu machen. Dabei zeigt der Erotomane Miller, Verfasser der bahnbrechenden *Wendekreise* und der freizügigen *Stillen Tage in Clichy,* damals bereits Anfang siebzig, nur geringes Interesse für Fariña, noch weniger für Dylan, mit dem er sich immerhin ein Tischtennisgefecht liefert, und umso mehr für die attraktiven Baez-Schwestern.

David Hajdu, der den subtilen Verschiebungen innerhalb der »Wahlverwandtschaften« zwischen Baez, Dylan und den Fariñas eine kluge Studie in Buchform gewidmet hat *(Positively 4th Street),* in deren Verlauf jeder der vier Protagonisten genauestens berücksichtigt wird, geht auch der erotischen Komponente im Verhältnis von Joan und Bob nach. Seiner Analyse zufolge ging von den Solo-Auftritten der beiden ursprünglich etwas Entsexualisiertes und Androgynes aus, mit Baez als jungfräulicher Magierin oder entrückter Madonna und Dylan als knabenhaftem Dichter. Die Vorstellung, dass die beiden nun tatsächlich auch ein Liebespaar formen, mithin körperlich vereinigt sein könnten, sei für Zeitzeugen weniger mit einer angenehmen Erregung oder einem gewissen Reiz verbunden gewesen als mit gemischten Gefühlen des Erschreckens, des Rätselns und der Verwirrung: »Wie soll das bloß funktionieren?«, fragt Hajdu an ihrer Stelle. Zumal Joan in den ersten Monaten ihrer Beziehung klar den »aktiven«, dominierenden Part eingenommen und die traditionellen Geschlechterrollen damit auf den Kopf gestellt habe. Dylan habe diesbezüglich einmal geäußert: »Now, me and Joan had this *thing.*« Und Hajdu stellt erneut die Frage: Was genau ist damit gemeint? Sexuelle Anziehungskraft oder etwas Unerklärliches, das zwei Menschen aneinanderbindet und nicht exakt in Worte gefasst werden kann? Mehr als fünfzig Jahre später bleibt die Antwort darauf zum Glück auch in Zukunft das Geheimnis der beiden Beteiligten, wurde auch in Dutzenden von Interviews nicht der erwünschte Blick durchs Schlüsselloch gewährt. »The answer is blowing in the wind«, um es mit Dylan zu sagen. Doch scheinen zu einem bestimmten Zeitpunkt wirklich Hochzeitspläne geschmiedet und sogar Namensvorschläge für ein Baby durchgespielt worden zu sein – es sollte den Namen Shannon tragen –; Baez erinnert sich ferner an einen Heiratsantrag durch Dylan, den er bei einem Telefongespräch in seiner üblichen Manier vorgetragen haben soll: halb witzelnd, halb vernuschelt. Nichts, was man wirklich habe ernst nehmen können und doch etwas, was fast unvermeidbar schien. »Ich kann mich noch genau daran erinnern, dass ich Nein gesagt habe.«

Noch sagen die beiden zu ihren vielfachen gemeinsamen Projekten und Konzerten allerdings uneingeschränkt Ja. Noch ist nicht jene Phase der Missbilligung eingetreten, in der Baez ihren einstigen Dada-König einen »bizarren Lügner« oder »eine komplizierte und problematische Person« nennen, als jemanden, der seine Umgebung an der Nase herumführe, bezeichnen und Sätze wie »Er war eine riesige durchsichtige Seifenblase seines Ego« über ihn fallen lassen wird. Joan ist noch an Dylans Seite, als er in Manhattan an der Fifth Avenue seinen ersten und außerdem gutdotierten Buchvertrag für Macmillan unterzeichnet, ein experimentelles Konglomerat aus Prosa- und Lyrik-Versatzstücken mit dem Titel *Tarantula*. Ein anarchischer »stream-of-consciousness«-Textrausch in der Tradition der Beat-Autoren. Baez' frecher Vorschlag, Dylans Erstling einfach *Fuck You* zu nennen, ist zuvor als unbrauchbar und wenig damenhaft ad acta gelegt worden. Noch betrachtet Joan ihren Freund mit unverhohlener Zärtlichkeit, wenn er bei ihren Konzerten allein mit seinen Songs die Bühne beherrscht und sie derweil im Hintergrund zurückbleibt, dazu sacht im Takt das Tambourin schlägt oder gedankenverloren, wie in Trance, tanzt. Noch formuliert sie im Geiste exquisite Sätze (»Ich sehe Bobby mit einem leicht angesplitterten Diamanten in seinem Kopf«) oder fromme Wünsche über und für ihn, deren Inhalt sie erst später preisgeben wird: »Bitte, Gott, pass gut auf ihn auf. Er zerbricht leichter als die meisten Menschen, und, nebenbei bemerkt, ... liebe ich ihn.«

Die ersten feinen Risse werden sichtbar, als um die gemeinsame künstlerische Zukunft verhandelt wird, um neue Projekte gerungen und um die geeignete Ausrichtung, den Zuschnitt gemeinsamer Konzerte. Dylan stört sich zunehmend am moralischen Impetus Joans, will nicht länger mit dem Zeigefinger auf Missstände hinweisen oder bei Demos in vorderster Front mitmischen. Bei Friedensmärschen, Aktionen oder politischen Kundgebungen fühlt er sich unwohl, fehl am Platz. Der Marsch auf Washington sei eine Ausnahme gewesen, er spiele da nicht länger mit. Er mag nicht gegen Rassendiskriminierung protestieren, weil er nicht wissen könne, wie es sich anfühlt, ein »negro« zu sein. Er möchte auch nicht länger als verlässlicher Lieferant von »finger-pointing-songs« gelten, »eindeutigen« Liedern, die man ideologisch ausbeuten oder funktionalisieren kann. Das sei bestenfalls eine vorübergehende Phase für ihn gewesen, und mehr als zehn Finger stünden ihm, wie er ironisch ergänzt, ohnehin nicht zur Verfügung. Schon bei der Entgegennahme des Tom Paine Award hat er das Preiskomitee mit einer frechen, »unangemessenen«, wiewohl auch originellen Rede brüskiert. Er weigert sich, als »topical songwriter« oder »folknik« rubriziert zu werden, möchte »nobody's left wing servant« sein und stattdessen einfach als »independent minstrel«, als von keiner Gruppenzugehörigkeit abhängiger fahrender Sänger gelten. Nie solle oder dürfe man irgendetwas von ihm erwarten – sofort begehrt Dylan auf. Die Furcht vor Wiederholung und Routine, vor banaler Berechenbarkeit ist tief in ihm verwurzelt, und er mag nicht in einen Tunnel ohne Hinterausgang hineinlaufen, den andere für ihn errichtet haben, um ihn für ihre Ziele und Zwecke vereinnahmen zu können, und sich dort eingesperrt fühlen.

Von einer entrüsteten Baez zur Rede gestellt, weshalb er dann überhaupt einen echten Antikriegstitel wie *Masters of War* verfasst habe, gibt er zynisch oder auch ironisch zur Antwort, er habe einfach gewusst, dass sich das zum Zeitpunkt der Entstehung bestens verkaufen würde – dass ein solches Lied mit Sicherheit gut ankommen würde. Und er habe recht behalten. Joan ist fassungslos. »Diesen Standpunkt nahm ich ihm einfach nicht ab und tue es auch heute noch nicht.« Lust an der Provokation oder echter Überdruss? Deutlich wird, dass Dylan sich nicht länger vor den Karren der Friedensbewegten spannen lassen will, auch wenn er von Gutmeinenden gelenkt wird. Einer von Amerikas führenden Musikjournalisten, Robert Shelton von der *New York Times*, der zugleich auch von Anfang an einer der wichtigsten Fürsprecher Dylans war, fallen auf einmal musikalische Unstimmigkeiten zwischen den einstigen Verbündeten ins Auge. Ausgerechnet Shelton, dem Dylan bislang so viel zu verdanken hat, kritisiert seinen Schützling für ungenaue Intonation, mangelnde gestalterische Kontrolle und undisziplinierte Vortragsweise, lobt hingegen Baez in den höchsten Tönen. Plötzlich singen hier zwei nicht mehr mit-, sondern gegeneinander. Fechten am selben Mikro Duelle aus statt harmonische Zweisamkeit zu verbreiten.

Im Frühjahr 1965 beginnt es vernehmlich zu knirschen im Fundament des bislang so soliden Dylan-und-Baez-Prachtgebäudes. Die beiden touren wieder einmal durch Ostküsten-Colleges, ihre Gastspiele sind durchweg gut besucht, und dennoch »stimmt« einfach nichts mehr im Königshaus. Das Predigerhafte an Baez stößt Dylan inzwischen genauso ab wie ihre ewigen Vorträge in Sachen Gewaltlosigkeit in belehrendem Tonfall, die einen immer größeren Raum bei den Konzerten einnehmen. Er empfindet lediglich Leblosigkeit und Erstarrung. Er nimmt wahr, wie die beliebtesten seiner älteren Songs als reines »Mittel zum Zweck« rezipiert, also benutzt werden. Dylan kommt sich vor, als singe er mit Joan als routinierter Mitarbeiter eines Bestattungsinstitutes. Als trete er im Leichenschauhaus auf. »Da wusste ich, dass es endgültig vorbei war.« Baez, bestürzt und todunglücklich über die jüngste Entwicklung, sucht die Aussprache, bemüht sich um klare Verhältnisse. »Ich fragte ihn, was uns denn trenne und auf einmal so grundverschieden mache, und er sagte, dass das eigentlich ganz einfach sei: Ich würde daran glauben, dass man Dinge verändern könne, und er wisse, dass das nicht möglich wäre. Dass das niemand könne.« Für Joan klingt es so, als wolle Bob keine Verantwortung übernehmen. Weder für den Inhalt der Songs noch für das, was aus den Leuten im Publikum werden würde, wenn er sie, die Fans und Orientierungsbedürftigen, im Stich lasse. Ein gemeinsames Konzert im Madison Square, eigentlich ein Traumprojekt, wird gar nicht mehr ernsthaft erwogen.

Nunmehr kommt es auch zu hässlichen, verletzenden Szenen in Hörweite anderer und selbst im engsten Freundes- und Familienkreis; es wird gestritten, nachgeäfft, Türen werden zugeschlagen, Besuche abgebrochen. Dick und Mimi, von denen bereits zwei gemeinsame LPs auf dem Markt sind, müssen Joan mehrfach gegen Ausfälle und Attacken Bobs verteidigen. Und selbst innerhalb des Quartetts verschieben sich die Konstellationen, tritt eine neue kreative Paarung deutlich in den Vordergrund: Jetzt nämlich plant Schwager Fariña, mit dem Baez auch privat immer mehr Zeit verbringt und großen Spaß hat, ein Album mit fröhlichen, optimistischen Songs für Joan, das er selbst produzieren will, jede Menge Ideen gesammelt hat und für das die Vorbereitungen schon weit fortgeschritten sind. Die Funken sprühen nur so zwischen den beiden. Ein künstlerischer Befreiungsschlag für die aufs Düstere und Militante Festgelegte soll diese Platte werden. Und im April 1966 erscheint bei Random House endlich Fariñas pikaresker Debütroman *Been Down So Long It Looks Like Up to Me* mit seinem so aussagekräftigen Titel, seinen Kuba-Reminiszenzen und burlesken College-Stories, an dem der ehrgeizige Dulcimer-Spieler lange gefeilt und den sein Freund Pynchon mit einer treffend formulierten Eloge auf dem Buchrücken lancieren hilft. Immerhin fünf Jahre vor Dylans *Tarantula,* von dem indessen schon früh illegale Vorabdrucke und Raubdrucke zirkulieren, die von eingefleischten Fans wie verbotene Früchte weitergereicht und genossen werden.

Doch schon vorher, mit den weiteren Ereignissen des atemlosen, für beide streckenweise chaotischen Jahres 1965, wird dann endgültig die Entfremdung und Trennung von Joan und Bob besiegelt.

Dylan signalisiert mit seinem zornigen, aggressiv vorgetragenen und elektrisch verstärkten Blues *Maggie's Farm*, der eher einem wilden Rocksong als einer gemessenen Folkballade gleicht, für diejenigen unter seinen Fans, die zwischen den vieldeutigen Zeilen lesen können, seine unumstößliche Entscheidung, der »folk community« Stagnation vorzuwerfen, ihr den Rücken zu kehren und zu neuen Ufern aufzubrechen. (Sein Song *Positively 4th Street* tendiert in eine vergleichbare Richtung.) Verärgerung und Enttäuschung vieler seiner Anhänger, die sich von ihm betrogen und im Stich gelassen fühlen, brechen sich bei Dylans berüchtigtem Auftritt mit der Paul Butterfield Blues Band beim Newport Folk Festival im selben Jahr Bahn. Ein veritables Ereignis, da es als erste »elektrische Folkpräsentation« und mit zum Teil aufsehenerregenden instrumentalen Leistungen von Gitarrist Mike Bloomfield und Keyboarder Al Kooper (etwa bei der Wiedergabe von Dylans Jahrhundertsong und damaligem Chartbreaker *Like a Rolling Stone*) in die Geschichte der Bewegung eingeht. Dass Bob am selben Abend dann auf Bitten der verwirrten Veranstalter noch »akustisch« weitermacht, trägt wenig dazu bei, seine vorangegangene, als Sakrileg empfundene Performance vergessen zu machen.

Bis auf den heutigen Tag ist strittig, ob sich die gellenden Pfeifkonzerte und lautstarken Buhrufe – ebenso wie die Wut Pete Seegers, der am liebsten die Verstärkerkabel mit Axthieben gekappt hätte – in erster Linie gegen den ästhetischen »Seitensprung«, gegen Dylans »Verrat« also, gerichtet haben oder gegen die unvollkommene technische Präsentation seines Sets, die nicht ausbalancierte, mangelhafte Aussteuerung am Mischpult sowie die Unverständlichkeit seines vom Geräuschpegel der Band völlig überlagerten Gesangsparts. Wie dem auch sei, der von vielen als Schock empfundene Wechsel Dylans ins »elektrische Lager« ist an jenem Juliabend ein für alle Mal vollzogen. Später wird man Dylan für diese unerhörte Lossprechung von der Folk-Orthodoxie gar als »Judas« verunglimpfen. Auch Baez ist selbstverständlich wieder in Newport zu sehen und zu hören, tritt dort im Duett mit dem schottischen Singer-Songwriter Donovan und dessen beliebtem Titel *Colours* in

Erscheinung sowie an der Seite von Mimi und Dick. Sie bleibt, wie nicht anders zu erwarten, die Garantin für unverfälschten, dabei auch für neue Impulse offenen Folk.

Zum unnötig traurigen Höhepunkt für die einstigen »Königskinder« gerät schließlich Dylans sensationell erfolgreiche, nicht unumstrittene und geradezu wahnwitzig intensive Tour durch englische Städte und Konzerthallen im Frühjahr 1965. Baez, für die in Großbritannien ein eigenes Gastspiel geplant ist, schließt sich, ohne extra dazu aufgefordert worden zu sein und wider besseres Wissen, an Dylans Tross an, wartet hinter der Bühne auf ihn, lungert in seiner Hotelsuite herum, wird zum Dauergast in seiner Garderobe. »Wie ein kleines Kätzchen« sei sie ihm hinterhergelaufen, klagt der damals Vierundzwanzigjährige, der in England[2] mit einem Hype ohnegleichen empfangen wird, wie er sich nur noch mit dem Medienrummel um die Beatles vergleichen lässt. Ihm geht der Ruf eines Stars mit Sendungsbewusstsein voraus, er ist hier ungleich

---

2 In den Mid-Sixties war in England, zunächst unabhängig von der Dylan-Euphorie und -»Elektrifizierung«, in der manche Experten einen wichtigen Faktor für die bereits im Entstehen begriffene Blüte der »British Invasion« erblicken, auch die traditionelle Folk-Bewegung stark vertreten. Nicht weniger als dreihundert Folk Clubs zogen dort landesweit Besucher und Interpreten an. Ewan MacColls Ehefrau Peggy Seeger, Halbschwester des berühmten Pete, sozialkritische Liedermacherin und gebürtige New Yorkerin, fungierte in der überaus lebendigen Szene gewissermaßen als Bindeglied zwischen den Kontinenten; weitere eigenwillige Folk-Sängerinnen mit Ausstrahlungskraft und vokaler Prägnanz waren u. a. Shirley Collins und Anne Briggs. – Zu den Spielarten des »progressive folk« späterer Jahre, einer Verbindung traditioneller Folk-Elemente mit Crossover-Einflüssen aus unterschiedlichen Quellen, zählten in England, im Kontext des Folk Revival, Strömungen wie Folkrock, electric folk und Folkjazz, wie sie z. B. Gruppen wie Steeleye Span, Fairport Convention und Pentangle verkörperten: diese rasch tonangebenden britischen Formationen wurden zwischen 1967 und 1969 gegründet und trieben die Weiterentwicklung wie Ausdifferenzierung des Folk voran.

berühmter und populärer als in den heimischen USA; eine ganze Generation möchte ihn sehen, wenn möglich auch berühren und mit eigenen Ohren hören, was er zu verkünden hat.

Die fanatischen jungen Leute, die scharenweise in seine ausverkauften Konzerte strömen, seine Hotels und Limousinen belagern und sich ihm an den Hals werfen, sehen in ihm einen Guru und ein Idol, einen Messias und einen Schamanen. Kein Tag vergeht, wo er nicht von Dutzenden von Anhängern beschimpft, liebkost, betatscht oder umjubelt wird, sich quälenden Interviews ausgesetzt sieht, die er mit notorisch absurden Aussagen zu seiner Person und kryptischen Statements zum Weltgeschehen torpediert. Literaturstars wie Allen Ginsberg und Sidekicks wie der bildende Künstler und Folkie Bob Neuwirth drängen sich in seine Entourage, ziehen mit ihm von Stadt zu Stadt; auch Donovan gehört zum Gefolge des neuen King. Wie Baez bilden sie den Hofstaat Dylans, begnügen sich mit Nebenrollen in Bobs Schatten. Wie Baez sind sie im Grunde allesamt überflüssig. Staffage, austauschbare Komparsen. Ähneln mehr oder minder berühmten Groupies. Dokumentarfilmer D. A. Pennebaker, seinem Protagonisten Tag und Nacht dicht auf den Fersen, dreht experimentelle und auch originelle Szenen und hält gleichzeitig das tumultartige Geschehen fest. Bannt den kaum glaubhaften Zirkus, der um Robert Zimmerman veranstaltet wird, auf Zelluloid. In den Einstellungen von *Don't Look Back* ist auch heute noch nachvollziehbar, wie Dylan, in Trance und um den Schlaf gebracht, allmählich »abhebt« und kaum noch Herr der Dinge ist. Wie sich alles um ihn, im buchstäblichen Sinne, »dreht« und wie die Dylan-Mania stündlich immer groteskere Züge annimmt.

Das tagelange vergebliche Warten und Zeittotschlagen in verrauchten Zimmern, wo sie zu einer Randfigur degradiert und von immer mehr unwichtigen Schaulustigen umgeben ist, wird für Baez zu einer permanenten Demütigung. Zu einem ungesunden, unerträglichen Zustand. Ob sie sich mitten in der Nacht eine Gitarre schnappt und seine brandneuen Eingebungen intoniert, ob sie ihm beim Tippen über die Schulter schaut oder im Hintergrund mit

Donovan plaudert, ob sie ihm amüsiert mitteilt, dass er von *Love Is Just a Four-Letter Word* bereits acht verschiedene Fassungen angefertigt hat, ohne dass er sich daran noch zu erinnern vermag, ob sie neben ihm auf dem Rücksitz eines Autos sitzt oder, unter ferner liefen, in ein weiteres Fahrzeug seiner Wagenkolonne verfrachtet wird – Bob schenkt ihr kaum noch Beachtung oder auch nur einen Blick, reagiert genervt und einsilbig auf ihre Fragen, Vorschläge oder Beiträge, macht unmissverständlich klar, wie gelangweilt er von ihr ist, schnauzt sie an. Die frühere Komplizenschaft ist wie ausgelöscht, alle positiven Emotionen sind getilgt. Kein Scheinwerfer ist auf Joan gerichtet, Pennebakers Kamera gleitet ungeduldig über sie hinweg. Ihr Charisma scheint hier nicht zu zählen. Mit Dylan in London »abzuhängen« ist für sie »die demoralisierendste Erfahrung meines ganzen Lebens«. Und wie sie selbst mit bitterer Ironie sagt, einer »Primadonna« wie ihr unwürdig.

Nicht ein einziges Mal bittet oder holt er sie auf die Bühne, so wie sie es monatelang für ihn in den Vereinigten Staaten getan hat. Nichts gibt er ab von seiner kostbaren Konzert-Zeit. Nie stellt er sie seinen britischen Verehrern vor oder behandelt sie als gleichberechtigte künstlerische Partnerin. Von dieser Gegenleistung ist Baez fest ausgegangen, hätte sie als natürlich empfunden. Nun sieht sie sich eines Besseren belehrt. Fühlt sich unerwünscht, ausgebootet und abserviert. Von der wie auf Knopfdruck abgestellten Zuneigung und Verliebtheit ganz zu schweigen. »Heute kommt es mir vor, als hätte ich mich damals aufgedrängt. Ich hätte nach Hause fahren sollen. Wenn man um jemanden wie Bobby herum ist, dann drängt [man sich] immer auf. Man hängt herum, bis man rausgeworfen wird.« Schlimmer noch: Dylan ist nicht bereit, seinen neuen Ruhm mit ihr zu teilen – und er ist offenkundig auch nicht stolz auf sie. Nie erfahren die Menschen in England, was sie alles für ihn getan hat, dass auch sie ihn zu demjenigen gemacht hat, der jetzt vor ihnen steht. »Es gibt keinen Platz [mehr] für sie in meiner Musik. Sie passt einfach nicht [mehr] zu meiner Musik.« Er schulde ihr nichts, lässt Dylan sich vernehmen. Es ist ihm weder peinlich noch unangenehm; Skrupel kommen nicht auf. Eine böse, eine frappierende und auch lähmende Erkenntnis nimmt langsam, aber sicher Gestalt an: In England ist Baez, jedenfalls in Bobs Gegenwart, ein Nobody.

Jahrzehnte später, in Gesprächen mit Journalisten immer wieder auf sein damaliges Verhalten angesprochen, ist in Dylans Stellungnahmen eine gewisse Zerknirschung zu spüren: »Ich bin nicht stolz darauf. Es war eine Dummheit, sich so zu benehmen.« Oder so etwas wie ein ansatzweise schlechtes Gewissen: »Man kann nicht vernünftig und verliebt zugleich sein.« Dass Joan verletzt und enttäuscht ist, ficht ihn zum Zeitpunkt ihrer Trennung nicht an. Schließlich reißt ihr, als der Spott und die Beleidigungen auch von Dylans Kumpeln zunehmen und nicht länger zu ertragen sind, der Geduldsfaden. Sie bricht ihre Zelte ab, packt ihren Koffer und flüchtet sich zu ihren Eltern, die momentan wieder in Paris leben. »Es hat mich sehr, sehr verletzt. Ich fühlte mich elend. Es war dumm von mir, dass ich nicht sofort abreiste.«

Bei ihrem eigenen Londoner Konzert in der Royal Albert Hall, das wenige Wochen später, Ende Mai 1965, stattfindet und zu dem auch Big Joan und Albert anreisen, bleibt Dylans Sitz leer – er ist erkrankt und lässt sich entschuldigen. Baez' Gastspiel ist ausverkauft, ein Triumph. Ihn zu genießen, fällt ihr schwer. Noch sitzt der Stachel zu tief; noch sind die Wunden zu frisch. »Ich hatte beinahe vergessen, dass ich ja selbst auch über eine Karriere verfügte, eine immense Fangemeinde, eine ureigene Stimme. Es war mir nie in den Sinn gekommen, dass meine englischen und europäischen Fans mir fünf Jahre lang treu gefolgt waren und dass ihnen absolut nichts« an ihrem Ex-Freund, dem »Vagabunden« und »Phänomen« liegt. Dass es auch noch eine Sphäre gibt, in der es allein auf sie ankommt. Der Erfolg flößt ihr wieder etwas Selbstbewusstsein ein und ist auch eine Genugtuung. Baez springt daher über ihren Schatten und bringt Dylan, als Genesungswunsch, ein Geschenk vorbei. Zu ihrer Verblüffung nimmt es ihr, auf der Schwelle zu Bobs Zimmer, Sara Lownds, von deren Existenz sie bislang nichts geahnt hat, dankend und lächelnd aus der Hand. Ihre Nachfolgerin. Eine Tür schließt sich. Zum Glück nicht für immer, doch für eine lange, lange Zeitspanne.

Ein Jahr später endet auf tragische Weise auch die Ära des Quartetts Baez-Dylan-Fariña. Zwei Tage nach dem Erscheinen seines ersten Romans und nur Stunden, nachdem er eine Buchvorstellung und Autogrammstunde im Thunderbird Bookstore in Carmel Valley Village bestritten hat, besteigt Richard Fariña, noch keine dreißig, während die von ihm organisierten Geburtstagsfeierlichkeiten für seine Frau Mimi in vollem Gange sind, spontan zusammen mit einem Freund eine Harley-Davidson. Bei dieser leichtsinnigen Spritztour im Carmel Valley, die die beiden Männer bei völlig überhöhter Geschwindigkeit durch kurviges und nicht ungefährliches Gelände führt, kommt der junge Autor bei einem schweren Unfall ums Leben. Am 30. April 1966, mit genau einundzwanzig Jahren, ist Mimi bereits Witwe. Alle hochfliegenden künstlerischen Pläne Dicks nehmen damit ein jähes Ende; die Reaktionen auf sein Buch vernimmt nur noch die Nachwelt; die schon fast fertiggestellte LP für und mit Joan bleibt unvollendet und wird nie veröffentlicht.

Fariña hatte einst eine makabre Vision von einem tödlichen Motorradunfall Dylans gehabt; diese Prophezeiung hat sich nun für ihn selbst auf grausame Weise erfüllt. Aber knapp drei Monate später schien in der Tat etwas »Wahres« an Fariñas Eingebung gewesen zu sein, als Bob am 29. Juli im Hinterland von Woodstock seinerseits mit seiner Triumph Tiger 100 schwer verunglückte und, an den Folgen dieses Sturzes laborierend, für die nächsten zwei Jahre völlig außer Gefecht sein sollte. Was auch einen innerlichen Rückzug und eine vollständige künstlerische Neuorientierung für Dylan mit sich bringen wird.

***

Ein Jahrzehnt sollte ins Land gehen, bis sich die Wogen zwischen Dylan und Baez wieder glätten, bis es zu einer Art Aussöhnung oder, besser gesagt, zu einer neuen künstlerischen Ausgangsbasis kommt, mit der wieder gemeinsame Auftritte und auch Lust am öffentlichen Musizieren erneut möglich werden. Zwischendurch haben die beiden über vielsagende, anspielungsreiche Songs nur indirekt miteinander kommuniziert, wovon in den nächsten Kapiteln die Rede sein wird. 1975/76 stehen Joan und Bob aber, begleitet von einer ganzen Schar musikalischer und literarischer Paradiesvögel, auf der Bühne der Rolling Thunder Revue, einem karnevalesken Wanderzirkus der Sonderklasse, und touren damit quer durch die Vereinigten Staaten. Geschminkt, verkleidet, tanzend, changierende Identitäten ausprobierend und zusammen eine herrliche, unbeschwerte Zeit genießend. Frei von anstrengenden Folkie-Verpflichtungen und von ambitioniertem Avantgarde-Gesang, ohne den Zwang zur Profilierung oder zum ewigen Vergleich. Selten hat man Baez und Dylan so unbeschwert und natürlich erlebt wie auf dieser kunterbunten Konzertreise, die Züge einer Travestieshow trägt; selten zuvor oder danach präsentieren sie sich ihren alten und neuen Fans als ebenbürtige Gestalten und aufgekratztes Paar von Schaustellern, die sich selbst und ihrer Zuhörerschaft nichts mehr vormachen müssen und sich ausnahmsweise nur von einem trivialen Vorhaben leiten lassen: »Having a good time.« Dass Joan dann auch noch bereit ist, in Dylans heterogener Filmcollage *Renaldo and Clara,* die man ohne Weiteres als ein Nebenprodukt der Revue ansehen kann, als eigentümlich gewandete »Woman in White« mitzuwirken, lässt sich als ein weiterer wichtiger Schritt interpretieren, den die beiden einstigen Folklegenden, inzwischen aus dem Käfig ihrer früheren Rollen im Musikbetrieb entlassen und nunmehr »unangreifbar« berühmt und beliebt, wieder aufeinander zugehen wollen.

Ihre ehemaligen Standpunkte sind aber bis in unsere heutige Zeit unverändert geblieben – Dylan ist als künstlerisches Chamäleon und frischgebackener Literaturnobelpreisträger auch weiterhin für eine stilistische Kehrtwende oder musikalische Überraschung gut; Baez ist ihren politischen Grundsätzen treu geblieben und hat die Bandbreite ihres gesellschaftlichen Engagements eher noch ausgeweitet, ihre zahllosen Aktivitäten für die »social causes« eher noch intensiviert. Beide touren, jeder für sich, auch in ihrem jeweils achten Lebensjahrzehnt unermüdlich um die Welt. Ein Miteinander gestaltete und gestaltet sich schwierig, ganz ohne einander sind beide dagegen auch nicht wirklich vorstellbar.

»Haben Sie noch Kontakt zu Bob Dylan?«, wurde Baez im Jahre 2004 gefragt und gab, mit leicht spöttischem Unterton, zur Antwort: »Nein. Manchmal laufe ich ihm auf Festivals über den Weg. Wir waren übrigens nur drei Monate ein Paar, auch wenn ich manchmal lese, es seien acht Jahre gewesen.« Und 2015 vertraute sie anlässlich einiger Konzerte in Österreich einem Musikjournalisten etwas Grundsätzliches zu Bob, ihrem »unwashed phenomenon«, an, das dann doch wieder ziemlich nah an eine Liebeserklärung heranreicht: »Die paar Jahre, die ich mit ihm auf der Bühne stand, waren jedenfalls glorios. Es war schlicht die beste Zeit meines Lebens.«

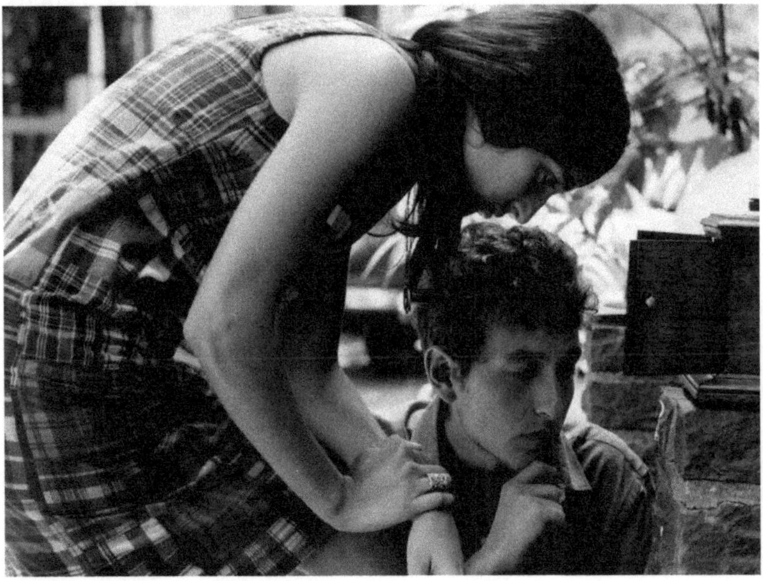

Love Is Just a Four-Letter Word: Mit Bob Dylan, 1963.

Mit (einem) Gott auf ihrer Seite: Baez singt Dylan

> Ihre Stimme glich jener einer Sirene von irgendeiner griechischen Insel.
> Allein der Klang dieser Stimme konnte einen in den Bann schlagen.
> Sie war eine Zauberin.
> Man hätte sich wie Odysseus an den Mast schnüren lassen
> und die Ohren zustopfen müssen,
> um sie nicht zu hören.
> Sie brachte einen dazu, dass man vergaß, wer man war.
> *Dylan über Baez*

Joan Baez zählt – neben den Byrds, dem Kingston Trio, Linda Mason, Peter, Paul & Mary, Judy Collins oder auch Odetta – zu den Dylan-Interpreten der ersten Stunde. Und sie ist und bleibt, wie der Musikhistoriker Arthur Levy es einmal treffend formulierte, »ein lebender Aufbewahrungsort von Dylans Liedern«. Einige der frühen Dylan-Cover stammten, ob live vorgetragen oder im Studio eingespielt, von ihr. Sie sang seine Songs, als er noch um Anerkennung rang; sie holte ihn auf ihre Bühnen, stellte ihn vor und duettierte mit ihm, um seinen Bekanntheitsgrad zu steigern und vor allem um ihr Publikum mit seinen bis dato unerhörten Miniatur-Kunstwerken zu konfrontieren. Gemeinsam präsentierten die beiden Zweiundzwanzigjährigen vor einer gigantischen Kulisse aus Zuhörern, Demonstranten und Fernsehzuschauern frisches Dylan-Liedgut aus seiner »Protest-Phase« beim Marsch auf Washington. In Newport spielten und sangen sie zu zweit *With God on Our Side* bei zwei aufeinanderfolgenden Sommerfestivals. Bereits 1965 benannte sie eine ganze LP nach einem Dylan-Titel, und gleich zwei seiner berühmtesten Nummern, *Love Is Just a Four-Letter Word* und *Farewell, Angelina,* assoziiert man praktisch nur mit Baez, die beide Songs unzählige Male öffentlich dargeboten, sie sich vollständig anverwandelt und den ersten davon auch mehrfach aufgenommen hat.

Dass Baez mit einer Offenheit und Bereitwilligkeit ohnegleichen von Anfang an Dylans Schöpfungen systematisch ihrem Repertoire einverleibte und dass sie, von den frühen Sechzigern bis in die Jetztzeit, seit Jahrzehnten als musikalische »Anwältin« seiner Kunst um die Welt reist, hat international maßgeblich zur Etablierung und Popularisierung des (frühen) Dylan-Songbooks beigetragen. Sowohl das eben erwähnte *Love Is Just a Four-Letter Word,* dessen endgültige Gestalt 1965 noch gar nicht genau feststand, als auch ein Jahrzehnt später die vielschichtige, ironische Beziehungs-Chronik *Simple Twist of Fate,* die kaum fertiggestellt war, als Baez sie bereits auf Platte einspielte, riss sie Dylan förmlich aus den Händen, weil sie instinktiv die herausragende Qualität beider Kompositionen erkannt hatte und unbedingt unter den (Aller-) Ersten sein wollte, mit denen man sie in Verbindung brachte.

Ihr ging es nicht um Imitation oder Kopie, vielmehr warb sie für Dylans aufrüttelnde Botschaften und prägnante Lyrik. Stellte sich in deren Dienst, verstand sich als deren Botschafterin. Was für sie zählte und sie auf Dauer inspirierte, war eine unverwechselbare Einheit von literarischem Rang, poetischer Verdichtung, latentem Zeitbezug und (vergleichsweise schlichter, an traditionelle Liedmodelle angelehnter) Songgestaltung. Wie sie sie in dieser Form nur bei Dylan vorfand und die sie als modellhaft einschätzte. Was sie hingegen nicht übernahm, war Dylans eigenwilliger, idiosynkratischer und, zumal in seinen Anfängen, von Baez' Anhängern nur wenig geschätzter Vortragsstil.

Als Vokal-Duo waren sie ein denkbar ungleiches Paar. Das Schroffe und Kratzbürstige des angehenden Songwriters kollidierte mit der schnörkellosen Reinheit und Intonationssicherheit seiner ersten Interpretin. Das Herausfordernde mit dem Geschmeidigen, das Aufbegehrende mit dem Klassischen. Das bewusst Ungehobelte traf mit dem Ausgefeilten, das Provisorische mit dem Eindringlichen zusammen. Abgehackte, verwischte Phrasen und Staccato, eher gekrächzt und vernuschelt, mit lang ausschwingenden Legato-Bögen und Liegetönen, die auch jede klassische Sopranistin zufriedengestellt hätten. War Dylan darum bemüht, als musikalischer »hobo«, fahrender Sänger und raunender Vagabund auch stimmlich seine Lieder in der Sphäre von Blues, Country, Traditional oder *working class song* anzusiedeln und so ruppig, rau und unversöhnlich wie möglich zu klingen, sich also bewusst von einer wie auch immer gearteten »Hochkultur« abzusetzen, dominierte bei Baez wie stets das Kultivierte: volltönend und klanglich ausgereift, stets aber mit einem anklagenden, insistierenden Unterton.

Sie trat den Beweis an, dass man selbst Dylan »schön« und konzentriert singen konnte – was der poetischen Wucht und Aussagekraft seiner Titel keinen Abbruch tat, sie sogar noch zu steigern vermochte. So machte sie aus vielen seiner frühen Lieder entweder veritable Hymnen oder einen Katalog aus konkreten Forderungen; sie verlieh ihnen eine zusätzliche Dimension. Wer einmal Dylans zeitlosen Standard *Forever Young* in Baez' schlichter, volksliedhafter und gerade darum berührender Interpretation vernahm, wird kaum umhinkönnen, sie als maßstabsetzend und vorbildlich, als »klassisch« eben, zu empfinden. Und auch das fatalistische *Tears of Rage*, Dylans bittere wie elegische Predigt mit ihren alttestamentarischen und zugleich Shakespeare-haften Zügen, hat man selten so verzweifelt, gospelhaft und um Barmherzigkeit ringend gehört wie in Baez' beispielhafter A-cappella-Aufnahme von 1968.

Im schicksalhaften, bewegten Jahr 1968 kam es denn auch zum vorläufigen Höhepunkt von Baez' fortgesetzter Auseinandersetzung mit Dylans facettenreichem Œuvre. Genau in jenem Jahr der Martin-Luther-King- und Robert-Kennedy-Attentate, des Prager Frühlings und der Pariser Mai-Unruhen, der deutschen

Notstandsgesetze und der Massenproteste in der westlichen Welt vergrub Baez sich im Herbst in den CBS Studios (im Columbia Studio A) in Nashville, um ein ganzes Doppelalbum, das ausschließlich aus Dylan-Titeln bestand, aufzunehmen. (Es handelte sich dabei bereits immerhin um die bis dato vierzehnte LP eines anderen Künstlers nur mit Dylan-Covern.) Ein deutliches künstlerisches Signal inmitten einer Weltordnung, die überall aus den Fugen zu geraten drohte, und inmitten einer politisch brandgefährlichen, aufgeheizten Atmosphäre, die dem friedensseligen, idealistischen Vorjahres-»Summer of Love« ein Ende bereitete.

Mehr denn je zuvor schien es, in Baez' Augen, jetzt auf Dylans mahnende Stimme anzukommen, auf seine Klassiker und auf seine Lyrics. Hinzu kam, dass der Meister selbst, nach seinem Motoradunfall vom Sommer 1966, sich weitgehend ins Privatleben zurückgezogen und die dramatischen Ereignisse der jüngsten Monate unkommentiert gelassen hatte. Und ferner kam hinzu, dass Baez selbst auf ihrem Vorgängeralbum *Joan* von 1967 zum Erstaunen vieler Fans auf Dylan-Cover verzichtet und Autoren wie Donovan, Jacques Brel oder den Beatles den Vorzug gegeben hatte. (Was, ebenso wie der Umstand, dass sie weder von *Highway 61 Revisited* noch von *Blonde on Blonde* irgendetwas gecovert hatte, nicht unbemerkt geblieben war.) *Any Day Now* lautete nun ihre monumentale Sammlung von sechzehn Songs, womit sie eine Zeile aus dem verheißungsvollen *I Shall Be Released* aufgriff, und sie versah ihre Platte, die immerhin bis auf den 30. Rang der Billboard-LP-Popcharts vorstieß, mit skizzenhaften Illustrationen und kleinen Cartoons.

Any Day Now, ein durchaus abwechslungsreich arrangiertes, in Teilen aus kollektiven Improvisationen der Studiomusiker hervorgegangenes Kompendium, das man auch als Pendant zu Odettas bemerkenswerter Dylan-LP von 1965 auffassen kann, ist mehr als ein Denkmal für Dylan oder eine bloße Hommage an ihn. So wie auch Baez' Rolle bei der Neuinterpretation seiner Lieder – sechs davon hatte er damals selbst noch nicht offiziell publiziert! – weit über die des Dylan-Sprachrohrs hinausging. Noch uns heutige

Hörer, die wir uns dieser Doppel-LP mit dem Abstand eines halben Jahrhunderts zuwenden, beeindruckt die gedankliche Durchdringung des Materials, die Empathie und das fast intuitive Verständnis für Dylans poetisches Universum und die Struktur seiner Songs.

Deutlich wird auch, dass Baez' ungebrochener Enthusiasmus für die Beiträge ihres früheren Gefährten sich inzwischen nicht länger lediglich auf Zeitgeist-Lieder beschränkte, die sie für ihre friedenspolitischen Anstrengungen oder Bürgerrechts-Aktivitäten teilweise instrumentalisieren konnte, sondern dass bei ihrer Auswahl gleichrangig politisch »neutrale«, allein ihres literarischen und musikalischen Anspruchs überzeugende Titel von ihr berücksichtigt wurden. So steht das nachdenkliche, aber nicht wehklagende *I Pity The Poor Immigrant* gleichberechtigt neben dem sehnsuchtsvoll dargebotenen, schier endlosen Langgedicht *Sad-Eyed of the Lowlands*. Und *Boots of Spanish Leather*, diese munter voranschreitenden Liebes-Reminiszenzen mit »iberischem« Einschlag, kontrastieren wirkungsvoll mit dem wie ein Folk-Oldie rezitierten *North Country Blues*, der besonders liebevoll und nuanciert instrumentiert wurde.

Als Interpretin blieb Baez Dylans vielseitigen Schöpfungen auch treu, als er sich längst von der Ära der Friedensmärsche, des Kampfes gegen die Rassentrennung und des Civil-Rights-Movement losgesagt bzw. emanzipiert hatte. Selbst wenn sie sich mit seinem Verzicht auf konkretes Engagement, seinen Unwillen zu direkten Stellungnahmen und seiner Abkehr von politischer Aktualität lange Zeit nicht abfinden mochte. Nach ihrem Dafürhalten unterschätzte er zuweilen die starke Wirkung seiner frühen Songs mit unmittelbarem Bezug zum Tages- und Weltgeschehen wie *Masters of War, The Times They Are A-Changing* oder *Only a Pawn in Their Game* (von denen sie nur das mittlere gecovert hatte) – oder tat eine solche Wirkung als irrelevant ab.

»Dylans Name«, so prophezeite Baez schon Mitte der 1980er Jahre in ihren Memoiren, würde »auch in Zukunft dermaßen mit den radikalen Bewegungen der Sixties in Verbindung gebracht werden, dass er, mehr als alle anderen, die auf ihn folgten – Leute mit Gitarren auf dem Rücken und in ihre Notizbücher gekritzelten Regenbogen-Slogans –, für alle Zeiten in die Geschichtsbücher Eingang finden würde als ein Anführer, der Widerspruchsgeist verkörperte und dem es um sozialen Wandel zu tun war. Ob es ihm nun gefiel oder nicht.« Als Baez im Herbst 1972 vor die männlichen Gefängnisinsassen des Sing Sing Prison bei Ossining im Bundesstaat New York trat, um für sie, gemeinsam mit B. B. King und ihrer Schwester Mimi, ein Solidaritätskonzert zu geben, hatte sie selbstverständlich wieder einmal Dylans *I Shall Be Released* im Gepäck. Und beschwor damit vor den Ohren der Inhaftierten mit Verve und Überzeugungskraft das wünschenswerte, unmittelbar bevorstehende Abstreifen von Fesseln herauf – in erster Linie zwar die Befreiung von Fesseln der Sünde, metaphorisch aber auch die Überwindung von einengendem Gedankengut, das Sprengen ideologischer oder religiöser Mauern, das Überschreiten inakzeptabler Grenzen, das Verlassen aller Gefängnismauern. Die Häftlinge, für die die Präsenz eines Pop-, Rock- oder Folkstars innerhalb ihres Zuchthauses Seltenheitswert besaß, dankten es Baez mit enthusiastischem, langanhaltendem Beifall.

Dylan gehörte für alle Zeiten zu ihrem ganz persönlichen »Welt«-Kulturerbe. Dylan zu singen und »unter die Leute zu bringen« zu ihren liebsten Ritualen. Und – wie er zuvor – unaufhörlich einem namenlosen »blue-eyed son« und »darling young one« in ihrer persönlichen Fassung von *A Hard Rains's A-Gonna Fall* minutenlang quälende Fragen zu stellen, war für sie eine Selbstverständlichkeit. Das unverwüstliche *Blowin' in the Wind* anzustimmen ein Muss. Dass zu jeder Zeit, gerade mit solchen Fragestellungen und Metaphern, quasi automatisch viele neue Musikhörer gewonnen und an ihren Lippen hängen würden, durfte sie voraussetzen. »Sogar heutzutage«, sinnierte sie bereits 1987, »reicht ein kleines schönes Liebeslied wie *Farewell, Angelina* mit seiner schiefen und auch etwas törichten Metaphorik aus, um ein Publikum irgendwo bei einer Freilichtveranstaltung in Frankreich, um also vierzigtausend Leute binnen weniger Sekunden in die bedeutungsvollen Tage der sechziger Jahre zurückzuversetzen und ihnen eine Art von

Ermächtigung zu verleihen – denn für ein paar Minuten können alle von ihnen zum Teil eines Traumes werden. Eines Traumes von jenen Jahren, als eben ›alles passierte‹, als das Leben einen Sinn zu haben schien und als jeder Einzelne einen Unterschied bewirken konnte.« Eine Feststellung, die sich bei zahllosen Veranstaltungen auf ihren Welttourneen allabendlich bewahrheiten sollte. Ein Grund mehr für Baez, Dylans unvermindert brisante Lieder auch 2017 wieder live zu intonieren – nicht allein der Nostalgie, sondern der Sinnstiftung und der überzeitlichen Wirkung wegen. Und aufgrund ihrer persönlichen Fähigkeit, einen glaubwürdigen Brückenschlag von der Zeit ihrer Entstehung bis in die Obama- und Trump-Ära zu vollziehen.

In ihrem eigenen Titel *Winds of the Old Days* von 1975 konnte sie ein Lied singen von diesem sattsam wiederholten, irgendwann abgenutzten und schließlich auch unrealistischen Wunsch, den auf Weltveränderung zielenden Idealismus der Anfangsjahre neu zu beleben, von der nüchternen Erkenntnis der historischen Relativierung und von der berechtigten Empfindung, auf das Erreichte stolz zu sein. Zugleich stattete sie Dylan, der namentlich nicht genannt, doch als »Idol« umschrieben wird, ihren Dank ab – Dank dafür, die besten Lieder geschrieben zu haben, Dank dafür, ein paar Irrtümer korrigiert zu haben und vom Thron der Erlöser zu den Irdischen herabgestiegen zu sein, um zu ihnen zu singen. Auch durch sein Haar würde bald, so sieht Baez es kommen, »der Wind der guten alten Zeit« wehen und es ordentlich zerzausen. Die Chronologie durcheinanderwirbeln, die Debütjahre zurückholen und vorgebliche Altersweisheit beiseite fegen.

Außerdem ließ sie sich in regelmäßigen Abständen immer mal wieder, als gälte es zu beweisen, dass auch sie nicht ständig eine todernste Miene zur Schau stellen müsse, zu Dylan-Parodien hinreißen: indem sie sich über seinen Gesangsstil mokierte, in tiefer Tonlage das typische, kurzatmige Hervorstoßen einzelner Silben als »Gebell« karikierte, seine eigentümliche Akzentsetzung veräppelte und Dylans oftmals nur angedeutete Phrasenbildung sowie seine nachlässig geleierten Zeilenenden nachahmte. Besonders maliziös machte sie sich über Dylan als Sänger in ihrer Fassung von *Simple Twist of Fate* lustig, wo sie seinen »Sprechgesang« auf die Schippe nahm, reichlich gewürzt mit falschen Noten bzw. nicht getroffenen Tönen. Und auch bei einer All-Stars-Version von Leonard Cohens *Passing Through*, an der sich Baez mit einer – für alle Hörer sofort identifizierbaren – »dylanisierten« Strophe beteiligte, bekam Dylan sein Fett weg. Ein kleiner Schlagabtausch zwischen zwei mythischen Gestalten, ausgetragen auf der LP-»Bühne«, wohl nur Baez – oder, an anderer Stelle, George Harrison und Ramblin' Jack Elliott – konnte(n) sich das herausnehmen.

Solche Frotzeleien auf Kosten von His Bobness, eigentlich Bagatellen, die man womöglich als kurze, amüsante Befreiungsschläge gegen die fast erdrückende Übermacht von Dylans Person, Ego und Werk in ihrem Leben einordnen sollte, mindern die wechselseitige Verehrung nicht. Dylan, im Allgemeinen nicht gerade verschwenderisch, was Komplimente und liebenswürdige Äußerungen über Kollegen betrifft, hat sich in jüngerer Zeit, nicht zuletzt in Interviews für Dokumentarfilme, äußerst wohlwollend und anerkennend, ja lobend über Baez geäußert. Und für Baez, die 1977 bei einem Konzert zugunsten des kalifornischen Soledad-Gefängnisses vor dessen Insassen sogar einmal als verkleideter Dylan aufgetreten sein soll, fand schon mit Mitte zwanzig die passenden Worte für ihren alten Freund und seine Verführungskraft: »Es war wie ein Sturm, ihn zu sehen. Er machte uns allen etwas vor. Aber am meisten machte er sich selbst etwas vor. Ich hörte die Worte«, so beschrieb sie den unauslöschlichen Effekt, den seine Performances und seine Lyrics auf sie machen, »die Bitten, den Nonsense, das Leugnen, und ich ging fast darin unter, und kam wieder hoch und bat um mehr und mehr davon ... Und er machte weiter und traf immer wieder ins Schwarze.«

Mehr und mehr davon – Baez konnte ein Leben lang nicht genug von Dylan kriegen und ihr Publikum im Gegenzug nie genug von ihr, als authentische Zeitzeugin und manchmal eben auch als die einzig glaubwürdige Sängerin einiger seiner frühen Lieder. Noch heute ist sie auf ihrer Dylan-Mission unterwegs: die Prophetin eines Propheten. Ihr Einsatz für ihn wurde und wird allseits gebührend gewürdigt – wenngleich ihre Rolle, ihre ästhetische Position und ihre Verdienste bei einem Teil der Dylan-Fans höchst umstritten sind. Selbst von den – laut der britischen Musikzeitschrift *Mojo* – »100 besten Dylan-Songs« interpretierte sie immerhin siebzehn. Und auch wenn ihr Ansatz beileibe nicht bei allen seiner Anhänger auf Gegenliebe stößt und sie von *Blood On The Tracks* an so gut wie keine nennenswerten Bob-Cover mehr vorgelegt hat, reißt der Zuspruch noch lange nicht ab: »Es gibt einfach keinen großartigeren Interpreten von Dylans Musik« als Baez, urteilte erst kürzlich der US-Musikkritiker Thom Jurek klipp und klar.

Peacenik, Häftling, Troubadour

> Wenn ich an Woodstock denke,
> habe ich immer ein Bild vor Augen:
> ein Polizist, der mitten auf der Wiese steht,
> seine Knarre im Auto verstaut hat
> und für eine Gruppe von Hippies Hotdogs grillt.
> Diese Szene zeigt, wie wundervoll verrückt es war.
> Die Polizisten durften Menschen sein,
> die Hippies durften Hippies sein …

Schon seit geraumer Zeit macht ein kurioses Gedankenspiel im Netz und auch im jüngeren Baez-Schrifttum die Runde: Ob es Joan Baez wohl klar sei, dass sie, aller Wahrscheinlichkeit nach, als einzige Frau auf der Welt sowohl ihren Altersgenossen Bob Dylan als auch den deutlich jüngeren Steve Jobs, mit dem sie in den frühen Achtzigern liiert war, nackt gesehen habe? Eine reichlich indiskrete Frage. Und obendrein eine in der Tat groteske, aber auch triviale und entbehrliche Vorstellung. Ein frivoles Hirngespinst. Was die über Siebzigjährige nichtsdestoweniger prompt bestätigt und mit amüsierter Schlagfertigkeit beantwortet haben soll: »Mit Sicherheit jedoch nicht beide gleichzeitig.«

Weniger bekannt und noch weniger naheliegend dürfte dagegen sein, dass Baez zu der Handvoll Frauen zählt, die, Mitte der Sechziger, auf dem Höhepunkt der Beatles-Euphorie, eine Nacht mit dem weltbekannten und begehrten John Lennon in seinem Hotelschlafzimmer und sogar in seinem Bett verbrachte, ohne dass dabei »etwas passierte«. Baez selbst gab die Anekdote bei einem Interview vor einem Jahrzehnt mit einer französischen Zeitschrift zum Besten. Als Baez und die Beatles in der Nähe von Denver anlässlich eines Festivals zeitgleich ihre Konzerte absolviert hatten, kam es, auf Initiative des britischen Quartetts, zu einem denkwürdigen Treffen in der Garderobe der Fab Four. Sie ließ sich nicht lange bitten, suchte die Gentlemen auf und öffnete die Tür. Zunächst blieb sie unbemerkt. Die Jungs aus Liverpool waren schwer beschäftigt. Sie tranken, qualmten und machten mit halbnackten Groupies herum. »Sobald sie mich wahrnahmen, drückten sie« allerdings »sofort ihre Zigaretten aus, stellten ihre Gläser ab und erröteten – sie hielten mich wohl für ihre Mutter.« Wie so oft ging von ihr automatisch etwas Respekteinflößendes aus. Dann stellten sie sich ihr förmlich, mit Handschlag und mit Nennung ihrer Vornamen, vor, worauf Joan in haltloses Gelächter ausbrach. Fünf Artige unter sich, fünf Youngsters, die mindestens ebenso gern flachsten, wie sie Musik machten – gleich war man sich also sympathisch. Der Startschuss für eine verrückte und unbeschwerte Woche, bei der Baez die Pilzköpfe im Cadillac auf ihrer Tournee begleitete.

Szenen wie aus einem Roadmovie: gemeinsames Herumalbern und spontane Improvisationen von Dylan-Songs, jeden Abend in anderen Hotelzimmern oder in den Villen Prominenter. Bis eines Nachts auf einmal nicht genug Einzelzimmer zur Verfügung standen. Baez ließ sich gern auf Lennons vielversprechenden Vorschlag ein, das seinige – mit einem Bett »so groß wie ein Swimmingpool« – mit ihm zu teilen. »Ich fühlte mich sehr von ihm angezogen. Und kaum dass ich unter die Decke geschlüpft war, stürzte er sich auch gleich mit Enthusiasmus auf mich.« Worauf Baez ihm sofort Einhalt gebot, Lennon darauf hinwies, wie müde er aussehe – und dass er ihr nichts zu beweisen brauche. Dass er zu nichts verpflichtet sei. Ein rhetorischer Einwand? »Zu meiner großen Enttäuschung stieß er einen Seufzer der Erleichterung aus und sagte, in seinem unnachahmlichen Liverpooler Akzent: ›Oh, luvly! Danke, Joan.‹ Ich musste heute bereits so viele Mädchen zufriedenstellen, und jetzt gerade verspüre ich lediglich Lust auf Plauderei und Entspannung.« So schnappten die beiden Weltstars sich ihre Gitarren und sangen einander, für den Rest der Nacht, neue Songs vor, aus denen bei vorgerückter Stunde Wiegenlieder wurden. »Und dann sind wir endlich, Hand in Hand, friedlich zusammen eingeschlafen.«

Und um noch eine dritte intime Begebenheit hinzuzufügen: Wie viele Menschen können von sich sagen, dass sie mit dem großen Martin Luther King – für Baez stets nur »Doctor King« – einen kostbaren Moment in seinem Schlafgemach zugebracht haben und ihn sogar mit einem selbst gesungenen Lied aus dem Reich des Friedens und der Träume wieder ins Wachsein, in die unbarmherzige Realität zurückzubefördern vermochten? Joan gelingt dieses Kunststück an einem Herbstmorgen im Jahre 1966 in Grenada, Mississippi. Sie schafft es, den »schwarzen Engel aus Memphis« mit der alten Hymne *I Am a Poor Pilgrim of Sorrow*, eigens a cappella für ihn angestimmt, schließlich doch zu wecken. Seine Entourage und insbesondere der schwarze Bürgerrechtsaktivist Andy Young bitten sie darum, kaum dass sie, gemeinsam mit Sandperl, zum Frühstück in einem einfachen Haus irgendwo in den Vierteln der Schwarzen und Armen in diesem Südstaaten-Städtchen erschienen ist. King, damals siebenunddreißig und im Wortsinne todmüde, schläft an jenem Morgen den Schlaf der Gerechten. Er ist der totalen Erschöpfung nahe. Sie lässt sich auf einem Stuhl neben seinem Bett nieder und nimmt sich ausgiebig Zeit, ihn zu betrachten (»ein großer Schokoladenengel«, dessen schwerer Kopf tief in die weißen Kissen eingesunken ist) und seine Züge zu studieren – die Augenbrauen, die Wimpern, seine orientalisch anmutenden »Aida«-Augen erscheinen ihr ebenmäßig, formvollendet und schön. Auch dem markanten feinen Strichbärtchen, das seine Oberlippe ziert, widmet sie sich. »Er sah so friedlich aus, dass ich eigentlich gar kein Geräusch machen, keinen Ton« hervorbringen wollte. Als sie dann für ihn singt – der berühmte Reverend wird immerhin in der nahe gelegenen Kirche bereits mit großer Ungeduld erwartet – und er sich allmählich zu regen beginnt, verkehrt sich die Wahrnehmung: Jetzt ist er es, der glaubt, einem Engel gegenüberzusitzen. Einem singenden Engel. »Sing mir gleich noch ein weiteres Lied,

Joan ...« Wohlig seufzend erhebt er sich von seinem improvisierten Lager. »Mhmm, that's beautiful.« Danach schlägt gleich wieder die Stunde der Aktion. Der Feldzug für den Frieden, der täglich neu auszufechtende Kampf für die Überwindung der Rassentrennung muss weitergehen.

Seit sie, noch ein Teenager, den jungen King bei einem bewegenden, mitreißenden Vortrag erlebt hat, in kleinem Rahmen, ist sie auf seiner Seite, und seit dem denkwürdigen Marsch auf Washington, der aus ihm, vor einem Millionenpublikum auf mehreren Kontinenten, endgültig eine Lichtgestalt werden lässt, sind Baez, die sich in seiner Gegenwart angespornt, nützlich und privilegiert zugleich vorkommt, und er bei öffentlichen Aktionen unzertrennlich. Beide sind Überzeugungstäter. Beiden stehen ihre Präsenz, ihre Visionen, ihre Prophezeiungen und ihre Stimmgewalt zu Gebote – Diktion, Rhetorik und gesellschaftliche Utopien hier, kraftvolle Gestaltung, klangliche Magie und sinnliche Musikalität dort. Beide sind imstande, die Massen zu fesseln. Beide verändern binnen weniger Augenblicke etwas Fundamentales in den Herzen, Köpfen und Seelen ihrer Zuhörerschaft. Beide verfügen über »the spirit«. Ohne ein Paar zu sein, ergeben sie ein überaus attraktives und auch kontrastreiches Gespann. Weiß ist keiner von beiden. Und Amerika benötigt sie dringend: In den Mittsechzigern brennt es im amerikanischen Süden allerorten, es herrscht Handlungsbedarf. Nur mit vereinten Kräften lässt sich das Blatt wenden. Eine sanfte Revolution mit Mitteln der Geduld und Überredungsgabe ist im Gange, die sich von Rückschlägen nicht entmutigen lässt. Eine Revolution, die der aggressiven Gewalt mit militanter Gewaltlosigkeit Herr zu werden versucht. Spektakuläre Aktionen sind gelegentlich erforderlich, um den schlimmsten Herausforderungen zu begegnen, um Hass, Mord und Lynchjustiz noch energischer als zuvor entgegenzutreten. Singen. Reden. Marschieren. Pöbeleien, Verleumdung und notfalls auch Inhaftierung in Kauf nehmen.

Baez ist stets zur Stelle, wenn man sie ruft, und nimmt auch aus eigenem Antrieb symbolträchtige Positionen ein – wenn sie bei Protestmärschen in Alabama, von King und seinem Gefolge initiiert, wütenden Polizisten, die ihr den Weg versperren wollen, die Stirn bietet; wenn sie sich Theophilus »Bull« Connor, dem skrupellosen Polizeichef von Alabama, entgegenstemmt; wenn sie kleine schwarze Schulkinder bei der Hand nimmt und sie auf dem Schulweg begleitet, sie vor dem aufgebrachten Mob beschützt und bis ins Klassenzimmer begleitet, damit sie nicht mit Steinen oder Brandbomben beworfen oder von auf sie gehetzten Hunden angefallen werden. Wenn sie, bei King untergehakt und selbstbewusst mit ihm vorwärtsschreitend, als Prominente den epochalen Selma-to-Montgomery-Märschen Gewicht verleiht. Wenn sie sich bei demselben Anlass, barfüßig und Hand in Hand mit dem Schriftsteller James Baldwin und dem Bürgerrechtler James Forman, ausschließlich von Schwarzen einrahmen lässt und damit den reaktionären Einheimischen als unbeirrbare Friedensstifterin entgegentritt. Wenn sie sich von den Drohungen und dem Auftrittsverbot der patriotischen, erzkonservativen Daughters of the American Revolution nicht einschüchtern lässt und diese starrsinnige Vereinigung mit einem bestens besuchten Alternativkonzert in Washington, an historischer Stätte, erst recht provoziert. Wenn sie ihre weißen Zuhörer dazu bringt, schwarze Lehranstalten aufzusuchen, weil sie nur dort bereit ist, aufzutreten. »Ich, halb braun, halb weiß, sang in einer schwarzen Schule, und es war das erste Mal, dass die Weißen diese Schule betraten. Dennoch kam niemand um. Es wurden keine Bomben und keine Steine geworfen.«

Ihren guten alten Sandperl hat sie als exzellenten Redner und Pädagogen erleben dürfen, was beglückend für sie gewesen ist; doch sein Radius ist auf einen kleinen Abschnitt der Westküste begrenzt. Ihre Eroberung Dylan – was sie in Begeisterung versetzte – hat sie als begnadeten Songwriter und engagierten Poeten erleben dürfen, der auch skandalöse rassistische Vorfälle explizit thematisierte und anprangerte, doch wollte er seine Talente nicht für alle Zeit in den Dienst einer »guten Sache« stellen, schloss sich keinerlei konkreten politischen Aktionen an und entwickelte sich in eine andere, persönlichere Richtung, suchte die musikalische Auseinandersetzung stärker als die gesellschaftliche. Nur bei King sieht Baez die Einheit von Wort und Tat glaubwürdig und leibhaftig verwirklicht. Ihm, den sie auf eine Stufe mit Gandhi stellt, wird womöglich eines Tages der Durchbruch zu einer tiefgreifenden, substantiellen Veränderung der amerikanischen und damit auch westlichen Gesellschaft gelingen. Er verkörpert für sie einen gelassenen Optimismus, gepaart mit dem unbedingten Willen zu radikaleren Umwälzungen – ein Fernziel, das lediglich mit gewaltlosen Mitteln erreicht werden kann. Und an das man sich nur auf winzigen Schritten herantasten kann, die von jedem Rückschlag wieder zunichtegemacht werden. Hierbei kommt die Bedeutung der von ihr so oft evozierten »vielen kleinen Momente« wieder zum Tragen: »Die Hoffnung auf eine bessere Zukunft habe ich genauso in einer kleinen Kirche in Grenada, Mississippi, gespürt, wo sich der Bürgerrechtler Andy Young um schwarze Kinder gekümmert hat«, wo sie selbst diesen Kindern Geleitschutz bot und wo sie selbst den verschlafenen King zur Eile antrieb, damit er noch rechtzeitig zu den Gemeindemitgliedern sprechen konnte, die ihn bereits so sehnsüchtig erwarteten. Diese angsterfüllten und doch von großer Zuversicht gekennzeichneten Tage haben für sie nahezu denselben Stellenwert wie die mythischen Stunden, in denen sie, angefeuert von King und flankiert von Dylan, in Washington eine Zeitenwende mit einläutete.

Seite an Seite mit King vollzieht sich der für Baez entscheidende Identitätswechsel – genau genommen findet eine Verlagerung statt. Musikmachen wird von nun an funktionalisiert. Aus dem Folknik Joan, der ernsthaften, bezaubernden Vokalistin, wird der Peacenik, die engagierte Troubadourin, wütende Protestsängerin und furchtlose Streiterin. »Eigentlich bin ich keine Sängerin, sondern eine Politikerin. Seit ich zehn war, beschäftigte mich nur der eine Wunsch: dass die Leute aufhören, sich gegenseitig das Gehirn aus dem Schädel zu pusten.« Und mit fünfundzwanzig verleiht sie ihm Ausdruck, in dem sie gerade in einer ihr feindlich gesinnten Öffentlichkeit unbequeme Lieder von Ochs und Dylan vorträgt und, in den Südstaaten, wo sich überall Anschläge häufen, Ausschreitungen außer Kontrolle geraten und unschuldige Kinder von unverbesserlichen Rassisten bei abscheulichen Attentaten verletzt und ermordet werden, natürlich immer wieder Fariñas *Birmingham Sunday*. Dass viele ihrer Songs auf alten Sklavenliedern fußen, dass zahlreiche Spirituals und Traditionals in ihrem Repertoire sind, dass sich Hymnen besonders gut zum Mitsingen eignen, macht ihre vokal überzeugenden Darbietungen noch eine Spur geeigneter und attraktiver. Folkmusik, so wie Joan sie versteht und vertritt, lässt sich für aktuelle Zwecke in Maßen instrumentalisieren, ohne dass ihr Gehalt verfälscht oder ihre Substanz angegriffen wird. Mit King für ein besseres, mental stabileres Amerika zu singen und zu demonstrieren ist ihre erste große Bewährungsprobe. Baez besteht sie glänzend, und nahezu jede ihrer Beteiligungen zeitigt Reaktionen und bringt echte Veränderungen hervor. Fortschritte, so bescheiden sie auch ausfallen mögen, sind mit Händen greifbar.

King und Baez produzieren sich nicht nur wirksam vor Fernsehkameras und Mikrofonen, sondern treffen auch hinter den Kulissen zusammen, in privatem Rahmen oder bei Strategie-Diskussionen mit anderen Predigern, Vorkämpfern und Philanthropen wie Young, Jesse Jackson, James Bevel oder Hosea Williams. Joan macht dabei, nolens volens, Bekanntschaft mit den Schattenseiten des allzeit perfekten Friedensnobelpreisträgers, indem sie den Womanizer King kennenlernt, Zeugin auch seiner Maßlosigkeiten wird, miterleben muss, wie er mit nie nachlassender Energie Essen in sich hineinschaufelt, Drinks herunterstürzt und flucht, wie er wütend ist oder verzweifelt, wie er hemmungslos weint oder Leute in seinem Team überfordert. Staunend bekommt sie auch mit, wie ausgerechnet er und seine Vertrauten die bösartigsten, schlimmsten und schändlichsten »Niggerwitze« reißen, noch dazu am laufenden Band: wohl ein Ventil für ihre permanente Verpflichtung, als Gutmenschen unterwegs zu sein, salbungsvoll zu reden und zu predigen, Souveränität an den Tag zu legen, immerzu »das Richtige« zu tun.

Ein grundlegendes Verständnis für diese »Ausfälle«, die sie als Kompensation für die Härte und Anforderungen ihres Alltags und ihrer »würdevollen« Medienpräsenz deutet, ist Baez' erste

Reaktion. »Ich wusste, dass er für seine ›Schwächen‹ kritisiert werden würde, und ich wusste auch, dass es unmenschlich gewesen wäre, mehr von ihm zu erwarten als das, was zu er zu tun imstande war, oder das, was er bereits gab. Eines Tages würde ich vielleicht in eine ähnliche Lage geraten.« Und dann eben auch Verständnis und Vergebung dringend benötigen. Reumütig lächelnd, aber auch auf Solidarität hoffend tritt King ihr nach solchen dunklen Stunden oder Phasen mangelnder Beherrschung, wenn einfach viel zu viel auf ihn einstürzt und alle Welt von ihm allein die ideale Lösung oder einen Befreiungsschlag einfordert, gegenüber. Nun wisse Baez endlich, gesteht er ein, dass auch er kein Heiliger sei. Worauf nur eine Replik für sie möglich scheint: »Und ebenso wenig bin ich die Jungfrau Maria. Was für eine Erleichterung!« Ein Glücksfall der jüngeren US-Geschichte, dass diese zwei Persönlichkeiten – die, viel zu oft als Übergötter verehrt und verklärt, sich im Grunde oft danach sehnten, als »ganz normale Menschen« wahrgenommen zu werden, auch wenn sie das, objektiv gesehen, schon lange nicht mehr waren – sich gesucht und gefunden haben.

Baez' Agieren ruft auch Kritiker auf den Plan. Zum einen die Folkpuristen, für die eine authentische Darbietung der alten Songs auf einen kleinen, kammermusikalischen Rahmen beschränkt bleiben soll und aus deren Sicht das traditionelle Liedgut auf Massendemos sowie bei heiklen Konfrontationen mit der Staatsgewalt fehl am Platz ist. Für diese recht orthodoxe Community ist die Erweiterung des Folkrepertoires um politisch gezielte Protest- und »finger-pointing«-Songs keine wünschenswerte Entwicklung. Zum anderen einige schwarze Musiker, denen das Engagement ihrer weißen Schwestern und Brüder zuwider ist, weil es ihnen aufgesetzt, unglaubwürdig und sogar verlogen vorkommt. Blues-Sänger Taj Mahal etwa bezeichnet Baez rundheraus als »Schwindlerin«, die ihn »anekle« – was ihn freilich nicht daran hindert, einige Jahre später bei einer politischen Veranstaltung gemeinsam mit ihr aufzutreten. Joan und Phil Ochs wird von Kollegen und auch von einigen skeptischen Aktivisten vorgeworfen, nur an Publicity interessiert zu sein und die Rassentrennungs-Debatte mitsamt ihren Märschen und Kundgebungen als Plattform zur Mehrung des persönlichen Ruhms zu missbrauchen. Ihre Aufrichtigkeit wird in Frage gestellt, ihre Empörung und Betroffenheit hält man für gespielt oder halbherzig. Dabei ist fast immer der genau umgekehrte Effekt zu beobachten: Gerade dadurch, dass Prominente aus dem »anderen«, weißen Lager bei den öffentlichen Aktion anwesend sind und sich mit musikalischem Protest hervortun (was bei der Halb-»Latina« Baez nochmals zu differenzieren wäre), wird das Aufbegehren der schwarzen Community, allein durch den Stellenwert der Musik-Stars aufgewertet. Gerade deshalb hält sich die Polizei mit gewalttätigen Einsätzen zurück, steigt das Medieninteresse – auch international – und bringt Millionen von Zeitungslesern, Radiohörern und Fernsehzuschauern dazu, die Ereignisse nicht einfach zu übergehen, sondern sich mit ihnen gründlich auseinanderzusetzen und womöglich eine positive Einstellung zur Überwindung der Segregation einzunehmen. Wenn auch angesehene Künstler wie Baez sich für diese Themen und Anliegen einsetzen bzw. gewinnen lassen, so das Kalkül der Veranstalter, können die angestrebten Ziele des Civil Right Movement ja »so schlecht gar nicht sein«, gerät das moralische Weltbild der konservativen schweigenden Mehrheit und des Establishments gehörig ins Wanken. Wird das vermeintlich gute Gewissen unter Druck gesetzt. Öffnen Pressekonferenzen, bei denen die ungeschminkte Wahrheit auf den Tisch kommt, so manchen Zweiflern die Augen. Und das alles führt dazu, dass auf lange Sicht starker Druck auf den Kongress ausgeübt wird, dass die Abschaffung überkommener Gesetze erreicht wird und sich irgendwann einmal die Etablierung neuer, seit Jahrhunderten erträumter Freiheiten vollzieht.

Baez hält ihrerseits mit zaghafter Kritik an King und seinen Perspektiven nicht hinter dem Berg. Viele seiner Maßnahmen und Zwischenschritte hält sie für kurzsichtig, etwa die Schaffung und Entstehung schwarzer Banken, denn nach ihrem Dafürhalten ist das gesamte Wirtschaftssystem überholt, marode und dringend reformbedürftig. Auch missbilligt sie Kings langes Zaudern, bis er sich zu einer allgemeinen Verurteilung des Vietnamkriegs durchringen kann. Dabei erkennt sie durchaus, dass die stets neu zu diskutierende Hierarchie verschiedener Ziele innerhalb der »black community« ein Hindernis darstellt, dass in deren Gremien und Organisationen die vollständige Aufhebung von Rassendiskriminationen unweigerlich absoluten Vorrang vor der ebenso brisanten Kriegsproblematik haben muss.

Überglücklich und hochzufrieden ist sie aber, als King ihr 1967, mit einer Delegation und Andy Young im Schlepptau, als Zeichen der Solidarität, hohen Besuch im Santa Rita County Gefängnis abstattet, in dem sie gemeinsam mit Big Joan und knapp siebzig anderen Frauen – aufgrund ihrer Blockade des Zugangs zu einer Einberufungsbehörde in Oakland – eine Haftstrafe verbüßt. »Wir hatten ungefähr 45 Minuten in einem lauten, aber relativ primitiven Zimmer. Mutter und Martin und Andy und ich. Wir scherzten und lachten, und King redete wie üblich unwichtiges Zeug, übers Gefängnis, wie das Essen sei, die Zellen, aber ich mag ihn gern und ich mag Andy gern.« Aufgeregte, begeisterte Mithäftlinge setzten sich über gefängnisinterne Verbote hinweg, um King bei dieser einmaligen Visite kennenlernen und ihm die Hand schütteln zu dürfen. Strafen sind ihnen egal – was zählt, ist die Begegnung mit dem Reverend. »Sie bekamen eine Vorwarnung und durften am Sonntagabend nicht in die idiotische Filmvorführung. Man wird hier behandelt wie im Kindergarten einer Besserungsanstalt.« Baez sitzt gleich zweimal ein, jeweils nur für einen kurzen Zeitraum, und äußert sich später ausschließlich positiv über ihre in Santa Rita gesammelten Erfahrungen: Im »Knast« sei es »wunderbar« gewesen, urteilt sie. »Keine Post, keine Anrufe. Keine Vergiftungen, ich musste nichts tun. Beim zweiten Mal habe ich acht Pfund zugenommen. Die Ernährung war gesund.«

Als besonders eindringlich erlebt sie den Zusammenhalt der Kurzzeit-Gefangenen und Langzeit-Insassen, ihren Humor, ihren Optimismus und ihren unbedingten Überlebenswillen. Auch die Bündnisse, die Frauen hier schmieden, ihr Einverständnis untereinander, ihren Pragmatismus. Und sie wird es »Doctor« King nie vergessen, dass er sich nicht lediglich darauf verließ, dass sie regelmäßig bei »seinen« Aktionen mitwirkte, sondern umgekehrt auch für sie eintritt und öffentlich Partei ergreift, als sie seinen Beistand am meisten braucht. Solidarität ist für beide keine Einbahnstraße. Die Kunde von Kings auch vor Ort aufsehenerregendem Erscheinen in Santa Rita, zugunsten der Baez-Frauen und ihrer mutigen, pazifistischen Mitstreiterinnen, macht amerikaweit die Runde und trägt zu deren baldiger Freilassung bei, verstärkt die stetig wachsenden Zweifel an der Rechtmäßigkeit der Einberufungsfehle und die Anteilnahme am Schicksal der Gemusterten und alsbald in das indochinesische Kriegsgrauen entsandten jungen Rekruten.

Die Nachricht von der brutalen Ermordung Kings im April 1968 in Memphis, Tennessee, vom feigen Attentat, dem er auf dem Balkon des Lorrain Motel zum Opfer fällt, kurz nachdem er seine legendäre, von latenten Todesahnungen begleitete Rede

We are not afraid: Vor dem Alabama State Capitol in Montgomery, März 1965.

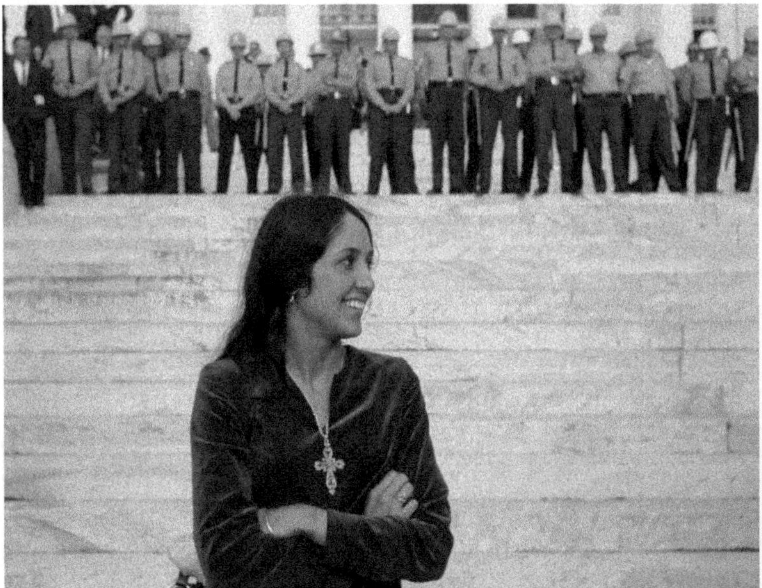

I've been to the mountaintop gehalten hat, erlebt Baez wie in Trance, lässt sie erstaunlicherweise gar nicht zu sich vordringen. »Vergib mir, Martin, aber als du starbst, vermochte ich nicht das Geringste zu empfinden.« Am folgenden Tag in Interviews zu Kings Rolle und Positionen befragt, verweigert sie kühl den von ihr offenbar erwarteten Gefühlsausbruch, akzentuiert vor allem die Differenzen, erneuert ihre persönlichen, abweichenden Standpunkte. Auch zu den Begräbnisfeierlichkeiten begibt sie sich nicht. Es dauert fast ein Jahrzehnt, bis ihr bewusst wird, dass sie, zum Zeitpunkt der Beerdigung und der »angemessenen« Trauer, zum Abschiednehmen gar nicht in der Lage war und auch nicht bereit. Mittels Verdrängung befreite sie sich von der Pflicht, sich mit der grausamen Realität, der Zeit »nach King« auseinandersetzen zu müssen, schob ihre Emotionen beiseite. Nunmehr, 1975, als sie zu Hause mit einer banalen Reinemachaktion beschäftigt ist und sich dabei gedankenlos durch die Fernsehkanäle zappt, bringt sie eine Dokumentarsendung über King, die sie zufällig einschaltet, völlig aus der Fassung. »Ich sah dein Gesicht. Ich konnte die Auswirkungen deiner Existenz auf mein Leben auf mich zurasen spüren wie einen Tornado.« Baez verliert die Beherrschung, bricht in Tränen aus und ist untröstlich. In ihrem Wohnzimmer entfaltet das damalige jähe Ende von Kings so bedeutungsvollem Erdendasein seine volle Wirkung. »Es gab keinen Ort, an dem ich mich verstecken konnte, und ich war ohnehin bereits starr und wie versteinert; ich begann, diese gewaltige Epoche erneut zu durchleben.« Erst die Anwesenheit ihres verstörten kleinen Sohnes Gabe, noch keine sechs Jahre alt, hilft ihr den katastrophalen Nachmittag durchzustehen und sich mit der endgültigen, so unbegreiflichen wie zutiefst ungerechten Abwesenheit ihres alten Freundes abzufinden.

Ein Bild symbolisiert wie kein zweites Baez' zentrale Rolle bei Martin Luther Kings jahrelanger »Freedom Journey« – Fotograf Stephen Somerstein gelang 1965 eine historische Momentaufnahme von Joan im Profil, als dunkler Blickfang in der Bildmitte, vor den hellen Stufen des Capitol Building in Montgomery. Es stammt von den Tagen der Selma-Märsche. Auf diesem Zeitdokument trägt sie ihre Haare offen, ein großes Kreuz um den Hals und hat die Arme verschränkt; hinter ihr, in der oberen Bildhälfte, genau über ihrem Kopf, steht eine Schar behelmter State Troopers Spalier, von der, trotz ihrer Passivität, etwas Bedrohliches und Lauerndes ausgeht, und bildet eine horizontale Linie. Nicht allein die Proportionen und Farbkontraste stimmen – Somerstein hat eine entspannte, gelöste und selbstbewusst lächelnde Baez festgehalten (vgl. S. 146). Eine junge Frau, die sich ihres Standpunktes sicher ist und der allgegenwärtigen Gefahr, wie sie die Staatspolizei an diesem bedeutsamen Tag verbreitet, mit der Gewissheit begegnet, dass sich hier Hiersein und ihr Mitmachen lohnen werden. Und dass sie am Ende sogar den Sieg über Unvernunft und Borniertheit davontragen könnte.

***

Womit wir gleich bei der nächsten Beschreibung eines aussagekräftigen Bildes wären, das gleichfalls Zeitgeschichte schreiben sollte: The (Draft) Resistance, eine Organisation, die erbitterten Widerstand gegen Einberufungsbefehle und Musterungsbescheide leistet und möglichst viele junge amerikanische Männer daran hindern möchte, ihr Leben für staatlich geplante Militäraktionen und Todeskommandos in den Dörfern, Städten und Dschungeln Vietnams zu verschleudern, bringt, um Geld für weitere Veranstaltungen und Initiativen zu sammeln, USA-weit ein Poster unter die Leute, das drei Frauen zeigt, die nebeneinander auf einem Sofa sitzen. Gutgelaunt, aber ernst. Drei Menschen, die sich hier als eingefleischte Kriegsgegner outen. Drei Schwestern, um genau zu sein. Von links nach rechts Joan, Pauline und Mimi Baez – die letzteren beiden barfuß. Sie haben ihre nackten Beine gekreuzt und die Hände in den Schoß gelegt, tragen neckische Hüte und werden, an der Wand hinter ihnen, von zwei Saiten-Instrumenten eingerahmt. »GIRLS SAY YES to boys who say NO« prangt als zugkräftiger Slogan in Fettschrift über ihren Köpfen. Dieses Trio aus modernen Lysistratas findet somit Männer attraktiver, die sich zu ihrer unbequemen Einstellung bekennen und dafür große Opfer bringen. Und gewährt ihnen, so suggeriert es jedenfalls der griffige Spruch, eher erotische Gunst als solchen, die sich vor den Karren der Kriegsmaschinerie spannen lassen. Dieses Trio ist stolz auf die mutigen Kriegsdienstverweigerer im Lande – Burschen, deren Zahl langsam, aber stetig wächst. Gesunden Kerlen, die ihre Wehrpässe zerreißen oder verbrennen, die nicht in den Kasernen erscheinen, um sich dort zur Tötung Unschuldiger ausbilden und nach Indochina schicken zu lassen, die sich nicht darum scheren, Feiglinge, Drückeberger oder Schlappschwänze geschimpft zu werden und die im schlimmsten Fall aufgrund ihrer konsequenten Haltung und pazifistischen Überzeugung langjährige Gefängnisstrafen riskieren, zu denen eine uneinsichtige und überaus zynische, vom Nutzen des Krieges beseelte Staatsführung sie »im Namen des Volkes« verurteilt. Schon ihre erste Memoirensammlung *Daybreak* hat Baez ja mit Emphase »in Liebe, Bewunderung und Dankbarkeit den Männern« gewidmet, »denen Gefängnis droht, weil sie den Kriegsdienst verweigern«. Männern wie David Harris.

David Harris, Jahrgang 1946 und damit sogar noch etwas jünger als Mimi, gehört zu diesen eigensinnigen Neinsagern, zu denen sie uneingeschränkt »Ja« sagt, ein Mann, zu dem sie auch bald, anlässlich ihrer beider Trauungszeremonie im März 1968 nämlich, vor aller Ohren expressis verbis »Ja« sagen wird. Ein Yes zum gemeinsamen Leben, ein Yes zur Liebe, zum gemeinsamen Kind. Harris, der Baez-Tochter und Baez-Mutter wie zuvor King 1967 im Gefängnis besucht, bevor er selbst für mehrere Monate hinter Gittern landen wird, ist ein hochgewachsener, blonder Kalifornier, bezirzt Joan mit wachen blauen Augen, einem intensiven Blick, jeder Menge Courage, Intelligenz und einem großen rhetorischen Talent.

Noch liegt das fatale Datum Juli 1969, als er, nur wenige Tage vor der ersten Mondlandung, endgültig rechtskräftig verurteilt und für drei Jahre ins Zuchthaus gesteckt wird, vor ihm; noch liegt die unwiderrufliche Trennung vor den beiden Liebenden, aber ihre Zeit füreinander ist knapp bemessen. Zeit, um in einer Art Kommune zusammenzuleben, Zeit mit einem ambitionierten Friedens-Programm durch Amerika zu ziehen und flächendeckend

Überzeugungsarbeit zu leisten, Zeit, ihren gemeinsamen Sohn Gabriel (Gabe) zu zeugen, der geboren wird, als David schon nicht mehr in Freiheit ist. Insgesamt wird Harris später »nur« fünfzehn Monate seiner ursprünglichen Haftstrafe verbüßen müssen, doch sein Gefängnisaufenthalt ist von Hungerstreiks, die er selbst organisiert, und Verlegungen in immer strengere, gefürchtete Haftanstalten begleitet. Im Vergleich dazu sind Baez' frühere Haftstrafen – einmal zehn, einmal fünfundvierzig Tage, denn beim zweiten Mal ist auch sie vorzeitig entlassen worden – das reinste Zuckerschlecken gewesen.

Harris, wie Sandperl und King eben kein Musiker, und Baez liegen auf einer Wellenlänge. In ihm findet sie endlich einen Partner, der ihr ebenbürtig, aber kein künstlerischer Rivale ist, einen jungen, in sich ruhenden Erwachsenen im Einklang mit seinen Überzeugungen, der darüber hinaus sein Leben mit ihr verbringen will, den sie nicht zum Friedenstiften erst überreden oder dem sie hinterherreisen muss und der ihr mitsamt ihren nicht nachlassenden pazifistischen Ambitionen gewachsen zu sein scheint. »Jemanden so stark wie ich selbst« hat sie sich stets gewünscht. Besser, wünschenswerter wäre »jemanden, der noch stärker ist als ich«. Baez braucht David, dem sie bald, auch in den jeweiligen Titeln, einen schönen Song und ein ganzes Album widmen wird; Baez benötigt ihn. Und Harris hätte wohl jeden ihrer Sätze, den Joan als Dreiundzwanzigjährige in ihrem flammenden Manifest *I Do Not Believe in War* zu Papier brachte, ohne zu zögern unterschrieben. Oder genauso formuliert. Sätze wie: »Waffen und Kriege haben schon zu lange Männer, Frauen und Kinder getötet, verbrannt, entstellt und endlose Schmerzen verursacht.« Sätze wie: »Das Ausweiten und Anhäufen einer schrecklichen Tötungsmaschinerie über der anderen hält an, bis aus dem einen oder anderen Grund ein Knopf gedrückt und unsere Welt, oder ein gutes Stück davon, in Stücke gerissen wird – das ist keine Sicherheit, das ist Torheit.« Sätze wie: »Wir planen und bauen jetzt aber Waffen, die Tausenden in einer Sekunde, Millionen an einem Tag und Milliarden in einer Woche das Leben nehmen können. Niemand hat das Recht, das zu tun. Es ist Wahnsinn. Es ist falsch.«

Mit dem Peacenik Harris den Versuch zu wagen, zusammenzuleben, und sei es für nicht einmal zwei bescheidene Jahre in Freiheit, erscheint gegen Ende der Sechziger hin das Richtige für den Peacenik Baez. Falsches, Unzulängliches und Scheiterndes hat sie, im Privatleben wie bei der Friedensarbeit, zur Genüge kennengelernt. Sie schätzt an David, dass er ihre Ängste ernst nimmt und bei der Hochzeitsfeier, für die sie Judy Collins als Gast und Sängerin gewinnen können, genau so nervös ist wie sie selbst. Irgendwie gelingt es ihr und David, selbst Harris' skeptischen Vater, einen Weltkriegs-Veteranen, der siebzehn Jahre lang als Berufssoldat tätig war, mit der Heirat zufriedenstellen. Sie kennt auch Davids atypischen, seinem beruflichen Vorankommen abträglichen und daher umso bewundernswerten bisherigen Lebensweg – Studium in Stanford, Wahl zum Studentensprecher, Einsatz für Gleichberechtigung und die Beendigung aller Interessenkonflikte zwischen Universitäten und Militär, Sieg in einem Lyrikwettbewerb, Tätigkeit im Buchhandel, gesellschaftliches Engagement vom achtzehnten Lebensjahr an, frühe Verurteilung wegen Ignorierung seines Einberufungsbefehls. Trotz seiner Jugend ein Mann mit Rückgrat. Furchtlos, offen und voller Zuversicht. Misstrauisch gegenüber Angepassten wie Liberalen gleichermaßen. »Diese Einsicht markierte das Ende seiner Jugend. Als er von der Universität abging, war er zwanzig Jahre *alt,* die anderen aber waren erst zwanzig Jahre *jung.*« Für ein Jahr wird der Vollzug der Strafe, gegen die Harris Einspruch eingelegt hat, ausgesetzt: Genau der Zeitraum, den Baez und er einander zum Geschenk machen und ein Familienleben planen, in dessen Zentrum fürs Erste Gabe stehen wird.

Anders als die meisten Jungs, die als wehrtauglich eingestuft wurden, sich trotzdem dem Kriegsdienst widersetzen und aufgrund ihres »draft refusal« nach Kanada geflohen sind, um ihrer Inhaftierung zu entgehen, bleibt Harris im Lande. Nur zu gut weiß er, dass mit seiner Verurteilung ein Exempel statuiert werden soll, gehört er doch zu den prominenten Kriegsgegnern, jenen Querulanten, die sich regelmäßig Gehör verschaffen. Viele andere rutschen währenddessen durch die Löcher des zunehmend großmaschigen Netzes und entgehen so dem schnellen Zugriff der Behörden, denn inzwischen ist die Zahl der Fälle, in denen Musterungs- und Einberufungsbefehlen nicht Folge geleistet wird, in die Höhe geschnellt.

Die Gründe für den wachsenden Widerstand im Lande sind vielfältig und nicht allein von der Angst bestimmt, als Kanonenfutter verheizt zu werden und einen frühen Tod in Indochina zu sterben. Die Nachricht von entsetzlichen Massakern, wie sie etwa eine amerikanische Infanterie-Brigade im südvietnamesischen Dorf My Lai verübt hatte – über fünfhundert Zivilisten wurden dabei im März 1968 grausam hingemeuchelt –, oder die Kenntnis vom massiven Einsatz des todbringenden chemischen Entlaubungsgiftes Agent Orange durch die US-Luftwaffe in Südostasien rütteln nicht nur die Weltöffentlichkeit auf, die sich vom verabscheuungswürdigen, alle Grenzen der Vorstellung sprengenden Vorgehen der Amerikaner erschüttert zeigt, sondern bringen eine ganze Generation junger und auch älterer US-Bürger gegen den immer absurderen Krieg in Fernost auf. Die Protestwelle erreicht bald weite Teile der Bevölkerung, Amerika ist erneut in Aufruhr. Kaum sind, durch entsprechende, hart erkämpfte, aber wegweisende Gesetzgebung, zentrale Aspekte der Rassenfrage entscheidend verbessert worden – wenngleich man auch hierbei noch weit von einer Lösung aller Probleme entfernt ist –, wird die Notwendigkeit, sich den zusehends verheerenden Einsätzen und Aktionen zwischen Hanoi, Hue, Hoi An, Saigon und Phnom Penh entgegenzustemmen, geradezu zur ersten Bürgerpflicht. Harris und Baez sorgen während jener Monate, in denen über das künftige Schicksal einer Nation heftig debattiert und gerungen wird, bei ihren Kundgebungen mit ihrem Charisma und mit guten inhaltlichen Argumenten dafür, dass ihre Zuhörer »baezised« die Veranstaltungen verlassen. »Baezised«, diese Wortschöpfung, einst auf Joans stupende musikalische Effekte gemünzt, bedeutet diesmal: von zwei Stimmen und zahlreichen Darlegungen rasch vereinnahmt, kurzzeitig wie hypnotisiert, und für die Folgezeit zum Nachdenken gebracht, zur Mitwirkung an Veränderungen bereit.

»Die Annahme junger Leute, sie seien die Steine, auf die sich das Weltreich gründet, ist falsch«, postuliert Harris. »Wir wollen Leben in Amerika, nicht Tod.« Derweil begeben sich seine Generationsgenossen in Kirchen, liefern körbeweise Wehrpässe ab, suchen die Diskussion mit Geistlichen, fordern die Vertreter der großen Glaubensgemeinschaften zum Gespräch heraus. Vergebens. David wird beim Generalstaatsanwalt von San Francisco vorstellig, um den Unmut der Jugend anzusprechen, um die Beweggründe der Menschen, die den Krieg gründlich satthaben, darzulegen. Umsonst. Oder eben nicht umsonst: Jeder Stein, der aus der Mauer des Konformismus gerissen werden kann, wird das Fundament der Gleichgültigkeit, der Passivität und des Wegschauens zum Schwanken und irgendwann zum Einsturz bringen. Das FBI ist Baez und ihm auf den Fersen. Ständig werden sie überwacht und beschattet. Selbst bei Fahrten durch die Wüste, es hat schon etwas Lächerliches, weicht ein brauner Chrysler nicht von ihrer Seite. Harris versucht es mit einem Scherz: Könnte man nicht Benzin und öffentliche Mittel einsparen, wenn die gestrengen Herren gleich im selben Auto mitfahren und alles Staatszersetzende notieren würden, was gesagt wird? Spaß verstehen die Autoritäten nicht. Ein paar Monate danach wird Harris verhört. Wieder einmal. Schließlich untergrabe er die »Kampfmoral des Staates«. Eine über weite Strecken absurde Konfrontation, bei der er über seine aufwiegelnden Aktionen berichten soll – was er auch tut. Ein Kräftemessen, das, je länger es andauert, dem ungleichen Kampf zwischen David und Goliath gleicht. David und die Staatsmacht, David und das FBI. Er verliest eine Erklärung: »Diese Regierung ist korrupt. Verlasst die Schulen, verlasst das Militär. Baut neue Institutionen auf. Seid notfalls bereits, ins Gefängnis zu gehen.« Kein Wunder, dass die Presse aus der bevorstehenden Vermählung zweier Menschen, die mit ihrem Verhalten auf dem besten Wege sind, als Staatsfeinde wahrgenommen zu werden, die »politische Hochzeit« des Jahres macht.

Die derzeitige Fokussierung auf die Vietnamkriegs-Problematik – dieser Schaffens-Schwerpunkt sollte weit in das Folgejahrzehnt hineinreichen – spiegelt sich eindrucksvoll in Baez’ momentaner

Liedauswahl: Neben dem auch literarisch anspruchsvollen, ja experimentellen Album *Baptism* und der fruchtbaren künstlerischen Zusammenarbeit mit dem Komponisten Peter Schickele, mit dem sie gleich eine LP-Trilogie konzipiert, singt sie jetzt Lieder wie Gil Turners *Carry It On,* nach dem später auch ein Dokumentarfilm über sie und Harris benannt werden wird. Ein Lied, in dem es heißt: »Sie werden ihre leeren, lügenhaften Geschichten erzählen, werden ihre Hunde auf unsere Leiber hetzen, sie werden uns ins Gefängnis sperren; mach dennoch weiter, macht dennoch weiter.« Und in einem von ihr selbst vertonten Antikriegs-Gedicht von Nina Dushek beklagt sie das Schicksal einer *Saigon Bride,* wenn sie von einer »Flut« singt, »die sich durch Dschungel und um Bäume herum ergießt«, einer Flut, »die das Meer noch nie gesehen hat. Es wird nicht von Bedeutung sein, wenn wir tot sind.« Dylans rhetorische *Blowin' In the Wind*-Fragen aufgreifend und weiterführend texten und singen Dushek und Baez am Ende ihres anklagenden Songs: »Wie viele tote Männer werden benötigt werden, um einen Deich bauen zu können, der nicht mehr nachgibt und nicht bricht? Wie viele Kinder müssen wir töten, bevor wir dafür sorgen können, dass die Wellen zum Stillstand kommen?«

Am Tag der Eheschließung in Manhattan erscheinen die zahlreichen Gäste »in geblümten Krawatten, langen, farbenfrohen Kleidern und mit Anstecknadeln, die die Aufschrift ›Celebrate Life!‹« tragen. Und das, obwohl sich Joan nie als Teil der Hippie-Bewegung verstand. »Eigentlich passte ich nicht recht dazu. Zum einen habe ich nie Drogen genommen, obwohl das alle glaubten. Zum anderen war ich mehr an Politik interessiert als die meisten Hippies«. Die Eheleute haben eine Episkopalkirche ausgesucht, weil man dort Pazifisten wie ihnen mit einer gewissen Offenheit begegnet; auch verwenden sie mit Absicht ein kanadisches Gesangsbuch: als augenzwinkernde Hommage an die ins nördliche Nachbarland geflohenen Verweigerer. Den Ringtausch besiegelt das Paar mit einem in die Länge gezogenen Zungenkuss, den Brautvater Albert mit einem missbilligenden Knurren quittiert. Baez selbst aber beglückwünscht David zur Verbindung mit einer durch und durch

»verrückten Person. Du hast eine Irre geheiratet!« und findet ihn unbeschreiblich freundlich, gutartig, weise. Viel toleranter und verständnisvoller als sich selbst.

Ihm zuliebe verlässt sie ihr großes Haus im Carmel Valley, wo sie sich stets mit maximal einem Mann oder einst mit ihrer Geliebten Kim zurückzog, und siedelt, nachdem sie auch ihre Schule nach Palo Alto verlegt hat, in eine Kommune über, mit Harris und seinen vielen Freunden. Eine bessere Bretterbude. Es handelt sich auf dem liebevoll »Struggle Mountain« getauften Stückchen Land um eine typisch kalifornische Vegetarier-WG. Nebenan wohnen acht andere Leute; wie ihre Nachbarn bauen nun auch sie Gemüse und Obst in halbverwilderten Gärten an. Bei warmem Wetter spazieren viele Mitbewohner nackt umher, unerzogene Hunde flitzen durch Hof und Küche oder verwüsten den Wohnbereich, Baez backt Brot und leistet sich gelegentlich den einen oder anderen »produktiven« Streit mit Harris – meist geht es dabei um Lappalien. Wenn er sie beim Saubermachen als krankhaft ordnungsbedürftig und damit als »analfixiert« abqualifiziert, fordert sie als Gegenleistung von ihm eine Einladung zum Abendessen. Worauf David entgegnet, sich ausführen zu lassen sei ja wohl das Letzte, sei bourgeois und konterrevolutionär … Joan hingegen macht es auch weiterhin nichts aus, wenn ihr ein Mann die Tür aufhält und wenn sie von Feministinnen, ob ihrer neuen Rolle als gefügiges »house wife«, heftig kritisiert wird. Am meisten genießt sie es, wenn sie zur Abwechslung den Part der Zuschauerin übernehmen kann: beobachten, wenn Harris doziert, zuhören, wenn er Feuer und Flamme ist für seine Anliegen und mitfiebern, wenn er es schafft, bei seinen Vorträgen neue Anhänger für ihre Bewegung an Land zu ziehen. »Manchmal funktionierte alles, und dann war ich dermaßen stolz. Stolz darauf, dass ich tatsächlich eine Ehefrau sein und einen Moment lang glücklich sein, Ruhe verspüren konnte.«

Auch Harris ist hochzufrieden mit dem paradiesischen, wenngleich befristeten Status quo ihres herrlich improvisierten, aufregenden Ehelebens, umgeben von Sonnenanbetern, Rohkost-Fans, Hausbesetzern, Aussteigern, Tagedieben, Kriegsgegner-Kameraden und schrägen Vögeln. Ein schon fast klischeehaftes Idyll. Das Einzige, was ihn ein wenig stört, ist Joans unbezähmbarer Drang zum Herausposaunen von Neuigkeiten – wie etwa der Beginn ihrer Schwangerschaft, von der er gerne zuvor persönlich erfahren hätte. Oder die Tatsache, dass sie sich ihre schönen langen Haare abschneiden und zu einem kompakten, runden Liza-Minnelli-Bob umfrisieren lässt, ohne ihn vorher zu konsultieren. Das gemeinsame Tourneeleben versetzt beide in einen Zustand der Dauereuphorie. Beide sind sie dabei, Amerika gehörig umzukrempeln. Auch Dämpfer, Rückschläge, schlechte Nachrichten werden gemeinsam hingenommen und diskutiert. Jüngstes Beispiel: Bei seiner Verurteilung spricht ihn sogar eine Quäkerin, die sich unter den Geschworenen befindet, schuldig – Joan ist über diesen Verrat entsetzt. David reagiert mit Gleichmut.

Und irgendwann naht dann doch der Tag X, vor dem sie insgeheim monatelang gezittert haben und der ihr junges Glück sofort wieder in Frage stellen wird. Mitte Juli 1969 wird David vom örtlichen Sheriff und seinem Assistenten abgeholt. An diesem Sommertag haben sich im Garten der Kommune viele von Harris' Fans versammelt, ein üppiges Picknick wird veranstaltet; ein braver Spinner, für den lediglich David Sympathien hegt, nervt alle Anwesenden mit ununterbrochenem Panflötenspiel. Die Einladung zum Mitessen in bukolischer Szenerie macht die beiden Gesetzeshüter verlegen. Harris nimmt sich die Zeit, jeden Einzelnen aus der Community ausgiebig zu umarmen – als Letzte kommt Joan bei der Verabschiedung an die Reihe. Das Gelächter ist groß, als am Wagen des Sheriffs, genau über dem Nummernschild, eine »draft resistance«-Plakette prangt, die ein Scherzbold kurz vor der Abfahrt der Federal Marshalls und ihres Gefangenen noch unbemerkt anbringen konnte. Doch dann verebbt alle Fröhlichkeit. Es wird still, beängstigend still. »Ich fühlte nur noch Ruhe und immer mehr Ruhe, bis ich mich endlich dazu entschloss, eine lange Wanderung zu unternehmen.« Und ein wenig Frieden zu finden an diesem ersten einsamen, wunderschönen und zugleich bitteren Tag auf dem Struggle Mountain. Als wenige Tage später, am 21. Juli 1969, Astronaut Neil Armstrong als erster Mensch in der Geschichte den Mond betritt und, als sichtbares Zeichen für diesen »Meilenstein für die Menschheit«, die amerikanische Flagge in den Mondboden gerammt wird, sitzt Harris bereits eine knappe Woche im San Francisco County Jail ein. Seine Odyssee durch Haftanstalten in Arizona und Texas steht ihm da noch bevor.

Vor Baez liegt erstmals in ihrem jungen, bislang extrem ereignisreichen Leben ein fremdbestimmter und damit auch als leer empfundener Zeitabschnitt, dessen Ende und Ausgang ungewiss sind und dessen Gestaltung, nun, da sie plötzlich wieder auf sich allein gestellt ist, sich mindestens zur Hälfte ihrer Kontrolle entzieht. Denn Harris' Schicksal und damit auch ihre Planung liegen in den Händen anonymer Militärbehörden und erzkonservativer Schreibtischtäter. Eine tote Zeit bricht an. Dabei hat sie jede Menge zu tun: in ihrem *Song for David* von jener Hoffnung zu sprechen und singen, die verzweifelten Menschen – und damit auch ihnen beiden, die dazu verurteilt sind, aufeinander zu warten – Flügel zu verleihen vermag. Den Dokumentarfilm *Carry It On*, einen weiteren Beleg für ihre inhaltliche und emotionale Verbundenheit, abzuschließen. Wieder auf Tournee zu gehen und dabei Geld für The Resistance zu sammeln. Und, *first things first*, im fünften Monat von Davids Haft, ihr gemeinsames Söhnchen Gabriel zur Welt zu bringen. Im Dezember 1969 ist es so weit.

***

Zwischendurch jedoch steht sie wieder, mitten in einer Sommernacht, mit den Füßen im Schlamm. Um sie herum eine mehrtausendköpfige Zuhörerschar, Regen, Gewitter, gleißendes Scheinwerferlicht. Eine überwältigende Kulisse. Genau ein Jahrzehnt nach ihrem Debüt in Newport und genau einen Monat nach Davids Inhaftierung betritt Joan Baez, als letzte Musikdarbietung des ersten Festival-Tages, die Bühne von Woodstock. »3 Days of Peace and Love.« Alles, was in der Pop- und Rock-Musik Rang und

Namen hat, ist an diesem August-Wochenende in Bethel, Upstate New York, dabei. Nur Dylan nicht. Aber sie. Inzwischen ist sie mit aufgeheizter Stimmung und aufgepeitschten Menschenmengen bestens vertraut. Irgendwo über ihr sind vor wenigen Wochen erst Landsleute auf dem Mond herumgeturnt, sie selbst ist erst vor wenigen Minuten per Hubschrauber auf dem gigantischen Gelände eingeschwebt. Janis Joplin, natürlich nicht ohne die vertraute, ja obligatorische Schnapsflasche in der Hand, und Big Joan, ihre Mom, fliegen mit ihr im selben Helikopter. Die drei Frauen blicken mit stummen Staunen und auch ein wenig aufgekratzt auf das Gewusel unter ihnen, auf eine riesige Ansammlung von Autos, Motorrädern, Schlafsäcken, Klappsesseln, Liegestühlen, Spotlights.

Baez schaut sich rasch noch um im Bühnenbereich, spaziert von Zelt zu Zelt, öffnet die Tür zu den Wohnwagen und Garderoben-Vans von Kollegen und sagt Hello. Ihr selbst hat man im restlos überfüllten Hotel, ein paar Kilometer von hier, ausgerechnet die Hochzeitssuite zugeteilt. Für sie ganz allein. Sie wird sie anderen überlassen. Kaum angekommen, erkundigt sich Joe Cocker sofort nach ihrem Wohlergehen – Gerüchte, dass bei ihr die Wehen eingesetzt haben sollen, machen *backstage* gleich die Runde. Und es wäre auch nicht das erste Baby, das hier in Woodstock zur Welt kommt. Doch viele Besucher, Drogenkonsumenten, Ex-Maniacs, Who-Anhänger, Roger-Daltrey-Groupies und Jimi-Hendrix-Fans, die alle im Laufe dieser rauschhaften, regennassen vier Tage noch auf ihre Kosten kommen und mit Country Joe and the Fish »One two three four, what are we fightin' for?« skandieren werden, erkennen sie gar nicht. Wegen ihrer kurzen Haare – und weil die meisten unter ihnen gar nicht damit rechnen, dass Joan Baez im sechsten Monat schwanger sein könnte. Äußerlich hat sie sich zwar verändert, ansonsten ist sie die alte Baez. »Noch immer nahm ich kein Dope, und noch immer machte ich nicht von einer Band Gebrauch, die mich unterstützte und verstärkte.«

Woodstock, wie sie es selbst später in leuchtenden Farben ausmalte, ist und bleibt ein Faszinosum. Für viele eine Realität gewordene Utopie, für manche auch ein Albtraum. Der Inbegriff von Drogen, Sex und Rock 'n' Roll, eine hedonistische Nabelschau, der in grelles Flutlicht getauchte, sensationelle Schauplatz von ebenso sensationellen Bildern, die um die Welt gehen werden: Daltreys »prächtige, schweißnasse« Brust, Joplins, Hendrix' und Cockers einzigartige Soli, Zehntausende in Trance, Hunderte, die im Matsch zu versinken scheinen, Nackte, Tanzende in Ekstase, kilometerlange Staus in alle Richtungen, Karawanen, vielfältiges Chaos – und Ordnungskräfte, die sich glücklicherweise zurückhalten. Uncle Sam wird von den ausgelassenen Teilnehmern bei dieser Party der Anarchie eine lange Nase gedreht, bevorstehende Vietnam-Einsätze werden vertagt, verdrängt, für wenige Tage einfach vergessen. Für viele Paare hier ist dies auf Jahre hin das letzte glückliche, sorgenfreie Weekend. So weit die allgemeine Wahrnehmung. »Woodstock, das war aber auch ich, Joan Baez, die Spießige«, Altmodische, viel zu Anständige, die Hochschwangere, »die Ehefrau eines inhaftierten Kriegsdienstverweigerers«, die den Leuten mit ihrem »endlosen missionarischen Gelaber« zum Thema Krieg bis zum Überdruss in den Ohren liege. Ein Selbstporträt voller Ironie und Distanz. Eine Distanz, die augenblicklich wieder aufgehoben wird: »Ich gehörte genau hierhin. Ich war eine aus den Sixties, und ich war bereits eine Überlebende.«

Ravi Shankar, Melanie und Arlo Guthrie sind direkt vor ihr aufgetreten, Jeffrey Shurtleff wird sich nachher für ein Duett zu ihr gesellen. Jetzt aber, mitten in der Nacht, ist die Zeit für ihr erstes Lied gekommen. *Oh Happy Day.* Baez blickt dabei zurück auf eine turbulente Dekade, der sie, wie kaum eine andere Gestalt der Zeitgeschichte, ihren Stempel aufgedrückt hat. Nimmt die zurückliegende Ära aus der Hubschrauberperspektive in den Blick, bis sie, aus immer größerer Entfernung, kaum noch zu erkennen ist. Einzelne Pünktchen, konturlose Szenen, flüchtige Eindrücke. Und beschließt das Jahrzehnt mit dem Auftritt auf einem Festival, das bald als Sinnbild einer ganzen Epoche gelten wird. Sie erzählt den schon übermüdeten Zuhörern, die demnächst von einem Wolkenbruch und einem Sommergewitter überrascht werden, von David und ihrem Kind, von Krieg und Verhaftung, von politischer Verantwortung und von einer besseren Zukunft. Danach spricht sie nicht mehr, sondern beginnt zu singen. Intoniert Tom Paxtons *The Last Thing On My Mind*. Eines ihrer vielen Abschiedslieder an die Sechziger.

Joan, Juliane und The Band: *The Night They Drove Old Dixie Down*

Deutsche Zeitzeugen der frühen Siebziger werden sich mit Sicherheit an einen ungewöhnlichen Ohrwurm erinnern – an einen Refrain, der zum Mitsummen einlädt, an eine Thematik, die üblicherweise nicht in einem Schlagertext verhandelt wird, an die Stimme eines jungen Mädchens, deren Klarheit und Geradlinigkeit aufhorchen ließ, und an eine unverkennbar amerikanische Instrumentation. *Am Tag, als Conny Kramer starb* hieß der Titel, mit dem die bis dato noch völlig unbekannte Juliane Werding – zuvor hatte sie sich mit einem Demoband beim Talentschuppen beworben – binnen weniger Wochen die Hitparaden stürmte und auf Anhieb einen Nummer-Eins-Erfolg landete, der sich im Laufe des Jahres 1972 erstaunlich lange, nämlich 14 Wochen, in den bundesrepublikanischen Charts halten konnte.

Der sinnlose Drogentod eines Jünglings mit Allerweltsnamen, dessen Abhängigkeit von seiner Umwelt ignoriert und verdrängt worden ist, steht im Zentrum des tragischen Songs und Millionen-Sellers: Verarbeitet wird damit eine autobiographische Begebenheit der Werding, als sie, im Teenageralter, noch als Straßensängerin unterwegs war. Kramers Freundin, die Ich-Erzählerin des Liedes, trauert um ihren Geliebten, mag seinen Tod nicht resigniert hinnehmen. Sie leidet, schildert die letzten Stationen seiner Sucht und dringt allmählich zu der traurigen Erkenntnis vor, dass auch bedingungslose Liebe seine Entscheidung für Weltflucht, Selbstzerstörung und am Ende die fatale Überdosis nicht verhindern konnte. Ob lediglich ein labiler Charakter oder eine »kaputte« Gesellschaftsordnung, ein zynischer, arroganter Umgang mit jungen, von vornherein zum Scheitern verurteilten Männern zu seiner Fixierung auf Drogen geführt haben, bleibt offen; eine Mitverantwortung des herrschenden »Systems« wird von Werdings Texter Hans-Ulrich Weigel aber angedeutet.

Und sowohl die Titelzeile des verhalten rebellischen Songs als auch die Eröffnungszeile der ersten Strophe, »Wir lagen träumend im Gras«, wurden quasi über Nacht zu geflügelten Worten, gewannen Zitatcharakter und ersetzten für manche eine Zeitdiagnose: Irgendetwas war grundverkehrt in unserer westlichen Welt, Drogen waren selbstverständlich keine Lösung und wurden dennoch hemmungslos konsumiert, echte Kommunikation zwischen den sich verweigernden Jugendlichen und den konformistisch im Mainstream mitschwimmenden Erwachsenen, die mit ihrer Gleichgültigkeit den perspektivlosen Status quo noch bekräftigten, schien unmöglich. Wir sprechen hier wohlgemerkt über eine Ära, in der die Alternativbewegung in Westeuropa noch in den Kinderschuhen steckte und die Gründung der Grünen Zukunftsmusik war.

Zukunftsmusik in der Tat: Denn wer der rötlich-blonden Juliane Werding bei ihren ersten TV-Auftritten, etwa in der ZDF-Hitparade, zuhörte und zusah, lauschte keinem unbedarften Schlagersternchen, sondern erlebte den ernsthaften, stilistisch einwandfreien Balladenvortrag einer selbstbewussten Bardin mit langem Haar, unaufgeregtem Ausdruck und mit ruhigem, konzentriertem Blick, einer für ihr Alter erstaunlich reifen jungen Frau, der Inhalte und Botschaften wichtiger waren als banale Liebeslyrik oder tanzbare Disco-Nummern. Offenbar war sie fest entschlossen, den Beweis anzutreten, dass Protestlieder auch in deutscher Sprache »funktionieren« konnten. Ihre Attraktivität war unübersehbar, aber ebenso deutlich wurde, dass Aussehen und Physis nur eine untergeordnete Rolle spielen durften. Werding saß stets, anstatt auf hochhackigen Schuhen herumzutänzeln, und hielt ihr Instrument auf den Knien; sie vertraute den gleichmäßig geschlagenen Akkorden ihrer Gitarre wie der Überzeugungskraft ihrer Stimme.

Sie glaubte an das, was sie sang. Gab sich sanft und unglamourös, aber auch unversöhnlich und warb für ihre Anliegen. Ohne Folkmusik im eigentlichen Sinne anzubieten, präsentierte sie sich damit als Archetyp eines Folkies, als Schwester im Geiste ihrer amerikanischen Vorgängerinnen, ja als deutschsprachige Wiedergängerin der drei legendären »J« aus Übersee: von Judy (Collins), Joni (Mitchell) und eben Joan.

Der weitere Verlauf von Werdings früher Karriere belegt, dass sie anfangs – einerseits vielleicht aus eigenem Impuls, andererseits wohl von den Werbestrategen ihrer Plattenfirma – bewusst als Pendant zu Baez agierte bzw. aufgebaut und eingesetzt wurde; überdeutlich war die Anlehnung an das berühmte amerikanische Vorbild. Ihr Auftreten, ihr Repertoire (viele Übernahmen bereits kanonisierter US- und UK-Lieder aus der Folk- und Songwriter-Szene) und auch ihre Statements in den Medien waren Belege für diese einseitig hergestellte Wahlverwandtschaft, die Kennern unter den Fans bzw. praktisch jedem und jeder, die sich zu jener Zeit für engagierte Musik interessierten und dem linken oder progressiven Lager zugehörig fühlten, sofort auffallen mussten. Werding verfügte zwar nicht über Baez' bemerkenswert ausgefeiltes Fingerpicking und beteiligte sich auch nicht als unermüdliche Pazifistin bei weltweit aufsehenerregenden politischen Aktionen im In- und Ausland. Auf einen Migrationshintergrund, wie wir heute sagen würden, ließ ihr Erscheinungsbild ebenfalls nicht schließen. Das Rollenmodell war dennoch unverkennbar. Unbequem sein, authentisch wirken und die Stimme erheben – ohne dabei zu imitieren. Hinzu kam, dass sie auf ihrer Debüt-LP, die mit Protestsongs nur so gespickt und von einem anklagenden, mahnenden Tonfall beherrscht war, wie auch für ihr Folgealbum gleich dreimal auf Baez-Titel zurückgriff und deren erste deutsche Versionen präsentierte. Wovon *Am Tag ...*, ihr Cover von *The Night ...*, die bekannteste werden und bleiben sollte.

Die gewiss präsente Sehnsucht nach einer »deutschen Baez« ging dabei einher mit dem Wunsch, genau wie Baez mit *The Night* auf Anhieb einen Riesenhit zu landen. Das Kalkül ging auf, und trotzdem handelte es sich bei *Conny Kramer* um einen so nicht planbaren Überraschungserfolg. Zumal Werdings Lied einen ganz anderen Stoff in den Mittelpunkt rückte als die Vorlage: hier ein Drogentod inmitten der Wohlstandsgesellschaft in Europa, verortet im Heute, dort eine schmerzhafte Rückschau auf Episoden aus dem inzwischen lange zurückliegenden militärischen Konflikt zwischen Nord- und Südstaaten in den USA. Hier ein bestimmter Tag, der Todestag des Opfers, dort eine ominöse Nacht, mit der die demütigende, endgültige Niederlage der Armee von General Robert E. Lee ihren Anfang nahm. Baez, deren *Night* in der Epoche unmittelbar nach dem amerikanischen Sezessionskrieg angesiedelt ist, schlüpfte für ihren Titel sozusagen in eine Hosenrolle. In ihrer historisierenden, dreistrophigen Ballade mimt sie, als Ich-Erzählerin, den fiktiven Soldaten Virgil Caine und nimmt eine archaisierende Pose ein. Wer bereit ist, sich auf diesen Kunstgriff einzulassen, wird in Baez' Song mit Ereignissen aus dem Hungerwinter von 1865 konfrontiert, als sich mit Konföderierten und Nordstaatlern zwei miteinander verfeindete »Bruder«-Völker erneut gegenüberstanden.

Baez als Sprachrohr von Caine, stellvertretend für alle Kämpfenden aus Dixie(-Land), also aus dem von den Yankees heftig attackierten Süden, schildert, mit großer Bitterkeit und noch größerem Stolz, schlaglichtartig die Entbehrungen und die Schmach, wie sie mit dem kriegsentscheidenden Fall der Stadt Richmond in Virginia und der vernichtenden Zerstörung der Versorgungslinien einhergehen. Sie berichtet von einer Vision der Ehefrau Caines, die in einem Tagtraum mitten auf dem Land in Tennessee die Gestalt Lees zu sehen glaubt – eine bloße Halluzination. Und sie stellt die Männer der Caine-Familie (wobei im Namen auf die biblische Figur des Brudermörders Kain angespielt wird), sämtlich Farmer, als hart arbeitenden, von keinem Schicksalsschlag unterzukriegenden Menschenschlag dar. Für niedere Verrichtungen wie etwa Holzfällen sind sie sich nicht zu schade; miserable Bezahlung kann ihnen nichts anhaben. Der Hass auf die Yankees sitzt jedoch tief, und der Märtyrertod seines älteren Bruders ist für Virgil nur schwer zu verwinden. Der Zusammenbruch der Konföderation und das schändliche Gefühl des Unterlegenseins werden von nun an seine Identität bestimmen. Virgil schreitet freilich auch weiterhin aufrecht durchs Leben. Seine Bereitschaft zur Gegenwehr ist ungebrochen. Mag »Dixie« – die Chiffre für seine Südstaaten-Heimat – auch am Boden liegen, die Caines lassen sich nicht kleinkriegen; aus der Erfahrung der Niederlage gehen sie gestärkt und noch eine Spur furchtloser hervor.

Der Refrain endet mit einer eingängigen Sing-along-Passage zur trivialen Silbenfolge »lalalalala«, vorgetragen von Solistin und vielstimmigem Chor. So etwas wie auskomponierte Auslassungspunkte, die jeden Kommentar überflüssig machen sollen und an die Vorstellungskraft der Hörer appellieren, sich das Grauen der letzten Kriegsgeschehnisse selbst auszumalen. Im Refrain ist aber auch von Glocken die Rede, mit denen die Nacht der Kapitulation eingeläutet wurde. Und lediglich dieses unheilvolle Glockengeläut wird, im Einklang mit der strikten Weigerung, sich mit Resignation und »Einknicken« zu begnügen, zum verbindenden Element von Baez' *Night* und Werdings *Tag*. Tag und Nacht, so lehren es uns diese Zwillingslieder, obschon sie, als ein- und dieselbe Komposition, geschichtlich ein Erfahrungshorizont von mehr als hundert Jahren trennt, sind eben doch kein »natürlicher« Gegensatz. Tag und Nacht markieren Zäsuren.

Gerade einmal zwei Jahre lag die Entstehung von *The Night* zurück, als Baez ihre Ballade 1971 als Single veröffentlichte und zeitgleich auch auf ihr Album *Blessed Are* ... aufnahm, wo sie es geschickt gleich an zweiter Stelle, zwischen ihre programmatische Eigenkomposition, die dem Album den Titel gab, und das Rolling-Stones-Cover *Salt of the Earth*, platzierte. Dass es die Single bis auf den dritten Rang der amerikanischen Billboard-Charts schaffte, sich wochenlang in den Top Ten hielt und auch in Großbritannien bis auf den sechsten Platz der Pop-Charts vorrückte, war ein in ihrer gesamten Laufbahn einmaliges Phänomen. Schließlich galt Baez in der allgemeinen Wahrnehmung als typische Album-, nicht als Single-Künstlerin. Nur, bei aller Begeisterung: Was interessierte die Vietnamkriegsgegner und Popmusikhörer der Post-*Hair*-Ära schon das Schicksal eines frustrierten, demoralisierten und dann wieder zornigen, sich kämpferisch gebenden Konföderationssoldaten, von dem noch nie jemand gehört hatte? Was trieb Baez um, diesmal dezidiert als Mann, als ein in seiner Ehre und Identität angegriffener, aber noch nicht vollständig gebrochener Südstaatenfarmer Virgil Caine, zu ihren Hörern zu sprechen?

Man könnte den Titel, wenn man sich ausschließlich auf Textgestalt, Sprachgebung und Wortwahl konzentriert und dabei den Sound außer Acht lässt, tatsächlich für einen historischen Folksong aus dem letzten Drittel des 19. Jahrhunderts halten, für eine Art Augenzeugenbericht vom Wendepunkt der Geschichte. Wären da nicht das verräterisch rockige Arrangement, das dominante, zu Strophenbeginn abwärts wandernde Piano, ein Spiel mit plagalen Wendungen, der unverkennbare Hymnen-Charakter und eine eklektizistische Machart mit Anklängen an religiöse Gesänge wie Choral und Gospel. Mithilfe der kollektiven Schlusswendung »All the people were singing, they went ...« wird das individuelle Erlebnis des Besiegten in eine trotzige, sinnstiftende Siegesgewissheit der Gemeinschaft verwandelt und verleiht demjenigen, der schon kapitulieren wollte, Flügel (bei Werding stiftet die entsprechende Passage »und alle Freunde weinten um ihn« Trost und spendet der Trauernden Mut). Baez' Anhänger nahmen die Ballade also, wie intendiert, als auf ganz grundverschiedene Konflikte und Problemfelder übertragbare Hymne wahr, in der das Glückserlebnis der Solidarität, versinnbildlicht im gemeinschaftlichen Miteinander-Singen, die lähmende Hoffnungslosigkeit des Einzelnen ersetzt. Uns ist dieses musikalische Alternieren zwischen tiefster Verzweiflung und plötzlichen Ausbrüchen von Euphorie und wiederhergestelltem Urvertrauen, in einer drastischeren Ausprägung, aus Gospel-Gottesdiensten vertraut.

Nun handelt es sich bei Baez' Titel ja seinerseits um eine Interpretation: ein Cover des 1969 entstandenen Robbie-Robertson-Originals, das er 1969 für seine Formation, die maßstabsetzende kanadisch-amerikanische Rockgruppe The Band, schrieb und dem sogenannten *Brown Album* von The Band einverleibte. Nur dass die Produzenten von Robertson, Levon Helm und Mitstreiter ihren Song nie als Single-Auskopplung publizierten, sondern ihm ein Schattendasein als B-Seite zumuteten. (Nach Baez machten sich auch Johnny Cash, John Denver und sogar Olivia Newton-John an Neu-Einspielungen; keine davon erreichte die Intensität von Vorbild und Baez-Version.)

Schon bald wurde daraus jedoch einer der heimlichen Favoriten für ihre zahllosen Live-Auftritte, wo sie *The Night* mit einem fanfarenartigen Bläser-Intro eröffneten. Und es blieb ihnen nicht verborgen, welch überwältigende Wirkung ihr vermeintliches »Traditional« bei jeder Wiedergabe auf Konzertgänger und Fans ausübte. Marschartige Schlagzeugrhythmen, die eine aus dem Tritt geratene Truppe erschöpfter Krieger symbolisieren können, Helms kehlige Soli, das gelungene dreistimmige Arrangement von Leadsänger und Begleitvokalisten im Refrain und vor allem die allgemeingültige Botschaft der Rock-Ballade, der zufolge Ohnmacht, Herabwürdigung und Aussichtslosigkeit des Einzelnen im bewaffneten Konflikt als universelle Erfahrungen präsentiert werden, Schuldzuweisungen aber ausbleiben, trugen zum einzigartigen *Dixie*-Erlebnis bei.

Band-Drummer und -Leadvokalist Levon Helm räumte ein, als er Details von der Entstehungsgeschichte preisgab, dass lange Zeit ausschließlich die Melodie und die Harmonie-Pattern des Songs feststanden, die historischen Zusammenhänge freilich erst bei Recherchen in Bibliotheken und Enzyklopädien zutage gefördert und in einen schlichten, nachvollziehbaren »O«-Ton übertragen werden mussten, bis letzterer wie der glaubwürdige Erlebnisbericht eines einzelnen Mannes klang.

Ohne eigenes Zutun stellte sich bei den Hörern in wenigen Augenblicken ein »Sinn für Geschichte«, eine Ahnung von der menschlichen Komponente historischer Tragödien ein. So als sprächen »echte« Kriegsteilnehmer, transportiert durch ein simples Lied, direkt und aus erster Hand zu uns heute Lebenden ... Zweifellos eine ideale Vorlage für Baez, die an der einen oder anderen Stelle großzügig mit dem Originaltext verfuhr und in deren vergleichsweiser rascher, in den Strophen sogar nüchtern-lakonischer Lesart der schleppende, stampfende, wie auf der Stelle tretende Charakter des Band-Songs durch ein federndes, geschmeidiges Tempo ersetzt wurde. Und es »passte« natürlich auch zu Baez' Interesse an diesem Protestlied im Gewand einer Moritat oder eines besonders überzeugenden Beispiels von »oral history«, dass The Band und Bob Dylan viele Male gemeinsam auf der Bühne gestanden und bei einigen seiner Alben zusammengearbeitet hatten. Dieser Hintergrund lud, für Eingeweihte, die Querbezüge zwischen allen Beteiligten mit noch größerer Bedeutung auf.

Wie bei den russischen Matrjoschka-Puppen, in denen Verschachtelung zum künstlerischen Prinzip erhoben wird bei denen die Ent-Puppung für so manche Überraschung sorgt, hängen Baez und The Band bzw. Baez und Juliane Werding im Abstand von gerade einmal drei Jahren aufgrund eines einzigen »Einfalls« untrennbar zusammen. Was gleichermaßen ein Faszinosum darstellt: Die drei grundverschiedenen Stufen und Ausprägungen des Ursprungsliedes führen indessen ein Eigenleben und spiegeln eine spezielle Song-Ästhetik, erreichen andere Zielgruppen und Hörerschaften, besitzen unterschiedlichen Symbolcharakter für Menschen auf mehreren Kontinenten. Und wenn auch die Glocken weiterhin mit derselben Intensität für Virgil Caine und Conny Kramer läuten – diese zwei Songs, die in Wahrheit wohl mindestens drei Songs gezeitigt haben, stehen jeder für sich.

Die im Dunkeln sieht man doch: *Come From The Shadows*

> Ich würde nicht von Idealismus sprechen.
> Es war mehr eine Art Realismus, der mich antrieb.
> Ich habe die Welt schon als junger Mensch sehr nüchtern betrachtet.
> Mir war immer klar, welche Schäden
> der amerikanische Lebensstil andernorts anrichtet.
> Die quasi-religiöse Überhöhung von Konkurrenz auf allen Gebieten
> ist schlimm.

Ein Schwarzweißfoto, konturenreich und nuanciert, wenngleich überwiegend in düsteren Grautönen gehalten. Es zeigt ein älteres Paar in Regenmänteln, Hand in Hand über nassen Asphalt spazierend, ein Blümchen auf Schulterhöhe und die jeweils freien Hände zum Victory-Zeichen geformt. Seitlich von ihnen ein junger Mann, in Pulli und Jeans selbstbewusst ausschreitend, und im Hintergrund, schon unscharf, eine Menschenmenge. Sämtlich Unbekannte, Durchschnittsbürger. Doch diese Quasi-Idylle von irgendeiner Antikriegs-Demo irgendwo in den USA, Anfang der Siebziger, täuscht – direkt hinter den beiden friedlichen Alten ragen die blendend weißen Helme und Silhouetten von vier Polizisten oder Sicherheitskräften auf. Die beiden Peaceniks werden just in dem Augenblick, wo der Fotograf auf den Auslöser drückt, festgenommen. Trügerische Ruhe und bedrückende Unruhe zugleich gehen von diesem Schnappschuss aus. Eine Momentaufnahme von einem politisch aufgeheizten Amerika. Niemand trägt hier Waffen, aber allen steht ins Gesicht geschrieben, dass der Vietnamkrieg in den letzten Zügen liegt; die Mienen deuten eine grimmige Entschlossenheit an; sie signalisieren, dass die Grenze des Erträglichen überschritten ist, dass dringend etwas unternommen, dass dem sinnlosen Morden in Südostasien Einhalt geboten werden muss und dass politische Konsequenzen überfällig sind. Und auch diese beiden Senioren tun als Protestler ihren Friedenswunsch öffentlich kund, sind bereit, für ihre Ansichten auf die Straße zu gehen, aus dem Schatten ihres Alltags herauszutreten, um dumpfem Schweigen und damit auch stillschweigendem Einverständnis zum staatlich verordneten Kriegsgeschehen vernehmlich ein Ende zu setzen. *Come from the shadows.* Sie haben den Schritt gewagt, sie stehen für ihre Haltung ein. Sie sind heute hier und somit auch willens, die Konsequenzen für solchen zivilen Ungehorsam zu tragen.

Die soeben beschriebene Szene ziert das Cover von Baez' erster LP für das Label A&M aus dem Jahre 1972. Es war die erste Platte von ihr, die ich als Jugendlicher in der Hand hielt. Mich ließ das Bild, das so viele Fragen aufwarf und nur wenige beantwortete, lange nicht los. Ein wenig enttäuscht und irritiert war ich wohl auch, dass Baez' Konterfei nicht auf der Vorderseite prangte. (Dabei war das, wie ich später herausfand, auch schon etwa bei *Blessed are ...* oder *Any Day Now* der Fall: Zeichnungen anstelle von Star-Gesichtern.) Ich fand schließlich auf der Rückseite ein farbiges Porträt von ihr, im Profil, nachdenklich, aber entspannt. Das Kinn auf die Hand gestützt, zusammen mit einem Schäferhund.

Und ich fand einen ausführlichen Kommentar der Sängerin, der mehr Platz einnahm als die Titelliste mit den üblichen Angaben zu Songs, Track-Länge und Urhebern. Einen fordernden Text, der mich zutiefst aufwühlte und nicht mehr loslassen sollte: Baez konfrontiert uns damit, was der nicht enden wollende Krieg in Vietnam mit zivilisierten Amerikanern anstellt. Einige von diesen Soldaten, so informiert sie uns, sind, ohne es anfangs zu merken oder in vollem Umfang zu begreifen, nach eigener Aussage im Verlauf ihrer Einsätze zu Bestien geworden. Wenn sie, wieder heimgekehrt und als Veteranen gefeiert, von ihren Gräueltaten in öffentlichen Anhörungen berichten, weinen die Geschworenen und selbst die Richter angesichts dieser alles Vorstellbare übersteigenden Schilderungen. »Wir sind Tiere gewesen«, erfährt Baez von ihnen. Solange sie »da drüben« waren. Sie erzählt uns auch von einem Marinesoldaten, einem Puertoricaner mit einem Engelsgesicht, der sich damit brüstet, im Krieg 390 Menschen auf unterschiedlichste Weise ermordet zu haben, und der auf seinen Rekord, den *body count*, stolz ist. Dass er überhaupt zum Zählen seiner unschuldigen Opfer gekommen ist und die genaue Zahl triumphierend memoriert hat, erscheint fast noch unfassbarer als die von staatlicher Seite gutgeheißenen Tötungsdelikte selbst.

Damit nicht genug, bürdet Baez ihren Fans und Plattenkäufern sofort ihre Mitverantwortung auf, damit sie es ja nicht bei einer gutgemeinten Empörung belassen und die Informationen gleich wieder verdrängen können. Sie verdeutlicht ihnen: »WIR haben die Steuern bezahlt, mit denen dieser Krieg gekauft wurde und die Männer angeworben wurden, mit denen die verheerenden Feuerbomben abgeworfen, die Hütten verbrannt und die Menschen ermordet wurden – Menschen, deren Leichname jener Rekordhalter so gerne zählt.« Mit anderen Worten: WIR haben diese Morde nicht nur zugelassen und ermöglicht, sondern auch noch direkt finanziert. Baez wählt noch drastischere Worte und klagt die bislang Teilnahmslosen unter ihren Mitbürgern direkt an: »Es ist ganz besonders schäbig, es ist gemein, und etwas ist auch faul, wenn man zulässt, dass per Gehirnwäsche jemand mit dem ›schmutzigen‹ Part des Tötens beauftragt wird, während wir in aller Seelenruhe zu Hause bleiben. Es ist schäbig, zu behaupten, der Krieg sei bald vorbei, wenn er in Wahrheit nur aus der Luft fortgesetzt wird. Und wenn man im Jahre 1972 nicht gegen etwas Schäbiges, Faules und moralisch Verkommenes aufbegehrt und kämpft, wird man selbst ein Teil davon.« Passivität als Kardinalsünde.

Ein flammender Appell, der niemanden kalt lassen kann und darf. Der kaum gezügelte, beinahe aggressive Aufschrei einer »friedlich Militanten«. Eine Aufforderung zu sofortiger

Veränderung, zum Tätigwerden. Und eine radikal pazifistische Position, die ihre Entsprechung auch im Platten-»Inneren« findet: Nicht nur, dass sich unter den Titeln dieses Albums auffällig viele Songs mit Protestcharakter finden, in denen ganz konkret Missstände benannt und angeprangert werden, das gesamte Innere der aufklappbaren, nüchtern weißen Plattenhülle besteht aus Liedtexten, nichts als Liedtexten und abermals Liedtexten. So als wolle Baez die zukünftigen Hörer ihrer LP unmissverständlich zum Mitlesen abkommandieren. Um uns mitzuteilen: Auf jede Zeile, auf Inhalt und Aussage kommt es hier an. Eine Platte mit gleich mehreren Ausrufezeichen. Keine leichte Kost. Dass Baez' Musik wenigstens in Teilen auch Ablenkung, Unterhaltung, Entspannung zu bieten hat – ein »harmloser« Titel wie *A Stranger In My Place* erfüllt auch diesen, durchaus legitimen Anspruch –, wird mit einer solchen visuellen Aufmachung fast ausgeschlossen, zum Ding der Unmöglichkeit erklärt.

In der nicht gerade üppigen Baez-Literatur hält sich hartnäckig die Auffassung, dass Joans Wechsel vom unabhängigen Folk-Label Vanguard zu A&M eine behutsame Annäherung an Pop, Rock und Kommerz mit sich gebracht habe sowie eine latente Ent-Politisierung. Nun, auf diese erste Zusammenarbeit mit A&M, die einmal mehr in Nashville mit einem Team versierter, ja hochkarätiger Studiomusiker und einem unüberhörbaren, eher milden Country-Touch zustande kam, trifft eine solche Aussage nicht im Geringsten zu. Und auf die Folge-Platte, das noch weitaus radikalere und somit kaum dem Absatz förderliche *Where Are You Now, My Son?* schon gar nicht. Was nicht bedeutet, dass *Shadows* zu einem Pamphlet verkommt. Dafür sorgen schon die durchweg hohe musikalische Qualität der zwölf Beiträge und die Stilsicherheit der Arrangements. Auch stimmlich zeigt sich Baez, die gerade erst die dreißig überschritten hat, hier gereift und auf der Höhe ihrer Kunst. Klar ist freilich außerdem: Mit reinem Folk hat diese neue, erwachsene Joan Baez fürs Erste abgeschlossen.

Mit einem Paukenschlag wird die Platte eröffnet: *Prison Trilogy,* drei tragische und auch empörende Fallgeschichten aus dem

Gefängnis-, Obdachlosen- und Einwanderermilieu, zählt ohne Zweifel zu Baez' stärksten Eingebungen überhaupt. Drei Loser werden in dieser raschen, fast atemlos geschilderten Moritat porträtiert – Billy Rose, der sich in einer Strafanstalt in Arizona erhängt, nachdem er sich, aufgrund eines Alkoholdelikts, zum wiederholten Mal hinter Gittern wiederfand und sich wegen eines Glases Milch mit dem Aufsichtspersonal anlegte, was zur Eskalation geführt hat. Luna, ein Mexikaner und damit unerwünschter »immigrant«, der aus Verzweiflung über seine materielle Lage mit seiner Kleinfamilie illegal die Grenze überschreitet, eingesperrt wird, mit Drogen versucht, seine aussichtslose Lage erträglicher zu machen und dann an einer Überdosis in seiner Zelle zugrunde geht. Ihm fühlt sich Baez als »mejicana« wohl ganz besonders nahe. Und schließlich Kilowatt, ein jahrzehntelang Inhaftierter, der selbst am Tag seiner langersehnten Freilassung noch die Schadenfreude und den Spott der Polizei über sich ergehen lassen muss. Als er von einer möglicherweise erneuten Verlängerung seiner Haftstrafe erfährt und voller Panik zu einem kurzen Spurt ansetzt, streckt ihn die fatale Nachricht nieder und fällt ihn wie einen morschen Baum. »Genauso gut hätte er von den umstehenden Männern persönlich zu Boden geschmettert werden können«, kommentiert Baez entrüstet und trauert zugleich um diese drei Toten, die »einfach nur so« zu Opfern einer willkürlichen, ungerechten Justiz geworden sind. Für sie kommt deshalb nur eine Schlussfolgerung in Frage: »Kommt und helft uns dabei, alle Gefängnisse dem Erdboden gleichzumachen.« Ganz am Ende der niederschmetternd hoffnungslosen Trilogie wird aus dieser Utopie, beim dritten Refrain, sogar eine zuversichtliche Bekräftigung: »Ja, wir WERDEN eines Tages sämtliche Gefängnisse niederreißen.« (»And we're gonna raze, raze the prisons / To the ground.«)

Mit dem bedrückenden Klagelied *Banglad*esh wendet sich Baez einem neuen, brandaktuellen Kriegsschauplatz zu und bringt uns erschütternde Einzelheiten dieses gerade erst zu Ende gegangenen, grausamen west-ost-pakistanischen Konfliktes, mit an die drei Millionen Toten und völkermordähnlichen Massakern an der Zivilbevölkerung, näher als uns lieb ist. Das Ächzen, Stöhnen und Wehklagen unzähliger Opfer wird dabei musikalisch durch eine schleppende, stagnierende Melodik, Klagelaute und ein sisyphoshaft monotones, ja quälendes Auf und Ab in den Instrumentalphrasen versinnbildlicht. Ein Lamento. Denn für Baez ist dieser monströse Krieg, der das Jahr 1971 überschattete, einfach nur wie alle Kriege, nicht mehr und nicht weniger. Sie begreift ihn als eine uralte Geschichte, letztlich auch als Parabel: »von blind gewordenen Menschen, die Befehle ausführen. Befehle, die ihrerseits auf Gesetzen basieren. Gesetzen, die sich Nationen selbst gegeben haben. Nationen, die behaupten, ein Volk müsse stets einem Land geopfert werden.« Eine Pyramide von Abhängigkeiten, wo jedes schuldhafte Element von einem weiteren, ebenso in Unrecht verstrickten gestützt wird. Nur dass solche Kartenhäuser, errichtet auf dem Fundament einer durch nichts zu rechtfertigenden amoralischen und zynischen Einstellung, eben nicht wie von allein zusammenstürzen. Kriege wüten auch weiterhin. Menschen machen sich schuldig, lassen sich zum Abschlachten instrumentalisieren und handeln, als seien sie von Sinnen. Und »wieder einmal treten wir beiseite«, konstatiert Baez, stehen auch hier in *Bangladesh* teilnahmslos daneben und verhalten uns passiv. Mit den letzten dumpfen Tönen im vierten Refrain endet eine Ballade, die unter die Haut geht und gerade aufgrund ihrer Resignation und Perspektivlosigkeit nachhaltig verstört.

Damit nicht genug – ihr direkt an Dylan gerichteter, aufrüttelnder Song *To Bobby* kommt als eine unverblümte Aufforderung daher, auch er, ihr alter Weggefährte, möge sich endlich politisch eindeutiger verhalten, Stellung beziehen und sich, wann immer es nur geht, für lohnende Ziele einsetzen, aufgrund seiner privilegierten Stellung als prominenter Sänger aktiv werden. Baez hofft, ihn aus der Reserve locken zu können, ihn für ihre Themen zu gewinnen, sein »Herz zu erreichen«: Enttäuschung treibt sie an. »Du hast uns auf der Straße zurückgelassen, dabei fing der Kampf doch gerade erst an.« Sie räumt ein, dass bislang lediglich kleine Siege und große Niederlagen zu verzeichnen seien, will sich damit aber nicht zufriedengeben – »es wartet noch jede Menge Arbeit auf uns. Freude ist vorhanden, Hoffnung auch, und für dich ist ein Platz frei.« Insistierend bedrängt Baez an jedem Strophenende einen zögerlichen, sich ihr und ihren Anliegen fortwährend entziehenden Dylan mit unbequemen, furchteinflößenden Fragen: »Hörst du des Nachts die Stimmen denn nicht, Bobby? Sie rufen nach dir, sie weinen um dich. Sieh doch, die Kinder im Morgenlicht. Sie sind im Begriff zu sterben.« Heute wissen wir, dass Dylan ihr den »Gefallen« nicht tun mochte. Dass der Lockruf seiner einstigen Freundin ungehört verhallte: zu ihrem großen Bedauern.

Auch die übrigen Titel des Albums handeln, mit Ausnahme des herausragenden *Love Song To A Stranger* (siehe das dazugehörige Kapitel auf Seite 187), der stillen, schönen Janis-Joplin-Hommage *In The Quiet Morning* aus der Feder ihrer Schwester Mimi, des Donnie-Fritts-Covers *Rainbow Road*, dem wehmütigen Liebeslied *Myths*, wohl auf ihre Ehe mit Harris gemünzt, und dem melancholisch-sehnsuchtsvollen Country-Song *Tumbleweed*, samt und sonders vom Engagement, von der Utopie und vom Widerstand: John Lennons *Imagine*, damals noch ein »junges« Lied und nicht annähernd so oft gecovert wie heutzutage, und die u. a. durch Leonard Cohen berühmt gewordene *Complainte du Partisan* – von Baez allerdings mit einer Schluss-Strophe in griechischer Sprache versehen und Melina Mercouri wie den Opfern und Bekämpfern der griechischen Militärdiktatur zugeeignet. »Grenzen sind Gefängnisse«, verkündet sie dort. Einer Textzeile dieser *Complainte*, die den nahezu aussichtslosen, verbissenen Kampf der Partisanen im Untergrund und die damit verbundenen Entbehrungen wie in Kauf zu nehmenden Märtyrertode zum Thema hat, entlehnte Baez denn auch den Titel ihres Albums: »Der Wind weht über die Gräber. Bald wird die Freiheit da sein! Dann treten wir aus den Schatten heraus.« Dann werden die im Dunkeln zu leben Gezwungenen endlich ins Licht treten können.

Gottlob ist nicht alles nur Litanei, Vorwurf oder Anklage auf diesem nachdenklichen und über weite Strecken auch ergreifenden Album – liefert es doch indirekt auch so etwas wie ein unheilvolles

Zeitpanorama jener bewegten Jahre zwischen Studentenrevolten, Watergate-Skandal und blockübergreifender politischer Nervosität auf fast allen Kontinenten. Am Ende von LP-Seite 1 skizziert Baez mit ihrer selbstverfassten Hymne *All the Weary Mothers of the Earth* nämlich zu guter Letzt noch eine Vision von einer besseren Welt. Es ist ein vierstrophiges, mit Inbrunst dargebotenes Lied der Hoffnung, wie so oft bei ihr exemplarisch nach Menschengruppen oder »Beispielen« geordnet – die Hoffnung, dass zunächst die müden Mütter auf diesem Globus endlich einmal zur Ruhe kommen können und sich im Sonnenuntergang des Lebens nur noch ihren Babys widmen dürfen. Die Hoffnung, dass die von harter Arbeit gepeinigten, ausgebeuteten Landarbeiter sich von ihren Strapazen ausruhen können, ohne dass sich internationale Konzerne auch weiterhin eine goldene Nase an ihnen verdienen. Die Hoffnung, dass die Arbeiter der Welt sich zu einem gewaltigen Chor zusammenschließen und sowohl ihrer kollektiven Macht als auch ihrer Zusammengehörigkeit Ausdruck verleihen – indem sie das Verdikt, stets arm bleiben zu müssen, zurückweisen und die Leibeigenschaft vollends außer Kraft setzen. Und schließlich die Hoffnung, dass die Soldaten – in jedem Land – ihre Uniformen verbrennen, ihre Schützenlöcher verwaist zurücklassen und für immer desertieren werden. »General, wenn du zur Heerschau anrückst, werden dich die Truppen längst vergessen haben. Und die Männer und Frauen dieser Erde werden endlich zur Ruhe kommen.«

Wer eine solche Position naiv, blauäugig oder lächerlich finden sollte, der hat Joan Baez' aufbegehrenden und zu konstruktivem Widerstand anregenden Plattenhüllentext noch nicht zu Ende gelesen. Dort geht sie noch einen gehörigen Schritt weiter: »Worum ich euch bitte«, heißt es da, ganz unten in der äußersten rechten Ecke des LPs-Cover und ohne falsche Bescheidenheit, »ist Folgendes: Geht einige Risiken ein. Hört auf, Kriegssteuern zu zahlen; verweigert euch den Streitkräften; organisiert euch gegen den Luftkrieg; unterstützt Streiks und Boykottaufrufe, Farmer, Arbeiter und arme Menschen; überlegt euch, was es mit

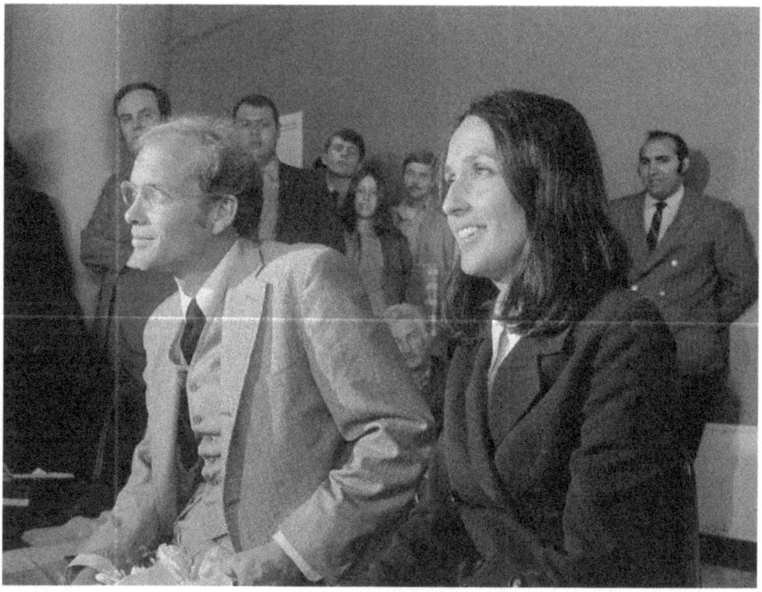

Wieder in Freiheit: Mit Ehemann und Kriegsgegner David Harris nach dessen Haftentlassung, März 1971.

dem Flaggengruß wirklich auf sich hat; setzt der Vorstellung von Ländern oder Nationen ein Ende; teilt euer Geld; weigert euch zu hassen; seid arbeitswillig ...« Ein ganzer Katalog von Forderungen. Ein Projekt für eine ganze Generation. »Um es kurz zu machen«, beendet Baez ihre Liste aus scheinbar so einfachen und doch so anspruchsvollen Wünschen für eine bessere Welt, »wappnet euch mit Liebe, Schwestern und Brüder, und tretet aus den Schatten heraus.« Mit dieser Platte und dieser bewusst maßlosen, im Wortsinne überwältigenden Botschaft hat sie künstlerisch wie auch politisch den Beweis angetreten, dass sich keiner zu verstecken braucht. Jede Geste zählt. Jeder kann – sei es nun in Kriegssituationen, im Alltag, im zwischenmenschlichen Bereich oder im Umgang mit Behördenwillkür – seinen bescheidenen Beitrag leisten. Niemand darf aber auch Unwissenheit vorgaukeln, den Kopf einziehen oder sich ins Dunkle davonstehlen. Jeder steht im Scheinwerferlicht. Jede Aktion hinterlässt Spuren und wirft Schatten.

Die Verzweiflung überwinden: *Where Are You Now, My Son?*

Ich war nie optimistisch.
Ich habe nie viel von den Menschen erwartet.
Sie haben über Jahrhunderte so viel Grausames getan.

Drei furchterregende Fotos vom schier endlosen Vietnamkonflikt haben sich seit Jahrzehnten – als Sinnbilder unermesslichen Leids, abscheulicher Kriegsverbrechen und namenlosen Entsetzens – besonders hartnäckig unserem Gedächtnis eingebrannt: die Flucht eines splitternackten, vor Todesangst schreienden neunjährigen Mädchens vor den Napalm-Angriffen durch südvietnamesische Tiefflieger, wie es, bereits von schweren Verbrennungen gezeichnet und verzweifelt die Arme ausgebreitet, im Juni 1972 Seite an Seite mit anderen Dorfkindern und Soldaten eine Straße entlangrennt, während im Hintergrund noch der Rauch von Explosionen und Bränden zu sehen ist. Die Selbstverbrennung eines Mönchs im Juni 1963 in Saigon als eindringliches Zeichen des Protests gegen die massive Unterdrückung von Buddhisten durch die Regierung. Und, ebenfalls in Saigon, die brutale Liquidierung eines im Februar 1968 festgenommenen Befreiungskämpfers, der im Rahmen der Tet-Offensive ein terroristisches Attentat verübt haben soll, durch einen südvietnamesischen Polizeichef, in Form eines gezielten Kopfschusses. Bilder des Grauens, der Verwüstung und der Barbarei, alle Dimensionen sprengend – obwohl auch sie letztlich nur andeuten können, was Menschen zu allen

Zeiten imstande sind, anderen Menschen anzutun. Als Ausführende staatlicher Befehlsgewalt, als rachsüchtige Rebellen oder im Namen irgendeiner Ideologie.

Wenn ich heute, mit dem Abstand von mehr als vier Jahrzehnten, an den Vietnamkrieg zurückdenke, gehen mir zwei andere Schwarz-Weiß-Fotos nicht mehr aus dem Kopf, die inzwischen ikonenhaften Charakter für mich angenommen haben. Das verschwommene Bild eines kleinen, arglos lächelnden vietnamesischen Jungen, dessen Gesicht aus einem Anorak-Kragen hervorlugt. Und ein ebenfalls leicht unscharfes, grobkörniges Porträt der Baez, auf dem nichts als Gesicht und Schultern zu sehen und lediglich die tiefdunklen Farbnuancen akzentuiert worden sind – pechschwarzes Haar, große schwarze Augen, schwarze Augenbrauen, schwarze Oberbekleidung. Noch schmaler, zarter und verwundbarer als sonst tritt sie hier ihren Betrachtern gegenüber. Nie wirkte die Baez, die hier leicht verunsichert und skeptisch, aber dennoch freundlich zur Seite blickt, »mexikanischer« und »weniger amerikanisch«; man könnte sie auch für eine junge Frau aus dem Mittelmeerraum oder aus dem Nahen Osten halten.

Beiden Aufnahmen haftet nicht zufällig etwas Dokumentarisches an. Sie bilden die Vor- und Rückseite der Plattenhülle ihres Albums von 1973, das sie als ihr Geschenk an das vietnamesische Volk bezeichnet hat, das sie als Ausdruck ihrer Dankbarkeit begreift, noch am Leben zu sein, und das im Titel nur eine einzige Frage stellt: »Wo bist du jetzt, mein Sohn?« Und dessen gesamte zweite Seite aus einer einzigen, experimentellen Klang- und Song-Collage besteht: das Dokument einer elf Tage und Nächte dauernden, systematischen Bombardierung von Hanoi durch US-amerikanische B-52s zum Jahresende 1972. Letztere war ein verheerendes Flächenbombardement als makabres Weihnachts-»Geschenk« von Präsident Nixon und der US-Regierung an die gepeinigten Nordvietnamesen. Aufgezeichnet wurde dieses akustische Protokoll von Baez selbst, die sich im Zentrum der tödlichen Luftangriffe befand, mit einem simplen Kassettenrekorder. In Hotelfluren, auf der Straße, im Luftschutzkeller.

Dreizehn Tage verbrachte sie, auf Einladung des Liaison Committee und dessen Leiterin Cora Weiss, allein als Frau in Gesellschaft dreier ungleicher Männer in Nordvietnam, anfangs kaum ahnend, worauf sie sich eingelassen hatte. Mit ihr waren der Ex-General und Anwalt Telford Taylor, der Geistliche Mike Allen und der zum entschiedenen Kriegsgegner mutierte Vietnam-Veteran Barry Romo in und um Hanoi unterwegs. In einem zusehends verwaisten Hanoi, aus dem große Teile der Bevölkerung bereits aufs Land geflohen waren. Zu viert befanden sich Baez und ihre Mitstreiter auf einer friedensstiftenden Mission – sie brachten Kriegsgefangenen Post und Geschenke mit, und sie wollten auch ein deutliches Zeichen setzen, dass nicht alle Amerikaner, die derzeit in Vietnam ihr Unwesen trieben, Bomberpiloten, Folterknechte, Brandstifter oder für die Tötung Unschuldiger entsandte Soldaten waren. Ohne zu zögern ließ Baez, die in einem Motelzimmer in Pennsylvania von der Anfrage überrascht wurde, daheim alles stehen und liegen und gab ihren kleinen Sohn Gabriel bei Noch-Ehemann Harris in Obhut. Ein gewagtes Unterfangen, denn derartigen Missionen begegnete man daheim in den USA mit Stirnrunzeln, Misstrauen und offener Ablehnung. Weder davon noch von berechtigten Einwänden, was ihre persönliche Sicherheit betraf, ließ sie sich allerdings beirren. Mit Zwischenstopps in Kopenhagen und Laos reiste Baez an – und auch für internationale Publicity vor und nach der Aktion war gesorgt.

Erstaunlich freundlich wurden die vier vom Jetlag geplagten, nur mit dem Nötigsten ausgerüsteten Friedensbotschafter, immerhin Vertreter des »Feindesvolkes«, von einer Abordnung von Vietnamesen empfangen, die sich, obwohl sie selbst und ihre Familien tagtäglich um ihr Leben bangen mussten und praktisch im Stundenabstand Angehörige und Freunde durch weitere Bombenangriffe verloren, aufopfernd und mit großer Gastfreundschaft um sie kümmerten. Wahre Schutzengel. »Unsere Gastgeber waren ausnahmslos Männer, sie überreichten uns Blumen.« Sie kümmerten sich mit einer Intensität um ihre Besucher, »als hätten sie sonst auf der ganzen Welt nichts weiter zu tun.« Und ebenso freundlich begegnete auch die Zivilbevölkerung der kleinen Delegation. Baez nahm, bei kurzen Exkursionen in zerstörte Stadtviertel, zaghaften Kontakt mit einigen Kindern und Frauen auf, deren Schönheit und Anmut sie pries. Mit wachsender Bewunderung beobachtete sie, wie die Stadtbewohner ihr Überleben und ihren provisorischen Alltag in Würde organisierten, zwischen Bombenkratern, einsturzgefährdeten Ruinen und auf von Unrat, Stofffetzen und Leichenteilen übersäten Straßen. Man respektierte sich gegenseitig. Und es wurde, trotz widriger Bedingungen und der permanenten Bedrohung für Leib und Leben, im Hoa Binh Hotel, dem Hauptquartier der beiden Gruppen, anfangs sogar ausgiebig gespeist, gelacht und vor allem gesungen. Baez trug Antikriegs-Songs wie John Prines *Sam Stone*, Traditionals und Kinderlieder vor; die Vietnamesen, angeführt von Baez' sympathischem, furchtlosem und witzigem Begleiter Quat, revanchierten sich mit folkloristischen Beiträgen. »Die Männer sangen wie irische Tenöre und die Frauen wie Nachtigallen.«

Auf dem offiziellen Programm stand neben dem Austausch mit Einheimischen und Begegnungen mit ausländischen Journalisten und Ärzten die Besichtigung von Gedenkstätten sowie die Projektion von aktuellen, nur schwer erträglichen Filmaufnahmen, wo das amerikanische Quartett mit der ganzen Bandbreite an Gräueltaten konfrontiert wurde, wie sie ihre uniformierten Landsleute in den zurückliegenden Monaten und Jahren an den Vietnamesen verübt hatten. Eine harte Probe für Nerven und Gewissen. Bald hatte das Team um Baez, das ja mit gutem Willen hierhergereist war, um das Ausmaß der Gewalt zu bezeugen und konstruktiv daran mitzuwirken, brutale Massaker wie verheerende Giftattacken künftig zu verhindern, genug von der eigenen Dauer-Empörung über solche verstörenden Informationen und stellte sich, bereits am Rande der mentalen Erschöpfung, auf einen – nicht ungefährlichen – Ausflug in die Nachbarschaft Haiphong mit ihrem verminten Hafen ein. Doch eine erste Welle von Luftangriffen und Explosionen, mit deren Heftigkeit, Unerbittlichkeit und Intensität auch Eingeweihte nicht im Entferntesten gerechnet hatte, machte alle weiteren Pläne zunichte. Die vier US-Bürger, und mit ihnen Hotelgäste, Seeleute und Korrespondenten aus Indien, Kuba, Polen und Frankreich, saßen wie gelähmt in Hanoi fest, tauschten sich aus und diskutierten, pendelten Tag und Nacht zwischen Foyer, Zimmern und Luftschutzkellern, waren eingekesselt, sahen sich zum Ausharren verdammt und standen Todesängste aus.

Mehr als dreißig Seiten widmet Baez dieser nervenaufreibenden Dauer-Attacke in ihren Memoiren – einem sich über die gesamte Weihnachtszeit hinziehenden »carpet bombing«: Beleg, welch große Bedeutung sie einer solch albtraumhaften, wahrhaft existentiellen Erfahrung zwischen Panik, Ungewissheit, Schlaflosigkeit und Verzweiflung beimaß. In manchen Bombennächten betrugen die Abstände zwischen den einzelnen Angriffen nur wenige Minuten. Baez schildert ihre Beklemmung und grenzenlose Furcht in der Anfangsphase, die vertraulichen Gespräche mit Unbekannten, das Stöhnen, Weinen, Wimmern und Schreien der Eingekerkerten, das Wummern der Detonationen, die Stoßgebete, wenn sich die Einschläge näherten, das ständige Hin- und Hereilen zwischen der Hotellobby, wo sie am Heiligabend eine improvisierte, gleich wieder unterbrochene Weihnachtsfeier mitzugestalten versuchte, und den verschiedenen Winkeln in ihrem unterirdischen Bunker-Gefängnis, wo sie sich an wildfremde Menschen schmiegte, die Augen schloss, flüsterte und zu beten begann. Ein Inferno, das sich ins Unendliche zu dehnen schien. Stets begleitet von der quälenden Sorge um das Schicksal ihres eigenen Sohnes in der kalifornischen Heimat, den sie vielleicht nie wiedersehen würde, und von der Scham und Wut darüber, dass die todbringenden Angriffe aus dem Himmel über Hanoi von Amerikanern verübt wurden.

Baez beschrieb aber auch das schreckliche, befremdliche Gefühl der Routine, wie sie sich nach einigen, immer nach demselben monotonen Schema ablaufenden Nächten des Versteckspiels und der Erleichterung einstellte, gefolgt von einer seltsamen, unbehaglichen Euphorisierung und Erregung, die mit der Gewöhnung an den Nervenkitzel einherging, von der man nicht genug bekommen konnte die und geradezu Lust auf noch mehr »Abenteuer« machte. Eigentlich ekelerregend: der Schutzkeller als süchtig machende Droge. Um alsdann einer Empfindung der Langeweile und Ereignislosigkeit zu weichen, wenn für einige Stunden endlich einmal Feuerpause herrschte – und die Luftkriegsopfer, anstatt Dankbarkeit zu verspüren, »unbeschäftigt« auf die nächste Attacke förmlich warteten. Wechselbäder zwischen Verzagtheit auf der einen und Herumalbern auf der anderen Seite. Zwischen ständigem Ringen um das nackte Überleben und erlösender Erkenntnis, noch einmal »Schwein« gehabt zu haben. Schließlich beschloss Baez, der unfreiwilligen Untätigkeit und dem ewigen Dämmerzustand etwas Kreatives entgegenzusetzen, das sie zugleich als politische Aktion verstand: Sie machte sich daran, das akustische Tohuwabohu als unbestechlichen Spiegel des Kriegschaos, dem sie sich ausgesetzt sah, über Tage hinweg festzuhalten. Und nach ihrer glücklichen Rückkehr in die USA, am Neujahrstag 1973, sollte sie dann aus den ungeordneten, zufälligen Materialien zweiundzwanzig nachdenklich stimmende Minuten destillieren.

Was sie ihren Hörern vorsetzt, ist eine eigenwillige und auch anspruchsvolle Mischung: Statements, Ortsbeschreibungen und nüchterne Live-Kommentare von Mike Allen zum Kampfgeschehen, kontrastierend mit unausgesetztem Sirenengeheul. *Que sera, sera* und *Kum ba yah, my Lord,* von Baez gesungen, gezupft, gesummt oder nur angedeutet. *Stille Nacht,* brasilianische Karnevalsnummern und fröhliche vietnamesische Propaganda-Gesänge aus dem Radio oder aus Lautsprechern, von Akkordeon-Klängen untermalt. Kinderlachen, Witzereißen und einschlagende Bomben. Calypsos und Schluchzen. Passagen aus dem Vaterunser, immer erneut durch Störgeräusche getrennt. Fetzen von Unterhaltungen, mal auf Englisch und Französisch, dann wieder auf Vietnamesisch oder gänzlich unverständlich und verzerrt. Baez-Monologe und Allen-Notate. Gebete und das Dröhnen von schwerem Fluggerät. Erst näher rückende, dann sich wieder entfernende Geräusche wie in einer Traumsequenz. Phasen des Leerlaufs, in denen Muße herrscht und die Gefahr zu pausieren scheint. Seitens der Hörer erfordert all dies jede Menge Konzentration sowie die Bereitschaft, sich mit allen Sinnen auf diese »Live«-Erfahrungen einzulassen.

Auf einer zweiten Ebene überlagert ein später in den USA eingespieltes Langgedicht, mal deklamiert, mal als klavierbegleiteter Sprechgesang vorgetragen und nur jeweils in den beiden klagenden Refrain-Zeilen wirklich ausgesungen, die Geräuschkulisse aus Hanoi. Zufällige Begebenheiten kommen zur Sprache: makabre Spuren und Überreste der Bombennächte auf den Straßen im Morgengrauen, wie sie sich beim Nachhauseweg den übermüdeten Kellerinsassen darbieten. Eine sich lethargisch im Kreis drehende, stumpfsinnig im Schutt herumstochernde Alte, deren Kehle sich entsetzliche Klagelaute entringen. Vor Schmerz ist sie fast irregeworden – vermisst sie doch ihren einzigen Sohn, der beim Angriff unter ihr begraben wurde und den sie nun nicht mehr zum Leben erwecken kann. Einen Sohn, auf den Plattentitel und Cover-Foto (in)direkt Bezug nehmen – die Suche nach ihm, die Frage nach seinem Verbleib und nach dem Sinn seines Todes durchzieht Titellied und Album fortan wie ein Leitmotiv. Junge Mädchen, die frische Blumen für die Bestattung der Toten auf ihre Fahrräder hieven, geraten ins Blickfeld. Oder ein alter Mann, der ins Taumeln gerät und gestützt werden muss, wofür er sich mit einem auf Deutsch gemurmelten »Danke schön« unter Verbeugungen und Tränen bedankt. Oder eine Schar niederkniender Kriegsgefangener, die sie und Priester Allen beim Gebet umringen, um die berühmte Besucherin auf einmal verlegen um eine spontane Darbietung von *The Night They Drove Old Dixie Down* zu bitten. Allen und Baez stellen ferner mit Bedauern fest, dass es sich bei den einzigen englischen Worten, die den einheimischen Kriegskindern geläufig sind, um Politikernamen wie Kissinger, Nixon oder Johnson handelt.

Sechs ausgedehnte Strophen lang, mit denen die Klang-Collage sinnfällig strukturiert wird und deren Refrain-Doppelzeilen einem frommen Klagegesang gleichen, beteiligt sich Baez an der aussichtslosen Suche der namenlosen Mutter nach ihrem verlorenen Sohn, der hier stellvertretend für alle umsonst gestorbenen Soldaten, Partisanen oder Zivilopfer steht. Der auch ihr Sohn sein könnte. Sie weiß um das ungeheure Privileg, verschont geblieben und mit dem Leben davon gekommen zu sein. Sie ahnt, dass sie vielen Unbekannten mit ihren Liedern, die »im Untergrund« stellenweise wie Durchhalteparolen geklungen haben mussten, Trost spenden und Zuversicht vermitteln konnte. Sie dankt den mutigen Franzosen im Hotel, sie dankt ihren Freunden. Und sie dankt am Schluss vor allem den Vietnamesen mit einer Geste der Demut, wenn sie rezitiert: »Oh ihr Menschen aus den Luftschutzkellern, was für ein Geschenk ihr mir gemacht habt. Indem ihr mich angelächelt und mich, ganz still, an eurer Agonie teilhaben ließt. Und alles, was mir bleibt, ist, mich in aller Bescheidenheit unterwürfig vor euch zu verneigen, um euch um Vergebung und abermals um Vergebung zu bitten für die Dinge, die wir geschehen ließen.« Die bohrende Frage nach dem Verbleib des geliebten Kindes wird jedoch weiterhin gestellt und bleibt bis zum Schluss des »Liedes« unbeantwortet. Es ist die fatale Frage nach dem Sinn jeglicher Kriege, vor deren individueller Beantwortung sich niemand drücken kann.

Rhetorische Frage: Wie viele LPs des Jahres 1973, wie viele Platten der Popgeschichte überhaupt können noch mit einem derart zugespitzten politischen Beitrag und auch menschlich anrührenden »Song« aufwarten? Mit einem Sound-Experiment aus O-Tönen und unverfälschten Kriegsgeräuschen, das sich nicht als Hintergrundgedudel oder zum Mitsingen eignet, das denkbar unbequem und uneingängig ist und, als klare Stellungnahme gegen offizielle Regierungspolitik, womöglich auch viele potentielle Hörer verprellt? Einmal mehr erwies sich Baez hier, angetrieben von kontinuierlichem Engagement, von Solidarität mit einem gemarterten Volk und vom ausgeprägten Willen, die Kriegshandlungen in Asien ein für alle Mal einzustellen, als echte Pionierin. »Ich gebe, mit aller mir zur Verfügung stehenden Klarheit und Macht, dieses Geschenk an euch weiter«, bescheidet sie die Plattenkäufer im Schlussabsatz einer handgeschriebenen, für das Cover reproduzierten Botschaft, »ein Geschenk, das mir ausgehändigt wurde durch die bloße Chance, zur richtigen Zeit der Geschichte an einem bestimmten Ort zu sein, die Chance, dadurch zu leben. Der Krieg in Indochina ist noch immer nicht vorbei, und der Krieg gegen Gewalt hat gerade erst begonnen.«

Doch auch die »reinen« Musikliebhaber kommen mit diesem Album, eine weitere Plattenseite lang und mit sieben Titeln, die sich, wie gewohnt, der Country- und Folk-Sphäre zuordnen lassen, wenigstens partiell auf ihre Kosten. Mit einem selbstbewussten Hoyt-Axton-Cover, *Less Than the Song*, und mit gleich zwei Interpretationen von Songs aus der Feder ihrer Schwester Mimi, von denen die fordernde, mehrstimmige Hymne *Mary Call* am meisten beeindruckt. Sowie mit drei Eigenkompositionen: darunter das so poetische wie auch enigmatische und komplexe *Rider, Pass By*, in dem manche Baez-Exegeten einen verschlüsselten Aufruf zu mehr Toleranz für gleichgeschlechtlich Liebende erblicken wollen – fraglos der musikalische Höhepunkt der Platte.

In die Baez-Diskographie sollte *Where Are You*, als singulärer, vorrangig politischer sowie eminent mutiger Beitrag und als am kommerziellen Erfolg eher desinteressierte Einspielung, einen herausgehobenen Platz einnehmen. Als künstlerisches Dokument der unheilvollen amerikanischen Verstrickung in die Geschicke Vietnams sucht es seinesgleichen.

Love Song To A Stranger

Gern kokettiert die Songwriterin Baez immer mal wieder mit der Behauptung, sie habe nur sehr wenige wirklich gelungene eigene Lieder verfasst. Dabei trifft das Gegenteil zu: Insbesondere in den 1970er Jahren ist die Dichte und Qualität ihrer Eigenkompositionen bemerkenswert – und für keinen Song gilt diese Aussage mehr als für dieses in jeder Hinsicht erstklassige Liebeslied, das von der innigen Zuneigung ausgerechnet zu einem völlig Fremden handelt. In Form eines raschen und dennoch gelassen vorgetragenen Walzers, bei dem musikalischer Aufbau, Arrangement, Bilderreichtum und lyrische Gestaltung eine nahezu perfekte Einheit bilden.

Weder einem imaginären Geliebten noch einem real existierenden Lover wird gehuldigt – als sei es das Selbstverständlichste auf der Welt, wird hier von Baez vielmehr ein Hohelied auf die Promiskuität angestimmt. Die freie Liebe wird besungen und zugleich eine Glückseligkeit heraufbeschworen, wie sie so nur in einer leidenschaftlichen Nacht zwischen zwei einander unbekannten Menschen möglich sei. Jederzeit und ohne Verabredung. Einem spontanen Instinkt folgend. Wortlos. Schutz und Geborgenheit finden sie bei einer körperlichen Vereinigung in einem anonymen Hotelzimmer; sie können einander gerade deshalb vertrauen, weil sie sich nichts versprochen haben und sich, im Anschluss an diesen ekstatischen Liebesakt, der schon im Morgengrauen in Bedeutungslosigkeit münden kann, aller Wahrscheinlichkeit nach nie mehr wiedersehen werden.

Die Sängerin dieses berührenden, weil freimütigen Love Songs bettet sich von Anfang an weich, indem sie sich von warm und ruhig dahinfließenden Gitarren-Achteln tragen lässt, die sie, im Hintergrund mal als Akkordzerlegungen, mal als Terzparallelen, mal als Flageolett-Töne zur Entfaltung gebracht, auch instrumental zu liebkosen scheinen. Indem sie sich, für die Dauer von vier köstlichen Strophen, den Zärtlichkeiten ihres großzügigen, weil anonymen Geliebten hingibt. Willentlich liefert sie sich aus, schildert mit einer Melodie aus stets gleichmäßig fallenden Sekundschritten ihr konsequenzloses Handeln, ihr immenses Wohlbefinden und entledigt sich damit jeglicher Verantwortlichkeit. Ihr zeitlich begrenztes Abenteuer will sie in vollen Zügen genießen und ihre Zuhörer an allen Einzelheiten teilhaben lassen, wobei ihr der hässliche, schnöde Begriff *one night stand* dabei nicht einmal im Entferntesten in den Sinn kommt. »Mhmmhmmmhmm« enden die Strophen zuweilen, nachsinnend über eine Viertonfolge gesummt, so als wolle die Liebende sich noch einmal an den Geschmack, an das Parfüm, an die Atmosphäre dieser kostbaren Momente erinnern, oder sie ergreift, wie zerstreut, die jeweils letzten Textsilben nochmals auf, in einem kinderliedhaften Singsang.

Baez beginnt mit einem wohligen Seufzer ihre Hymne an diesen namenlosen Mann für eine Nacht. »Wie lang ist es schon wieder her«, dass sie sich in dessen Arme fallen lassen, dass sie sich im intensiven Blick aus den dunklen Augen ihres Gegenübers verlieren konnte. Was ihr an diesen mysteriösen Liebhabern so gefällt, ist deren Geschichtslosigkeit. Die mit ihrer eigenen korrespondiert. Beide besitzen keinerlei Vorwissen voneinander – was auch so bleiben soll. Einzig die Körper werden konkret – und auch dies nur vorübergehend; die Konturen der Persönlichkeiten bleiben vage.

Wenige Zeilen weiter ist aus dem »he« bereits ein »you« geworden; augenblicklich stellt sich flüchtige Vertrautheit her. Unscharfe, ephemere Erinnerungsbilder entstehen in rascher Folge, wie mit einer Polaroid-Kamera geknipst: das schmeichelnde oder auch schonungsvolle Zwielicht im kargen Hotelzimmer; der nackte Geliebte neben dem Bett, gerade dabei, ihr aus einem am Nachttisch stehenden Blumenstrauß eine Rose herauszupflücken, die dann wie in Zeitlupe auf das Kissen herabsinkt; seligmachende

Stunden zwischen Wachsein, Liebemachen und Schlaf; Empfindungen wie jähe Leere und plötzliche Menschenfreundlichkeit; gemurmelte Dankesschwüre; ins Endlose sich dehnende Höhepunkte. Nur Lust, kein Leid. Nur physische Intimität, kein gedanklicher Austausch. »Wir sprachen keinen einzigen Satz und gingen nicht einen einzigen Schritt« über diese selbstgesetzte Frist von nur zwei Tagen hinaus, wobei der Abschied schon in greifbare Nähe gerückt ist. Nur wenn der Tag anbricht, so wünscht sie sich, soll »er« noch für eine Weile an ihrer Seite bleiben, möchte sie »ihn« im Morgengrauen noch für einen Moment neben sich vorfinden.

Geschickt wurde bislang, in Entsprechung zur inhaltlichen Entwicklung, von Strophe zu Strophe die Orchestration erweitert, traten musikalische Akteure wie Bass, Klavier und Schlagzeug zum unaufgeregten Parlando der Singstimme hinzu, überlagerte üppiger Streichersatz kurzzeitig das ursprünglich schlichte, transparente Gitarren-Fundament. »Violins filling in space«, heißt es, dazu passend, einmal im Text. Nunmehr jedoch, in der abgeklärten, weisen, aber von jeglichem Bedauern freien Stimmung der vierten Strophe, werden die beteiligten Instrumente wieder reduziert – gewissermaßen ein künstlerischer Spiegel der jetzt relaxten, postkoitalen Befindlichkeit. Keine Bitterkeit macht sich breit. Kein Blues wird hier gesungen, sondern eine Forderung erhoben: »Erzählt mir nur ja nichts von ewiger Liebe und anderen traurigen Träumen – davon will ich nichts hören. Erzählt mir stattdessen lediglich etwas von leidenschaftlichen Fremden, die einander zu retten versuchen. Retten vor einem Leben, das nur aus Sorgen besteht.« Und als doch recht erstaunliche Schlussfolgerung bleibt im Raum stehen: »Wenn Liebe wirklich Ewigkeit bedeutet und die Erwartung, dass einem nichts zurückgeschenkt wird, dann hoffe ich inständig, dass mir ein zweites, vollständiges Leben zuteilwird, in dessen Verlauf ich das noch einmal von vorn lernen kann.«

Baez ist 1971 gerade einmal dreißig Jahre alt, als sie diese Liebesbilanz aufschreibt, komponiert und für ihr Album *Come From The Shadows* aufnimmt. Die Botschaft, die ja auch ein Bekenntnis zu einem freizügigen, selbstbestimmten Umgang mit Sexualität beinhaltet, ist ziemlich eindeutig: Von wahren Emotionen, von echten Gefühlen schirmt sie sich vorerst ab, will keine Pläne für eine längere Zukunft schmieden. Auf den schnelllebigen Tourneen, die sie quer durchs Land und über den ganzen Erdball führen, ist »Liebe« wohl nur in dieser atemlosen, dosierten Form verfügbar und konsumierbar ... Für einen anderen Menschen, für einen Mann an ihrer Seite, derzeit jedenfalls, scheint dauerhaft kein Platz vorhanden zu sein. Eine tragfähige Partnerschaft kommt nicht in Frage. »So habe ich viele Jahre lang gelebt. Für Beziehungen bin ich einfach nicht geschaffen.« Lustvolle Phasen sind langjährigen Verhältnissen offenbar qualitativ überlegen. Zu jenem Zeitpunkt liegen die Liebesgeschichten mit Michael New und mit Dylan bereits lange hinter ihr, hat die Ehe mit Harris ihren Zenit überschritten.

In ihrer Autobiographie lässt Baez an einer Stelle durchblicken, wie sie, beispielsweise in einem Flughafenterminal, ab und an eine Zufalls-Liebschaft aufgabelt, aus einer Laune heraus. Oder wie sie sich, mit größtem Vergnügen und ohne Skrupel, gar von ihrer Entourage einen Lover »vermitteln« lässt. Ob es sich bei diesen »strangers in the night« um Roadies, Groupies, Fans, Musikerkollegen oder einfach um Hotelgäste gehandelt haben mag, die ihr bei irgendeinem Tournee-Stopp über den Weg gelaufen sind, bleibt freilich offen. Geht letztlich auch niemanden etwas an. Dennoch stellt ihr bewusst aufrichtiger *Love Song* ja eine gezielte Indiskretion dar, enthält eine »message« für ihre Anhänger und Freunde. Sowie eine Warnung für etwaige Liebeskandidaten. Mit voller Absicht lässt sich Baez hier für einen kurzen Moment in die Karten schauen, hüllt sich dann jedoch gleich wieder in beredtes Schweigen.

In der Rückschau, so hat es den Anschein, hat sie sich wohl an die Maximen ihres Songs gehalten: Schließlich ist sie in den mehr als vier Jahrzehnten zwischen der Veröffentlichung des Liedes und heute eigentlich so gut wie nie »in Begleitung« gesichtet worden. Von ihrem Privatleben in der Zwischenzeit ist nichts Nennenswertes in die Öffentlichkeit gedrungen; als »Liebende« hat sich Baez vor den Augen Neugieriger zurückgezogen, hat ihr Gefühlsleben konsequent verborgen.

Doch in einer überraschenden Fortsetzung ihres Titels, im teils nachdenklichen, teils reichlich zynischen *Love Song To A Stranger, Part 2* (1976), musikalisch weniger eindringlich konzipiert als seine Vorgänger-Nummer, schimmert wider Erwarten sogar für Baez die Möglichkeit einer Heirat kurz mehrfach auf, wird plötzlich eine Reihe potentieller »Verlobter« oder echter Verehrer porträtiert: ein Ire, ein »Hundesohn« aus den Bergen von Tennessee, ein Möchtegern-Mönch und zuletzt eine schwarzäugige Schönheit aus Boston – eben jener unvergleichlich begehrenswerte Mann, den sie als Rosenpflücker schon in *Part One* noch auf »abstraktere« Weise verewigt hatte. Mitten im verschneiten Frankfurt lässt Baez im Teil Zwei, bei einem Glas deutschen Weines, daraufhin achselzuckend ihre amouröse Vergangenheit Revue passieren, stattet allen Liebhabern gedanklich noch einmal einen kurzen Besuch ab, um dann bei einem von ihnen nüchtern zu konstatieren: »Ich hätte ihn sowieso nicht heiraten können. Also lebten wir einfach ›in Sünde‹, unterwegs.« Das Fazit dieser erneuten Rückschau lautet, so abgebrüht wie lapidar: »Love is a pain in the ass« – Liebe kann einem ganz gewaltig auf die Nerven gehen.

Im Jahre 1974 machte Juliane Werding auf ihrem zweiten Album, in einer der wenigen mir bekannten Coverversionen von Baez' Erstling, aus deren bedingungsloser Liebe zu Fremden, die zum Glück erst gar keine Bedingungen stellen, etwas ganz anderes: *Das Spiel, das man Liebe nennt.* Alle Stationen und Etappen, alle Höhen und Tiefen einer Beziehung werden in Werdings deutscher Fassung – wie in einem Fallbeispiel – mit beachtlichem Einfühlungsvermögen durchdekliniert: das scheue Aufeinander-Zugehen, das Verliebtsein, das Gefühl des Auserwähltseins, das Erlebnis der Verschmelzung, die (allzu) präzise Kenntnis voneinander, dann wachsende Routine, Kritik am Gegenüber, gefolgt von Verletzungen, Streit, Enttäuschung – und schließlich Hass, Trennung und Abbruch. Genau jene Facetten von »Liebe«, von denen Baez in ihrem Song schon zu Beginn nichts wissen wollte. Nicht einmal den Begriff »Affäre« hätte sie wohl gelten lassen – beinhaltet doch auch er bereits die zeitliche Komponente, rückt gefährlich nahe an die Vorstellung von einer Liebes-»Geschichte« heran.

In der knappen Coda des Original-Liedes, die einer abgebrochenen fünften Strophe gleicht, geht es bei Baez zuletzt noch um das Phänomen des Gebens und Nehmens: Im Grunde genommen, so die Liedermacherin, »gehört« einem oder einer Liebenden nichts, absolut nichts vom Gegenüber; alles, was man »behalten« kann, sind kurzzeitige immaterielle Geschenke, die man einander macht. In Form von Gesten oder Zärtlichkeiten. Durch bloßes Da-Sein, durch Zur-Verfügung-Stehen. Oder eben durch den gegenseitigen »Blick in dunkle Augen«, wo die »Seele« des Partners oder der Partnerin »zum Schmelzen gebracht wird«. Und damit, weiß Baez, ist man an jenem Ort angelangt, nach dem man sich schon immer gesehnt hat.

Gracias a la vida

Selbst einer Ausnahme-Interpretin wie Baez, die sich im Lauf der Jahrzehnte ein Repertoire von kaum noch zählbaren Titeln erarbeitet hat und die über mindestens zwei Dutzend unverwüstlicher Hits verfügt, steht nicht mehr als eine Handvoll von »signature pieces«, von Songs als musikalische Markenzeichen, zu Gebote – Lieder, mit denen man sie und nur sie augenblicklich in Verbindung bringt; Lieder, die ihr auf den Leib geschrieben zu sein scheinen. *Gracias a la vida,* diese teils euphorische, teils bittersüße Danksagung an alle Aspekte menschlichen Daseins und an das Leben schlechthin ist so ein Lied. Auch wenn man mit dieser spanischsprachigen Hymne unwillkürlich zugleich deren Urheberin, die viel zu früh verstorbene chilenische Folklore-Sängerin Violeta Parra, und die große Mercedes Sosa, die sich Parras Titel auf ebenso eindrucksvolle Weise einverleibte, in Verbindung bringt. Bei der Interpretation von Parra selbst, die 1966 und somit nur wenige Monate vor ihrem Selbstmord mit *Gracias* einen echten Pfeiler der »Nueva Canción« errichtete, dominiert ein fragender, zaghafter und melancholischer Tonfall, hört man einer Frau zu, die fast gewillt scheint, vom Leben Abschied zu nehmen; bei Sosa, als »grande dame« des argentinischen Chansons auch hier wieder gewohnt souverän über eine ganze Palette von vokalen Ausdrucksmitteln verfügend, entsteht eine Mischung aus überwältigenden und dann gleich wieder verhaltenen Stimmungen.

Bei der Halbmexikanerin, doch laut Personalausweis Nordamerikanerin Baez, die Parras Komposition 1974 einspielte und sie auch zum Titelsong ihres gleichnamigen, nahezu ausnahmslos spanischsprachigen Albums machte, überwiegt paradoxerweise die temperamentvolle, südamerikanische Lesart – eine archetypische »Latino«-Instrumentation, dazu ein pulsierender, vorwärtsdrängender, an Samba-Rhythmen angelehnter Drive, der förmlich zum Tanzen einlädt, eine dumpfe und dennoch antreibende Percussion-Grundierung, virtuos wirbelnde Harfen-Glissandi, zweistimmige Wendungen in der Schlusspassage, ein wenig Mariachi-Touch.

Baez unterstreicht unmissverständlich die vitalen, positiven Aspekte dieser Danksagung, arbeitet die heiteren Nuancen heraus, versteht sie als ausdrückliche Lebensbejahung und als Aufforderung zum Glauben an das Gute am Menschen. Baez reißt ihre Hörer mit; Baez schildert ihnen das unverschämte Glück und die große Chance, überhaupt auf dieser Welt sein zu dürfen; Baez holt sie gewissermaßen auf die Tanzfläche des Daseins. Eines Daseins, »das mir«, das uns »so viel gegeben hat«. Daher stößt Baez mit ihnen auf die Zukunft an, bringt einen Toast aus. *Here's to Life* – auch die englische Übersetzung, das Pendant des Platten-Titels, ist bereits Programm. Ein Trinkspruch, eine Einladung zum Genießen – eine Verheißung.

Gleich zwei Widmungen enthält ihre zweisprachig betitelte LP, auf deren Cover sie siegesgewiss, begeistert und optimistisch im hellblauen Sommerkleid vor einem noch helleren, noch blaueren Himmel einen Arm in die Luft reckt und vor Lebenslust nur so strahlt. Wer zuvor noch nie ein Foto von Baez gesehen hat, könnte sie auf diesem Bild tatsächlich für eine waschechte Latina halten. Zunächst eignet sie ihr Album ihrem Vater zu, »der mir meinen mexikanischen Namen gab« und wohl auch eine gewisse Portion Zuversicht. Dann wendet sie sich mit einem poetischen Mehrzeiler an ihr Publikum, um sich Schritt für Schritt ihrem wahren Adressaten, dem vom Diktator und Putschisten Augusto Pinochet geknechteten chilenischen Volk nämlich, anzunähern. Baez kündigt in ihrem in kindlicher Sprache gehaltenen Widmungsgedicht an, für ganz verschiedene Menschengruppen singen zu wollen – für diejenigen, die es zu Hause schön bequem haben und mit ihrer Familie, vor dem Kaminfeuer ruhend, in Sicherheit sind. (Mithin für die satten und untätigen Wohlstandsbürger der westlichen Hemisphäre, die dringend aufgerüttelt werden müssen.) Für die Umtriebigen. Für die Unschuldigen und Schlafenden, die sie mit ihrem Gesang aufwecken will. Für die Arbeiter auf dem Feld und in den Fabriken singt sie mit Demut. Für die in finsteren Gefängniszellen und in Folterzellen Einsitzenden singt sie hingegen so laut, bis ihre Stimme die dicken Wände aus Backstein, Ziegel oder Stahl durchbricht und zu ihnen vordringt. Für diejenigen, die sich heldenhaft dem Schießbefehl widersetzen, erhebt sie ihre Stimme mit Inbrunst; für Vermisste und Verschwundene singt sie unter Tränen. Und selbst für die Befehlsgeber, die Verblendeten und Schergen dieser Erde, hätte sie eventuell – außer Tränen – noch einige wenige Gesangslaute, eine Handvoll Töne übrig, aber erst dann, wenn sie zur Besinnung gekommen sind, ihr Verhalten überdenken und die Anordnung zum sinnlosen Töten endlich einstellen. Baez schließt mit einer gewiss naiv anmutenden, aber auch anrührenden Doppelzeile. Sie enthält ein Versprechen: »Solange noch irgendwo Kinder auf der Straße spielen, werde ich auch weiterhin singen und weinen und lachen.«

Man kann heutzutage nicht umhin, LP und Titellied zu hören, ohne sich die zugespitzte Situation in Chile zu deren Entstehungszeit vor Augen zu halten – ein geschundenes, zutiefst verunsichertes Land, wo systematische Menschenrechtsverletzungen an der Tagesordnung waren und der unter dramatischen Bedingungen erfolgte Selbstmord von Präsident Salvador Allende die Gemüter erhitzte. Wo das Schicksal von Tausenden von »Desaparecidos«, der sogenannten Verschwundenen, in Wahrheit aber Entführten, Gefolterten und auf grausame Weise Beseitigten, unendliches Leid brachte. Wie dann auch unter der argentinischen Militärdiktatur die von der dortigen Junta befohlene Ermordung Zehntausender Unschuldiger und Oppositioneller bei Millionen von Menschen in der freien Welt maßlose Empörung und zugleich Erschütterung und lähmendes Entsetzen hervorrief.

Man kann ferner nicht umhin, an Baez' spätere, heikle Lateinamerika-Tournee von 1981 zu denken, eigentlich eine Friedensmission, die jedoch auf einigen Etappen von üblen Schikanen, unverhohlenen Drohungen, willkürlichen Auftrittsverboten und fragwürdigen Konzertabsagen in letzter Minute überschattet war. Vielen staatlichen Autoritäten, Instanzen und Institutionen war ihre Präsenz und ihre Musik, waren ihre Begegnungen mit Menschenrechtlern, Dissidenten und Friedenskämpfern ein Dorn im Auge, einigen darunter die Vorstellung, dass sie für die Entrechteten öffentlich auftreten und singen könne, schier unerträglich. Und trotz der offenkundigen Gefahr eines Anschlags auf ihr Leben – mit Tränengas wurde sie konfrontiert, und sogar mit dem Zünden einer Bombe wurde ihr gedroht – ließ sich Baez nicht einschüchtern und wich stattdessen notgedrungen auf inoffizielle Schauplätze aus: eine kleine Kirche in Chile, einen Ort in Argentinien, wo sie mit betroffenen Müttern zusammenkommen und wenigstens ein bisschen Trost zu spenden vermochte, eine Favela in Brasilien, wo ihr leider nur eine verschwindend kleine Gruppe zuhören konnte, ein spontaner Tanz, als symbolisches »I am sorry«, vor Tausenden von enttäuschten Fans in Rio, als ein geplantes Gastspiel kurz vor Beginn durch die Polizei einfach annulliert wurde.

Den Menschen in der chilenischen Kirche bleibt ihr improvisiertes Konzert, bei dem sie Mut und ungebrochenen Widerstandsgeist an den Tag legt, unvergesslich – ein heimlich aufgenommener Mitschnitt macht in den Wochen und Monaten als Bootleg die Runde im Land und wird von Eingeweihten wie ein kostbarer Kassiber verehrt und weitergereicht. Niemand, so die Botschaft dieses unscheinbaren Tonbands von minderer Qualität, darf sich von der Obrigkeit Angst einflößen oder den Mund verbieten lassen. Und bis heute besitzt Baez' selbstloses, fortdauerndes Engagement, ihre Bereitschaft, Risiken ins Auge zu sehen und Repressionen in Kauf zu nehmen, insbesondere in Argentinien und Chile einen hohen Stellenwert; ihr Revival-Konzert, das sie dann vier Jahrzehnte nach *Gracias* und mehr als drei Jahrzehnte nach ihrer Friedens-Tournee im März 2014 im hauptstädtischen Teatro Caupolicán vor begeisternden Chilenen gab, geriet zum Triumph. Weniger als Bekundung von Sentimentalität oder Nostalgie, sondern weil die

Erinnerung an ihren Einsatz auch heute noch weiterlebt, weil die Notwendigkeit von Solidarität mit bescheidenen künstlerischen Mitteln wie auch die Notwendigkeit von Unterstützung gerade durch Unvoreingenommene, durch Freunde aus dem Ausland, ungebrochene Aktualität besitzen.

Den Chilenen und den übrigen südamerikanischen Baez-Anhängern des Jahres 1974 wird es auch kaum entgangen sein, dass die Sängerin, als zweiten in ihrem Kulturkreis seinerzeit unverzichtbaren Titel sowie als zusätzliche Hommage an ihren von Staatsterror und ungezügelter Gewalt beherrschten Kontinent, auf ihre »spanische« Platte das berührende Chanson *Te recuerdo, Amanda* von Víctor Jara aufgenommen hatte. Saß der Schock, den die Nachricht von der Inhaftierung, brutalen Folterung und Ermordung des engagierten und landesweit angesehenen Liedermachers, Sängers und Aktivisten Jara, durch skrupellose wie rachsüchtige Soldaten in der Hölle des Estadio Chile vor erst wenigen Monaten verursacht hatte, noch tief. Dass Baez als US-amerikanische und weltweit angesehene Musikerin schon nach so kurzer Zeit mit ihrer – im Übrigen wirklich ergreifenden – Wiedergabe von Jaras beliebtem Lied an seine grausame Liquidierung erinnerte, zeugte von Courage und wurde ihr hoch angerechnet.

Hinter dem ungetrübten, wolkenlosen Azur der Plattenhülle verbirgt sich demnach ein von Grauen und Terror bestimmter, nicht länger hinzunehmender Kontext staatlicher Gewaltherrschaft. Der nicht nur Lateinamerika in den Siebzigern betrifft, sondern sich auch auf andere Regime, andere Epochen, andere Machtkonstellationen beziehen kann. Und hinter der vermeintlichen Arglosigkeit des Titelliedes scheint, im Umkehrschluss, die Erkenntnis durch, dass – im Angesicht von Kriegen, Unrecht, Anschlägen und Fanatismus – eben nichts im Leben als selbstverständlich vorauszusetzen ist, dass unser Bewusstsein wie unsere Wertschätzung für die Geschenke, die einem der Aufenthalt auf Erden im besten Fall machen wird, noch viel zu undeutlich, viel zu verzagt ausgefallen sind. Daher wird der Appell an die notwendige Danksagung auch mit einer solchen Vehemenz vorgetragen. Daher kämpft Parra bei der Gestaltung ihres parabelhaften Liedes (meist sechs-, bei Baez aber nur fünfstrophig) wie auch dessen furchtlose amerikanische Interpretin gegen die allmächtige Droge Gleichgültigkeit; daher fordern beide unbedingte Aufmerksamkeit ein.

Es ist wohl zuallererst die bezwingende poetische Aussage, herbeigeführt durch die Verwendung von klaren, eindringlichen Bildern und Allegorien, durch ein raffiniertes Spiel mit Reimen, Klängen und Vokalen sowie durch das Arbeiten mit Gegensatzpaaren, die jeden Vortrag von *Gracias* zu einem Erlebnis macht. Hinzu kommt noch, dass jede (identisch gebaute) Strophe mit einem Passus über die Liebe zwischen zwei Individuen endet – jene Empfindung, die das Leben so besonders lebenswert macht. Und dass jede Strophenzäsur, jedenfalls in späteren Live-Aufnahmen, eine banale, »mitsing-bare« Passage über die Silbenfolge »lalalala lay lay lay« enthält, die von fern an die Coda von Paul Simons *The Boxer* erinnert.

Baez und Parra als Beschenkte breiten vor den Hörern ihre Lebensgeschenke aus, als handle es sich um eine Schatztruhe, aus der man nacheinander Unerhörtes und Wertvolles zutage fördert. Ganz einfache Dinge und Phänomene sind dies: zuerst die Sehkraft (die Augen), mit der man Schwarz und Weiß, die Sterne und den Himmel zu unterscheiden lernt – und schließlich jenen einzelnen Menschen in einer riesigen Menge auszumachen vermag, der für einen vorherbestimmt ist. Dann das Hörvermögen (die Ohren), mit dem man den Tag von der Nacht, Insekten von Vögeln, Lärm von Geräuschen, Tiergebell von Platzregen gegeneinander abzugrenzen lernt – und schließlich die vertraute, zarte Stimme des Geliebten sofort wiedererkennt. Es folgt die Fähigkeit zum Sprechen und Formen von Worten, die das Denken und das Erklären persönlicher Gefühle ermöglicht. Es folgt das Gehen mit müden Füßen, wie sie die Liebende durch Städte und Dörfer, Strände und Wüsten, Berge und Ebenen tragen und mit deren Hilfe sie bis in die Straße, das Haus und den Innenhof des Geliebten gelangt ist.

Derselbe Strophen-Mechanismus wird anschließend auf das Herz, also auf die *Fähigkeit* zum Lachen, Weinen und Erkennen von Güte in der Seele eines geliebten Menschen angewendet. Und, ganz am Ende, auf den *Antagonismus* von Freude und Trauer, von »dicha« und »quebranto«: Nur damit vermag das lyrische Ich himmelhochjauchzendes Glück und niederschmetterndes Unheil zu differenzieren, »jene zwei Materialien, aus denen mein Gesang geformt ist«. »Mein« Gesang, der mittels einer vereinnahmenden Geste in den Schlusszeilen zu »Ihrem« (»ustedes«) und sogar zu »unser aller« Gesang wird. »El canto de todos que es mi propio canto.« Mit dieser plötzlichen, direkten Anrede gehen die Empfindungen und Erkenntnisse der Singenden in einer kollektiven Erfahrungswelt auf, verwandelt sich die subjektive Danksagung der Einzelnen in ein Lob des Erdendaseins, das von der gesamten Menschheit mitformuliert wird.

Anlässlich ihres Jubiläumskonzertes zum 75. Geburtstag im New Yorker Beacon Theatre holte sich Baez im Januar 2016 den jungen, talentierten Sänger, Geiger und Gitarristen Nano Stern aus Chile an ihre Seite, einen zwei Generationen jüngeren musikalischen Botschafter seines Landes – ein fulminanter Höhepunkt jenes an bewegenden Momenten nicht gerade armen Abends. Somit schloss sich beim gemeinsamen Musizieren der Kreis zwischen 1974 und heute; somit wurde, als das Theaterpublikum regelmäßig in die eingängige Sing-along-Passage miteinstimmte, ein mittlerweile traditionsreiches, mythisches Lied, eine inzwischen klassische LP und Baez' langjährige Verbundenheit mit einem Kontinent, der in dunklen Zeiten auf ihren Zuspruch und auf ihre Besuche angewiesen war, auf sinnfällige Weise wieder zueinander in Beziehung gesetzt.

Für die Menschen in Chile und Argentinien und für Baez, diese rebellische Tochter eines eingewanderten Mexikaners, ist aus Parras universell verständlichem Dankeslied unterdessen so etwas wie eine Ode an die Freude geworden.

Botschafterin des Gewissens

> Jeder sagt, ich sei politisch naiv, und das bin ich.
> Aber den Politikern geht es nicht anders,
> sonst würde es nicht ständig Kriege geben, oder?

Sind die Sixties jenes mythische Jahrzehnt, mit dem der Name Joan Baez für alle Zeit in Verbindung gebracht werden wird, ja als dessen Archetyp sie heute noch gilt, so entpuppen sich die zerrissenen, teils hedonistischen, teils restaurativen Siebziger als ihr ideales Terrain. In den Seventies entfaltet sie ihre Stärken und Talente auf ungleich intensivere Weise. Erst in dieser zweiten wichtigen Dekade ihrer Laufbahn kommen ihre Doppelaktivitäten als Musikerin und Friedensaktivistin in vollem Umfang zum Tragen, verfestigt sich das Bild vom »Erzengel« Baez, zieht sie auch international als von keiner Organisation gesteuerte, konsequent autark handelnde »peace ambassadress« immer größere Kreise. Kreise, die weit über nationale Befindlichkeiten hinausreichen. Und erst in den Seventies, in denen sie ihre überzeugendsten und originellsten Alben in rascher Folge vorlegt, wird sie zur anerkannten Songwriterin und bereichert das neue American Songbook der Rockpop- und Folk-Ära in rascher Folge um einige Perlen.

Sie findet darüber hinaus noch die Zeit, bei Dylans fröhlichem Wanderzirkus »Rolling Thunder«, einer kunterbunten musikalischen Maskerade, mitzumischen und damit quer durch die USA zu touren. Sie ist eigentlich permanent unterwegs, in den Staaten, in Europa, im Nahen Osten und insbesondere in Fernost. Ihr unermüdlicher Kampf gegen den schier endlosen Vietnamkonflikt, in

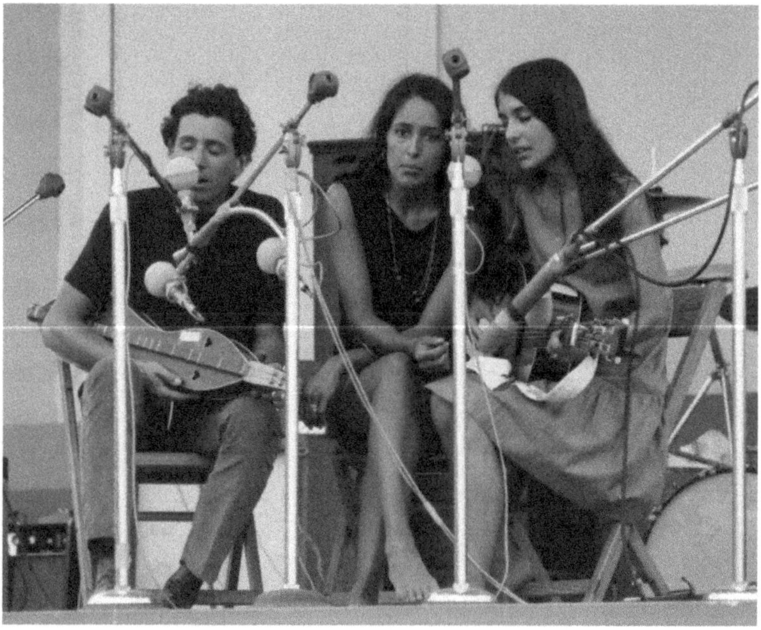

Pack Up Your Sorrows: Mit Schwager Richard Fariña und Schwester Mimi Fariña beim Newport Folk Festival, Juli 1965.

dem Tausende ihrer Landsleute verrohen und in staatlichem Auftrag, als ferngesteuerte Bestien, Kriegsverbrechen begehen, ist, mitsamt ihrem dramatischen Aufenthalt im Bombenhagel von Hanoi, dabei nur einer ihrer Schwerpunkte. Nunmehr hat sie sich noch viel mehr vorgenommen, weitreichenderer Vorhaben angenommen, die universellen Menschenrechte auf ihre Fahnen geschrieben. In den Siebzigern erhebt sie ihre Stimme gegen das himmelschreiende Unrecht in Bangladesch und die Verfolgung politischer Gefangener in Chile, unterstützt Widerständler in Griechenland und den inhaftierten Boxer Rubin »Hurricane« Carter, singt in amerikanischen Gefängnissen, organisiert eine spektakuläre Massen-Demo in Washington, engagiert sich sowohl für den Auf- und Ausbau von Amnesty International als auch für Schwester Mimis wohltätige Organisation Bread and Roses. Sie macht sich mit unbequemen

Äußerungen in Israel unbeliebt und lässt sich bei einer Indochina-Mahnwache symbolisch in einen Folterkäfig sperren, sie wirbt mit ihren Namen für ein Ende der Gewalt in Nordirland und für eine wirkliche Demokratisierung in der Tschechoslowakei, wo ihre Musiker-Kollegen unter starken Repressalien zu leiden haben. Sie bricht ein Tabu im gerade erst von der Franco-Diktatur befreiten Spanien, sie marschiert für Schwulen- und Lesben-Rechte in San Francisco, sie gerät mit Behörden in der Sowjetunion aneinander, die sie an einem Auftritt in Leningrad hindern. Kurz: Baez ist omnipräsent, die Intensität ihrer Reise- und Aufnahmetätigkeit wie auch ihrer großzügigen Einsatzbereitschaft hat bereits etwas Beängstigendes, und ihre stets wertvolle Anwesenheit bald rund um den Globus, wann immer Menschenrechte in Gefahr sind oder mit Füßen getreten werden, wird als unverzichtbar erachtet.

Was bei einem solch verdienstvollen, aber eben auch atemlosen Lebenswandel zwangsläufig zu kurz kommt oder sogar auf der Strecke bleiben kann, ist Beständigkeit im privaten Bereich. Alltag und Vorausplanung sind die Ausnahme; Unterwegssein, chaotische Zeiteinteilung, Jetlag, Anspannung und Nervenkitzel sind die Regel. Nachdem Harris bereits zehn Monate im Gefängnis einsitzt und Gabe geboren ist, hat Baez, so gesteht sie es in ihren Memoiren, eine Affäre. Ein schlechtes Gewissen plagt sie Tag und Nacht; sie verschwindet für kurze, geheimnisvolle Trips nach Los Angeles, errötet grundlos, wird wie ein ertappter Teenager von Panik ergriffen, sobald das Telefon läutet. Wenn sie ihre eigenen Empfindungen (Lust auf Abwechslung und auch ein Quäntchen Übermut) mit denen von Frauen anderer Häftlinge (Sehnsucht während der Trennung und Ekstase beim Wiedersehen) vergleicht, erkennt sie, dass sich bei ihr Freude und Glück nicht automatisch einstellen, sobald sie an ihren Partner denkt oder ihm begegnen darf, schämt sie sich ob ihres »Verrats« und macht sich ernsthafte Sorgen, ob sie wirklich »eine so schreckliche Person« sei. Als David endlich entlassen wird und sie ihn mit Gabe in Texas am Gefängnistor abholt, ist die beiderseitige Freude dennoch übergroß. Gleich ist die Presse wieder zu Stelle, sofort geben Harris und Baez wieder das »offizielle« Paar, mimen die Eheleute im Rampenlicht; in Joans Institut wird ausgiebig gefeiert. Der gemeinsame Sohn lernt seinen Vater kennen, alles steht zum Besten. Eigentlich. Aber die Luft ist raus. Baez muss erkennen, dass sie für ein inniges Zusammenleben überhaupt nicht geschaffen ist, weder für die Zweisamkeit noch für die Kleinfamilie. »Ich weiß einfach nicht, wie Künstler überhaupt mit einer Person verheiratet sein können«, hadert sie im Gespräch mit einer deutschen Ärztin und Musikkritikerin, und gibt auf die Nachfrage, warum nicht, zur Antwort: »Weil da immer irgendwas ist, was du für interessanter hältst, gerade dort, um die nächste Ecke, und manchmal ist es auch so.«

Die so überaus kurze Ehe mit Harris, über die sie ständig widersprüchliche Aussagen trifft – einerseits passten »wir perfekt zusammen«, andererseits soll die Verbindung von Beginn an »dem Untergang geweiht« gewesen sein –, zerbricht denn auch keinesfalls aufgrund von Bagatellen oder Launenhaftigkeit. Und ebenso wenig aufgrund von grundsätzlichen Meinungsverschiedenheiten. Weder ihre erstaunliche Eifersucht auf den zurückgekehrten Gatten, der ihr jetzt die gemeinsame Zeit mit Gabriel streitig macht, noch politische Differenzen oder ihr Seitensprung, aus dem inzwischen allerdings »etwas Ernstes« geworden ist, geben den Ausschlag. Baez hält sich ganz und gar für die Hauptverantwortliche. Sie allein trifft alle Schuld. »Ich konnte nicht länger versuchen, eine Ehefrau zu sein. Nur das Alleinsein passt zu mir, und so habe ich es seitdem auch gehalten.« Sie räumt ein, hoffnungslos promiskuitiv (gewesen) zu sein. Oder sie konstatiert mit entwaffnender Ehrlichkeit: »Es ist unmöglich, mit mir zu leben.« Und ein für alle Mal bekräftigt sie: »Ich bin dazu gemacht, mit mir allein auszukommen, mich mit mir zu begnügen. Es ist für mich keine Option, im selben Haus mit irgendjemandem zu leben. Manchmal fühle ich mich sehr, sehr einsam. Aber ich ziehe diese Einsamkeit dem verzweifelten Gefühl des Scheiterns vor, das mich befiel, sobald mir klar wurde, dass es mir nie gelingen würde«, eine ideale Gattin oder, eine Nummer kleiner, einfach nur Harris' Ehefrau zu sein. Offenbar sind ihre Ansprüche an sich selbst zu hoch oder sie hat mit einem negativen

Bild von harmonischen Paaren zu kämpfen, dem sie nicht genügen kann oder dem sie nicht entsprechen will. 1973 erfolgt schließlich die Scheidung. Immerhin ein halbes Jahrzehnt hat ihr Versuch von Ehe, ihre Annäherung an das Phänomen offizielle Partnerschaft »gehalten«.

Baez hat sich jahrelang in psychotherapeutische Behandlung begeben und einiges, was in ihrer Kindheit und Jugend schiefgelaufen ist, einiges auch, was sie an ihrem Erwachsendasein verkorkst findet, dabei lösen und klären können. Was ihre Beziehungsfähigkeit anbelangt, ändert sich jedoch nur wenig, bleibt es beim einst als wünschenswert erachteten Status quo. »Intimität versetzte mich stets in Angst und Schrecken«, erläuterte sie noch im Jahre 2009 einem Journalisten des *Telegraph* im Rückblick auf die Siebziger und Achtziger. »Das ist auch der Grund, warum ich mich vor fünftausend Leuten pudelwohl fühlte. Aber kaum war ich nur mit einem einzigen anderen Menschen zusammen, war alles entweder flüchtig, schwankend oder wurde zu etwas, was ich zwar für real hielt, aber was sich jedes Mal zu einer herzzerreißenden«, komplizierten Angelegenheit auswächst. Joan hält es in Zukunft mit One-Night-Stands, kurzen wie angenehm oberflächlichen Liaisons und unverbindlichen Abenteuern. »Meist sind das junge Männer, Beschützertypen oder Softies, jedenfalls Menschen, die ihr keine Angst machen«, so fasst es die Deutsche Jutta Kamke zusammen, der Baez gelegentlich tiefe Einblicke in ihr Seelenleben gewährt hat. Dann wieder ist vage, auch in ihren Erinnerungen, von einem gewissen »Bernie« die Rede, der ihr bei ihrem wunderschönen, tieftraurigen *Love Song To A Stranger* (vgl. das dazugehörige Kapitel auf S. 187) als idealer, weil fürsorglicher, selbstloser und keine Ansprüche stellender Liebhaber Modell gestanden haben soll. Dabei kommt auch dafür eine ganze Reihe anderer Kandidaten in Frage.

Kummer bereitet ihr das ihrem gemeinsamen Sohn schon in frühester Kindheit aufgezwungene Schicksal, ihr Egoismus – sie muss Prioritäten setzen – und die Instabilität, unter denen Gabriel möglicherweise zu leiden hat. Das ewige Hin und Her, Wochenenden mit jeweils einem Elternteil, beständiger Wechsel statt verlässlicher

Regelmäßigkeit. Endlose Debatten über Politik und menschliche Misere daheim anstatt unschuldige, harmlose Spielenachmittage mit einem »toddler«. Noch als Zehnjähriger hat Gabe unvermittelt imitierte Auto-Geräusche von sich gegeben, sobald in Joans Haus – wie praktisch jeden Tag – die Sprache auf Zeitgeschichte und Engagement kam. Um sich zur Wehr zu setzen, um das Palaver zu übertönen. Der Preis, den ein kleines menschliches Wesen für das Aufwachsen in einem Protestler-Haushalt zu zahlen hat oder ein ernstes Warnsignal? Mit Joan Baez und David Harris großzuwerden kann man natürlich auch als Chance, als einzigartiges Privileg ansehen – nur wie soll man das Dilemma einem kleinen Jungen verständlich machen? Wieder und wieder, selbst in ihren autobiographischen Texten, entschuldigt sich Baez bei Gabriel, ihrem einzigen Kind, für Versäumnisse und Irrwege, für den Mangel an »Trivialität«. Auch rechtfertigt sie sich, mit unfreiwilliger Komik: »Nie habe ich Gabe auf einen Friedensmarsch mitgenommen. Nie hat er mich zur Beerdigung eines Landarbeiters begleiten müssen.« Und Reporter staunten bei einer Pressekonferenz in Kopenhagen im Herbst 1970, über welche Stimmgewalt das nicht mal einjährige Baez-Baby, vom Kindermädchen Gail während der Tournee betreut, bereits verfügte – offenkundig ganz die Mama.

Harris Jr. hat seinen Vater David zumindest selten entbehren müssen, auch wenn er ihn zeitweise nur im Wochenabstand zu sehen bekam. Der mittlerweile knapp Fünfzigjährige, selbst Vater einer Tochter – Jasmine Harris, bereits ein Kind des neuen Jahrtausends, ist Baez' bislang einziges Enkelkind – wirkt als Perkussionist und steht auch heute noch oft zusammen mit seiner berühmten Mutter auf der Bühne. Wann immer man Gabe zur Rede stellt, oft in Gegenwart Joans, ob er unter einer unglücklichen Kindheit leide oder ihn fragt, was er am meisten als angeblich herumgeschubster, vernachlässigter Baez-Sohn habe entbehren müssen, entgegnet er, indem er sich direkt an seine Mutter wendet: »Mum, du warst einfach an einem bestimmten Punkt der Zeitgeschichte präsent, und du warst die Einzige, die dazu imstande war, das zu tun, was du dann auch getan hast. Und ich hatte meinerseits Erfahrungen in meiner Kindheit, die keinem anderen Kind gewährt worden sind.« Baez möchte von ihm dann immer die simple Bestätigung, dass sie darüber hinaus auch seine *Mutter* gewesen sei. Neben allem anderen eben *auch* seine Mutter. Was Harris einräumt. Und Joan zu der selbstkritischen Reflexion veranlasst: »Sich selbst zu vergeben ist von all dem, was man zu vergeben hat, immer am schwierigsten.«

***

In den frühen bis Mitt-Siebzigern erleben viele unbescholtene Bürger, aber auch Außenstehende die USA als zutiefst verunsicherte Großmacht, die vom Ausmaß des Watergate-Skandals überrascht und vom damit direkt verbundenen Amtsmissbrauch der Staatsleitung und hoher Regierungskreise erschüttert wird. Monatelang beherrschen kaum glaubhafte Bestechlichkeitsvorwürfe die Diskussion in den Medien, ist von Betrug, Verrat und Unaufrichtigkeit in großem Stil die Rede. Von schamlosen Lügen und fortgesetzter Täuschung. Die Menschen haben eine zusehends ratlose, zutiefst gedemütigte Nation vor sich, der man kein Vertrauen mehr schenken mag und der überdies das unrühmliche Ende des Vietnamkrieges zu schaffen macht. In den Nachrichten, im Anschluss an den Waffenstillstand vom Januar 1973, der als Schlussstrich unter die Kriegsbeteiligung gilt, erfahren die Menschen Monat für Monat von unvorstellbaren Kriegsverbrechen ihrer Söhne, Brüder, Enkel, Neffen und Ehemänner, die von offizieller Seite geduldet, wenn nicht initiiert wurden. In Radio und Fernsehen wird quasi wöchentlich über Selbstmorde unter verzweifelten Vietnam-Veteranen, die mit ihrer schweren Mitschuld und mit der Erinnerung an von ihnen verübte, unverarbeitete Gräueltaten einfach nicht mehr fertig werden, berichtet. Der Rücktritt von Präsident Richard Nixon besiegelt schließlich das schmachvolle Ende einer als zynisch und moralisch verwerflich empfundenen Ära. In der aktuellen Popmusik hingegen, in der ellenlange, angenehm verwirrende Tracks von Psychedelic Rock Bands den momentanen Zeitgeist auf aufregende Weise spiegeln, ringen ganz unterschiedliche Strömungen um Vorherrschaft und Marktanteile: solider West Coast Pop, Konzeptalben von Songwritern und experimentellen Gruppen, der Soul-Boom und der immer stärker im Trend liegende Philly-Sound, die Vorboten der Disco-Welle, die in wenigen Jahren die gesamte westliche Welt überschwemmen wird, und neue Schöpfungen von radikalen Individualisten, die sich wenig um Tendenzen scheren und allein am Ausbau und an der Vervollkommnung ihrer persönlichen Ästhetik interessiert sind. Die Protestbewegung ist, insgesamt gesehen, musikalisch auf dem Rückzug, der Folkrock behauptet sich noch, doch Joan Baez präsentiert gerade jetzt erst recht ihre mahnenden, aufrüttelnden, nachdenklich stimmenden und zur gesellschaftlichen Veränderung stimulierenden Songs.

Gleichzeitig tritt eine energiegeladene, hochmotivierte Frau in ihr Leben, deren Einsatzbereitschaft, Wille und Mut so ganz nach ihrem Geschmack sind: die Italienerin Ginetta Sagan, Jahrgang 1925, eine unbestechliche Anwältin der Menschenrechte. Deren eigenes, wahrlich erschütterndes Schicksal hat ihre künftige Einstellung zu Gefangenschaft, Folter und der Notwendigkeit von Toleranz und Gnade maßgeblich beeinflusst. Die kleinwüchsige, gewitzte und selbstbewusste Ginetta, der man schon früh den Spitznamen »topolino«, also »Mäuschen«, verpasste, verlor bereits im Teenager-Alter ihre im italienischen Widerstand organisierten Eltern, furchtlose Antifaschisten, an Mussolinis Schwarze Brigaden. Der Vater wurde erschossen, die Mutter kam in Auschwitz um. Die Waise wurde mit knapp zwanzig festgenommen, inhaftiert, vergewaltigt und gefoltert, weil sie die Untergrund-Aktivitäten ihrer Eltern mit unverminderter Intensität weiterführte, beim Schmuggel wichtiger Papiere erwischt wurde und Verstecke für verfolgte Juden organisiert hatte. Wie durch ein Wunder entkam Ginetta dem sicheren Tod in buchstäblich letzter Minute durch die völlig unerwartete Hilfe von Nazi-Überläufern. Sagan studierte in Paris und den USA, heiratete einen Amerikaner und ließ sich mit ihm in Kalifornien nieder. Von da an widmete sie sich mit großer, nie nachlassender Leidenschaft um den Auf- und Ausbau von Amnesty International im Westen ihrer neuen Heimat, schuf an die achtzig

Niederlassungen und organisierte zahllose Veranstaltungen, um Geld für die Entlassung oder die Verbesserung der Haftbedingungen politischer Gefangener auf der ganzen Welt aufzutreiben. Baez begegnet in ihr dem weiblichen Pendant zu Ira Sandperl, nur dass Sagan es nicht bei Idealismus und Erziehung zur Gewaltlosigkeit bewenden lässt, sondern mit überraschender Zielstrebigkeit konkrete Pläne zu sichtbarer Verbesserung entwickelt – und die meisten davon auch umsetzt. An ihrem Glauben an das Gute im Menschen hält sie, trotz aller Rückschläge, Enttäuschungen und handfesten Beweisen für das Gegenteil unbeirrbar fest.

Von 1972 an ziehen die beiden Überzeugungstäterinnen am gleichen Strang. Rache, Vergeltung und Bestrafung sind ihnen als Kategorien menschlichen Handelns fremd und, in ihrer Sichtweise, einer souveränen, modernen und freiheitlich orientierten Gesellschaft auch völlig unwürdig. Ein fruchtbares Zusammentreffen zwischen den beiden ungleichen, aber vom selben Unrechtsbewusstsein geleiteten und von derselben Vision – nämlich von einer vernunftbegabten, zum Verzeihen fähigen Gesellschaft – beseelten Frauen erscheint fast unvermeidlich, ein Zusammenwirken mehr als wünschenswert. Sagan nimmt Baez binnen kürzester Zeit für ihre Anliegen ein. Unumwunden teilt sie ihr mit, dass sie gerade ihre Hilfe benötigt und auch einfordert; Baez wiederum opfert viel Zeit und auch viel Geld für das wohl nie endende Amnesty-Projekt und die damit einhergehenden Fundraising-Events. »Ich schnitt ein volles Jahr aus meinem Leben heraus, um mich der Organisation von Amnesty International West Coast zu widmen.« Beide investieren auch andere Qualitäten: Charme, Überredungskunst, sogar die Suggestivkraft ihrer »weiblichen Vorzüge«: bei besonders resistenten Spendern und skeptischen Machtmenschen. Handlungsbedarf besteht leider Gottes überall auf dem Globus – in Griechenland (Baez und Sagan verwirklichen für dieses unterjochte Land sofort ein Solidaritäts-Konzert) und in der Türkei, in Kuba und Südafrika. Und ganz besonders in Chile, im September 1973, gleich nach dem Militärputsch, General Pinochets Machtübernahme und dem Selbstmord von Staatspräsident Salvador Allende.

Überall dort, wo Diktatoren das Sagen haben, wo die Justiz manipuliert, korrumpiert oder inexistent ist, wo rechtsstaatliche Maßstäbe außer Kraft gesetzt sind.

Schnell entsteht ein flächendeckendes Netzwerk von Büros und Dependancen, das von ebenso enthusiastischen Mitarbeitern geführt wird, rasch verselbständigen sich die Aktivitäten durch Übertragung von Verantwortung und Vermeidung komplizierter Hierarchien. Intellektuelle, Freiwillige, Künstler, »ganz normale«, bis dato noch nicht politisierte Leute beteiligen sich. Wollen der Abstumpfung entgegenwirken, Übergriffe verhindern, Humanität den Vorrang einräumen. Das Vietnamkriegs-Trauma hat viele Menschen sensibilisiert, und unter Schlagworten wie Todeskarawanen, staatlich angeordneter Folter und Morden in Stadien und Gefangenenlagern, wie sie etwa aus Chile an ihre Ohren dringen, können sie sich mittlerweile etwas vorstellen. Die Ausrede, dass sich solche Untaten »anderswo« oder »weit weg« abspielen und die im Wohlstand lebenden Amerikaner nichts angehen, verfängt nicht mehr. Wegschauen gilt nicht länger. Jeder ist betroffen. Baez und Sagan, die nicht müde werden, Missstände anzuprangern, Kongressabgeordneten auf den Wecker zu gehen und an jeder Tür von Institutionen, die sich vor ihnen schließt, anderntags erneut vorstellig zu werden, dienen vielen A. I.-Aktivisten als Vorbild. Joan resümiert: »Ich traf die Entscheidung, direkt für und mit A. I. zu arbeiten bis zu jenem Tag, an dem jede Zeitung und jede Radiotalkshow, an die ich mich wenden würde, sofort Bescheid wüsste, was A. I. war und was für Ziele wir verfolgten. Das dauerte gerade mal ein Jahr.«

Baez lässt sich aber nicht nur aus inhaltlichen, sondern auch aus persönlichen Gründen gern von Ginetta ins Boot holen: Die Erfahrungen mit Dylan und Harris haben sie gelehrt, dass es im Zweifelsfalle ganz auf sie allein ankommt, wenn sie etwas bewegen oder durchsetzen möchte; von Sandperl hat sie sich seit der Heirat mit David langsam, aber sicher entfremdet; in ihrem eigenen Institut kommt sie sich wie eine dauerhaft abwesende Eigentümerin vor, die nur ab und zu mal nach dem Rechten schaut und sich aufgrund ihrer intensiven Reisetätigkeit darauf verlassen muss, dass dort, auch ohne ihr Zutun, alles zum Besten steht. Sie fühlt sich dort eher geduldet als erwünscht, wenngleich sie anerkennt, dass eine Reihe »guter Seelen« den Esprit ihrer Einrichtung auf wünschenswerte Weise aufrechterhält und den Betrieb weiterführt. Sagans Einladung zum Mitmachen kommt also genau zum richtigen Zeitpunkt. Baez spürt, dass ihre Prominenz und ihr Bekanntheitsgrad vielen Amnesty-Aktionen besonderes Gewicht verleihen können; an ihrer Person und ihrer Persönlichkeit kommen Beamte, Richter und offizielle Entscheidungsträger nicht ohne Weiteres vorbei. Mit Würde, Witz, kühlem Verstand und einer Aura der Selbstgewissheit und Menschlichkeit tritt sie ihren Widersachern gelassen entgegen. Wenn sie dann noch die schlagfertige, humorvolle Ginetta an ihrer Seite weiß, werden die beiden zu einem unschlagbaren Team. Bei und mit Amnesty kann Joan auf die Erreichung ihre beiden großen Fernziele, der Abschaffung von Nationalstaaten und der vollständigen internationalen Abrüstung, systematisch und besonders effizient hinarbeiten.

Vor allem erzielt Amnesty in kurzer Zeit greifbare Erfolge – der Vollzug von Strafen wird, wenn die Protestler wieder einmal keine Ruhe geben und vor Botschaften und an Grenzen oder Gefängnistoren ausgiebig demonstriert wird, ausgesetzt oder verschoben; Prozesse werden neu aufgerollt; Urteile werden aufgehoben oder revidiert; einige Häftlinge kommen frei oder es werden spürbare Hafterleichterungen für sie durchgesetzt. Politiker geraten unter Druck, Diplomaten in Erklärungsnot, und immer sind Presse, Rundfunk und Fernsehen zur Stelle. Noch nie war es für die Potentaten und Bürokraten in nichtdemokratischen Ländern so schwierig, missliebige Menschen einfach verschwinden zu lassen oder in Zellen zu stecken, Täuschungsmanöver durchzuführen und sich auf Propaganda zu verlassen. Amnesty versteht sich als das öffentliche Gewissen der Sprachlosen und mundtot Gemachten, Baez als seine Botschafterin. Eine Botschafterin, der keine Residenz und keine fürstliche Besoldung zur Verfügung gestellt wird, die vielmehr mit ihrem Geschick, mit bezwingender Rhetorik und notfalls dem einen oder anderen Lied auskommen muss.

Baez couragierte, weltweit beachtete Visite in Hanoi zum Zeitpunkt der Operation Linebacker II und der Christmas Bombings im Dezember 1972 (vgl. das dazugehörige Kapitel auf S. 178) hat die Verehrung, die ihr daheim und in vielen Ländern entgegenschlägt, wie auch den Argwohn, mit der man ihr im In- und Ausland begegnet, noch erheblich verstärkt. An ihrer Person scheiden sich mehr und mehr die Geister. Sie kann davon ausgehen, dass das FBI unter seinem Direktor John Edgar Hoover eine Akte über sie angelegt hat, und es ist sogar gemutmaßt worden, ob nicht doch Pläne bestanden haben, sie, nach ihrer Rückkehr aus Vietnam, allen Ernstes am Wiedereintritt in die USA zu hindern – unter dem Vorwand, sie habe vorsätzlich Feindesland aufgesucht und sich dort extrem amerikakritisch verhalten und öffentlich geäußert.

Sechs Jahre später, gegen Ende der Dekade, erregt die Vietnam-Problematik kaum noch die amerikanischen Gemüter, ist das Thema Südostasien, wo in der Zwischenzeit die Roten Khmer wüten und in Kambodscha eine menschenverachtende Terrorherrschaft etabliert sowie in großem Umfang ethnische und politische Säuberungen durchgeführt haben, nur ein Brandherd unter vielen auf der Welt. Von dem alltäglichen Grauen und den Massakern unter dem Pol-Pot-Regime nimmt der Westen bei Weitem nicht in dem Maße Notiz, wie es die Dimension dieses Massenmordens dringend erfordern würde. Und auch in den beiden Landeshälften von Vietnam selbst, die 1976 zu einer Sozialistischen Republik wiedervereint wurden, nimmt es die kommunistische Staatsführung mit der Einhaltung der Menschenrechte alles andere als genau. Insbesondere die amerikanische Linke, seit dem Rückzug aller US-Streitkräfte und der Beendigung ihrer zwanzig Jahre währenden militärischen Präsenz (1975), ist auf einem Auge blind, wenn es um die zum Himmel schreienden demokratischen Versäumnisse in diesem »neuen Vietnam« geht, wenn die Nachricht vom Massen-Exodus, von Umerziehungslagern und von Gefängnissen, in denen erneut Zehntausende von politischen Gefangenen, diesmal eben unter umgekehrten Vorzeichen, ohne rechtliche Grundlage von der sozialistischen Regierung interniert werden, auch sie erreicht.

Wer es wagt, dieses aus der Asche vieler Vorgängerkriege wiedererstandene »neue Vietnam« zu kritisieren oder gar an den Pranger zu stellen, macht sich – nach ihrem Dafürhalten – gleich der Kommunistenfeindlichkeit schuldig, gerät augenblicklich in den Verdacht der Engstirnigkeit und, schlimmer noch, des nachträglichen Gutheißens früherer amerikanischer Kriegshandlungen in Vietnam. Es sei naiv zu erwarten, dass ein so geschundenes Land wie dieses über Nacht zu einem »Musterschüler der Menschenrechte« werden könne, wird behauptet; es sei der Gipfel der Arroganz, wenn nun schon wieder ausgerechnet Amerikaner auf Fehlentwicklungen hinweisen und sich als politische Oberlehrer aufspielen würden: Mit solchen Formulierungen wird aus rein ideologischen Beweggründen oder aufgrund von purer Ignoranz die erneute Grausamkeit und Unterdrückung, diesmal verübt vom neuen, vorgeblich »besseren« Regime, verharmlost und kleingeredet.

Baez lässt sich auch diesmal keinen Maulkorb verpassen. Zunächst ist auch bei ihr das Bedürfnis nur schwach ausgeprägt gewesen, einmal mehr die Fürsprecherin in Vietnam-Belangen abzugeben. Bereits 1976 hat sie ja die Einhaltung der Menschenrechte von der Regierung in Hanoi angemahnt. Ein Besuch von zwei Boat-People bei ihr, zwei überlebenden Flüchtlingen, von denen der eine, Doan Van Toai, einen ausführlichen Augenzeugenbericht über den *Vietnamesischen Gulag* publizieren und mit seinen Schilderungen die Weltöffentlichkeit schockieren wird, öffnet ihr aber rasch die Augen. Von aus allen Nähten platzenden Gefängnissen muss sie erfahren, von Hungerfolter und »Umerziehungsmaßnahmen«, die an Ärzten, Künstlern, Intellektuellen und älteren Menschen »vorgenommen« werden. Von einer im großen Stil betriebenen Kulturrevolution. Davon, wie Menschenrechte ununterbrochen mit Füßen getreten werden. Von Massenflucht in die Nachbarländer, von unbeschreiblichen sanitären Bedingungen allerorten in den Grenz- und Auffanglagern. Von hilflos auf dem Meer treibenden Boat-People – Tausende auf seeuntüchtigen Kähnen, die nicht mehr wissen, wo sie Rettung finden können, denen es an Platz und Nahrung mangelt und die niemand an

Land lässt. Von Leichen, die im Meer treiben. Von Kindern, deren Leben schon kurz nach der Geburt vernichtet zu werden droht. Von einem veritablen Terror-Regime der neuen Machthaber, zu dessen Praktiken die freie Welt bislang vernehmlich schweigt. Von einem sich perpetuierenden Elend.

Baez geht den Vorwürfen nach. Mit Sagan und weiteren Mitarbeitern stellt sie umfassende Untersuchungen an. Und muss zur Kenntnis nehmen, dass die Situation in Vietnam und seinen Anrainerstaaten noch viel grausamer und erschreckender ist als anfangs angenommen. Apocalypse Now, das findet hier jeden Tag und jede Stunde statt. Die westlichen Länder schauen zu, machen sich durch Untätigkeit oder stillschweigende Duldung wieder einmal mitschuldig. Für Baez kein Grund zu resignieren, auch und gerade wenn ein Vorstoß beim vietnamesischen Botschafter bei den Vereinten Nationen in New York nichts fruchten will. Wieder ist gerade sie gefordert, wieder erwartet man zu Recht von ihr, dass sie ihre Stimme erhebt, dass sie dem Aufschrei der Stummen, für die sich niemand interessieren mag, gehörigen Nachdruck verleiht.

So wird, ob sie will oder nicht, das Jahr 1979 zu einer echten Belastungsprobe für Baez. Und auch zu einer Bewährungsprobe. Mit ihrer Unnachgiebigkeit und mit ihrer unerschrockenen Selbstsicherheit, an der Vorhaltungen und Anfeindungen abperlen, stellt sie die Weichen für vergleichbare Aktionen in den Folgejahrzehnten. Den Anfang macht sie Ende Mai mit einem Offenen Brief an die Sozialistische Republik Vietnam, der in den maßgeblichen Tageszeitungen Amerikas veröffentlicht wird, für dessen Publikation sie, unter größten Mühen und unter Einsatz bedeutender persönlicher Mittel, eine Menge Geld zusammenbetteln muss und in dem nicht mit deutlichen Worten gespart wird. Eine Anklageschrift. »Tausende unschuldiger Vietnamesen, deren einziges ›Verbrechen‹ oftmals nur ihr Gewissen ist, werden verhaftet, festgehalten und in Gefängnissen und Umerziehungslagern gefoltert.« Von knapp zweihunderttausend politischen Gefangenen, von Torturen und unzähligen Horrorgeschichten spricht Baez in ihrem Schreiben, von eingekerkerten buddhistischen Mönchen und katholischen Nonnen, von Menschen »die verschwinden« und »nie wieder auftauchen«, von Opfern, die man in Metallkisten sperrt, in denen sie hockend stundenlang ausharren müssen, von Kindern, die »als lebende Minensuchgeräte eingesetzt« werden, »um Felder mit ihren bloßen Händen und Füßen« abzutasten und dabei jeden Moment Gefahr laufen, in die Luft gejagt zu werden. Baez nennt die Dinge beim Namen, verschweigt und beschönigt nichts. Und sie unterzeichnet im Namen ihres soeben von ihr gegründeten Menschenrechtskomitees Humanitas International. Schweres Geschütz.

Unter den Unterzeichnern sind eine Menge mutige Prominenter wie eben Ginetta Sagan, Baez' Eltern, der legendäre Fotograf Ansel Adams, die Schriftsteller Kay Boyle, Peter Orlovsky, Morris West und Allen Ginsberg, der Cartoonist und Peanuts-Erfinder Charles M. Schulz, die Schauspielerin Lily Tomlin und die italienische Filmregisseurin Lina Wertmüller. Noch bezeichnender ist aber, wer von den Stars und Berühmtheiten eben *nicht* unterzeichnen mag, wer Baez und ihre Mitstreiter durch seine Halsstarrigkeit enttäuscht oder sich sogar offen gegen sie stellt. Jane Fonda etwa, die einstige »Hanoi Jane«, in der Baez bislang eine kluge und verlässliche Verbündete in Vietnam-Belangen gesehen hat. Fonda, der sie in persönlichen Schreiben ihre guten Gründe für ihr Handeln dargelegt hat. Dieselbe Fonda macht keinen Hehl aus ihrer Überzeugung, »womöglich blind gegenüber« den »angeblichen« (!) Praktiken der vietnamesischen Staatsführung zu sein. Sie fordert jedoch Milde und Geduld im Umgang mit Hanoi und zeigt großes Unverständnis dafür, dass sich Baez augenscheinlich mit den engstirnigen und negativen Elementen Amerikas verbündet habe und sich somit als Antikommunistin erweise. Sie paktiere, es sei kaum zu fassen, mit den Feinden.

Viele Reaktionen auf Baez' Intervention sind weitaus heftiger und aggressiver. Von einem Sturm der Entrüstung zu sprechen kommt einer Untertreibung nahe – die Hölle ist los. Dass sie zutiefst naiv und borniert sei, sich vom amerikanischen Geheimdienst benutzen und manipulieren lasse, von der Rechten vorgeschickt werde und jeglichen Verstand und Urteilskraft verloren habe, sind dabei noch die harmloseren Unterstellungen und Beschimpfungen. »Die Einheitsfront der Anti-Vietnamkriegsbewegung war zerbrochen. An den Boat-People«, heißt es rückblickend im deutschen *Spiegel.* Selbst William Kunstler, der Star-Strafverteidiger unter den amerikanischen Bürgerrechts-Anwälten und ein streitbarer, angesehener Idealist, hat sich mittlerweile gegen Baez gestellt, sie der Unredlichkeit und Verblendung bezichtigt.

Anschuldigungen und Verleumdungen begleiten Baez, wo immer sie sich auch blicken lässt, im weiteren Verlauf des Jahres. Als »darling of the right«, als Sympathisantin der Konservativen wird sie abqualifiziert oder gar als »CIA-Ratte« geschmäht – was bei der vormaligen »KGB-Freundin« Baez (so wurde sie ja zuvor jahrelang vom konservativen Lager bezeichnet) bestenfalls ein müdes Lächeln hervorruft. Auf ihrer US-Tournee wird sie allerdings öfter, als es ihr lieb sein kann, ausgebuht; in Seattle empfängt sie eine offen feindselige Zuhörerschaft. Für viele ist Baez jetzt ein rotes Tuch. Daran mag auch (im Nachhinein) die Auflistung übler Fakten und aussagekräftiger Dokumente, die Sagan und Stephen Denney 1983 über die systematischen Menschenrechtsverletzungen in Vietnam zusammentragen werden – eine Chronik des Grauens, deren Lektüre einem auch heute noch Seite für Seite den Atem stocken lässt; die Bilanz eines »bitteren Friedens« – nichts zu ändern. Für aufgeklärte, vorgeblich tolerant-liberale Gesellschaftskreise in den USA hat sich Baez diesmal völlig verrannt, darüber besteht Konsens. Vom Cover ihrer soeben erscheinenden LP *Honest Lullaby* blickt Joan mahnend mit großer Ernsthaftigkeit und zur Bitte gefalteten Händen ihre ehemaligen »Gesinnungsgenossen« und doch sonst stets zum Mitdenken befähigten Mitmenschen an und redet ihnen ins Gewissen – es bleibt eine vergebliche Aufforderung.

Sie wirkt getroffen und gerät ins Grübeln. Weshalb nur macht es das politische Selbstverständnis so vieler Linker, die bei der Bewunderung des einstigen Triumphs der Vietnamesen über ihre ehemaligen Kolonialherren und imperialistischen Usurpatoren erst ihre eigene, persönliche Identität gewinnen und sich als überzeugte Sozialisten verstehen konnten, es so ungemein schwer für sie, objektiv nachzuweisende Verfehlungen, die Einrichtung von Gulags und massiv betriebene Menschenverachtung durch dieselben Herrscher zu erkennen und ebenfalls zu brandmarken? Warum bedeutet die Erkenntnis von Unrecht auf beiden Seiten unweigerlich den Verzicht auf Zugehörigkeit zu einem bestimmten Lager, warum wird Fairness als Untreue und Verrat aufgefasst? Sie ist das alte Denken in Schwarz-Weiß-Kategorien leid; alles was sie umtreibt, ist, mit dem Finger auf bestehendes, gravierendes Unrecht zu zeigen und ihre Mitbürger zu sofortigem Handeln zu bewegen. Baez, so trivial es klingen mag, möchte möglichst viele Menschenleben retten. Dass jede politische Macht überall auf der Welt neue Schuld auf sich lädt, ist für sie schon seit Langem eine Binsenweisheit; dass man sich über eine solche Erkenntnis noch empören mag und diese Schuldfrage weiterhin wie einen ideologischen Vorwurf behandelt und immer weiterreicht, reine Zeitverschwendung. Political Correctness, in den späten Siebzigern sicher noch nicht so stark ausgeprägt wie in unseren Tagen, ist für Baez auch schon damals keine ernstzunehmende Kategorie. Und erst recht kein Maßstab. Verzagt wird nicht.

Baez hat sich bereits seit den späten Sechzigern, seit sich der Cartoonist Al Capp mit erstaunlicher Detailgenauigkeit und voller ressentimentgeladener Klischees an ihrer Person orientierte und sich an ihrem »lächerlichen« moralischen Singen abarbeitete, um die Comic-Serie der »Joanie Phoanie« so anspielungsreich wie maliziös mit Leben zu erfüllen, an Karikaturen ihres Daseins und Wirkens gewöhnt. Mit mehr oder minder gelungener Satire, mit Häme, Spott und Neid kann sie inzwischen umgehen. Allen, da bestehen keine Illusionen mehr, kann man es ohnehin nie recht machen. Den einen ist sie zu links und zu rebellisch, den anderen zu rechts und zu blauäugig. Den *drug addicts* ist sie zu harmlos, den *decent people* zu unberechenbar und zu vorlaut. Für einige ist ihre Vorliebe für gelegentlichen Luxus (etwa, ein schickes Auto zu fahren oder auch mal in einem schönen Hotel zu übernachten oder in einem geräumigen Haus zu wohnen) Anlass für üble Nachrede, die anderen finden ihr Handeln und Friedens-Musizieren verwerflich, nutzlos, unaufrichtig oder rundheraus heuchlerisch. Oder machen es ihr unterschwellig zum Vorwurf, wenn Präsidentenmutter Rose Kennedy bei einem Baez-Konzert in Hyannis Port im Publikum unter den Zuhörern sitzt – eine Geste des Respekts. Joan weiß, dass »die Rechte« immer nur so lange an ihr interessiert sein wird, solange sie sich nicht wieder offen gegen Todesstrafe und Einberufung stellt oder ihr Desinteresse an Flaggen und patriotischen Symbolen kundtut. Und mit »der Linken«, wie sie jetzt erleben muss, da sich ein wahrer »Shitstorm« über ihr entlädt, kann man es sich auch leicht verscherzen, wenn man nicht linientreu agiert oder wenn man, wie sie es immer beherzigt hat, humanitären Aspekten einen höheren Rang einräumt als Ideologie und Prinzipien.

Nun, da sich die Krise in Südostasien wieder zuspitzt und sie sich gefordert fühlt, gilt es, statt denjenigen unter den notorischen Besserwissern, die daheim stets recht haben wollen und immer gern mal die Nase rümpfen, vor Ort, in den Ländern, wo aktuell das Leiden regiert, Sturköpfe zu überzeugen oder wenigstens zu verunsichern – Männer, von denen Befehlsgewalt ausgeht. Echten Machtmenschen. Zweimal gelingt Baez tatsächlich das schier Unmögliche: dass zwei asiatische Militärs, von denen willkürliche und widersinnige Entscheidungen über Leben und Tod von Unschuldigen abhängen, vor ihr und ihrem Gesang einknicken. In Nordthailand bricht sie zum ersten Mal den Widerstand eines ihr völlig unbekannten, autoritären Soldaten: In einem grenznahen Auffanglager, in das sich aus Laos zahllose Hmong, Angehörige eines indigenen Bergvolkes, geflüchtet haben, wird sie zufällig Zeugin eines verzweifelten Fluchtversuchs. Einige Laoten setzen ihr Leben aufs Spiel, indem sie schwimmend einen Grenzfluss überqueren; sie mühen sich nach Kräften ab, auf der Suche nach Schutz thailändisches Territorium zu erreichen und ihre nackte Haut zu retten. Doch die Thai-Soldaten hindern sie daran, indem sie ihre sofortige Erschießung androhen oder ihnen in Aussicht stellen, augenblicklich wieder zurückgeschickt zu werden. Eine fatale Pattsituation, aus der kein Entkommen möglich scheint … Ein kleiner dicklicher Oberst ist für die dramatische Entwicklung und die beklemmende Entweder-Oder-Lage verantwortlich. Baez überlegt nicht lange, sucht ihn auf, stellt ihn zur Rede und kniet, einer impulsiven Eingebung folgend, direkt vor ihm nieder, um für das Leben der neuen Flüchtlinge zu betteln.

Ihr Gegenüber bringt sie mit der Demutsgeste des Kniefalls in größte Verlegenheit. Umso peinlicher und beschämender für ihn, als sich eine Menschentraube um die beiden versammelt hat und Presse und Bildmedien anwesend sind. Der Beschämte versucht mit unbeholfenen Bewegungen, Baez wieder auf die Beine zu bringen und ist bestrebt, den Vorfall herunterzuspielen. Hastig versucht man die beiden zu trennen. Und dennoch schafft sie es, dem Colonel beim Auseinandergehen noch eine Einladung zu ihrem Konzert zu übermitteln, wo sie »extra für ihn« singen und ihm ein Lied zueignen werde. Abends überbringt, als Zeichen der Gastfreundschaft und der Ehre, eine Gesandtschaft der Hmong Baez traditionelle Kleidung, die sie auf der Bühne tragen wird. Amerikanische Reporter beschuldigen sie derweil, allein der Publicity wegen hierhergekommen zu sein und lediglich die Verkaufszahlen ihrer Platten steigern zu wollen. Worauf sie mit frechen Sarkasmus erwidert, sie begebe sich selbstverständlich regelmäßig an die Grenze zu Laos, um ihre Alben zu pushen und zu verhökern. Hier sei ja auch ein riesiger Absatzmarkt für sie vorhanden, insbesondere in den Aufnahmelagern. Nach ihrem Auftritt aber führt man sie zu einem Haus, in dem sich all jene Flüchtlinge befinden, die tagsüber um ihr Leben geschwommen sind und zu guter Letzt – eine unerwartete Überraschung für den Star aus Amerika – nun doch noch in Empfang genommen worden sind. Knapp zweihundert Entkommene, die jetzt mit dem Nötigsten versorgt werden. Geschwächte, ausdruckslos vor sich hinstarrende und unterernährte Kreaturen. Unverhofft Gerettete, in deren Seelen so etwas wie Hoffnung erst allmählich zu keimen beginnt. Nur die Kinder springen anderntags draußen unbeschwert herum, strahlen ein wenig Zuversicht aus. Baez zieht sich zurück und mutmaßt, mit Erleichterung und verhaltenem Stolz: »Womöglich hat der Oberst in jener Nacht gut schlafen können.«

Colonel Nummer zwei ist der genaue Widerpart des ersten. Ein Mann mit Manieren, möglicherweise gar ein Womanizer. Diesmal hat Baez, in der thailändischen Hauptstadt, einen schlanken, glatten und auf sie erheblich gefährlicher und verschlagener wirkenden Befehlsgeber vor sich. Ihm muss sie einen Hubschrauber abluchsen – die einzige Möglichkeit, zu zwei weiteren, abgelegenen Flüchtlingscamps zu gelangen. Mit welcher Währung soll sie zahlen, damit der smarte Soldat ihn ihr und ihrer Begleitcrew zur Verfügung stellt? Baez wirft ihren Weltruhm als Sängerin in die Waagschale – und es funktioniert. Beide lassen sich auf den absurden Deal ein: ein Helikopter gegen ein Lied. »Beglichen« wird auf der Stelle. Ausgerechnet auf einer Cocktailparty in Bangkok also intoniert die Bittstellerin für ihren hochzufriedenen edlen Spender a cappella *Swing Low*. »Jetzt brauchen Sie nur noch den verdammten Vietnamesen Ihre Protestsongs vorzusingen«, gibt ihr der Oberst, dem zuvor gewiss nie eine westliche Frau mit Inbrunst ein spontanes Ständchen dargebracht hat, mit einem spöttischen Lächeln noch mit auf den Weg. Er hat sich als korrumpierbar erwiesen, aber »nur« in künstlerischer Hinsicht. Er hat sich auch als Kenner erwiesen, als jemand der Qualität goutieren und belohnen kann. Und er hält sein Versprechen. Der Hubschrauber steht, wie abgemacht, für sie bereit. Gleich zweimal hintereinander vermag entweder Baez' Stimme Berge versetzen oder ihre bloße Präsenz, ihre nachdrückliche Weigerung, sich den Mund verbieten zu lassen, einen Militärvertreter dazu bringen, sein Gesicht zu verlieren. Musik als Unterpfand für mehr Menschlichkeit – gar kein schlechter Tausch.

»Man hat sich damit abzufinden«, so formulierte sie es einmal in einem Interview, »dass genau in der Minute, in der man seinen Mund aufmacht, einen die meisten Leute missverstehen werden. Von einigen unter ihnen wird man notgedrungen benutzt und gebraucht werden und von vielen anderen missbraucht, beschimpft und angepöbelt.« Das lasse sich nicht ändern, wichtig sei nur, was man mit dem beharrlichen Mundaufsperren erreichen könne. Ihre Erlebnisse in den Lagern Asiens sind für sie mehr als Achtungserfolge, haben greifbare Resultate zutage gefördert. Baez' große

Stunde aber, Höhepunkt einer Achterbahn der Emotionen in diesem ereignisreichen Jahr, schlägt in Washington. Mitte Juli 1979 kündigt sie bei einer Pressekonferenz ein großes Konzert für die Boat-People am Lincoln Memorial an und kümmert sich um die erforderlichen Genehmigungen, damit im Anschluss daran gleich ein Friedensmarsch von dort bis zum Weißen Haus erfolgen kann. Zeitgleich wird Präsident Jimmy Carter auf direktem Weg – nicht über die Post – ein persönliches Schreiben von ihr ausgehändigt, in dem sie darum ersucht, er möge so schnell wie möglich die Siebte Flotte ins Südchinesische Meer entsenden. Für eine großangelegte Suchaktion und zur Rettung der heimatlosen Flüchtlinge auf offener See. Ein hoher Marinebeamter, gesprächsbereit und entgegenkommend, hat Baez zuvor angedeutet, dass eine solche Maßnahme im Bereich des Möglichen liege, selbst wenn sie derzeit nicht unter den ursprünglichen Plänen des US-Außenministeriums gewesen sei. In ihrem Schreiben würdigt Baez ausdrücklich, dass Carter, indem er die Einwanderungsquote für in ihrer Heimat bedrohte, einreisewillige Vietnamesen heraufsetzte, bereits einen wichtigen Beitrag zur Linderung der Misere geleistet habe. Aber sie weist auch auf die ausweglose Situation für all jene heimatlosen Menschen hin, die in keinem Hafen der Region mehr willkommen sind, nur wenige Meilen vor den sicheren Ufern wochenlang hingehalten werden und ihrem sicheren Tod ins Auge blicken. Nochmals betont sie die absolute Dringlichkeit, unterstreicht das Erfordernis, schnell und unbürokratisch einzugreifen. Und sie fordert den Präsidenten auf, ihr bei ihrem Konzert die Ehre zu geben. Ihr Auftritt sei keineswegs eine Protesthandlung, so Baez, sondern ein Zeichen für umfassende amerikanische Solidarität. Mit ihren Songs wolle sie dem Demokraten Carter den Rücken stärken. Falls er in ihrem Sinne handle, sei dies kein Zugeständnis, sondern eine unverzichtbare humanitäre Aktion, die als friedenspolitische Geste der USA aufgefasst werde.

Zehntausend Menschen sind am Abend des 19. Juli am Lincoln Memorial erschienen, um Baez zu hören, und immerhin siebentausend davon machen sich kurz darauf, mit angezündeten

Kerzen in der Hand, auf den Weg zum Weißen Haus. Der beeindruckende, friedliche Schweigemarsch endet mit einem kollektiven Gebet. Alles läuft nach Plan, allein der Hausherr ist nirgends zu erblicken. Joan verlässt den Schauplatz und ist noch nicht in ihrem Hotelzimmer angelangt, als der Präsident auf dem Rasen seines Regierungssitzes bereits seine Entscheidung bekanntgibt, die Flotte loszuschicken und damit dazu beizutragen, dem Leiden vor den Küsten Südostasiens ein Ende zu machen. Sie bekommt den Rest seiner Ansprache gerade noch vor dem Fernsehschirm mit. Ein Gefühl grenzenloser Erleichterung überwiegt den Stolz auf das soeben Geleistete. Das Eingehen auf ihre ungewöhnliche und wohl auch unerhörte Bitte sei wohl, in Baez' Worten, vermutlich ohne die Präsenz so vieler pazifistischer, selbstbewusst auftretender Demonstranten nie erfolgt. Sie preist die noble Haltung des Staatschefs. »Dafür verdient er ein großes Lob.« Ihr Verbindungsmann kündigt ihr noch einen Telefonanruf für den nächsten Morgen um neun Uhr an. Wie verabredet ist Carter dann am anderen Ende der Leitung. Beide sprechen einander großen Dank aus. »Wir gratulierten uns gegenseitig.«

»Als Jimmy Carter Präsident wurde«, berichtet Baez in einem Gespräch mehr als 35 Jahre später, »sagte er, von dem Moment an, in dem er seinen Fuß ins Oval Office setzte, hätten sich all seine Hoffnungen und Träume in Luft aufgelöst. Von da an sei es ein ständiger Kampf gewesen.« An jenem Sommerabend ist zumindest ein Traum wahr geworden und in Erfüllung gegangen – der Traum, dass die vernünftige, zwar völlig unrealistische, aber mit Würde vorgetragene Bitte eines einzigen Bürgers, dass die spontane Bereitschaft zur Versammlung Hunderter, die ein- und dasselbe friedliche Ziel vor Augen haben, eine derartige und unmittelbare Wirkung zeitigen kann. Der Traum, gemeinsam lähmende Ohnmacht zu besiegen. Carter, Baez und die Friedensmarschierer sind kampflos demokratisch tätig geworden. Und haben dadurch, mit vereinter Anstrengung und einer realistischen Maßnahme, Tausende von Meilen entfernt zahllose Leben retten können.

Unbestechlich sein und anständig bleiben

> »Verständigung. Das hat uns noch gefehlt – Verständigung«,
> und er blickte mich so hasserfüllt an,
> dass ich wiederum geschockt war.
> Ich schüttelte meinen Kopf.
> Ich stand vor einem Rätsel.
> »Ich lasse Sie jetzt allein«, sagte ich
> und stand auf, um zu gehen.
> »Und es tut mir leid,
> dass ich Sie mit meinem Singen gestört habe.«
> »Ja!«, sagte der Mann eilig.
> Er wollte das letzte Wort haben.
> »Na, Sie sind wohl richtig pazifistisch, was?
> Richtig pazifistisch.«
> Ich starrte ihn [...] an.
> »Ja«, sagte ich, »ich bin richtig pazifistisch.«
> Und ich ging zur Toilette.

Die Achtziger, denen Baez als Ausgangspunkt für eine neue Generation von Hoffnungsträgern den Song *Children of the Eighties* zueignet, sind ihr europäisches Jahrzehnt. Oder sollte man besser sagen: In den Achtzigern gehört sie Europa? Ihr Heimatland zeigt ihr jedenfalls die kalte Schulter. In Paris strömen mehr als hunderttausend Menschen ins Herz der Metropole, um sie auf der Place de la Concorde zu erleben; in Deutschland, wo man sich um ihre Gastspiele reißt und auf immer neue Zusagen von ihr hofft, füllt sie die Stadien. In Polen wird sie sehnsüchtig erwartet, man mag sie dort gar nicht mehr ziehen lassen; in Island mahnt sie die Staatschefs der beiden Weltmächte singend zur Vernunft; in der Tschechoslowakei hilft sie sanft und behutsam dabei mit, die Samtene Revolution anzuschieben. In der Alten Welt, wo sich für sie eine Tournee an die andere reiht, ist Joan eine feste Größe.

In den USA hat sich dagegen für Baez der Wind deutlich gedreht. »Ich bin eine Fremde in meinem eigenen Land«, lautet ihre unsentimentale Analyse. »Ich trachte immer danach, mich wohlzufühlen, ohne dabei meine Seele verkaufen zu müssen.« Mit reinem Folk, literarisch Selbstverfasstem und ambitionierten Balladen, so bekommt sie zu spüren, lässt sich im hiesigen Musikbusiness kein Blumentopf mehr gewinnen – »Folkmusik gehörte in kommerzieller Hinsicht endgültig der Vergangenheit an« –; kleine, anspruchsvolle Labels mit geringem Verbreitungspotential kommen für sie nicht in Frage, und mit den Verantwortlichen ihrer Interims-Plattenfirma CBS ist es zuvor, wegen einer Kontroverse um geplante Israel- und Palästina-Auftritte, zu einem bedauerlichen Streit gekommen, der für den Fortgang ihrer Karriere wenig förderlich ist. Auf das Niveau heiter-unverbindlicher oder harmloser Pop-LPs mit durchweg positiv gestimmten und noch dazu unverfänglichen *»up« songs,* zu denen man ihr dringend rät, mag sie, die etablierte und seriöse Songwriterin, sich nun wirklich nicht mehr herablassen. Verletzter Stolz mischt sich mit mangelnder Kompromissbereitschaft und dem Einstehen für ihre »ureigene« Musik, in die kaum noch jemand investieren mag. Mit dem Ergebnis, dass sie nun für einige Zeit daheim ganz ohne Plattenvertrag dasteht, lediglich Live-Einspielungen in Europa produzieren kann.

Ihre letzten beiden US-Alben, von schwankender Qualität und ohne überzeugendes Konzept, sind mehr oder weniger gefloppt, die goldenen *Diamonds & Rust*-Jahre schon eine Weile vorbei. Ihre Stimme, die insbesondere in hoher Lage nicht mehr wie auf Kommando funktionieren will, lässt sie ab und zu im Stich, bereitet ihr beträchtliche Sorgen. Auf ihren Garanten, auf ihren Trumpf kann und will sie nicht verzichten. Vorsicht ist angeraten und auch Schonung. Also legt Baez sich erstmals in ihrer Laufbahn einen *voice coach,* einen Stimmtrainer, zu, und als der Experte in Palo Alto, mithin nur wenige Kilometer von ihrem langjährigen Wohnort Woodside entfernt, sie nicht einmal mehr auf Anhieb erkennt und erst bei der Nennung ihres Namens überrascht aufhorcht, ahnt sie, dass ein anderes Zeitalter für sie angebrochen ist. »Damals wusste ich noch gar nicht, wie schwierig es für mich werden würde, künstlerisch zu überleben, während sich eine musikalische Trendwende nach der anderen vollzog.« Die Achtziger geraten für Baez in den Vereinigten Staaten zum Härtetest. »Ich war«, so gibt sie unumwunden zu, einfach »nicht mehr zeitgemäß«.

Was die gesellschaftliche Situation angeht, steht es ebenfalls nicht zum Besten. Die soeben gewählte Reagan-Administration – Ronald Reagan ist US-Präsident von 1981 bis 1989 – gibt den Ton an. Hardliner dominieren Debatten und Kolumnen, Freizügigkeit wie anarchisches Gedankengut sind auf dem Rückzug. Restaurative Tendenzen greifen allerorten um sich, die Bereitschaft zur politischen Mobilisierung wird zunehmend geringer, die amerikanische Jugend wirkt auf Baez oftmals eingelullt, erschreckend konventionell, manchmal apathisch – die gegenwärtigen Weichspültendenzen im Pop sprechen Bände. Doch gibt es mit Punk, New Wave, Dub, experimentellem Reggae und dem zu neuem Leben erweckten Ska auch gegenläufige Trends, wird insbesondere in London und New York ordentlich aufgemuckt. Auf internationaler Ebene bahnt sich unterdessen eine neue Katastrophe an – das atomare Wettrüsten erfährt eine bis dato unbekannte Beschleunigung und wird bald ins Groteske gesteigert, die weltweite Intensivierung der Rüstungsanstrengungen und -ausgaben nimmt absurde und auch gefährliche Züge an. In Europa gehen Millionen auf die Straße, um gegen die Konsequenzen des NATO-Doppelbeschlusses zu demonstrieren und die geplante Aufstellung von Pershing-Raketen mit Nuklearköpfen zu verhindern. Dort, auf den Boulevards der Hauptstädte, vor den Kernkraftwerken und am Eingang der Endlagerungsstätten, geht es inzwischen immer auch darum, »den

Gehorsam zu verweigern« und den immer fragwürdigeren Status quo, seit dem Zweiten Weltkrieg wie in Stein gemeißelt, in Frage zu stellen. Parallel dazu bekommen die ideologischen Fundamente der Ostblockstaaten immer deutlicher Risse, sind die Stätten des Marxismus, auch durch das Versagen von Plan- und Mangelwirtschaft, bald einsturzgefährdet. Als mit dem neuen Generalsekretär des Zentralkomitees der Kommunistischen Partei in der Sowjetunion, Michail Gorbatschow, ein visionärer Realist an die Macht gelangt und mit Prinzipien wie Glasnost und Perestroika jenseits der deutsch-deutschen Mauer einen langsamen, aber stetigen Wandel einleitet, wirkt sein Diskurs wie eine Befreiung aus dem ideologischen Korsett, erblicken viele Beobachter in seinen Formulierungen und Handlungen den Anfang vom Ende, besteht endlich Hoffnung, dass mit der Unterdrückung von Reise- und Meinungsfreiheit Schluss gemacht werden kann und dass auch in den sozialistischen Staaten demnächst politische Vielfalt, freie Diskussionen über gesellschaftliche Veränderung, ein Quäntchen Toleranz und ein echtes Mitspracherecht durchgesetzt werden können.

Baez zeigt sich tatkräftig und hilft mit, wo sie kann. Wenn Amerika momentan auf sie verzichten kann, von der mehrteiligen US-Tournee »Conspiracy of Hope« für Amnesty International einmal abgesehen, wo sie gemeinsam mit Sting, Bono, Bryan Adams und Peter Gabriel unermüdlich für ein besseres, menschenwürdigeres und gerechteres Dasein in Freiheit auch und gerade im Westen wirbt, gibt es andernorts für sie jede Menge zu tun. Sie engagiert sich bei einer Friedensmission für die Anliegen der Palästinenser, ohne dabei die schwierige, konfliktreiche Lage Israels außer Acht zu lassen, und kämpft auf ihre Weise gegen das grausame südafrikanische Apartheid-Regime wie gegen die Verheerungen der AIDS-Krise, in deren Verlauf nicht nur mit irrwitziger Geschwindigkeit und Zerstörungskraft Menschenleben vernichtet werden, sondern auch Ausgrenzung und Stigmatisierung der »Risikogruppen« in beängstigendem Tempo wachsen. Sie leistet Widerstand gegen die unrühmliche, ja perfide Rolle der USA in Nicaragua und widmet den aufständischen, kurz darauf skrupellos ermordeten Studenten vom Pekinger Tian'anmen-Platz, die demokratische Grundrechte eingeklagt haben, einen Song namens *China* – bei aller Poesie und Einfühlung, bei allem Mitleid und Bedauern kommt damit auch unmissverständlich eine schonungslose Anklage zum Ausdruck. Wenige Monate vor dem Berliner Mauerfall ermutigt sie mit einem Konzert in der Tschechoslowakei verunsicherte Dissidenten, was als aufmunternde und solidarische Geste begriffen wird. Mit Liedermachern und kritischen Geistern wie Konstantin Wecker und Bettina Wegner steht sie in Europa von Zeit zu Zeit auf der Bühne, und sie ist auch regelmäßig Seite an Seite mit der »Stimme Lateinamerikas«, der großen Mercedes Sosa, live zu erleben. Zwei Ikonen, die jede für sich die Folklore-Wurzeln und den gelebten Protest eines Halbkontinentes verkörpern; zwei Ausnahme-Vokalistinnen. Zwei eigensinnige Frauen, in deren Wirken das Beste an Amerika sichtbar, hörbar und begreifbar wird.

Im November 1985 stattet sie Polen einen längeren Besuch ab und trifft dabei auch in Danzig mit dem Vorsitzenden der unabhängigen Gewerkschaft, Lech Wałęsa, zusammen, einem Mann, der, als Opponent von Staatschef Jaruzelski und als »proletarischer Reformator«, wie kein Zweiter die Utopie eines friedlichen, grundlegenden Umbruchs in schweren Zeiten mit Mut und Entschlusskraft in Angriff genommen hat und letztlich auch viele seiner zuvor als unmöglich erachteten Ziele verwirklichen konnte. Nur wenige Begegnungen mit auf der ganzen Welt respektierten und verehrten Führungspersonen haben Baez in einen vergleichbaren emotionalen »Ausnahmezustand« versetzt. Von der unverfälschten Zuneigung, die ihr hier in diesem Ostblockstaat entgegengebracht wird, wo Dauerfrost herrscht und die Jugendlichen, was sie amüsant findet, sie keineswegs um Baez-Devotionalien bitten, sondern sie andauernd um Platten und Kassetten der Dire Straits angehen, fühlt sie sich überwältigt. Mit einer derartigen emotionalen Wucht, die sie fast aus der Bahn wirft, hat sie nicht gerechnet. Überall soll und muss sie singen, in Kirchen, in Gemeindehäusern, im Konzertsaal, in Privatzimmern, draußen im Schneefall. Die Menschen können kaum genug von ihr bekommen.

In der Gegenwart Wałęsas, seiner Frau Danuta und seiner Familie, für die sie viele kleine Geschenke mitgebracht hat, fühlt sie sich an das Zusammensein mit Martin Luther King erinnert. Wieder ein warmherziger, gütiger Charismatiker, von einem liebevollen, ihm ergebenen »Clan« umgeben. Wieder ein Ausbund an Authentizität und politischer Willenskraft, wieder ein Mann, dessen Faszinationskraft man sich kaum entziehen – und dem sie auch kaum einen Wunsch abschlagen kann. Wieder ein Friedensnobelpreisträger, der in seinem Leben bei seinem Streiten für Überzeugungen und die Rechte Unterdrückter viel gewagt und riskiert hat, dessen Dasein einem Drahtseilakt gleicht, der weiß, dass er sich unzählige Feinde gemacht hat. Ginetta Sagan ist auch diesmal wieder mit von der Partie, und Baez selbst ist, nach einer strapaziösen Odyssee, die sie über mehrere Länder und Flughäfen aus Fernost über die Emirate, London, Paris und Genf bis nach Warschau geführt hat, bereits am Beginn ihrer Visite am Ende ihrer Kräfte. Ein roter Schal und ein dicker Mantel sollen sie vor der Kälte schützen; umso lieber gibt sie sich der herzlichen Wärme hin, mit der sie in den nächsten Tagen überall empfangen wird. Joan genießt die Hochstimmung, hat das Gefühl, sich hier fallen lassen zu können.

Mit zwei polnischen jungen Gitarristen, die sich vor einem Publikum, das Baez und sie augenblicklich feiert, förmlich in Rage singen und einen ansteckenden Enthusiasmus verbreiten, teilt sie sich die Bühne. Und ist, wie es ihr selten zuvor widerfahren ist, plötzlich wirklich »entzückt«. »Hier stehe ich nun mitten in Danzig« vor zweihundert eingemummelten Zuhörern mit geröteten Gesichtern und strahlenden Mienen, »und da ist nicht die geringste Furcht, nicht das geringste Lampenfieber, nur das überaus angenehme Gefühl, gebraucht zu werden, und das Begehren, meinen Esprit und meine Stimme einer weiteren Gruppe von Menschen zu leihen«, die in einem permanenten Kampf zu leben gezwungen sind und ihr große, ungewöhnliche Wertschätzung entgegenbringen. Auf einmal wird ihr erneut bewusst, dass diese klampfenden Underground-Interpreten neben ihr, mit denen sie zweisprachig *Donna Donna* anstimmt und von denen sie gerade einmal den Vornamen aufgeschnappt hat, ohne Frage direkte Brüder ihrer Kollegen in Guatemala, El Salvador oder Chile sind. Dass es sich, lagerübergreifend, immer um dieselbe Solidarität, dieselben Prinzipien, dieselbe Vision von Freiheit handelt.

Kaum dass der Auftritt vorbei ist, findet sie sich auf einer improvisierten Tanzfläche wieder, wird, von Priestern und Teenagern, als Tanzpartnerin umworben und ordentlich durch die Luft gewirbelt, feiert ausgelassen bis spät in die Nacht und wird dennoch am nächsten Morgen in aller Herrgottsfrühe zur Messe bereitstehen. Um dann, eingerahmt am Altar von Wałęsa und einem Pfarrer, bereits wieder vor einer Gemeinde von frierenden, ergriffenen Leuten in Skianzügen und Fellmützen ihre Stimme zu erheben. Diesmal intoniert sie *Gracias a la vida:* Dabei »passt«, dabei »stimmt« jeder Vers und jede Strophe wie kaum je zuvor. Draußen im Schneetreiben geht es gleich weiter, mit *Ain't Gonna Let Nobody Turn Me 'Round.* Andere Menschen, dieselbe gebannte Aufmerksamkeit. Die Selbstverständlichkeit, mit der Religion hier gelebt und praktiziert wird, verblüfft sie ein ums andere Mal. Und mehr noch, wie rasch sie selbst ein Teil solcher Rituale zu werden vermag. So als hätte sie schon immer dazugehört.

Ein ehemaliger politischer Gefangener händigt ihr einen selbstgebastelten Rosenkranz aus Abfallresten aus, den er während seiner Haft angefertigt hat. Bei kurzen Spaziergängen fragt man ihr Löcher in den Bauch, ist begierig zu erfahren, wie das Leben im Westen, jenseits des Eisernen Vorhangs, wohl aussehen mag. Sie versucht, auf alles eine Antwort oder Erklärung zu finden; sie lernt zwischen offiziellen Reportern und inoffiziellen, aufrichtig interessierten Fragestellern und Intellektuellen zu unterscheiden; sie singt auch noch in der Katholischen Universität zu Lublin, selbst wenn das weitere endlose Autofahrten auf schlechten Straßen mit sich bringt und sie vor Müdigkeit fast umfällt. Ungeduldig, mit unverminderter Begeisterungsfähigkeit, verfrachtet man Baez von einem Schauplatz zum nächsten. Sie lässt es geschehen und »funktioniert«, sie lässt die Kontraste auf sich wirken. So nimmt sie an Fressgelagen teil, hält für die Dauer eines feierlichen Momentes kurz inne, sieht sich dann wieder an den unwahrscheinlichsten Orten von britischen wie amerikanischen Fernsehkameras umringt; sie lässt sich anstecken von der allgegenwärtigen Baez-Euphorie, die augenscheinlich nur Spiegelbild einer ganz »normalen« polnischen Lebensintensität ist: »Ich sagte der Menge, dass ich einen solchen Geist seit den frühen Tagen der Revolution um Dr. King nicht mehr erlebt hätte.« Es wird viel geweint, gelacht, gezecht, praktisch ununterbrochen gesungen und sehr wenig geschlafen in dieser verrückten Woche. »Als ich Abschied nahm, teilten« die gerührten, aber trotz ihres mit Händen zu greifenden Elends auch gefassten Menschen in Danzig, Warschau und Lublin ihr mit, »dass sie es noch immer nicht wirklich glauben konnten, dass ich überhaupt gekommen war.« Humor und Tränen, Schnaps und Gesänge, und immer wieder Händeschütteln, spontane Umarmungen, geflüsterte Dankesbezeugungen, Blicke, denen man kaum standhalten kann. Ein Rausch.

Die Erfahrungen in Polen tragen dazu bei, dass Baez ihr Credo von den zwei Freiheiten entwickelt. Die eine, wie sie jeder US-Bürger oder Westeuropäer kennt, wird als völlig natürlich empfunden und als gottgegeben hingenommen, man erwirbt sie quasi von Geburt an. Nicht mehr als eine Banalität. »Daheim verfügen wir zwar über das freie Rederecht«, beklagt Baez, doch immer weniger Menschen würden davon Gebrauch machen, es ausschöpfen, sich konkret zu etwas äußern oder gar bedeutungsvolle Worte in den Mund nehmen. »Wir haben überall, in sämtlichen Belangen, freie Wahl«, und der überwiegende Teil der Bevölkerung würde sie doch nur äußerst selten nutzen, und wenn, dann meist, um sich für etwas Minderwertiges, wenig Kreatives und selten moralisch Wertvolles zu entscheiden. Mit Achselzucken und Gleichgültigkeit. Um die andere Freiheit muss hart gekämpft und gerungen werden. Sie wird in klitzekleinen Schritten erworben, von denen jeder Einzelne, qualvoll und mühsam, als Triumph empfunden, genossen und gefeiert wird. Eine Freiheit, für deren Erlangung eine bestimmte Geisteshaltung und ein Gemeinschaftsgefühl erforderlich sind, so wie es bei ihrem polnischen Abenteuer, unter Freunden,

Gemeindemitgliedern, Nachbarn, Kollegen und Kameraden stündlich erlebt hat. Sie ist ein Fernziel, ein fragiles Gebilde. Eine Fata Morgana, auf die man nur ganz langsam zuschreiten und der man sich nicht mit Brachialgewalt nähern darf. Baez weist ausdrücklich darauf hin, dass sie mit dieser Unterscheidung und Neudefinition keine Wertung verbinde, keine Einteilung nach »Ost« und »West« vornehmen wolle, sondern dass sie vielmehr einen Kommentar zum Thema Kampf und Anstrengung abgegeben habe. Als sie die Heimat Wałęsas und der tanzenden Priester schließlich hinter sich lässt, kommt es ihr vor, nicht sie habe mit ihrer Präsenz etwas Vages und zugleich Schönes zurückgelassen oder sei der Anlass für den einen oder anderen Hoffnungsschimmer gewesen. Sie selbst ist es, die sich beschenkt und bereichert fühlen darf.

Nur noch in Lateinamerika, in freilich viel brisanterem Kontext, ist sie einige Jahre zuvor von einer ähnlichen Woge der Zuneigung mitgerissen worden, ist man ihr mit einem Vertrauensvorschuss ohnegleichen und mit immenser Aufrichtigkeit begegnet. Nur noch dort, wo jeder Schritt, jede Verlautbarung und jede gesungene Silbe eine echte Gefahr für sie darstellten, schien man mit einer ähnlichen Ungeduld gerade auf sie gewartet zu haben. Legten ihr einfache Menschen, denen man alles entrissen hatte, was ihnen in ihrem Leben etwas bedeutete und an dem sie mit Leib und Seele hingen, ungefragt ihr Schicksal in die Hände, blickten sie erwartungsvoll an, hofften auf ein Zeichen, ein Lächeln, ein Lied. Auf schlichte, aber ungemein bedeutungsvolle Gesten der berühmten, von jeglichen Allüren freien *gringa,* in deren Adern ja gleichfalls ein wenig mittelamerikanisches Blut fließt. Baez trotzt den Drohungen und Einschüchterungsversuchen und macht sich in Argentinien und Chile, ungeachtet eingeschränkter Bewegungsfreiheit und Auftrittsverboten, ihr eigenes Bild von der prekären Lage, singt, am Rande der Legalität, wo immer man sie gewähren lässt. Diese Reise im Jahr 1981 durch Militärdiktaturen und instabile Staaten hinterlässt bei ihr – obwohl sie es auch dort vermocht hat, Verzweifelten Trost zu spenden, hier und da ein Zeichen zu setzen, auf Spanisch ihren Zuhörern Mut zuzusprechen und im dortigen Kollegenkreis ein wenig Zuversicht zu verbreiten – ein ungutes, ein mulmiges Gefühl.

Ihr eilt, außerhalb ihrer Heimat, der Ruf einer unerschrockenen Streiterin voraus. Der aber nichts Abgehobenes anhaftet, die sich gerade nicht unnahbar gibt. Genau dieses Image von Joan Baez – Selbstbewusstsein, Liebenswürdigkeit, Konfrontations-Fähigkeit, Nähe – ist es, mit dem sie die Herzen Namenloser im Sturm erobert und sich zugleich auch Zugang zu prominenten Menschen an den Schaltstellen der Macht verschafft. Mit dem französischen Präsidentenpaar etwa, Danielle und François Mitterrand, verbindet sie eine fast freundschaftliche Beziehung. Mit den beiden Sozialisten, im Hochsommer 1983, im Élysée-Palast zum Lunch zusammenzutreffen und eine Privataudienz in wirklich herzlicher Atmosphäre gewährt zu bekommen grenzt für sie beinahe an eine Selbstverständlichkeit. Baez' Freunde in Frankreich sind ganz aus dem Häuschen, als sie erfahren, dass Joan, der man in den heiligen Hallen in der Rue du Faubourg St. Honoré als Aperitif einen Gin Tonic kredenzt, mit den Mitterrands über Gandhi geplaudert und ihnen sogar ein privates Ständchen dargebracht hat. Gandhi natürlich, *what else?* Politik und Zeitgeschichte sind die beherrschenden Gesprächsthemen. Und, *bien sûr,* Musik. Trivialer Smalltalk ist hier überflüssig. Staatsoberhaupt und Gattin sind einmal mehr von ihr entzückt. Joan hält fest: »Er ist ein kultivierter Intellektueller, ich bin eine kultivierte Zigeunerin.« Nach der kurzen musikalischen Einlage schaut Mitterrand hochzufrieden drein, »und seine Frau«, die sie an einen Kobold erinnert, »lächelt wie ein kleines Mädchen, zufrieden« auch sie. Darüber, dass Baez ihren Mann für fünf Minuten glücklich machen konnte.

Für Baez, von Glamour oder Prunk stets unbeeindruckt und auch nur selten eingeschüchtert, ist jedoch das Wichtigste an dieser Begegnung, dass ihr die zuvor verweigerte, dringend benötigte Genehmigung zum Freilichtkonzert direkt am Obelisken an der Place de la Concorde nunmehr von höchster Stelle versprochen und auch zugesichert worden ist. Und das nur 24 Stunden nach dem französischen Nationalfeiertag! Baez darf ganz allein an dieser legendären Stätte auftreten, obwohl sie zuvor dem Kulturminister einen Korb gegeben hat, indem sie sich weigerte, bei den offiziellen Feierlichkeiten zu singen. Ihr geht es um den fünfzehnten Juli, »ihren« exklusiven Konzerttag. Und eben nicht um eine patriotische Einlage. Mitterrand rühmt, nur wenige Stunden nach dem Treffen, Joan im französischen Staatsfernsehen: »Baez ist eine seriöse Künstlerin und eine ernstzunehmende Kämpferin.« Man habe über Gandhi diskutiert. Die solchermaßen Gepriesene gibt auf dem anderen Sender ein entsprechendes Statement ab, ist ebenfalls des Lobes voll und bestätigt, dass gewaltloser Widerstand ihr Gesprächsstoff gewesen sei.

Am Abend des Fünfzehnten füllt sich der gigantische Platz, auf dem 190 Jahre zuvor Königin Marie Antoinette auf dem Schafott enthauptet wurde, rasant. Am Ende sind an die hundertzwanzigtausend Menschen erschienen, Fans, Jugendliche und Neugierige, um Baez auf Französisch über Martin Luther King und die argentinischen Mütter der Verschwundenen erzählen und dozieren zu hören. Und natürlich auch singen. Joan verausgabt sich, angespornt von der unüberschaubaren Menge. Eine Nacht lang möchte sie »Amerikas Antwort auf Édith Piaf« sein. Aus der Ferne nimmt sie den Arc de Triomphe und die Place de l'Étoile wahr, über die sie als Zehnjährige einst mit ihrem Vater geradelt ist. Und sie beobachtet, wie sich Tausende bei ihren Zugaben erheben, um mitzusingen. »Sie sind voller Hoffnung. Und Hoffnung ist so ansteckend wie Gelächter.« Die Polizei braucht nicht einzuschreiten, keine Zwischenfälle sind zu beklagen. Baez feiert im nächtlichen Paris einen Triumph ohne Beispiel. Glückstrunken schwebt sie am nächsten Morgen durch die Hotelflure, einen Song aus *My Fair Lady* auf den Lippen. Übermütig tanzt sie an der Rezeption vorbei, verwandelt Trottoir und Straße in eine Musical-Bühne, platzt in einen Friseursalon hinein und singt dabei immer weiter. *I Could Have Danced All Night.* Wenn es nach Joan ginge, würde sie am liebsten das ganze Jahrzehnt so weitertanzen. Und weitersingen. In Europa. Wo von ihrem heimatlichen Karriereknick nichts, aber auch gar nichts zu spüren ist.

***

Extrem wohlhabend wird sie mit ihren Tourneen vor einem Massenpublikum, mit Demos, Friedens-Aktionen sowie ihrer rastlosen Reise- und Auftrittstätigkeit nicht. Volle Stadien und Plätze sind kein Garant für ein prall gefülltes Konto. Und die Präsenz unzähliger, durch sie entflammter Aktivisten bei ihren Abenden und Gastspielen ebenso wenig. »Gemessen am Standard einiger meiner Kollegen bin ich nicht sehr reich. Ich habe nie Geld gespart.« Ferner habe sie jahrelang ausschließlich Benefiz-Konzerte gegeben – wie eben jenes in Paris. »Eines Tages wachte ich auf, und das Geld war alle. Jetzt reicht es gerade zum Leben«, räumt sie bei einem Gespräch mit dem *Stern* im Mai 1984 ein. Sie müsse außer einem Haus und einem Kind auch noch eine Organisation für weltweite Abrüstung und Menschenrechte unterhalten. »Das kostet enorme Summen, aber ich lebe gut.«

1982 lernt sie, vermittelt durch Mimi und deren karikativen Verein Bread and Roses, einen vierzehn Jahre jüngeren Mann kennen, der schon damals, obschon erst 27, mehrfacher Millionär ist und später zu den reichsten, einflussreichsten Personen der ganzen Welt werden sollte: den Unternehmer und Apple-Mitgründer Steve Jobs. Neben ihrer Liaison mit dem Grateful Dead-Drummer Mickey Hart ist die kurze Beziehung zu Jobs Joans zweite »Promi«-Affäre in den Achtzigern. Nur auf den ersten Blick scheinen den brillanten Tüftler und ehrgeizigen Geschäftsmann Welten von seiner neuen Begleiterin zu trennen – wie Baez ist auch Jobs, ein großer Verehrer von Dylan und den Beatles, schließlich stark von der Westküsten-Gegenkultur geprägt. Monatelang ist Jobs, der lässige Kleidung bevorzugt, traditioneller westlicher Weltanschauung eher skeptisch gegenübersteht und sich zeitweise sogar als Frutarier ernährt, als Jugendlicher in Indien unterwegs gewesen, wo er sich intensiv mit alternativen Lebensformen und außereuropäischen Religionen beschäftigt hat. Inzwischen ist er dabei, mit bahnbrechenden Erfindungen der Kommunikationstechnologie, für deren Weiterentwicklung und Verbreitung er sich unermüdlich stark macht, die

Welt umzukrempeln und radikal zu verändern. Wie Baez, wenn auch mit einem völlig anderen Ansatz, schwebt ihm ein Planet Erde vor, auf dem friedfertige und damit »bessere« Menschen Kontakt zueinander aufnehmen können. Anstatt einander, sei es aufgrund von Hass, Unwissenheit oder Ignoranz, ständig zu misstrauen. Aus Anti-Establishment, Jobs geistiger Herkunft und Heimat, wird in seinem Fall, durch Ambitionen und Instinkt für richtige Entscheidungen und die Bedürfnisse anderer, innovatives Establishment.

Gibt Baez' langjährige Verbindung zu Dylan den Ausschlag dafür, dass Jobs, der schon zuvor gern ihre Konzerte besucht hat, auf Joan ganz besonders neugierig wird und sich schließlich so sehr für sie interessiert, dass die beiden bald ein Paar werden? Sieht der Aufsteiger in ihr etwa eine potentielle »Secondhand«-Geliebte, ein »Medium« zwischen Dylan und sich selbst? »Das Ganze entwickelt sich zu einer ernsthaften« Romanze »zwischen zwei Leuten, die durch Zufall Freunde und dann Liebende wurden«, beschreibt Jobs später einmal, eher grundsätzlich und wohl auch ein wenig gerührt, das Zustandekommen ihres Verhältnisses. Und ganz gewiss ist er auch davon angetan, dass Baez, wie sein Biograph Walter Isaacson es formuliert hat, »attraktiv, humorvoll und talentiert« ist. Mit ihrer starken Persönlichkeit und ihren Überzeugungen verfehlt sie ihre Wirkung auf den genialen Technik-Freak nicht, sie beeindruckt den visionären Nerd. Für Baez wiederum ist der junge Jobs ein Mann der Irritationen und Überraschungen. Er bezeichnet beispielsweise Schreibmaschinen als vorsintflutlich, womit er ihr ungewollt deutlich vor Augen führt, dass sie aus seiner Sicht eine Art Steinzeit-Erscheinung darstellen muss. Stolz führt er ihr deshalb im Büro seiner Firma den bislang streng geheim gehaltenen Prototyp des Macintosh vor, ein Privileg, das nur sehr wenigen gewährt wird. Jobs' Teamkollegen sind ob dieser plötzlichen Offenherzigkeit einigermaßen fassungslos. Und auch zum Geld besitzt der schwerreiche Youngster unverkennbar ein eigenartiges Verhältnis: Bei einem Dinner mit Baez preist er zu ihrer Überraschung ein schickes rotes Ralph-Lauren-Kleid, das ihr ausgezeichnet stehen würde, in den höchsten Tönen und verspricht, sie auf der Stelle in die Nobelboutique zu fahren, damit sie es persönlich in Augenschein nehmen könne. Wo er nach dem Eintreffen in der Stanford Mall gleich für sich selbst ein paar Hemden kauft, Baez, bei der er die Vorfreude auf ein exklusives Präsent geweckt hat, unterdessen zur Anprobe des roten Traumkleids drängt, sie in dem Dress denn auch hinreißend findet und – es ihr nicht etwa schenkt, sondern stattdessen, noch während er seiner großen Bewunderung Ausdruck verleiht, sie selbst zum Kauf ermuntert. Baez ist ziemlich verdattert. Ihr Einwand, sie könne sich ein so teures Gewand nicht leisten, bleibt unbeantwortet. Und wann immer Jobs ihr einen Blumenstrauß verehrt, legt er Wert auf die Feststellung, dass es sich dabei um ein Firmenpräsent anlässlich einer Geschäftsveranstaltung handele, das er nicht verwaist im Büro zurücklassen wolle. Was er damit bezweckt, bleibt geheimnisvoll und rätselhaft. Verehrung und Großzügigkeit sehen anders aus ...

Womöglich verbirgt sich hinter solcher Schroffheit und einem solchen Mangel an Takt oder an Gentleman-Attitüde die Furcht, Gefühle zu offenbaren. Von Charme, Höflichkeit und Verführungskunst zeugt ein solches Verhalten jedenfalls nicht. Auch von Jobs' Behauptung, sein NeXT-Computer könne ebenso gute, wenn nicht bessere und vor allem genauere Musik produzieren als lebende, echte Instrumentalisten und Vokalisten – was er ihr daheim am Beispiel eines Brahms-Quartettes zu veranschaulichen versucht –, ist sie wenig erbaut. Entrüstet schildert sie den Vorfall, der sich in ihrem Domizil in Woodside zugetragen hat: »Er steigerte sich in eine leidenschaftliche Begeisterung hinein, während ich im Zorn versank und nur noch dachte: ›Wie kann man Musik nur derart in den Schmutz ziehen?‹« Wie beleidigend eine solche Vorführung auf eine der weltweit wichtigsten lebenden Interpretinnen wirken muss, scheint ihrem neuen Freund gar nicht klar zu sein. Schließlich überwiegen die Wesensverschiedenheit, der Altersunterschied und gegensätzliche Vorstellungen von einer gemeinsamen Zukunft. Jobs' Kinderwunsch und die kategorische Weigerung von Baez, die ihn ab und zu mit ihrem vierzehnjährigen Sohn Gabriel zusammenbringt, mit Anfang Vierzig noch einmal

Mutter zu werden. Jobs' Vorstellung von einem stabilen, behüteten Familienleben und Baez' Bedürfnis nach permanenter Unabhängigkeit. Joan rekapituliert: »Er war romantisch und hatte gleichzeitig Angst davor, romantisch zu sein.« Und Jobs kommt nicht umhin festzustellen: »Wir waren nicht füreinander bestimmt. Ich dachte, ich wäre verliebt in sie, aber eigentlich hatte ich sie nur sehr gern.« Gegenüber Freunden äußert er manchmal, Baez und ihre Texte, die er ständig mit Dylans *lyrics* vergleicht, seien ihm nicht »politisch« genug – obschon man gerade ihr den Vorwurf mangelnden Engagements kaum machen kann. Doch für rationale Einwände ist es bereits zu spät: Die Trennung folgt auf dem Fuß. Immerhin findet Jobs in der Danksagung am Ende von Baez' 1987 erschienenem Memoirenband freundliche Erwähnung – eine Ehre, die dort nur sehr wenigen zuteilwird. Nicht ohne Ironie heißt es dort: Für Steve Jobs, »der mich zwang, ein Textverarbeitungssystem zu benutzen, indem er mir eins in meine Küche stellte«. Beim Abfassen ihrer Erinnerungen ist es ihr offenkundig doch von Nutzen gewesen. Als Jobs, der auch mit Dylan gelegentlich persönlich zusammentreffen wird, dann, Jahre später, im Oktober 2011 mit erst Mitte Fünfzig seinem schweren Krebsleiden erliegt, zählt Baez mit Yo-Yo Ma und Bono von U2 selbstverständlich zu den Musikern, die es sich nicht nehmen lassen, ihm bei seiner Trauerfeier mit ihren Beiträgen das letzte Geleit zu geben.

***

Die Achtziger sind aber nicht nur von Resignation und Lethargie bestimmt. Es beginnt, maßgeblich eingefädelt und organisiert von Bob Geldof, dem Lead-Sänger der irischen Boomtown Rats, auch eine Ära der globalen Benefizkonzerte in den Eighties. Weltumspannende Events, mit denen, unter Einsatz der Massenmedien und durch Live-Schaltungen von Shows auf gleich mehreren Kontinenten, Stars der Pop-, Rock-, Soul-, Disco- und Jazz-Szene ihre Kräfte bündeln, um in den saturierten westlichen Staaten die Aufmerksamkeit auf internationale Konflikte zu lenken und an die

Hilfsbereitschaft der ansonsten Gleichgültigen zu appellieren. Um ungeahnte Energien für den Kampf für Gerechtigkeit zu mobilisieren, Geld für an akuter Armut leidende, unterdrückte oder von schlimmer Hungersnot bedrohte Menschen zu sammeln. Und das mit einem Mega-Event, das ausschließlich mit spartenübergreifender Harmonie, maximaler Friedensbereitschaft, aufregender Unterhaltung und guter Musik aufwarten und einen substantiellen und dabei politisch weitgehend »neutralen« Beitrag leisten kann. George Harrison hat anderthalb Jahrzehnte zuvor, in noch vergleichsweise bescheidenem Rahmen, 1971 mit seinem Doppel-»Concert for Bangladesh« im New Yorker Madison Square Garden vorgemacht, wie so eine Veranstaltung aussehen und erfolgreich ablaufen kann; 1985 erfolgt mit Live Aid, das nahezu zeitgleich in London und Philadelphia vor geschätzt 170 000 Zuschauern über zwei Bühnen geht und von knapp zwei Milliarden Fernsehzuschauern an den Bildschirmen miterlebt wird, dann die Solidaritäts-Aktion der Superlative. Eine großartige Idee, eine außergewöhnliche logistische Herausforderung, ein Simultan-Spektakel, das alle Dimensionen sprengt.

Boy George von Culture Club ist ursprünglich der Initiator gewesen, auch wenn er letztlich nicht zu den Mitwirkenden gehört; nunmehr aber präsentiert sich ein Star-Aufgebot der Sonderklasse vor einem begeisterten Publikum, das nie zuvor in der jüngeren Geschichte – und auch so schnell nicht wieder – am selben Nachmittag und Abend unter anderen Sting und Bryan Ferry, Sade und Phil Collins, Queen und David Bowie, Elton John und The Who, Paul McCartney und Elvis Costello, U2 und den Dire Straits zujubeln darf. Und das ist nur die britische Hälfte: das kaum glaubhafte, sensationelle Programm vom Wembley Stadium nämlich. In Philadelphia produzieren sich, minimal zeitversetzt und in ebenso sensationeller Häufung, Black Sabbath und die Beach Boys, Bryan Adams und Billy Ocean, die Four Tops und Judas Priest, Santana und die Simple Minds, Madonna und Neil Young, Tom Petty und Pat Metheny, Eric Clapton und Led Zeppelin, Duran Duran und Crosby, Stills & Nash, Keith Richards und Bob Dylan, Mick

Jagger und Tina Turner. Wie gesagt: Bei dieser Auflistung handelt es sich lediglich um eine Auswahl! Die Crème de la Crème, die Besten aus der Rock- und Pop-Geschichte haben sich – in wilder Mischung – zu einem guten Zweck versammelt, bilden eine einmalige »international family of artists«, werden vom selben »spirit« animiert.

Bezeichnend ist selbstredend auch, wer unter den vielen Persönlichkeiten des Showbusiness an diesem heißen Julitag nicht mit von der Partie ist, wer erst gar nicht gefragt worden ist, wer sich geweigert hat zu kommen, wer wenig oder nichts von der ganzen Aktion hält, wer Live Aid rundheraus ablehnt oder boykottiert, wer in letzter Minute absagt oder die Veranstalter durch sein ewiges Hin und Her brüskiert. Gründe fürs Fernbleiben – nachzuvollziehende, unverständliche und kleinliche –, gibt es genug. Vermisst werden beispielsweise Bruce Springsteen und die Eurythmics, Diana Ross und The Smiths, Ringo Starr oder die Talking Heads. Der eine oder andere Ego-Trip, die eine oder andere Empfindlichkeit, auch unter den Organisatoren und Veranstaltern, lassen sich – ebenso wenig wie strategische Entscheidungen und Eifersüchteleien, Terminprobleme, Ressentiments, Eitelkeiten, Überspanntheiten und narzisstische Spielchen – nicht in Gänze umgehen. Und sind bei der Menge der Akteure wohl auch unvermeidlich. Sei's drum: Wer mitmacht, hat an einem unvergesslichen Konzert, das in dieser Form und Zusammensetzung nicht mehr zu übertreffen sein dürfte, teilgenommen, hat das Ereignis aufgewertet und kann stolz darauf sein.

Eine weitere schöne Geste: Sowohl der Londoner als auch der amerikanische Teil werden von einem vielstimmigen Chor aus lauter Berühmtheiten beschlossen. In Wembley erklingt im Finale natürlich *Do They Know It's Christmas?*, die Bestseller-Single vom Vorjahr, deren Erlöse in Millionenhöhe den Opfern der Hungersnot in Äthiopien zugutegekommen sind, gesungen von einer seinerzeit spontan zusammengewürfelten Star-Truppe namens Band Aid; im JFK Stadion stimmt das prominente Team USA for Africa das Pendant an: den von Harry Belafonte inspirierten, von Quincy Jones produzierten sowie von Lionel Richie und Michael Jackson geschriebenen Folge-Song *We Are The World*. Auch er wird rasch zum globalen Hit. Wer aber wäre besser geeignet, den amerikanischen Part dieser gewaltigen Rock- und Pop-Session mit zwei Hymnen zu eröffnen als Joan Baez? Joan, die wie keine Zweite so glaubwürdig wie authentisch den Brückenschlag von den friedensbewegten, anarchischen Sixties zur Jetztzeit schlagen kann. Kein Geringerer als Jack Nicholson fungiert als sonnenbebrillter, süffisant lächelnder Ansager und kündigt auf charmante Weise »die unvergleichliche« Joan Baez an.

Die aufgeputschte Menge in Philadelphia, hochgestimmt und voller Erwartung, der Gluthitze im Stadion ausgesetzt und die Vorfreude genießend, bricht in frenetischen Jubel aus, als sie ihnen gegenübertritt. In eher bravem Outfit: Kurzhaarfrisur, blaue Bluse, safrangelber weiter Rock, breiter, genieteter Ledergürtel, viele Armreifen. Ihren Hals ziert ein aufwendiges silbernes Geschmeide. Mitgebracht hat Baez den Leuten in der ganzen Welt wie immer nur ihre Stimme – nicht einmal eine Gitarre – und eine fantastische Botschaft, die zur Kernaussage der gesamten Veranstaltung werden sollte: »This is YOUR Woodstock!« Lange überfällig sei es bereits gewesen, aber jetzt sei es endlich wieder so weit. Keine Neuauflage, sondern eine Erweiterung. Diesmal geht es auch um Altruismus und gute Taten, nicht – wie damals – überwiegend um Selbstbezogenheit, Aufgekratztsein und »a good time«. Oder nur um den Groove. Bestimmt und gedacht sei Live Aid zuallererst für die »Kinder der Achtziger« und erst dann auch für alle anderen Generationen von *music lovers*. Anlass zur Euphorie allemal. »It's a good cause, and a day worth remembering«, hat es Albert Baez seiner Tochter gegenüber noch während des Konzertes auf den Punkt gebracht. Es dreht sich um eine gute Sache, und es handelt sich um einen Tag, der in der kollektiven Erinnerung stets eine besondere Rolle spielen wird.

Vieles ist bemerkenswert an Baez' nur siebenminütigem Gastspiel, das wie ein Doppelpunkt zu Live Aid aufgefasst werden kann, wie eine Botschaft, die für alle nachfolgenden Beiträge Gültigkeit besitzt: ihre kämpferische kurze Rede zu Beginn. Ihre

Vergegenwärtigung der verzweifelten Lage für die Opfer im fernen Afrika. Ihre mahnenden Kommentare, die auch ein Appell an die große Verantwortung aller an diesem Tag Feiernden sind, an die Dringlichkeit und Wichtigkeit des Anlasses, an den humanitären Charakter des Spektakels. Ihre kontrollierte A-cappella-Darbietung des Klassikers *Amazing Grace* und der brandneuen Hymne *We Are The Children* – letztere dient schon als Vorbereitung für den späteren kollektiven Schlusschor. Zwei Soli, denen man anfangs mit eher verhaltener Sympathie begegnet. Ihre Aufforderung zum Mitsingen, die augenblicklich als Einstimmung auf den solidarischen Charakter des gesamten Events verstanden wird. Ihre Unbeirrbarkeit, mit der sie die immer unruhiger werdenden Zuhörer, die bereits ungeduldig auf den Auftritt der ersten Rockbands warten, noch eine Weile in Schach hält. Nicht ohne eine Spur Zurückhaltung und Distanz, wenn sie später über ihre mal gelassene, mal autoritäre Haltung selbstkritisch urteilt: »Immer verlange ich, dass sich die Leute politisieren. Dabei sollte ich mich damit zufriedengeben, dass sie bereit sind, ein wenig zu teilen und abzugeben, bereit auch, sich ein wenig zu beteiligen.«

Baez wird erhört: Die nassgeschwitzten Menschen zu ihren Füßen beteiligen sich tatsächlich. Sie nehmen wirklich Anteil am Schicksal der weniger privilegierten Erdenbürger auf dem schwarzen Kontinent. Denn Joans phänomenale Ausstrahlung wird für die meisten unter ihnen, Strophe für Strophe, immer stärker spürbar – ihr Gesang wirkt unverbraucht und nicht etwa nostalgisch oder angestaubt. Weder exaltiert noch unbescheiden. Nein, nicht als lebende Legende erleichtert Baez den Zuhörern den stilistischen Übergang von den *tunes* und Traditionals der *good old sixties* zu den mittlerweile ungleich populäreren Rockballaden der Siebziger und Achtziger, wie sie die nächsten Stunden bestimmen werden, sondern als Mittvierzigerin, die auf dem Teppich geblieben ist und sich auch zu bescheiden weiß. Die ihre neue Rolle als Vermittlerin, Zeitzeugin und diskretes Sprachrohr nur zu gut kennt und sich am Ende des Festtages als eher unscheinbare Chorsängerin in das All-Star-Finale einreihen wird. Hinter den Kulissen kreuzt sie Dionne

Warwick, Cher und Chrissie Hynde, junggebliebene Veteraninnen auch sie; aus den Augenwinkeln nimmt sie Ausschnitte eines Fernsehinterviews mit ihrem alten Freund Udo Lindenberg wahr, das simultan in Deutschland, als Beitrag zur Unterstützung von Live Aid, gesendet wird – ein starkes politisches Statement. Miami-Vice-Star Don Johnson rennt an ihr vorbei und auch die britische Sängerin Sheena Easton. Liebenswertes Chaos regiert. Niemand weiß genau, wer sich beim Finale mit wem dasselbe Mikro teilt, wer welche Zeile aus dem rührseligen Schluss-Song übernimmt.

Joan ist, als sich der Solidaritäts-Event seinem Ende zuneigt und sie lediglich ein paar Silben von diesem letzten Lied »abbekommt«, nur noch eine von vielen hier in Philadelphia. Wo niemand erschienen ist, um sie vom Flughafen abzuholen, wo sie auch der Taxifahrer nicht sofort identifizieren kann. Andere und Jüngere, so ahnt Baez bereits, werden ihre Mission auf andere Weise, mit veränderten Mitteln fortsetzen. Sie hat ja, lange zuvor, schon so unendlich viel erreicht. Heute hat sie das ihre dazu beigetragen, dass der Esprit der Bürgerrechtsbewegung und der Geist von Woodstock, den an diesem denkwürdigen Abend ihre alten Woodstock-Weggefährten Santana, The Who und David Crosby ebenfalls wiederzubeleben versuchen, auch durch die Stadien von Wembley und JFK weht.

Amüsiert und mit Understatement blickt sie, für einen Moment innehaltend, auf ihre bisherige Lebensleistung zurück. So als handle es sich um eine Bagatelle: »Irgendwer musste die Welt ja verändern. Und offenbar war ich diejenige für diesen Job.«

Wege zur Wahrhaftigkeit: Klassiker und Standards

Kann man sich ein Baez-Konzert oder auch nur einen Baez-Kurzauftritt ohne *Joe Hill* überhaupt vorstellen? Unermüdlich erzählt sie, Jahr um Jahr, immer neuen Zuhörern in dieser schlichten Moritat von dem Gewerkschaftsaktivisten, Arbeiterführer und Liedermacher gleichen Namens, der als Joseph Hillström (eigentlich Joel Hägglund) aus Schweden nach Amerika eingewandert war, um dann als zu Banjo-, Gitarren- oder Akkordeonbegleitung singender Wanderarbeiter durch die Vereinigten Staaten zu ziehen. Von New York über Chicago nach Kalifornien und Utah. Aufgrund eines skandalösen Justizirrtums wurde Hill, Mitglied der radikalen Gewerkschaft Industrial Workers of the World, Anführer einer Baugewerkschaft und Autor beliebter Folksongs, die im sogenannten »Little Red Songbook« Eingang fanden, im Mormonen-Staat wegen eines Mordes angeklagt, den er aller Wahrscheinlichkeit nach nie begangen hatte. Als vermeintlicher Rädelsführer und Querulant war er bereits zuvor in Ungnade gefallen; nun verurteilte man ihn sogar zum Tode. Hill lehnte es ab, ein womöglich aussichtsreiches Gnadengesuch einzureichen, das immerhin vom amerikanischen Präsidenten Woodrow Wilson und einem schwedischen Diplomaten befürwortet worden war. Er wollte jedoch nicht betteln oder begünstigt werden, sondern wünschte sich einfach, dass ihm Gerechtigkeit widerfahre. Seinem Ende sah er gefasst entgegen. Gerade erst 36 Jahre alt, wurde er im November 1915 im Gefängnis von Salt Lake City durch Gewehrsalven hingerichtet. Bis zur letzten Minute schrieb und dichtete der stolze, unerschütterliche »workers' poet« Hill ohne Unterlass.

In der zu seiner Ehre verfassten Ballade, 1925 von Alfred Hayes getextet und 1936 von Earl Robinson vertont, wird von merkwürdigen, ja surrealen Erscheinungen erzählt: Mehr als zehn Jahre nach seinem Tod ist Hill, der dem Sänger oder der Sängerin als Wiedergänger begegnet, lebendiger als je zuvor. Gleich mehrfach bezeichnet er sich als unsterblich. Er proklamiert, dass er fortan überall dort präsent sei, wo die Rechte von Arbeitern mit Füßen getreten werden und unverzüglich Widerstand gegen die Obrigkeit oder die Firmenleitung organisiert werden muss: »Where working men defend their rights, it's there you find Joe Hill.« Rationale Einwände des oder der Träumenden schlägt er in den Wind, indem er wider alle Logik selbstbewusst konstatiert: »I never died.«

Obwohl die eingängige Moritat, eine leicht verständliche Parabel über die Notwendigkeit der Wahrnehmung von Arbeiterrechten, bis dato schon mit ihrer Interpretation durch den schwarzen Sänger und Bürgerrechtler Paul Robeson und auch durch Pete Seeger in Verbindung gebracht wurde, ist sie erst durch Joan Baez – wie ihr Protagonist selbst – endgültig zur Unsterblichkeit gelangt. Sie eignete sie sich an, als sie sei persönlich von Hills Schicksal und dessen posthumer Verklärung betroffen; der Song scheint förmlich mit ihr verwachsen. Unvergessen, wie sie *Joe Hill* 1969 bei ihrem denkwürdigen nächtlichen Woodstock-Gastspiel mit größtmöglicher Intensität vortrug, kurz bevor ein schweres Sommer-Unwetter einsetzte. Viele, die ihren Werdegang aufmerksam verfolgt haben, halten diese Darbietung für die womöglich beste, gelungenste Performance ihrer gesamten Laufbahn. Baez war damals schwanger, trug die Haare ungewöhnlich kurz und wirkte zerbrechlich, fast zwergenhaft auf der gigantischen Festival-Bühne. »Gänsehaut«-Stimmung kam auf – hier passt der abgegriffene Ausdruck wirklich einmal. Und sie fand, nachdem sie soeben öffentlich wieder von Joe Hill geträumt hatte und bevor die ersten Sturmböen und heftigen Regengüsse die Leute auf dem

Rasen vor ihr überraschten, gerade noch Zeit, ihren Zuhörern von den Haftbedingungen ihres Ehemanns David Harris zu berichten.

Harris, der als Gründer der Anti-Wehrpflichtbewegung The Resistance landesweit zu Ungehorsam aufgefordert hatte und wie Baez zahllose junge Einberufene dazu bewegte, nicht zur Musterung zu erscheinen, damit sie sich danach nicht in Vietnam bei einem Himmelfahrtskommando in den sicheren Tod schicken ließen, saß damals wegen Kriegsdienstverweigerung (»draft evasion«) in verschiedenen Bundesgefängnissen ein. Dort organisierte er Hungerstreiks, bevor er 1970 auf Bewährung vorzeitig entlassen wurde. »Im Gefängnis«, so Harris, »habe ich zwar meine Ideale eingebüßt, nicht aber meine Prinzipien verloren.« Nicht von ungefähr war *Joe Hill,* wo aus dem Gewerkschaftler erst ein Märtyrer und dann ein Heiliger oder Geist wird, Harris' Lieblingslied. 1969/70, noch während Harris' Gefangenschaft, spielte Baez es für ihr Nashville-Album *One Day At A Time* ein – diese ein wenig verharmlosende, vor sich hin plätschernde Country-Version konnte jedoch kaum mit der vorbildlichen Interpretation konkurrieren, die sie Monate vorher in Woodstock abgeliefert hatte: Selten hatte ihre Stimme klarer und reiner geklungen als dort, selten ging ihrem Publikum die Botschaft dieses Liedes so sehr unter die Haut wie dort. Schwer zu sagen, ob die herausragende Qualität der Vorstellung an den spezifischen Umständen der Gewitternacht oder an der konkreten biographischen Situation der Baez gelegen hatte, die wenige Woche vor der Entbindung auf die Anwesenheit ihres Mannes verzichten und, was ihre gemeinsame Zukunft anging, derzeit mit großer Ungewissheit zurechtkommen musste. Joe Hill erweckte sie für die Menschen an jenem Abend jedenfalls wieder zum Leben: Leibhaftig stand er vor ihnen.

Spätestens vom Erscheinungsdatum der LP an war *Joe Hill* aus ihrem Repertoire nicht mehr wegzudenken; seither vergeht kaum ein Jahr, in dem sie das Lied nicht mindestens ein Dutzend Mal vorträgt und ihr Publikum dabei zum Mitsingen einlädt – bevorzugt natürlich bei Demos, Kundgebungen und Gedenkveranstaltungen. Immer dort eben, wo dringend an die mahnende, ermunternde

Stimme und die unnachgiebige, optimistische Haltung des jungen schwedischen Kämpfers erinnert werden muss.

Nur wenige andere Titel haben sich derart rasch zu Baez-Klassikern gemausert: Neben Standards wie dem weltbekannten Folk-Song *House of the Rising Sun*, in dem vor einem Bordell in New Orleans gewarnt wird, und der alten, berührenden Ballade *Silver Dagger*, in der ein Mädchen mitsamt seiner geschundenen, enttäuschten Mutter energisch seine Jungfräulichkeit verteidigt, sich an ein Unschulds-Gelübde gebunden fühlt und einen Freier zurückweist, verleibte sie sich in den frühen Jahren ihrer Karriere auch *There But For Fortune* ein, einen nachdenklich stimmenden Protestsong von Phil Ochs (1963). Ihre Einspielung davon sollte ihr 1965 sogar einen Single-Hit bescheren. Thematisch scheint *There But For Fortune* direkt an *Joe Hill* anzuknüpfen. Baez und Ochs besingen darin in vier Episoden beispielhaft unterschiedliche Ausprägungen menschlichen Leids – einen Gefangenen mit fahlem Antlitz, dem die Zukunft auf ewig verbaut ist und dem man keine Chance mehr gibt; einen Landstreicher, der dazu verurteilt ist, im Regen oder auf der Straße zu schlafen oder in einem offenen Güterzug-Abteil unterzukommen; einen Trunksüchtigen, der seinen Whisky verschüttet, den man daraufhin aus der Kneipe herauswirft und der draußen dann ins Straucheln gerät; ein namenloses Land, das von einer fremden Macht bombardiert wird und von dem nichts als Ruinen und Trümmer übrig bleiben. Alle genannten Schicksale münden in Hoffnungs- und Perspektivlosigkeit. »Nur, weil wir Glück gehabt haben, sind wir nicht auch dort gelandet«, heißt es am Ende des Refrains. Purer Zufall. »Sonst wären wir jetzt auch dort – du oder ich, du und ich.« Fatalismus aber ist nicht hinnehmbar. Wir alle sind dazu aufgefordert, dafür zu sorgen, dass solche Fallgeschichten und niederschmetternden Begebenheiten für alle Zeit der Vergangenheit angehören.

Von ähnlichem Zuschnitt – resignativ, anklagend, aber auch zart und einfühlsam – ist Malvina Reynolds' *What Have They Done to The Rain?*, das Baez bereits 1962 live vortrug und das auf ihrem ersten offiziell publizierten Konzertmitschnitt enthalten ist. Ohne einzelne technische Details explizit zu thematisieren, prangert der in einfacher Sprache gehaltene Song, der strukturell einem banalen Kinderlied oder auch Pete Seegers Friedenshymne *Where Have All the Flowers Gone?* gleicht, die stark umstrittenen Kernwaffenversuche im Weltall an. Bei solchen, seinerzeit regelmäßig durchgeführten Atomtests wurden, insbesondere bei den »Starfish Prime«-Versuchen über dem US-amerikanischen Johnston-Atoll im Nordpazifik, als »Abfallprodukt« verseuchte Staubpartikel frei, die als feiner radioaktiver Niederschlag (»fall-out«) über den Testgebieten niedergingen, aber auch weltweit, im Regen nämlich, nachzuweisen waren. Aus der naiven Perspektive eines traurigen, immer erneut nachfragenden Kindes gehen Reynolds und Baez der Beschaffenheit dieses »entstellten«, ja besudelten, in seiner Beschaffenheit veränderten Regens nach und damit auch den verheerenden Konsequenzen dieser fragwürdigen Nuklearexplosionen insgesamt. Wieder ein Lied, das – trotz seiner »unschuldigen« Gestalt – mit quälendem Nachdruck den Ursachen und Bedingungen für (vermeidbare) Katastrophe auf den Grund geht. Wieder ein Song, der nicht lockerlässt; ein existentieller Song, der letzten Endes der Wahrheitsfindung dient.

Eine weitere Gruppe von Folk-Standards und Neukompositionen, die im Laufe der Jahre Klassiker-Status erringen sollten, verbindet Baez mit dem schottischen Liedermacher Donovan und mit ihrer Schwester Mimi. Als Duo trugen Mimi und Joan mehrfach schon früh den ersten großen Hit Donovans überhaupt, *Catch the Wind,* zweistimmig vor. Noch 2014 war er, längst Meilenstein der jüngeren Folk-Geschichte, fester Bestandteil von Baez' Solo-Programmen, und sie sang *Catch the Wind* sogar anlässlich ihres Jubiläumskonzertes zu ihrem 75. Geburtstag in New York. Wie Donovan interpretierte im Übrigen auch sie *Donna Donna,* das ursprünglich in jiddischer Sprache verfasste Gleichnis eines zur Schlachtbank geführten Kälbchens mit seinen deutlichen Bezügen zum Schicksal der Juden zur Zeit des Holocaust, auf Englisch – ein neuerlicher Erfolg für ihren jüngeren Kollegen, ein Standard bald auch für sie. Und wiederum ein Meilenstein innerhalb der jüngeren Geschichte des Folk-Songs: *Donna Donna* (ursprünglich Dana, Dona oder hebräisch Donaj, also Adonai) gehört weltweit inzwischen längst zum musikalischen Allgemeingut, ist von überzeitlicher Bedeutung.

Donovan und Baez waren sich 1965 anlässlich von Dylans – aus ihrer Perspektive unseliger – England-Tournee begegnet, wo beide sich auf einmal zu Statisten degradiert sahen. Sie freundeten sich an und standen dann, noch im selben Jahr, in Amerika auf der Bühne: beim Newport Folk Festival, wo sie sich alles andere als überflüssig vorkamen und wo Donovan seine Titel *Colours* und natürlich *Catch the Wind* präsentierte. Nichts lag also näher, als für den Eröffnungs-Titel ihrer LP *Joan* von 1967 einen weiteren Song von Donovan auszuwählen: *Be Not Too Hard*. Donovan hatte ihn für den Soundtrack des Ken-Loach-Films *Poor Cow* komponiert und dafür ein Gedicht des britischen Poeten Christopher Logue verwendet. Es ist ein melancholisches, so schönes wie unscheinbares Lied über die Menschenkinder und das Menschsein, über menschliche Schwächen und die Menschlichkeit schlechthin.

Lediglich um ein wenig Rücksichtnahme, Verständnis und Toleranz wird in *Be Not Too Hard* gebeten – angesichts der Kürze und Fragilität des Daseins, angesichts des ewigen Durchwurschtelns, das man »Lebenslauf« nennt und mit dem jeder zu kämpfen hat, bei dem jedes Herz unweigerlich zu Stein werden muss, bei dem man, von der Geburt bis zum »blinden« Tod, aber nichts Wesentliches dazulernt. Lügen sollen verziehen und beide Augen zugedrückt werden, da keinem Menschen auch nur irgendetwas »geschenkt« wird. Ruppigkeit wäre fehl am Platz. Baez wirbt bei ihrem ruhigen Vortrag um Güte und sanften Umgang – es ist eine ihrer leiseren Nummern.

Dylan hatte ihr in jenen Jahren einmal die Frage gestellt, warum sie keine eigenen Lieder komponiere, »und ich sagte ihm, dass ich das einfach nicht könne«, gab Baez später zu. Doch er habe ihr widersprochen und behauptet: »Natürlich kannst du das.« Und da Baez sich ausgerechnet von Dylan persönlich ermutigt sah, beschloss sie, es auf einen Versuch ankommen zu lassen. *Sweet Sir Galahad*, der Einstiegs-Song für ihr Album *One Day At*

A Time – und damit schlagen wir den Bogen wieder zurück zu Mimi Fariña –, gilt als ihre erste selbstverfasste und selbstkomponierte Nummer. »Das erste Lied, das ich mich außerhalb meiner Badewanne öffentlich vorzutragen traue«, spottete sie später. Zu Unrecht eine Premiere? Bereits vier Alben zuvor, auf ihrer LP *Joan*, zeichnete Baez schließlich als Autorin für die Vertonungen von zwei Nina-Dushek-Gedichten verantwortlich. Wie dem auch sei, *Sweet Sir Galahad* kann sich – nicht nur als Debüt-Song – sehen und hören lassen.

Baez setzt damit sowohl Mimi, die ihren ersten Gatten Richard Fariña unter so tragischen Umständen in jungen Jahren verloren hatte, als auch deren neuer Liebe ein Denkmal. Hinter dem titelgebenden Galahad, einem der Ritter der Tafelrunde, verbirgt sich bei Baez die Gestalt des Musikproduzenten Milan Melvin. Wie Fariña war auch er ein Charismatiker. Melvin, unterdessen der zweite Ehemann von Mimi, hatte der untröstlichen jungen Witwe zuvor auf galante Weise den Hof gemacht; in Baez' nächtlicher Vision nähert er sich ihr sogar, als »Sir«, indem er im Mondschein durchs Schlafzimmerfenster bei ihr einstieg. »Mit den Füßen zuerst.« Er eroberte sie schließlich mit Zärtlichkeit und Einfühlungsvermögen. Baez ist entzückt und auch erleichtert, dass der »Braut« Mimi (»his gay bride of flowers«) mit diesem rücksichtsvollen »Prinz« (»the prince of the hours of her lifetime«) so rasch ein neues Glück beschert wurde und die Monate selbstzerstörerischen Trauerns um Fariña nun endgültig hinter ihr liegen. In jeder Strophe der von ihrer Akustikgitarre begleiteten, »typisch folkigen« Ballade bringt sie deshalb einen Trinkspruch auf das Paar aus, begleitet von guten Wünschen: »Here's to the dawn of their days« – möge ihr gemeinsames Leben einer Morgendämmerung und damit einem Neuanfang gleichen, mögen sie jeden Tag aufs Neue gemeinsam beginnen.

Die Stärke der Song-Lyrics liegt hier, wie so oft, in ihrer Übertragbarkeit – wer die konkrete Vorgeschichte von Mimi, Richard und »dem langhaarigen« Milan nicht kennt, wird sich auf die ebenfalls vorhandenen allgemeingültigen Metaphern einer romantischen Eroberung konzentrieren, auf die in ungewöhnlich schöne

Bilder gekleidete Liebesgeschichte, auf einen neuen Anfang für irgendein Paar, irgendwo auf dieser Welt. Die Hochzeit von Mimi und Melvin fand übrigens am Eröffnungsmorgen des Big Sur Folk Festivals im September 1968 statt, bei dem beide Schwestern auftraten. Baez hielt *Sweet Sir Galahad,* den ersten selbstverfassten unter ihren vielen Standards, offenbar schon während des Entstehungsprozesses für so gelungen, dass sie auch ihn – neben *Joe Hill* – für würdig erachtete, in jener legendären Woodstock-Nacht präsentiert zu werden. Streng genommen dreht ja auch er sich, im Gewand einer »authentischen« Begebenheit, um die Wahrhaftigkeit von Gefühlen, um die Wahrhaftigkeit einer inneren Einstellung – und um deren Unsterblichkeit. Eine Unsterblichkeit, auf die man zwar hoffen kann, für deren »Existenzrecht« man aber besser kämpfen sollte ... Baez' Instinkt hatte sie nicht getrogen: *Galahad* entwickelte sich in kürzester Zeit zu einem ihrer beliebtesten Titel. Mittlerweile hat sie ihn schon so lange im Gepäck, dass er, was seine Machart, seinen Reifegrad und seine Vertrautheit betrifft, fast ununterscheidbar geworden ist von all den übrigen Traditionals und Oldies, über die sie verfügt. Und auch Dylan hatte recht behalten: Baez war durchaus in der Lage, hochwertige und überzeugende Lieder zu komponieren und auch zu texten – Lieder, aus denen, nahezu im Handumdrehen, Klassiker werden konnten. *Galahad* bildete da nur den Auftakt.

Man kommt an der Feststellung nicht vorbei, dass in jüngerer Zeit eindrucksvolle bzw. moralisch wertvolle Lieder, die sich für Baez zum Covern eignen würden, äußerst rar geworden sind. Am ehesten kam dafür noch das von ihr in den letzten Jahren oft vorgetragene *God Is God* aus der Feder ihres Kollegen Steve Earle in Frage. Earle, profilierter Songwriter sowie streitlustiger und engagierter Repräsentant des Alternative Country, ist anderthalb Jahrzehnte jünger als Baez und produzierte 2008 ihr reifes, stilistisch ausgeglichenes Album *Day After Tomorrow.* Auf dieser Platte findet sich auch seine für Baez geschriebene, tiefsinnige Auseinandersetzung mit einer übergeordneten spirituellen Kraft. *God Is God,* was anfangs nach einer reichlich lapidaren Bekräftigung klingt, spricht viele Aspekte des Glaubens und auch der Ungläubigkeit an – wo beginnt Aberglaube, wo eine echte, tief empfundene Bindung an eine Figur, die mächtiger als alles Menschenwissen ist? Darf man Wunder akzeptieren und sich an Prophezeiungen orientieren? Wann ist der Moment gekommen, an dem man sich dann doch freiwillig einer ordnenden Kraft anvertraut oder gar ausliefert, die die unerklärlichen Vorgänge auf Erden durchschaut und wenigstens vorübergehend für uns entwirren kann?

In diesem Song, der die Freude an kurzzeitig aufblitzender Weisheit und das Unbehagen an stetiger Unwissenheit verbindet und der geradezu unangenehm oft an »die letzten Dinge« rührt, zieht ein Individuum ein Fazit, blickt auf sein Leben zurück: »Ich bin um die ganze Welt gereist, habe auf gewaltigen Bergen gestanden« und doch nie eine Linie im Sand oder einen Diamanten im Staub entdecken können. »An jedem Tag, der vorübergeht, bin ich mir über eine Kleinigkeit weniger sicher.« Doch Gott, so viel *sei* sicher, sei weder mit dem Ich noch mit einer Gruppe von Menschen identisch, Gott sei einfach eine mal abstrakte, dann wieder konkrete Bezeichnung – also könne man auch getrost an ihn glauben. »Soweit ich es verstanden habe, ist es ihm gleichgültig, mit welchem Namen man ihn belegt.« Und gesegnet werden wir alle sowieso, heißt es provokativ, ob es uns nun recht ist oder wir uns dagegen auflehnen.

Lernt man jemals aus? Jeder Tag auf unserem Planeten, diese Überzeugung stellen Baez und Earle in den Raum, sei nichts als eine weitere Lektion. Nichts als eine weitere Chance, vielleicht doch irgendetwas richtig zu machen. Vielleicht schaue ja jemand zu und frage sich, was man alles bekommen habe, was einem alles geschenkt worden sei. »Vielleicht ist das der Grund, warum ich hier auf Erden bin, und vielleicht auch nicht.« Daran, ja genau daran lasse sich glauben.

Keine schlechte Lebensbilanz. Und vielleicht ist das auch der Grund, warum Baez Earles Lied gerade jetzt, im fortgeschrittenen Alter, so sehr anspricht und es ihr Repertoire seither aufs Schönste bereichert. Es lässt sich nicht leugnen: *God Is God* ist auf dem besten Weg zum Klassiker.

Kollektive Emphase: Hymnen, Sing-Along-Lieder und Slogan-Songs

> Mut. Mut kann man nicht faken.
> Mut ist ansteckend.

Es war ein weiter, langer Weg vom Marsch auf Washington, als Martin Luther King seine überwältigende Traum-Rede hielt und, unterstützt von prominenten Musikern, Millionen von Schwarzen und anderen unterprivilegierten amerikanischen Bürgern seine Vision von einer besseren, freien Gesellschaft darlegte, über die legendäre Regennacht von Woodstock bis hin zu einem intimen Abend im Weißen Haus, wo Michelle und Barack Obama vor geladenen Gästen einer eleganten, angegrauten Lady ergriffen bei ihrem Liedvortrag lauschten und, von ihr dazu ermuntert, erst schüchtern, doch dann immer vernehmlicher mitzusingen begannen. Alle drei Male sang Joan Baez, im Abstand von fast fünfzig Jahren, mit unveränderter Intensität *We Shall Overcome.*

Und es war ebenfalls ein weiter, langer Weg von einem spanischen Fernsehstudio Ende der Siebziger, als eine junge Amerikanerin ohne Vorwarnung ein bis dato im Land verbotenes Lied zum Besten gab, bis hin zu jenem friedlichen Januarsamstag des Jahres 2017, also vier Jahrzehnte später, als sich in einer kalifornischen Kleinstadt Tausende Menschen versammelten, die mit der Politik des soeben vereidigten Präsidenten Donald Trump überhaupt nicht einverstanden waren und deshalb umso lieber der vertrauten Stimme derselben engagierten Lady mit Kurzhaarfrisur Gehör schenkten. Beide Male intonierte Joan Baez entschlossen und unbeirrt das aufrüttelnde *No nos moverán*. Gab jedes Mal nach dem Refrain – so hat es sich bei ihr seit Langem eingebürgert – kurz die jeweils nächsten Textzeilen vor, sodass sich die Menge bei jeder der folgenden Strophen aktiv beteiligen konnte. Von Minute zu Minute fielen immer mehr Leute ein und schlossen sich an, intensivierte sich der vielstimmige Chor, von ihr animiert, nahm die Lautstärke zu, entstand ein gewaltiges Unisono.

Für die Dauer eines Liedes oder einer Sequenz gleich mehrerer Songs wuchs eine Gemeinde aus Gleichgesinnten zusammen; es wuchs auch das Gefühl von Macht, Einmütigkeit, Gruppenzugehörigkeit, politischem Bewusstsein und Geschlossenheit. Baez' Insistieren auf gemeinschaftlichem Gesang ist Teil ihrer Autorität und auch ihrer Magie. Eine Aufforderung zu solidarischem, einmütigem Handeln. Wer partizipiert, wer im Einklang mit ihr die alten, ewig gültigen Weisen singt und zu einem allmählich anschwellenden Strom der Gedanken und Gefühle beiträgt, lässt sich mitreißen, reiht sich in ein historisches Kontinuum ein und spürt, dass, mit vereinten Kräften, ein Sinneswandel tatsächlich möglich ist. Schon in der Titelzeile von *Ain't Gonna Let Nobody Turn Me 'Round,* einem weiteren ihrer Freedom Songs, klingt diese Utopie in Form einer Handlungsaufforderung an – sich nicht unterkriegen lassen, standhaft bleiben, sich zur Wehr setzen, zusammen mit anderen den Autoritäten oder dem Status quo die Stirn bieten. Er oder sie erlebt sich – singend – dann als mündiger, verantwortlich handelnder Bürger und als Bestandteil einer zukunftsbejahenden gesellschaftlichen Aktion.

Keines ihrer Konzerte ist komplett ohne dieses ritualisierte »Absingen« einer Handvoll zeitloser Standards. Und nichts an Baez' Wirken ist so oft belächelt oder verspottet worden wie diese kollektive Zeremonie, die ja immer auch einer Selbstvergewisserung gleichkommt. Die sich eines kindlichen Verhaltensmusters bedient (intuitive Imitation), indessen erklärtermaßen der Vernunft und Erkenntnis förderlich sein soll. Keiner ihrer geschichtlich bedeutsamen, unvergesslichen Auftritte war, von Dekade zu

Dekade, denn auch vorstellbar ohne den Vortrag dieser fünf oder sechs schlichten, weltbekannten Lieder. 1985 bannte sie, bei ihrem Eröffnungs-Gig für das weltumspannende Mega-Event Live Aid, in Philadelphia ein Millionenpublikum mit ihrem ekstatischen A-cappella-Vortrag von *Amazing Grace;* 1969 improvisierte sie frei und virtuos, ebenfalls a cappella, vor zahllosen Woodstock-Jüngern über einzelne Strophen von *Swing Low, Sweet Chariot.* 2011 trieb ihr Vortrag ihres eigenen Antikriegs-Klassikers *Where's My Apple Pie?* bei einer Kundgebung der Widerstands-Bewegung Occupy am New Yorker Foley Square einigen der anwesenden Kriegsveteranen Tränen in die Augen und stachelte selbst Jüngere unter den Protestlern an – hatte sie doch soeben den Refrain ihres Songs spontan auf »It's time to occupy!« umgetextet. Auch hier scharten sich wieder zahllose freiwillige Sänger um ihre verlässliche Friedens-Botschafterin.

Bereits 1971, bei einem sehr gut besuchten und stark akklamierten Konzert der Baez vor Studenten in Berkeley zugunsten der griechischen Widerstandsbewegung, fragte sich ein Rezensent, ob das enthusiastisch mitsingende Publikum allen Ernstes glaube, allein kraft seiner Stimmbänder politische Missstände beheben, wirklich etwas Konstruktives bewirken oder Veränderungen herbeiführen zu können, sei es nun im In- oder Ausland. Er schüttelte den Kopf angesichts solch geballter Naivität und Gutgläubigkeit. Um einen Absatz später dann doch, so neidlos wie entwaffnet, unter dem Eindruck von Baez' geradezu hypnotischer Aura einzugestehen, dass es wohl nur wenige Gestalten der Zeitgeschichte und noch viel weniger Musiker im Allgemeinen vermögen würden, so wie sie einem ganzen Saal, einer ganzen Arena oder einem ganzen Stadion ihre präzise Vorstellung von einer besseren Welt zu vermitteln, einzig und allein kraft ihrer packenden Wiedergabe von einem halben Dutzend traditionsreicher Titel. Aus denen sie, beseelt von unbedingtem Glauben, im Handumdrehen Hymnen machte, deren suggestiver Wucht sich niemand an einem solchem Abend entziehen konnte.

Wichtige Voraussetzungen für das Gelingen solcher gemeinschaftlichen Gesangs-Erlebnisse, die alle Beteiligten in einen

Zustand der Emphase und der Euphorie versetzen, sind zunächst der Charakter und die Struktur der Lieder selbst. Sie müssen Zuversicht verbreiten und verheißungsvoll wirken, also prophetische Aspekte beinhalten; sie müssen noch bestehendes oder zurückliegendes Leid thematisieren und zugleich die Aussicht auf dessen bevorstehende Überwindung enthalten; sie müssen eingängig und melodisch schlicht, sofort imitierbar und mitsingbar sein (also tauglich zum einträchtigen »sing-along«); sie dürfen religiöse Untertöne aufweisen, aber keinesfalls frömmelnd oder reaktionär, resigniert oder altbacken daherkommen; sie dürfen sich nicht allein auf konkrete Missstände beziehen, sondern sollten sich immer auch einer zeitlosen Metaphorik bedienen.

Simple Slogans und einfache, ja vereinfachende Formeln eignen sich besonders gut; kinderliedhafte Elemente sind durchaus akzeptabel. Ebenso unverzichtbar sind ein großer Bekanntheitsgrad und eine vereinnahmende Ich- oder Wir-Perspektive für die Singenden bzw. eine direkte Anrede, mit der ein uneingeschränkt optimistischer Dialog hergestellt werden soll. Ein gutes Beispiel für die letztgenannte Kategorie wäre Baez' poppige Sacco-und-Vanzetti-Ballade *Here's to You,* die sich mit ihrer Endlos-Reihung eines einzigen Refrains zwar umstandslos nachträllern lässt, im Grunde aber eine Hommage an zwei (unschuldig?) verurteilte Anarchisten darstellt und somit auch als flammender Appell zur Abschaffung der oftmals ungerechten, immer grausamen Todesstrafe auftritt.

Baez vertraut seit ihrer frühen Laufbahn zum einen etablierten Titeln, die längst Allgemeingut geworden sind, oder Standards unter den geistlichen Liedern wie dem klassisch schönen *Amazing Grace;* zum anderen gelingt es ihr aber auch, eine aus dem ursprünglichen Kontext gelöste Musical-Arie wie etwa Andrew Lloyd Webbers *Evita*-Dauerbrenner *Don't Cry for Me, Argentina* zu einer Hymne umfunktionieren, mit der sich Unterdrückte in Lateinamerika sofort identifizieren können. Während es sich bei dem von ihr favorisierten *Swing Low, Sweet Chariot* um ein echtes

»Negro Spiritual« aus dem ausgehenden 19. Jahrhundert mit alttestamentarischen Bezügen handelt, das in Amerika schon seit Langem sehr populär war, und auch Baez' Konzert-Highlight *Oh, Freedom* mit seiner vehementen Ablehnung jeglicher Versklavung und seiner Forderung nach unbedingter Freiheit bereits auf die Zeit nach dem Bürgerkrieg zurückgeht, liegt mit dem Schlüsselsong *We Shall Overcome,* der geradezu ein Baez-Markenzeichen geworden ist, ein Protestlied eher jüngeren Datums vor. Dessen verwickelte Entstehungs- und Überlieferungsgeschichte von der Jahrhundertwende bis in die Zeit des Civil Rights Movement reicht vom vermutlichen Urheber Charles Tindley, einem Pfarrer, über die Aktivistin Zilphia Horton bis zur Aufnahme einer Frühfassung des Titels, das sich schon als Streiklied für geschundene Tabakarbeiter bewährt hatte, in das *People Song's Bulletin.* Es sollte noch einige Jahre dauern und etlicher Textveränderungen und -umstellungen bedürfen, bis es über das Folk-Idol Pete Seeger, der es maßgeblich popularisierte, und Sänger wie Frank Hamilton und Guy Carawan bis zum Evergreen der Baez-, King- und Dylan-Ära werden sollte. Bis heute hat es nichts von seiner unmittelbaren Überzeugungskraft eingebüßt.

Selbstverständlich handelte es sich bei der Beliebtheit der Sing-Alongs und der Slogan-Songs auch um ein Zeitgeistphänomen mit Schnittmengen zur Hippie-Bewegung. Man denke an viele provokative, ausgelassene Nummern des Anti-Establishment-Musicals *Hair,* die sich augenblicklich ins Kurzzeitgedächtnis eingruben und die zum Gassenhauer taugten. Man rufe sich John Lennons und Yoko Onos fröhlich-anarchistisches *Give Peace a Chance* ins Gedächtnis, Begleitmusik für ihr als Friedenskampagne ausgegebenes Hotel-Happening namens »Bed-In«: schnell ein Welt-Hit. Man besinne sich auf die nicht enden wollende »nah-nah-nah-nah-nah«-Coda des Beatles-Klassikers *Hey Jude,* auf den neu komponierten, 1969 immens erfolgreichen Gospelsong *Oh Happy Day,* den die Edwin Hawkins Singers in Umlauf brachten, oder auf den europäischen Ohrwurm *Mamy Blue,* 1971 von der spanischen Gruppe Pop Tops in die Charts entsandt und international einen regelrechten Mitsing- und Mitsumm-Zwang auslösend. Gospel, soulige Weltverbesserungs-Anthems und religiöse Pop-Konnotationen lagen seinerzeit in der Luft.

In einem ungleich ernsteren Zusammenhang steht Baez' fortgesetztes Engagement für die spanische Hymne *No nos moverán*, auf English *We Shall Not Be Moved* – ein Symbol für den Widerstand schlechthin und im iberischen Kulturraum aufgrund seiner anarchistischen Tendenz nachgerade kultisch verehrt. Auf Deutsch sinngemäß etwa: »Sie werden uns nicht von hier fortkriegen« bzw. »Wir werden nicht weichen«, »Wir werden uns nicht vertreiben lassen«. Schon 1974 nahm sie *No nos moverán* für ihre spanischsprachige LP *Gracias a la vida* auf; im Franco-Spanien selbst aber, dessen strenge Verbote und Maßregelungen ja noch über den Tod des Diktators im November 1975 bis in die Übergangsphase der »transición« hinüberreichten, fiel der rebellische Titel automatisch der Zensur zum Opfer. Als Baez, nur wenig später, sich 1977 in einem Aufnahmestudio des spanischen Fernsehens wiederfand, dessen groteske Atmosphäre sie teils an eine Johnny-Carson-Show, teils an einen Las-Vegas-Nightclub erinnerte, zögerte sie nicht, ihr auf dem Index stehendes Lied vor laufenden Kameras darzubieten, im Gedenken an die legendäre baskische Arbeiterführerin und Revolutionärin La Pasionaria (Dolores Ibárruri). War sie sich bewusst, dass sie mit der Erwähnung dieser mythischen Gestalt und dem Entschluss, das tabuisierte Lied zu singen, gleich ein doppeltes Risiko eingehen würde? Vier Dekaden, in denen es nicht öffentlich zu Gehör gebracht werden durfte, gingen an diesem Abend, in der Frühphase der eben erst flügge gewordenen und noch instabilen spanischen Demokratie, jedenfalls mit einem Schlag zu Ende. Dabei war Baez von einem unbekannten Mercedesfahrer, der sie von seinem Autofenster aus auf der Straße ansprach, unverblümt vor Einmischung in die politischen Belange Spaniens gewarnt worden.

»Ich hatte ja keine Ahnung davon, welchen Effekt dieses einfache Lied auf so viele Menschen haben würde«, berichtete Baez in ihren Memoiren, sprach von verdrückten Tränen im Publikum, aufbrausendem Applaus und begeisterten Zuschauern, die sich von ihren Sitzen erhoben, um lautstark mitzusingen. »Und damit war mein Beitrag zum kommerziellen spanischen Fernsehen auch schon wieder vorbei.« Kaum war der offizielle Mitschnitt der Show vorüber, wurde sie prompt von wildfremden Menschen umlagert, die hemmungslos weinten und versuchten, sie zu umarmen. Ihr mutiger Vortrag hatte offenbar einen Bann gebrochen und eine Mauer des Schweigens durchstoßen. Ihr *No nos moverán* war der Katalysator für Lebenslust, Freiheitsdrang und Ausgelassenheit geworden. Überall in den Straßen Madrids, so Baez, seien, als direkte Konsequenz auf ihr kurzes Gastspiel, Fiestas und wilde Partys gefeiert worden, habe sie weitere Umarmungen, Küsse und Freudentränen beobachten und Verbrüderungsszenen miterleben können. »Ich hatte Heilkraft und Jubeln nach Spanien hineingetragen, und die spanische Linke vergab mir dann auch, dass ich mich in der kommerziellsten Fernsehshow des Landes überhaupt produziert hatte.« Wieder einmal hatte ein vermeintlich unscheinbarer Slogan-Song unmittelbare politische Wirkung gezeitigt – fünf Minuten Baez live veränderten nachhaltig die Stimmung in einem großen europäischen Land, dessen stolze Bevölkerung bis vor Kurzem noch unter der Knute eines greisen Diktators gestanden und unter den Denkverboten eines tyrannischen Systems zu leiden hatte.

Es ist und bleibt ein kraftvolles Lied, das sich umstandslos »exportieren« lässt: Mehr als ein Vierteljahrhundert später entfaltete ihr erneuter Vortrag von *No nos moverán,* dessen einfache, umstürzlerische Botschaft sich auf alle Regime dieser Erde beziehen kann, in Chile eine ähnlich starke Wirkung – diesmal, im März 2014, unterstützten sie, aus vollem Hals, ihre Zuhörer im Teatro Caupolicán zu Santiago, eingedenk ihrer früheren solidarischen Besuche in Lateinamerika und vor dem Hintergrund unermesslichen, inzwischen überwundenen Leids, das die Militärdiktaturen auf diesem Kontinent jahrzehntelang über unschuldige Bürger gebracht hatten. Für die Menschen in Santiago war Baez' *No nos moverán,* zu Recht als Geschenk an ihren Widerstandsgeist aufgefasst, das Äquivalent zum *We Shall Overcome* in der nördlichen Hälfte des Doppelkontinentes.

Was für eine unheimliche Atmosphäre sich hingegen verbreiten konnte, wenn bei einem Slogan-Song oder einer Hymne auf einmal niemand (mehr) mitsang, ganz einfach, weil er nicht mitsingen durfte, das erlebte Baez im April 1993: Damals löste sie, bei ihrem von dem Milliardär und Philanthropen George Soros organisierten Besuch in Sarajevo, mitten auf der Straße einen mutigen Cellisten ab, der ihr nach seinem Vortrag einen klapprigen weißen Plastikstuhl überließ. Baez, die eine kugelsichere Weste trug und mit ihrem kurzgeschorenen Haar kaum wiederzuerkennen war, dort sogar noch schmächtiger und verletzlicher wirkte als sonst, nahm den Platz des Musikers ein und intonierte tapfer, mit geschlossenen Augen und hochkonzentriert, *Amazing Grace*. Minutenlang wurde es sehr, sehr still um sie. Passanten der vom Bürgerkrieg gebeutelten und fast vier Jahre lang belagerten bosnischen Hauptstadt trotzten der permanenten Gefahr, indem sie stehen blieben, sich auf die Performance einließen, einen Kreis um Stuhl und Sängerin bildeten und schweigend zuhörten. Die erzwungene Verinnerlichung der trotz ihrer Zartheit kraftvollen Darbietung kam gewissermaßen einem »unhörbaren«, stummen »Mitsingen« gleich. Baez' ließ es nicht bei dieser kurzen solidarischen Aktion bewenden, sondern musizierte gleich woanders weiter, stellte sich mit einheimischen Kollegen auf die Bühne, intonierte deren Hymnen in deren Sprache. Ihre unerwartete und aufsehenerregende musikalische Präsenz in Sarajevo sollte als »landmark visit« in die Annalen der quälend langsam vorschreitenden Befreiung der Stadt von ihren Unterdrückern eingehen.

Lässt sich das Sing-Along-Prinzip auch auf Deutschland und Mitteleuropa übertragen, macht es auch innerhalb friedlicher Zeitläufte Sinn? In abgeschwächter Form haben viele von uns wenigstens eine Ahnung vom Phänomen inspirierenden gemeinschaftlichen Singens gewonnen, das über bloße Erbauung weit hinausgeht, Aufbruchsgeist vermittelt und Hoffnung auf grundlegende Veränderung freisetzt: Von den Sechzigern bis in die frühen

Achtzigern war es unter Jugendlichen in der Bundesrepublik[3] einfach »angesagt«, mit einer »Klampfe« in der Hand alte und neue, englischsprachige und deutsche Folk-Songs anzustimmen und andere zum Mitsingen zu animieren. Sei es im Partykeller eines Schulkameraden, sei es in Jugendherbergen, sei es auf Klassenfahrt oder, ein paar Jahre später, in der Teestube einer Universitätsstadt, wo man sich die Köpfe heiß redete, selbstgedrehte Zigaretten schmauchte, an einem Joint zog oder die Organisation der nächsten Anti-AKW-Demo vorbereitete. Irgendjemand hatte unter Garantie immer ein Exemplar des bewährten, wirklich unerschöpflichen Fahrten-Liederbuches *Die Mundorgel* dabei, irgendjemand hatte mitbekommen, mit welchen Basisakkorden man auf der Gitarre auskam, oder verfügte über einen Kapodaster. Manche konnten sogar fingerpicken oder hatten mit dem Kassettenrekorder brandneue Songs aufgenommen.

3 In diesem Zusammenhang sei an die sechs Burg-Waldeck-Folkfestivals der Jahre 1964–1969 im Hunsrück erinnert, mit denen (fünfmal im Frühling/Frühsommer, einmal im Frühherbst) eine innovative Phase der deutschen Folkbewegung eingeläutet wurde: indem »Engagierte« und »Folkloristen« dort eine deutliche Abkehr vom Schlager und eine Hinwendung zu Politisierung und Gesellschaftskritik, orientiert am amerikanischen Protestsong und auch am französischen Chanson, vollzogen. Später bedeutsame deutschsprachige Interpreten, engagiert-kritische Liedermacher und Kabarettisten – wie Hannes Wader, Dieter Süverkrüp, Franz Josef Degenhardt, Reinhard Mey oder Hanns Dieter Hüsch – fanden hier eine ideale Plattform und erlangten größere Bekanntheit. Das Festivalmotto wechselte von Jahr zu Jahr. Kontroversen und Debatten waren Teil des Selbstverständnisses. Auch Odetta gastierte auf dem relativ schwer zugänglichen Gelände nahe der Burgruine. Den Initiatoren, u. a. einer Arbeitsgemeinschaft, innerhalb derer sich ein progressiver Studentischer Arbeitskreis etablierte, schwebte anfangs, vom Esprit der »Gegenkultur« getragen, eine Art »Bauhaus der Folklore« vor; die späteren Festivals waren punktuell von Eklats und Störaktionen überschattet.

In der DDR gab es unter Teens und Twens vergleichbare, ungleich diskretere – wenn nicht gar subversivere – Formen politisch motivierten Singens im privaten Kreis. Sie gingen auch dort, in noch gesteigertem Maße, mit der Reflexion über gesellschaftliche Veränderungen einher: Sing-Along-Erfahrungen einmal mehr als Ausdruck stillschweigender Übereinstimmung. Lagerfeuer- oder Pfadfinderromantik war hier wie dort gar nicht vonnöten: Man verständigte sich beim ziemlich ungeschulten Rezitieren etwa des alten Spirituals *Kum ba yah, my Lord* über eine identische, selbstredend freiheitliche Weltanschauung; man teilte sich, einfach nur singend oder mitsingend, unausgesprochen mit, dass man über dieselbe Wellenlänge verfügte. Diese Songs wurden zum Vehikel eines »alternativen« oder »grün« angehauchten Lebensstils, transportierten aufmüpfiges Gedankengut, ersetzten nüchterne Programmatik und machten oftmals ein wenig im Ungefähren steckengebliebene, unausgereifte »Theorien« wett. Und noch dazu befand man sich mit diesen Liedern in guter Gesellschaft, hatten doch Pete Seeger und The Seekers, The Weavers und große Vorbilder wie eben Joan Baez vorgemacht, wohin ein solcher, mit Bedeutung aufgeladener Singsang bestenfalls führen konnte: geradewegs in eine neue, noch zu denkende und mit Inhalten zu füllende Form gesellschaftlichen Miteinanders. Dass sie antimilitaristisch und pazifistisch ausfallen würde, darüber bestand Konsens. Schließlich hatte ja niemand Geringeres als die Baez zuvor *Kum ba yah* im vietnamesischen Luftschutzkeller als Ausdruck des unbedingten Überlebenswillens Unschuldiger intoniert. Hatte sich, mit großem Mut, stellvertretend für die Kriegstreiber in der Regierung ihres eigenen Landes »fremdgeschämt« und mit dem Finger auf die Urheber solcher Gräueltaten gezeigt.

Ein gewichtiger Unterschied bestand allerdings: Für die Friedensbewegten in beiden Teilen Deutschlands blieb dieser »musikalische Aktivismus« eine vorübergehende Phase; danach traten beruflicher Alltag und neu gesetzte Schwerpunkte im Privatbereich in den Vordergrund. Naturgemäß ging »das Leben weiter«. Die »gute alte Zeit« des Engagements und Musikmachens verblasste zusehends in der Erinnerung. Für Joan Baez und ihresgleichen jedoch, als »professionelle« Unruhestifter stets am Puls der Zeit, hört der Kampf, ausgefochten mit den Songs früherer Jahrzehnte oder Jahrhunderte, nie auf. Es sei denn, es würden endlich neue Lieder geschrieben. Überzeugende, verstörende Lieder, die wirklich zum Mitsingen taugen und mit denen man auch in den 2020er Jahren auf die Straße gehen kann.

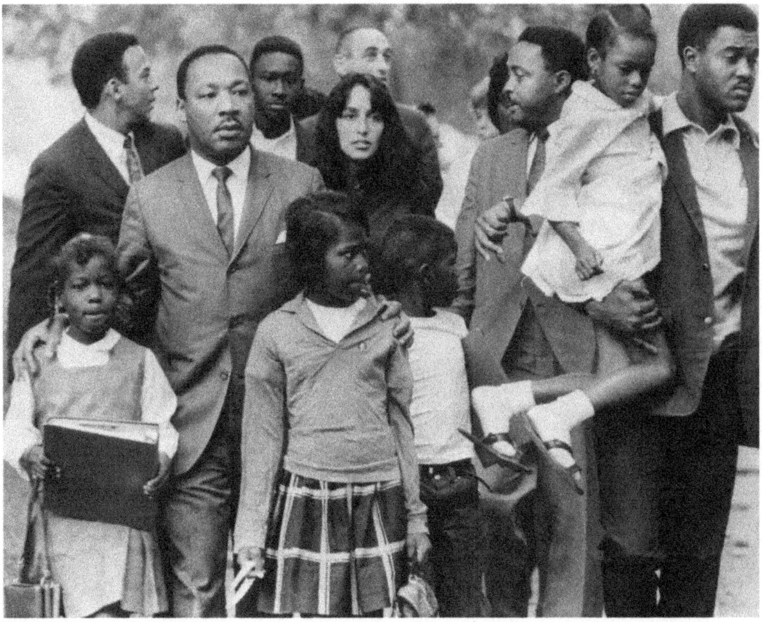

And we're still marching in the streets: Mit Martin Luther King Jr., Kinder auf ihrem Schulweg beschützend, in Grenada, Mississippi, September 1966.

Aufrichtig leben: Liebeslieder und Selbstporträts

Sweeter For Me

Eitelkeit oder Entblößung, plumpe Selbstdarstellung und exhibitionistische Nabelschau lagen der Liedautorin Baez zeitlebens fern; wer ihren umfangreichen Song-Katalog durchblättert und studiert, wird nur selten auf echte musikalische »Tagebuch«-Seiten stoßen, auf Nummern, mit denen ein ganz bestimmtes privates Ereignis dingfest gemacht werden kann. Unausgesprochenes, Unaussprechliches und Andeutungen überwiegen. Nichtsdestoweniger gibt es eine Handvoll Titel, bei denen sie sich bewusst oder indirekt in die Karten schauen lässt. Nicht selten handelt es sich dabei um zarte, mit Bedeutung aufgeladene Liebeslieder – man denke nur an das elegische, sehnsüchtige *Sweeter For Me*, die von Klavier und Violine umrahmte Ouvertüre zu ihrer durchweg selbstkomponierten LP *Gulf Winds* (1976): ein nicht zustande kommendes Zwiegespräch zwischen zwei Liebenden, die auch sonst nicht für immer zueinander finden können.

Nach nur wenigen Zeilen ist die Ausgangslage klar – eine einsame, beruflich erfolgreiche Frau, alleinerziehende Mutter eines kleinen Sohnes, wartet vergeblich auf die Anrufe ihres verheirateten Geliebten. Ein rotes Telefon am Nachttisch, das einfach nie zur richtigen Zeit läutet und dem sie im Halbschlaf, mangels eines realen Gesprächspartners, ihre quälenden Gedanken anvertraut, symbolisiert die unüberwindbare Trennung – räumliche Distanz,

Zeitmangel, zwei auseinanderdriftende Karrieren, aufreibende Reisetätigkeit. Eine Ehe, die der Lover nicht aufgeben will und die dem neuen Glück im Wege steht, eine vermutete Schwangerschaft, die der Liebenden sogleich Angst macht, ihr eigenes Kind aus einer früheren Beziehung, dem sie nicht wehtun möchte. Doch nicht Vorwürfe oder Verzweiflung prägen den Monolog des lyrischen Ichs in dieser meisterhaften, kammermusikalisch instrumentierten Ballade – sie versteht sich als Privilegierte, sie besingt ausnahmslos die Vorzüge des Abwesenden. Lobt seine Hingabe, seine Geduld, schätzt seine Diskretion, schwärmt für seine Zärtlichkeit. Niemand habe auf so berührende Weise für sie gelitten wie er, beteuert sie wieder und wieder, niemand sei ihr auf so konsequent absurde Weise »treu« gewesen; und sie legt, übermannt von ihren Empfindungen im irrealen Zwielicht, ihre ganze Liebesbereitschaft in die langgezogenen und dennoch vergeblichen »You«s zu Beginn jedes Refrains.

Nicht *ihr* Leiden ist wichtig, allein das seinige zählt. Vergangene, der knapp bemessenen Zeit abgetrotzte Glücksmomente werden nostalgisch verklärt. Mit ewigem Warten und mit einander Hinhalten vergeudete Gegenwart wird mit dem abgekühlten Wachs niedergebrannter Kerzen gleichgesetzt. Die Zukunft macht der Wartenden Angst, aber sie wagt einen realistischen Blick nach vorn und erkennt die Aussichtslosigkeit, die fehlenden Perspektiven. Sie fürchtet sich vor Intimitäten und allzu großer Vertrautheit, die sie im selben Atemzug ja mit aller Kraft herbeisehnt: »Wie sehr es mir vor dem nahenden Abend graut! und ich dann nicht genau diejenige sein kann, von der du dir wünschst, dass ich es bin«, oder »dass ich es sein soll«, in den wenigen Augenblicken, »wenn du ganz nahe bei mir bist.« Da sie den einfachen, zugleich bereits viel zu hohen Erwartungen nicht gerecht werden kann, wenigstens einmal sie selbst zu sein, malt sie sich, mit narzisstischem Weltschmerz um die vertanen Chancen trauernd, den eigenen Tod aus. Und bittet den fernen Geliebten um einen letzten großen Gefallen. Auf einem weißen Pferd reitend soll er ihre sterblichen Überreste zu einem mythischen Ort tragen, »wo sich Hügel und

Meer begegnen«, und dort ihre Asche dem Wind und dem Sand überantworten. »Da, wo mein Lied seinen Anfang nahm.«

Die Unmöglichkeit zu lieben gerät somit zum vielleicht stärksten aller Gefühle. Verleiht auch dem, was sie am besten kann und was sie auszeichnet, großen Nachdruck: »Einmal mehr erweist sich jeder Folksong, den ich kannte und beherrschte, als wahr.« Jedes ihrer früheren Lieder gewinnt eine Wirklichkeit und Wichtigkeit, angesichts derer der hier besungene Seitensprung, im Grunde eine schale Affäre, verblasst. Für andere singen statt authentisch einen Menschen lieben. Nur in der Fiktion eines Songs lässt sich das »süßere Leiden« erleben und, bereits in Kunst verwandelt, dann auch genießen – die Verantwortung für den Ausgang der Liebesgeschichte bürdet sie dem Angehimmelten auf, der stellvertretend für sie Seelenschmerz und abgesagte Verabredungen erdulden soll.

Diamonds & Rust

Von ganz anderem Zuschnitt ist da ihr mittlerweile weltbekannter Song *Diamonds & Rust* von 1975. Eine souveräne, sprachlich wie musikalisch bezwingende Liebesbilanz, die nicht wenige Experten für ihren besten Wurf unter den Eigenkompositionen halten. Handelt er doch, expressis verbis, von Baez' ambivalenten Erinnerungen an ihre nun schon so lange zurückliegende, die Nachwelt noch immer faszinierende Phase mit Dylan. Ein Gegensatzpaar im Leben, ein Antagonismus bereits im Titel: funkelnde Preziosen hier, vom Zahn der Zeit angenagtes Metall dort. Und Baez' großer Wurf stammt noch dazu von ihrer gleichnamigen LP, mit der sie sich als Songwriterin vollends freizuschwimmen vermochte – einer Platte wie aus einem Guss. Schon das virtuose Gitarren-Intro in düsterem f-Moll mit seinen markanten Lagenwechseln, insistierenden, sich allmählich emporschraubenden Spitzentönen und in die Länge ziehenden Akkordzerlegungen gehört zu den unverwechselbaren Liedanfängen der Popgeschichte; er wird als ein auskomponierter

Doppelpunkt verstanden, bei dem sich augenblickliches Wiedererkennen, Spannung und Genugtuung einstellen.

Es spricht für Baez' gelassene, fast amüsierte Einstellung, dass sie ein wohlwollendes, bittersüßes Fazit zieht und keine gnadenlose Abrechnung mit ihrem einstigen Lover und Weggefährten vornimmt – womit manche insgeheim wohl gerechnet hatten. Namentlich wird Dylan nie erwähnt, doch wissen Eingeweihte nach nur wenigen Anspielungen gleich Bescheid. Auch hier steht wieder ein Anruf im Zentrum. Er erfolgt aus einer Telefonzelle irgendwo im mittleren Westen der USA. Aus heiterem Himmel meldet sich Dylan, als sei es eine Selbstverständlichkeit, nach einer gefühlten Ewigkeit, in deren Verlauf Sprachlosigkeit und Funkstille vorherrschten, mitsamt seiner ihr so vertrauten Stimme in ihrem Leben zurück. Ein Gespenst? Lichtjahre scheint es her zu sein, dass sie als Paar zusammen auf Tour waren und in einem kleinen miesen Hotel am New Yorker Washington Square ihre Zelte aufgeschlagen hatten.

Prägnante Bilder aus dieser romantischen, ungestümen Zeit steigen vor Baez auf: Dylans Augen, deren Blau noch die Farbintensität von Vogeleiern des American Robin übertraf, Szenen aus dem Liebesnest, Herbstimpressionen wie fallende Blätter und erster Schnee, gegenseitige Geschenke, der ewige Vergleich, wer von beiden wohl der bessere Dichter sei – Dylan natürlich –, und das entwaffnende Eingeständnis: »Was mich betrifft«, sei sie seinerzeit so glücklich gewesen, dass sie gleich an Ort und Stelle hätte sterben mögen. Dylan freilich erwies sich als nostalgieresistent, hatte für alle Gefühle poetische Wendungen parat. Er verwandelte Zuneigung auf der Stelle in Kunst, er sublimierte.

Tatsächlich war Baez 1974 gerade dabei, ein eigenes Lied zu verfassen, als sie urplötzlich von Dylan belagert wurde, der ihr am Telefon spontan einen detaillierten Einblick in seinen soeben komponierten, reichlich komplizierten Song *Lily, Rosemary and the Jack of Hearts* gab – eine epische, knapp neunminütige Nummer seines im Entstehen begriffenen Albums *Blood on the Tracks,* das wie *Diamonds & Rust* im Folgejahr herauskommen sollte.

(Und auch ein Lied, das Baez später ihrem eigenen Repertoire einverleiben wird.) Ohne Umstände trug Dylan ihr von Hörer zu Hörer den gesamten Text vor, was sie einigermaßen fassungslos machte. Und letztlich dazu veranlasste, anstelle ihres geplanten Titels nunmehr über ihre gemeinsamen Erfahrungen nachzusinnen und daraus etwas Neues zu entwickeln. »Gib mir ein anderes Wort für Nostalgie«, fordert sie Dylan jetzt auf, »du, der du dich so ausgezeichnet auf das Spiel mit Worten verstehst.« Und ebenso gut auf unbestimmte Formulierungen, auf nicht eindeutige Metaphern. Mehr als je zuvor benötige sie heute Dylans sprichwörtliche Vagheit, um die Klarheit ihrer Erinnerungen, wie sie ihr auf einmal unerträglich klar vor Augen stehen, wieder ins Ungefähre zerfließen zu lassen. Was können Erinnerungen schon groß bringen?, fragt sie sich und ihn – bestenfalls Diamanten, also geschliffene und poetische Souvenirs, die Edelsteinen gleichen, oder eher wertlosen Rost, in die Jahre gekommene Empfindungen. Baez befindet, sie seien beide seit geraumer Zeit quitt. Was auch immer Dylan ihr anzubieten habe – sie selbst habe bereits dafür »bezahlt«.

Baez bezeichnet sich als Madonna, die er »gratis« haben konnte, und Dylan als Phänomen, als dahergelaufenen Vagabunden. Eine streunende, »ungewaschene« Kreatur, die ihr direkt in die Arme gelaufen war. Und kaum sei Dylan auf die Bühnen dieser Welt gestürmt, sei er auch schon zur Legende geworden – ein kurzer Verweis auf die schmerzhafte Verkehrung ihrer beider Rollen gegen Mitte der Sechziger, als sie, die Diva, auf die Plätze verwiesen wurde, und er, der zuvor Bedürftige, von ihr Geförderte und vom großen Publikum lange Verschmähte, an ihrer Stelle die Lorbeeren einheimsen durfte. »Ja, ich habe dich innig geliebt«, beendet Baez ihre Rückschau, denkt ein letztes Mal an die weißen Atemwolken zurück, die sie beide als junge Verliebte in New York – als Zeichen ihrer Verbundenheit – in die frostige Herbstluft ausstießen, und überlässt ihrer Band mit einem instrumentalen Epilog das letzte Wort, während ihre Stimme auf dem Liegeton über der auslautenden Silbe »paid« verharrt. Ein harter, unversöhnlicher Schlusston, mit dem das Bedauern und die Melancholie der vorangegangenen Strophen nicht vollständig ausgelöscht werden können.

Dylan scheint ihr diese teils wehmütige, teils schroffe Hommage an ihre einstige Liaison nicht verübelt zu haben, da er Baez kurz darauf ja zu seiner ausgiebigen All-Stars-Tournee, der Rolling Thunder Revue, quer durch Amerika einlud. Dort standen die beiden vormaligen Hotelgäste vom Washington Square wieder gemeinsam auf vielen Bühnen und hatten allabendlich sichtlich Spaß aneinander. Oder sollte Dylan, ihr zufolge »von Hause aus ein Vagabund«, der tiefere Sinn des Liedes zunächst entgangen sein? Kaum vorstellbar. Eine Zeit lang vermochte Baez allerdings, Dylan weiszumachen, es handle sich bei *Diamonds* allen Ernstes um eine Bestandsaufnahme ihrer Ehe mit Harris, stamme aus der Zeit von dessen Gefängnisaufenthalt. So notiert sie es jedenfalls in ihren Memoiren. Erst als es im Laufe der Rolling-Thunder-Planung um die Auswahl und Festlegung von Baez' Titeln ging, soll Dylan sich erkundigt haben, ob sie beabsichtige, auch ihren neuen Song mit »Vogeleiern und Diamanten« zu singen, woraufhin sie sich absichtlich dumm gestellt und ihm versprochen habe, dieses Lied, da er ausdrücklich darauf zu bestehen scheine, gern in ihr Tournee-Repertoire aufzunehmen. Letzten Endes war es für Dylan wohl eher schmeichelhaft, dass Baez' bekanntester und gelungenster Titel als ernstzunehmende Liedermacherin sich um seine Person und seine literarischen Tugenden drehte – wenngleich damit einige unangenehme Aspekte seines Charakters publik wurden und er auch ein paar Seitenhiebe verschmerzen musste.

Gulf Winds

Auf ihren Folgealben führte Baez Schritt für Schritt ihre Selbstbefragung fort. Sie setzte sich mit ihrer Kindheit auseinander und erkundete auch die Vorgeschichte ihrer Familie, ihre fremdländische Herkunft, ihre Schwierigkeiten als Heranwachsende sowie ihr Einzelgängertum. Schon 1976 legte sie das neueste

Ergebnis ihrer Spurensuche vor: Erstaunliche zehneinhalb Minuten umfasst ihre nur von ihr selbst auf der Gitarre begleitete Reflexion *Gulf Winds*. Die Genese dieser mehrstrophigen Introspektion geht auf einen kontemplativen Tourneeabend im texanischen Corpus Christi am Golf von Mexiko zurück, einem Halt auf eben jener Langzeit-Tournee, Dylans Rolling Thunder Revue. Baez schlendert dort einen einsamen Pier entlang und blickt im schwachen Licht der Mondsichel auf fliegende Fische und das still daliegende Meer, über dem Reiher schweben. Die Winde lenken ihre Gedanken in Richtung Horizont, wo sich bereits das kommende Morgengrauen ankündigt, und bringen sie dazu, all den Liedern, mit denen ihr Vater einst in Mexiko vertraut gewesen war und die er irgendwann unbewusst an sie weitergegeben hat, erneut zu lauschen.

Eine romantische Szenerie, die Erinnerungen freisetzt und auch ihre »Seele« in ferne Regionen und weit zurückliegende Epochen wandern lässt. Baez rekapituliert die wechselvolle, von Gewissensentscheidungen bestimmte Laufbahn von Albert, deren Konsequenzen sie auszubaden hat, und sie erlebt sich noch einmal in den wechselnden Rollen ihrer Jugend: als wie ein persisches Kind verkleidete junge Exilantin, als mittlere Tochter mit spanischem Namen, als schutzlose Kreatur, die mit Dämonen zu kämpfen hat, und immer wieder als exotischer Sprössling eines unbequemen fremdländischen Forschers und dessen übertriebenen sparsamer Frau, eine Kleine, die trotz ihrer Schönheit, Begabung und »Weisheit« ständig Anfeindungen über sich ergehen und Beschimpfungen aushalten muss. »Es ist sehr schwer, in den Vereinigten Staaten eine Prinzessin zu sein, wenn man dunkelhäutig ist.« Warum, so sei sie von ihrer Mutter damals gefragt worden, sei gerade sie, die kleine Joan, dazu ausersehen, das ganze Gewicht der Welt auf ihren Schultern zu tragen? Darauf antwortet die Tochter indirekt mit ihrem unbändigen Wunsch zu singen, dem die Entdeckung und Förderung ihrer begnadeten Stimme durch Priester voranging, und ihrem Willen, fortan mit Underdogs zu spielen und sich einzig um andere Außenseiter-Kinder zu kümmern.

Wieder in der Jetztzeit angelangt, kommentiert Baez die jüngsten Pläne ihrer Eltern, denen eine neuerliche Trennung bevorsteht (»sie haben versucht zusammenbleiben, aber es kann einem nicht alles gelingen ...«): einen weiteren Auslandsaufenthalt ihres fleißigen Vaters, diesmal in Indien. Sowie die Sorgen und Nöte ihrer zurückbleibenden Mutter. Baez vermisst Albert schon jetzt und prophezeit ihm, dass er ihr, seiner Tochter, dort auf Schritt und Tritt wiederbegegnen werde – beim Anblick frecher Schmutzfinken und bei den hartnäckigen Rufen aufsässiger Bettler. Schließlich dreht sie ihr Gesicht erneut in den lauen texanisch-mexikanischen Wind und beendet ihre Spurensuche, indem sie hoch und heilig verspricht, für beide Elternteile zu beten und auch weiterhin für sie zu singen. Ein feierliches Gelübde als Resultat einer durchwachten texanischen Nacht.

Honest Lullaby

Steht bei *Gulf Winds* eindeutig der Einfluss von Albert auf ihre Persönlichkeit im Vordergrund, so widmet Baez sich drei Jahre später, mit dem ebenfalls titelstiftenden *Honest Lullaby* von 1979, den Verdiensten von Big Joan – ein weiterer Song über ihre Jugend, dem im Übrigen rein gar nichts Wiegenliedhaftes eignet und dessen Schlussrefrain mit ausgelassenen mittelamerikanischen Rhythmen aufwartet. Hier liefert sie eine Aufzählung von Modeerscheinungen ihrer Schuljahre, von den Dresscodes der Fifties, von schicken Röcken, ausgestopften BHs, swingenden Hüften und verbotenem Lippenstift über die Schwärmerei für fußballspielende Nachbarjungs bis hin zur Begeisterung für das Leinwandidol James Dean.

Einmal mehr kommt sie, im Verlauf dieses munteren und auch facettenreichen Selbstporträts, auf ihre zahlreichen, verstörenden Umzüge zu sprechen, auf Probleme mit der Assimilierung und dem unbändigen Wunsch, endlich erwachsen zu werden und sich nicht länger der Willkür elterlichen Nomadentums ausgeliefert fühlen zu müssen. »Und oft habe ich mich gefragt«, resümiert Baez, »wie ich das alles überlebt habe, wie auch die Jahre das alles überlebt haben.« Die so einfache wie bezwingende Erklärung lautet: »Ich hatte eine Mutter, die mir ein ehrliches Wiegenlied vorgesungen hat.« Eine realistische Mutter also, von der sie sich geliebt fühlte und die fortwährend für sie da war, die ihr aber auch nichts vormachte. Die sie, ohne etwas zu beschönigen, sicher durch ihre holprige Kindheit geleitete und sie beschützte. Und die ihr, bei aller Zuwendung, auch die Härte des Daseins vor Augen führte.

In der letzten Strophe ihres Lullabys vertauscht Baez die Rollen und nimmt nun selbst den Standpunkt der Mutter ein – als Enddreißigerin wendet sie sich an ihren inzwischen ziemlich großen Sohn Gabe, listet dessen aktuelle Spielsachen auf und ist sich nur allzu deutlich bewusst, dass auch er in wenigen Jahren flügge werden und seinen geschiedenen Eltern, bei denen er abwechselnd aufwächst, den Rücken kehren wird. Baez hofft, dass auch sie ihm, wie einst Big Joan ihr selbst, ein aufrichtiges Wiegenlied vorzusingen vermag. Tanzen möchte sie für Gabriel und ihm ihr Herz öffnen. »Und wenn die anderen gerade mit dir spielen, wünsche ich mir einen Zugang zu dir und manchmal sogar die Möglichkeit, einen ganzen Tag mit dir zu verbringen.« Wenn man so will, ist auch *Honest Lullaby* – immer dann nämlich, wenn nebenbei die Erkenntnis mütterlicher Unzulänglichkeit und menschlicher Versäumnisse durchschimmert –, mit Protagonisten aus gleich drei Generationen, kein Wiegen-, sondern ein richtiges Liebeslied.

Nicht einmal im Traum: Überraschendes und Kuriositäten

Zuweilen sind es gerade die unerwarteten Nummern, die Raritäten und abgelegenen Titel im Spektrum von Musikern, mit denen sie ein bereits umfangreiches, doch vorhersehbares Repertoire erweitern und ihre ganze Vielfalt unter Beweis stellen können. Solche Tracks, manchmal nicht mehr als Petitessen, Eintagsfliegen, groteske Ausrutscher oder Zufallsprodukte, mögen den einen oder anderen Fan irritieren, befremden oder gar konsternieren; für die Archivare, Spezialisten und Spürhunde unter den Anhängern handelt es sich dabei um Entdeckungen, kostbare Fundstücke oder echte Trouvaillen. Dieser Befund gilt auch für Joan Baez und ihren umfangreichen Songkatalog mit seiner ungewöhnlichen Bandbreite – die Anzahl ihrer Veröffentlichungen dürfte in die Hunderte gehen –, schließt er doch, von ihrem großen Standard-Repertoire und zahlreichen eigenen Werken einmal abgesehen, deklamierte Gedichte, spanisch- und französischsprachige Lieder, klassische Kompositionen und Weihnachtslieder ein.

Wer aber hätte gedacht, dass Baez einmal in die Fußstapfen von Showstar Frank Sinatra, Inbegriff des Crooners und verführerischen Entertainers, treten und sich ausgerechnet an dessen Welthit *My Way* versuchen würde? An einem jener unsterblichen, schwärmerischen und eingängigen Selbstreflexionen des neueren American Songbook, denen man am liebsten auf einer großen Bühne am Broadway oder in einem glamourösen Casino-Palast von Las Vegas lauschen würde und zu dessen Autoren Paul Anka und der französische Schlagerkönig und Paradiesvogel Claude François gehörten? Baez krempelte den schwärmerisch-selbstgefälligen Duktus dieses Evergreens mitsamt seiner typisch männlichen Larmoyanz gleich gehörig um, indem sie sich 1989 für ihre spanische, ungleich wildere Fassung *A Mi Manera* die Gipsy Kings an ihre Seite holte: akustische Gitarren, rhythmisches Klatschen, das sich von Strophe zu Strophe steigert, mehrstimmiger Gesang, ekstatische »ayayay«-Passagen und ein faszinierendes, furioses Accelerando, das erst mit dem temperamentvollen Schlussakkord zum Halt kommt. Augenblicklich fühlt man sich in eine andalusische Flamenco-Kneipe oder einen Dorfplatz in der Camargue versetzt, erwartet jeden Moment die lasziven, martialischen Soli und das Gebalze stolzer Tänzer. Eigentlich fehlen nur noch ekstatisches Fußstampfen, virtuose Kastagnetten und finale Olé-Rufe, um die sommerliche *Carmen*-Atmosphäre perfekt zu machen. *My Way* ist als *A Mi Manera* kaum noch wiederzuerkennen: Unbestreitbar interpretierte Baez Sinatras Vorzeige-Song auf ihre ganz eigene Weise. Eben »her way«. Und auch ihre Fassung hätte durchaus zum Millionen-Seller getaugt.

So weit, so gut. Ist Baez hingegen als Wiedergängerin der Bellamy Brothers oder gar von Bob Marley vorstellbar? Sowohl das fröhlich-unbekümmerte *Let Your Love Flow,* ein eher unbedarfter Pop-Hit in abgemildertem Country-Sound, als auch der unverwüstliche Reggae-Standard *No Woman No Cry,* einer der großen Erfolge des jamaikanischen Superstars, finden sich nämlich gleich unter den ersten Titeln ihres Albums *Honest Lullaby* von 1979; und wenn man auch nicht so weit gehen sollte, sie als Fauxpas zu bezeichnen, so wird man doch den Eindruck nicht los, dass es sich dabei um Verlegenheits-Nummern handelt, etwas lustlos nachgesungen und nicht sonderlich inspiriert vorgetragen. Weder Arrangement, Präsentation noch gesangliches »Engagement« fügen den beiden sattsam gecoverten Titeln irgendeine interessante Nuance oder originelle Perspektive hinzu, ausgenommen von einigen Textveränderungen in Marleys Song. So wie sie hier eingespielt wurden, ohne echte Neu-Interpretation, scheinen sie nicht wirklich zu

Baez' Repertoire zu passen, setzen sich nicht im Gedächtnis fest. Passabel zwar, aber gewiss keine glückliche Wahl – als LP-Füllsel gerade noch hinnehmbar. Es bleibt unklar, was an ihnen Baez zur Wiedereinspielung reizen konnte – *Let Your Love Flow* fehlt eine für sie »nutzbare« spezifische Aussage oder Botschaft, *No Woman No Cry* ist nicht ohne Weiteres aus der Reggae-Sphäre und dem Rasta-Idiom herauszulösen.

Nicht alle Genres und Stile lassen sich also umstandslos der Persönlichkeit, dem Personalstil und den vokalen Eigentümlichkeiten der Baez anverwandeln. Gleich wieder in ihrem Element ist sie jedoch bei ihrer äußerst gefühlvollen, mit großem Ernst und spürbarer Trauer dargebotenen Version von Stevie Wonders schlichtem Abschieds-Song *Never Dreamed You'd Leave in Summer.* In ihrer Lesart, einfühlsam und ohne Schnickschnack, konzentriert und die klangliche Qualität jeder einzelnen Silbe auskostend, subtil intoniert und von innerer Ergriffenheit zeugend, wird er zum Klassiker. Lange Phrasen, dunkle Vokale, raumgreifende Bögen und zarte, betörende Liegetöne auch in tiefer Lage – hier kann sie auf engstem Raum ihre ganze Kunst entfalten. Mit purem Soul hat ihr Wonder-Cover, 1975 aufgenommen und vom Pianisten Larry Knechtel, der schon Paul Simons *Bridge over Troubled Water* mit einem unvergesslichen Klavier-Solo ausgestattet hatte, kongenial begleitet, keine große Ähnlichkeit mehr, obschon sie ihre ganze Seele in diese drei wirklich bezaubernden Strophen legt. Verlustangst, blankes Entsetzen und Ungläubigkeit werden deutlich spürbar – dass das geliebte Gegenüber die Partnerschaft einfach so aufkündigt, nicht länger abwartet und für alle Zeit aus dem gemeinsamen Leben heraustritt, macht die zur falschen Jahreszeit und auch viel zu früh verlassene Ich-Erzählerin fassungslos. Nicht im Traum hätte sie mit einem solchen Einschnitt gerechnet, nicht im Traum wäre sie darauf gekommen, dass diese einseitige Trennung unmittelbar bevorstehen könnte. Und dennoch haftet ihrer Reaktion etwas Beherrschtes, Gemessenes und auch Abgeklärtes an. »Why didn't you stay?«, ist alles, was es am Ende noch zu sagen und zu fragen gibt. Die Frage steht im Raum; Baez mag sich von der Schluss-Silbe lange nicht lösen. Dem kommentierenden Piano, sich in fragiler Ornamentik verlierend, gebührt bei *Never Dreamed* das letzte Wort.

Von vergleichbarer Intensität, Wärme und Reinheit ist, im Kontext von Baez' reiferen LPs der Mitt-Siebziger, eigentlich nur noch ihr aus zwei wirklich »alten« Standards bestehendes Medley *I Dream of Jeannie/Danny Boy.* Ein weiterer meiner Favoriten, eine echte Perle. Als Epilog ihres Albums *Diamonds & Rust* fasste sie ein Salonlied des amerikanischen Songwriters Stephen Foster, 1854 niedergeschrieben und seit Generationen beliebt, mit einer ebenfalls sehr verbreiteten, sentimentalen Ballade, aus der Feder des englischen Liedermachers Frederick Weatherly und aus den 1910er Jahren stammend, zu einem einzigen Stück zusammen. Das Ergebnis, wiederum ein ausschließlich klaviergestütztes, von Larry Knechtel begleitetes Langgedicht mit irischem Einschlag (denn auch die inoffizielle irische Nationalhymne *A Londonderry Air* klingt hier an), widmete sie ihrer Großmutter mütterlicherseits, Barbara Bridge. Nur selten gelang Baez wie hier das Kunststück, Europäisches mit Amerikanischem, Strenge mit Unbeschwertheit, Präzision mit Strahlkraft, Tugenden des klassischen Liedgesangs mit Folk-Elementen überzeugend zu verschmelzen, obwohl die Vorlagen weder der einen noch der anderen Gattung angehören. Sie sang Weatherly und Foster, als handele es sich um ein Schubert- oder Hugo-Wolf-Lied. Der Doppel-Epilog, von bestürzender Eindringlichkeit, unterstreicht auch, wie gut Baez' vokale Klangfülle mit reduzierter Klavierbegleitung harmonierte, wie problemlos sie ohne die Unterstützung einer Band oder eines Orchesters auskam: Sie war eben nicht nur die stereotype Gitarren-Sängerin.

Zurück zu ihren eigenen Liedern – ein Terrain, wo sie gleichfalls mit verblüffenden Einfällen und auch mit Schlagfertigkeit aufwarten konnte: Man nehme nur *O Brother!* von 1976, eine direkte und auch raffinierte Replik in Songform auf Dylans Vorgänger-Lied *Oh, Sister* von 1975. Von LP zu LP, von *Desire* zu *Gulf Winds,* spielten sich Baez und Dylan damals aus der Ferne die Bälle zu, trugen mithilfe ihrer Liedpublikationen alte Konflikte wieder aufs Neue aus, griffen einzelne Zeilen und Formulierungen auf, um sie weiterzuspinnen. Ein klein wenig boshaft, ziemlich nostalgisch und stets poetisch verbrämt. Deutlicher als hier hat Baez wohl nie die Kritik an ihm, dem sie jegliche Gotthaftigkeit absprach, in Songlyrik verpackt: »Wie kam ich nur dazu, im Namen des Vaters und des Sohnes, deine Schwester zu sein?« Dylanologen werden noch Jahre damit beschäftigt sein, jede winzige Anspielung in diesem ausgedehnten literarisch-musikalischen Ping-Pong-Spiel unter die Lupe zu nehmen, zu deuten und ihre Tragweite zu bestimmen.

Man nähere sich dem munteren *A Heartfelt Line or Two* (1977), in dem sie achselzuckend und belustigt den Vorwürfen begegnet, sie sei keine genuine Songwriterin, es mangele ihr an Begabung und Ausdauer, und sie interpretiere viel zu oft die Lieder anderer. Worauf sie einen Entschluss fasst: »Heute Abend werde ich mich hinsetzen und eine oder zwei von Herzen kommende Zeilen zu Papier bringen, und falls sie sich tatsächlich als ›gut genug‹ erweisen sollten, schulde ich dennoch dir jedes einzelne Wort.« Aber klar sei auch, dass, was ihre Lieder betrifft, »niemand sie auf genau dieselbe Weise singen wird wie ich.« Ihr Selbstbewusstsein war ausgeprägt; sie wusste – auch als Autorin – um ihren Stellenwert und ihre Einzigartigkeit. Man höre in diesem Zusammenhang nur erneut *Blessed are ...*, das kluge und an überzeugenden Metaphern reiche Titellied ihres Doppelalbums von 1971, um jegliche Einwände gegen ihren vermeintlichen Mangel an Originalität zu zerstreuen. Oder man führe sich *Luba the Baroness* (1977), eine vielschichtige, bilderreiche Hommage an eine befreundete Pariser Familie in Form eines epischen, von Tempo- und Stimmungswechseln strukturierten Langgedichts, zu Gemüte: Darin entführt Baez uns, wie in einem Kaleidoskop, in mehreren Episoden in die Welt des französischen Politikers, Journalisten und Widerstandskämpfers Emmanuel d'Astier, seiner Frau und seiner Kinder. Der weit ausholende Titel, der im Aufbau an epische Dylan-Songs ähnlichen Zuschnitts erinnert, enthält französischsprachige Passagen und kulminiert in der Trauer um den Tod von d'Astiers ältestem Sohn Jean-François.

War damit zu rechnen, dass Baez sich – wenn auch verschlüsselt, doch immerhin gleich zweimal – in ihren Liedern mit schwullesbischer Thematik auseinandersetzen würde? In Interviews hatte sie sich, wie man heute sagen würde, bereits sehr früh als bisexuell geoutet, und in ihren Memoiren nimmt ihre Liaison mit der jungen Kim, die sie als Zweiundzwanzigjährige erlebte, als positive Erfahrung breiten Raum ein. *Stephanie's Room* (1976), von ihrer außergewöhnlich kreativen LP *Gulf Winds,* erzählt als Dialog von einer verflossenen Liebe, ohne bestimmte Geschlechtszugehörigkeiten auch nur anzudeuten. Baez wirft hier die uralten Fragen auf, wie sie in allen Beziehungen gestellt werden, die sich nicht durch Ehe oder eheähnliche Konstellationen ein engeres Korsett angelegt haben: Kann man befreundet bleiben, wenn sich Liebe und Sex verflüchtigt haben? Muss man notgedrungen einen Schlussstrich ziehen und den Kontakt zueinander endgültig abbrechen? Ist alles, was von einer schönen Affäre bleibt, ein verlassener Raum, in dem nur noch einzelne Gegenstände an die frühere Besitzerin und die gemeinsam verbrachten Stunden erinnern? Baez unterstellt, ohne explizit darauf einzugehen, dass es sich um ein Liebesverhältnis zwischen zwei Frauen gehandelt hat. Sie resümiert und verzagt nicht. Rückschau statt Litanei; leises Bedauern. Es sind Satzfragmente und abgebrochene Fragen, die ihr ruhiges, langsames Klavierlied rhythmisieren: »Ich habe es versucht ...«, »Ich habe dich nie angelogen«, »Aber wirst du auch ...«, »Es würde dich umbringen ...« Was ungesagt zwischen den Zeilen steht, ist wichtiger als alles Ausgesprochene und Gesungene. Der Song endet mit dem Zitat jener leeren Phrase, mit der so oft ein Beziehungsende besiegelt wird: »Du lächeltest und sagtest, ›Ich werde dich schneller wiedersehen, als du jetzt glaubst‹.« »Jaja, hmhm.« Was sonst könnte man darauf erwidern? Geheuchelte Versprechen, floskelhafter Abschied. Und wieder fällt eine Tür ins Schloss.

Altar Boy and the Thief aus dem Folgejahr 1977 (von der LP *Blowin' Away*), eine weitere ihrer relaxten, unaufgeregten Klavier-Balladen, scheint, was den Duktus, das gemächliche Tempo und die unspektakuläre Beschreibung komplizierter Sachverhalte angeht, direkt an *Stephanie's Room* anzuknüpfen. Sie geht auf eine konkrete Begebenheit zurück: Schwule Freunde nahmen Baez einst in eine »gay bar« mit, das »Pink Elephant« in Santa Monica. Für sie offenbar kein alltägliches Erlebnis. Weniger als Voyeur denn als Chronistin beschreibt Baez die Besucher des Etablissements, das ihnen für die Dauer weniger Stunden Schutz und Geborgenheit bietet. Sowie die Möglichkeit, ihre wahre Identität auszuleben. Hier sind sie unter sich. Alle möchten Kontakte knüpfen, sind auf der Suche nach »ein wenig Entspannung und Erleichterung«, wie es im Refrain (»a little relief«) immer erneut herbeigesehnt wird: ganz unterschiedliche Männer-Typen. Ein großer Schwarzer etwa, mit Schmuck behängt, eine Latino-Drag Queen und ein Lastwagenfahrer mit Frau und Kindern. Baez' besondere Faszination gilt aber einem verliebten Paar, das in perfektem Einklang, eng aneinandergeschmiegt, im gelbblauen Licht der Jukebox tanzt und dabei alles um sich herum für eine Weile vergisst. Mehr als nur ein Flirt: eine Verzauberung inmitten trivialer Bar-Gespräche und plumper Anmache.

Baez malt sich auch ihre Existenzen aus, behauptet einfach, sie habe hier einen Messdiener oder Chorknaben und einen Dieb vor sich, Unschuld und Erfahrung, und freut sich im Stillen an der aufkeimenden Zuneigung dieser in ihrem Glück völlig versunkenen Lover. Von denen der eine so jung ist, dass es sich wohl um seine allerersten Erfahrungen handeln muss, der andere älter und reifer – sein Beschützer. »To me, they will always remain / unshamed, untamed, and unblamed«, lautet ihr anrührendes Fazit, das neben der poetischen durchaus auch eine politische Dimension beinhaltet – »was mich angeht, so werden diese beiden immer ohne Scham bleiben, ungezähmt und auch ohne Schuld.«

Als Zaungast dieser kalifornischen Nacht entwirft sie mit wenigen Szenen und Sätzen, mit ein paar eingestreuten Bassnoten und kaum hörbaren Schlagzeugakzenten, die Vision einer Gesellschaftsordnung, in der solche Begegnungen, Anbahnungen und Tänze selbstverständlich sind und keinen Sensationswert mehr besitzen: zum Zeitpunkt der Entstehung des Liedes nicht mehr und nicht weniger als eine Utopie.

Kleine Siege und große Niederlagen

> Leute, die glauben, eine Menge über mich zu wissen,
> wissen eigentlich überhaupt nicht viel.
> Sie nennen mich immer noch eine Folk-Sängerin.
> Dabei bin ich seit fünfzehn Jahren keine Folk-Sängerin mehr.

Am Abend des 27. Januar 2016 lud Joan Baez Kollegen, Weggefährten, Veteranen des Pop und Folk, alte Freunde und natürlich treue Fans ins atmosphärische New Yorker Beacon Theatre, auf halbem Wege zwischen Lincoln Center und Upper West Side, zu einem Gala-Konzert der besonderen Art ein. Alle folgten ihr gern und erschienen bei dieser erstklassigen musikalischen Birthday Party; niemand ließ es sich nehmen, ihr zu ihrem 75. Geburtstag die Ehre zu erweisen. Auf der Bühne wurden die prominenten Gäste jeweils von einer distinguierten älteren Dame mit grauer Kurzhaarfrisur begrüßt, die sich nach einer kurzen, charmanten und auch witzigen Anmoderation neben die Auftretenden an ein eigenes Mikro stellte und ihre Gitarre dabei so gut wie nie aus der Hand gab: Das junggebliebene und wie gewohnt mädchenhaft schlanke Geburtstagskind, in einen eleganten schwarzen Hosenanzug gewandet, war offenkundig in Topform, voller Dynamik und bester Laune. Mit David Crosby sang Baez Paul McCartneys *Blackbird,* mit Paul Simon dessen Jahrhundertsong *The Boxer,* wobei der weltbekannte Text eigens für diese Soirée mit augenzwinkernder Ironie leicht abgeändert wurde. Mit Judy Collins gab sie ihre eigene Ballade *Diamonds & Rust* in einer Duofassung zum Besten, mischte sich unter die Indigo Girls und bildete mit Jackson Browne und Emmylou Harris bei Woody Guthries Klassiker *Deportee* ein weiteres Trio. Sie duettierte mit Mary Chapin Carpenter, Damien Rice, Mavis Staples sowie dem chilenischen Nachwuchsstar Nano Stern und lieferte, neben all den erwähnten mehrstimmigen Konstellationen mit ihren Gratulanten, selbstredend eine ganze Reihe von beeindruckenden Soli ab – Songs von Steve Earle und Phil Ochs, unverwüstliche Folk- und Gospel-Standards, typische Baez-Erfolgsnummern wie *Seven Curses* und natürlich *The Night They Drove Old Dixie Down*. Und wie es sich für dieses alle Herzen wärmende Wiegenfest in einer eisigkalten Winternacht in Manhattan gehörte, schloss sie den ergreifenden, kammermusikalischen Liederreigen mit Dylans weisem, populärem *Forever Young* – nur zu Beginn kurz unterbrochen von einem spontanen, enthusiastischen *Happy Birthday*-Chor ihrer gerührten Zuhörer.

Gewiss waren Nostalgie und Wehmut allgegenwärtig bei dieser facettenreichen, künstlerisch hochrangigen Rückschau auf ein halbes Jahrhundert Musik-, Kultur- und Zeitgeschichte. Bei der sich ausschließlich Individualisten, Duos, Trios, Quartette abwechselten und keine großen Bands vorkamen – Gitarristen unter sich. Aber es handelte sich keineswegs um ein tränenreiches Abschiedskonzert oder gar einen Schlusspunkt ihrer Laufbahn. Sentimentalität ließ die Gefeierte gar nicht erst aufkommen, als sie den stürmischen Zugaben-Applaus mit einem nonchalanten, trockenen »See you in ten years!« kommentierte, sich verneigte und die Bühne verließ. Vorläufig. Denn für Comebacks oder auch nur Kürzertreten war und ist es noch entschieden zu früh für Baez, die sich ihrem sechzigjährigen Bühnenjubiläum im Jahre 2018 mittlerweile ja mit großen Schritten nähert. Schon vor einem Jahrzehnt gab sie sich ungebrochen kämpferisch, ja angriffslustig, als die Frage nach einer möglichen Beendigung ihrer Karriere wieder einmal aufkam: »Nach den Wirbelstürmen der Veränderungen, die über unser Land weggefegt sind, und bei all den Unannehmlichkeiten, die wir so einem großen Teil der übrigen Welt aufgezwungen haben, ist die Aktivistin in mir wiedererwacht. Und nichts wird mich davon abbringen können, rauszugehen, um etwas zu tun. Ich habe lange gewartet.« Für Baez gab und gibt es auch weiterhin viel zu tun. An so vielen Schauplätzen dieser Erde werden ihre Stimme und Präsenz immer noch dringend benötigt, so dass sie gar nicht immer genau weiß, wohin sie am besten zuerst reisen, wo sie zuerst singen oder in Erscheinung treten soll. »Ich hatte teilweise so viel Energie in mein politisches Engagement gesteckt, dass meine Stimme immer nur an zweiter Stelle kam.«

Um etliche Vokalisten und Bands der Sechziger ist es inzwischen still geworden oder sie sind gänzlich verstummt und längst in der Versenkung verschwunden. Nicht so Baez: Seit mehreren Dekaden befindet sie sich, Dylan vergleichbar, mit ungebrochener Energie gleichfalls auf einer – wortwörtlich verstanden – »Never Ending Tour«. Nur dass ihre Tourneen eben keine Namen tragen und stets »zweispurig« verlaufen. Neben den »reinen« Konzerten und Festival-Gastspielen besitzt die Serie politischer und gesellschaftskritischer Aktionen mehr denn je zuvor größte Wichtigkeit für ihr Selbstverständnis. So ist sie auch heutzutage unablässig in einer Doppelfunktion unterwegs. »Eigentlich habe ich mich immer am wohlsten gefühlt, wenn ich beides sein konnte: Sängerin und Aktivistin. Wenn ich zu Konzerten in die Balkanländer reise, in die Türkei oder nach Lateinamerika, wird es automatisch politisch. In solchen Situationen fühle ich mich am zufriedensten – kreativ, musikalisch und politisch.« Ob als Friedensbotschafterin und todesmutige Solistin 1993 in Sarajevo, ob als musikalische Gratulantin für Nelson Mandela 2008 in London, ob, in regelmäßigen Abständen, als Gitarristin bei Mahnwachen vor US-Gefängnissen oder als so entrüstete wie solidarische Kämpferin bei Protestaktionen von Occupy in jüngerer Zeit, Baez nimmt ihren anspruchsvollen Auftrag, »für die seelisch gesündere Hälfte Amerikas« zu singen, solange ihre Kräfte noch reichen, ernst wie nie zuvor.

Was sich hingegen wirklich verändert hat, ist die Qualität und Prägnanz ihrer Stimme, ist die Verlässlichkeit ihres kostbaren Gesangsorgans. Leichtigkeit, spielerische Höhe und engelhafte Reinheit gehören, ihrem Alter geschuldet, unwiderruflich der Vergangenheit an. Aus der Sopran- und Mezzo-Lage ist ein tieferes, immer noch beeindruckendes Alt-Register geworden. Unverkennbar Baez, doch deutlich dunkler, mit leicht rauchigem, gereiftem Timbre. »Meine stimmliche Begabung war so groß, dass es mir nie in den Sinn gekommen wäre, es könne irgendwann einmal anders sein. Dabei ist es normal, dass sich die Stimme bei den meisten so mit Mitte dreißig verändert. Das muss man entweder hinnehmen oder durch gezielte Stimmbildung gegenwirken. Das habe ich gemacht.« Vorbei die Zeiten, als man ihre Stimme, von kaum glaubhafter Eindringlichkeit und kristallklarer Präzision, mit einem prächtigen Vogel verglich, den man aus der Gefangenschaft eines Raumes entlässt, damit er seine Flügel entfalten, sich in ungeahnte Höhen aufschwingen und bei der Eroberung eines grenzenlosen Himmels jubilieren kann. »Glasklar wie ein Glockenspiel« ist sie nur noch ganz selten. Alle dreißig Minuten wird Baez im Frühjahr 2017 nun von ihrem Handy, auf dem ein Raubtier-Fauchen ertönt, daran erinnert, wieder ausreichend Flüssigkeit zu sich zu nehmen. »Es wird immer schwieriger, die Stimme in Schuss zu halten. Ich wechselte die Gesangslehrer, habe jetzt einen wunderbaren Stimmtherapeuten. In meinem Alter musst du deine Stimme immer wieder neu finden, schauen, welche Songs sich damit richtig anhören. Aber ich mag, wie sie jetzt klingt. Man hört das Leben viel stärker durch.« Das Leben und seinen Wert in ihren Songs hörbar zu machen – war es Baez nicht schon immer gerade darauf angekommen?

Einzelne Passagen in den Liedern müssen nunmehr geringfügig für sie umgeschrieben oder nach unten oktaviert werden. Ganze Abende als Solistin oder mehrere Titel in Folge a cappella könnten da rasch zu Verschleiß führen und »tragen«, da zu gleichförmig, bei Konzerten auch nicht länger. Schon seit mehreren Jahren umgibt sich Baez deshalb mit einem Trio musikalischer Partner – der talentierten, diskreten Background-Sängerin Grace Stumberg, die Joans mangelnde Höhe abfedert und beim zweistimmigen Singen für eine warme, hellere und runde Note sorgt, den versierten Multiinstrumentalisten Dirk Powell, der als eine Art Ein-Mann-Orchester alle Register zieht, mit Banjo und Fiedel gelegentlich melodiöse Akzente einfügt und mit ebenso virtuosem wie dezentem Spiel eine aufwendige Begleitband ersetzt, und Sohn Gabe, ein mittlerweile routinierter und unaufdringlicher Perkussionist, der mit Becken, Cajón und Congas einen variablen rhythmischen »Teppich« bereitstellt. Liedblöcke dieses aufeinander eingespielten, partnerschaftlich agierenden Quartetts wechseln mit ausgewählten Baez-Soli. So entsteht ein behutsam dem jetzigen Zeitgeschmack angenäherter, frischer Folk-Sound mit einer Prise World Music; so entgeht ihre heutige Programmgestaltung einer allzu monotonen, retrospektiven Ausrichtung. Auf ihr differenziertes, pulsierendes und strukturierendes Fingerpicking ist freilich, heute wie damals, Verlass. Eine Konstante.

Neue Alben erscheinen seit den späten Achtzigern nur noch in größeren Abständen, im Schnitt alle fünf Jahre – doch die Veröffentlichung ihrer vorletzten, von Steve Earle produzierten und mit *Day After Tomorrow* betitelten Studio-CD liegt bereits ein Jahrzehnt zurück. Vor ein Publikum zu treten, egal ob im Bundesgefängnis von Alcatraz, in einem kleinen Konzertsaal irgendwo in der Provinz oder für die Belange der Gay and Lesbian Community in San Francisco, bleibt dagegen ihr Lebenselixier. Als etwa, im Jahre 2004, die Wiederwahl von US-Präsident George W. Bush bevorstand, zog sie mit dem engagierten Regisseur Michael Moore von Uni zu Uni, damit die aus ihrer Sicht viel zu passiven und ignoranten Studenten gehörig aufgerüttelt wurden und ihre Köpfe nicht länger in den Sand steckten. Ihr Nahziel ist wie eh und je Mobilisierung, ihr Fernziel Versöhnung, Chancengleichheit, die Emanzipation von Minderheiten und dauerhafter Frieden.

Im Gegensatz zu früher musiziert Baez nun allerdings oftmals *gemeinsam* mit anderen, mit *mehreren* Sängern zugleich. So ist sie seit einiger Zeit schon, auch im Sommer 2017 wieder, mit den Four Voices, einer Gruppierung von vier Sängerinnen, landesweit zu hören – dabei steht sie mit den Indigo Girls und Mary Chapin Carpenter auf der Bühne. Oder sie schlüpft in einem Theater in San Francisco, um sich auch einmal als kostümiert und kokett, als frivol und exotisch zu erleben, als Mimin spielerisch in die Rolle einer Contessa aus einer versunkenen Epoche. Gleichwohl bleibt die historische Kontinuität ihres Parcours von konsequenter Gewaltlosigkeit, symbolischer Anwesenheit und gelebtem Widerstand gewahrt: Einige der Stätten ihres früheren Wirkens wie Hanoi, Prag oder Chile hat sie mit großem zeitlichen Abstand erneut aufgesucht, in Santiago auch vor einer Menschenmenge aus früheren Bewunderern und Vertretern der nachwachsenden Generation gesungen und die Freiheit gefeiert. »Und genau deshalb«, so formulierte der Folk-Sänger und -Experte Ross Altman es erst kürzlich, »ist Joan Baez«, die inzwischen ihren 80. Geburtstag feiern konnte, »ein nationales Kulturgut. Die Lieder, die sie singt, handeln von Gerechtigkeit und Freiheit, aber sie leistet so unendlich viel mehr als lediglich in deren Namen zu singen.« Mehr noch: »Sie investiert ihr Geld genau dort, wo sie ihren Mund aufmacht.« Sie handle konsequent, Wort und Tat seien im Einklang. Womit sie sich von vielen anderen Künstlern, Medienpersönlichkeiten und vor allem Politikern deutlich unterscheide.

Außerdem ist sie lockerer, witziger geworden. »Ich merke, wie erleichtert mein Publikum ist, wenn ich bestimmte Dinge« unverblümt ausspreche und einfach »sage«. Jahrzehntelang galt sie als streng und oberlehrerhaft, war als notorisch humorlos und bierernst verschrien – obwohl man sie im privaten Kreis ganz anders kannte: ausgelassen, ironisch, schlagfertig. Nur die Öffentlichkeit bekam davon nichts mit. In Talk-Shows des US-Fernsehens mokierte man sich in den Mittachzigern gern über ihre übertriebene Seriosität und ihre Grabesmiene; einmal flimmerte sogar eine Spielshow mit dem vielsagenden Titel *Versuchen Sie, Joan Baez zum Lachen zu bringen!* über den Bildschirm. Zeitweise sei ihr Name das Synonym für einen Unglücksraben oder für eine Schwarzseherin gewesen, klagt sie noch heute. Es habe ihr zu schaffen gemacht: Ihr chronisches Lampenfieber sei ebenso zurückgekehrt wie der Zwang, sich zu übergeben. Verstärkt noch durch eine nicht zu überwindende Flugangst.

Inzwischen, nach einer neuerlichen, Jahre währenden Psychotherapie, mit der sie die Vertreibung aller dunklen und schmerzlichen Aspekte in ihrer Seele und ihrem Denken zum Verschwinden bringen wollte, nimmt sie keine euphorisierenden »Quaaludes« (Methaqualon) mehr ein, von denen sie sich phasenweise abhängig gemacht hatte, lässt vieles einfach geschehen, wirkt gelassener, offener für Quatsch und auch Albernheiten. Ihre Mitstreiterin Judy Collins bestätigt diesen Eindruck: »Sie ist schlau, sie ist urkomisch, sie ist selbstironisch.« Videos kursieren im Internet, auf denen Joan, im Anschluss an ein Konzert, beim Feiern in einem Restaurant wie befreit auf den Tischen tanzt, von Perkussionisten angefeuert. Oder einfach zum Herumblödeln bereit ist. Von einem Journalisten auf ein Foto in ihrer Küche angesprochen, auf dem sie bei der Verleihung des Lifetime Achievement Award anlässlich der Grammy-Zeremonie von 2007 zu sehen ist, hat Baez augenblicklich den maliziösen, ja zynischen Kommentar bereit: »Wenn einem solche Auszeichnungen zuteilwerden, ist das bereits das Zeichen, dass ›sie‹«, die Medien und das Publikum, »einen schleunigst loswerden wollen.« Noch ist es nicht so weit.

Zwei weitere Beispiele für eine unbekümmerte, fröhliche Joan, die ja bereits Jahrzehnte früher, im Verlauf von Dylans Rolling Thunder Revue, ihre Lust zum Feiern und ihre Bereitschaft, auch öffentlich über die Stränge zu schlagen, unter Beweis gestellt hatte: An einem brütend heißen Sommertag ist Baez, im Juli 2007, beim beliebten und seit Jahrzehnten etablierten Freiburger Zelt-Musik-Festival zu Gast. Nach ihrem Auftritt verlangt es sie nach Abkühlung. Ein überrumpelter Künstlerbetreuer entschließt sich spontan, sie zum nahegelegenen Opfinger Baggersee zu fahren, wo sie ihre Runden drehen kann. Mit einem Mercedes ist sie angereist, nun aber lässt sie sich mit einem Trabi, von dem sie sich auf der Stelle fasziniert zeigt, an die Badestelle in Autobahnnähe bringen, um sich dort zu erfrischen – gleich in doppelter Hinsicht ein ungewohnter Anblick. Und, erst kürzlich, im August 2015, wohnt Baez, gemeinsam mit ihrer Enkeltochter Jasmine Harris, im kalifornischen Santa Clara einem von Teenagern umjubelten Konzert von Pop-Superstar Taylor Swift bei und kommt dabei in der VIP-Lounge des gigantischen Levi's Stadium neben der Schauspielerin Julia Roberts zu sitzen. Wobei es sich die damals 25-jährige Sängerin, glühende Verehrerin von Baez und Roberts, nicht nehmen lässt, die beiden lebenden Legenden – ihre »heroes« – beim Song *Style* zu sich auf die Bühne zu holen, sie mit Swift-T-Shirts auszustatten und mit ihnen über den Catwalk zu defilieren. Das Publikum – an die fünfzigtausend kreischende Youngsters – ist völlig aus dem Häuschen, als die beiden älteren Damen, ungeschminkt, in Jeans und bequemen Schuhen, auch noch an Taylors Seite zu tanzen beginnen. Schließlich kniet Roberts sogar vor Baez nieder, die ihr eine Rose überreicht. Die drei »pretty women« umarmen sich zum Abschluss. Der Überraschungsauftritt ist gelungen. »Hätte ich mir nur vorher die Haare gewaschen«, seufzt Roberts mit gespieltem Entsetzen. Joan ist sich sicher, dass die meisten Zuhörer daheim erst einmal googeln müssen, um herauszufinden, welchen Cameo-Auftritt sie da überhaupt miterlebt haben und um Swifts ältliche Go-Go-Girls zu identifizieren. Baez' stolze Enkelin, der die kuriose Einlage wohl eher peinlich gewesen ist, darf nicht nur mit einem Swift-Selfie, einem Swift-Autograph und ebenfalls einem Swift-T-Shirt den Heimweg antreten; sie bekommt auch noch von ihrem langbeinigen, glamourösen Idol höchstpersönlich erklärt, was für eine unglaubliche und berühmte Großmutter – und dazu gänzlich uneitle Oma – sie eigentlich hat.

***

Wie, so muss zu fragen erlaubt sein, geht eine Frau wie Baez mit Verunsicherungen um, wie mit den Brüchen und Tiefen in diesem auf den ersten Blick so folgerichtigen, »stimmigen« bzw. nur selten ungetrübten Lebens-Lauf? Was machen jahrzehntelanges Fürsprechertum und Engagement aus einem Menschen, der sich derweil möglicherweise selbst vernachlässigt? Was kommt bei all der Öffentlichkeitsarbeit, beim unablässigen Konzertieren zu kurz? Schriftstellerin Joan Didion machte sich bereits vor fünfzig Jahren, als sie die andere, noch ganz junge Joan, eine gerade an sich selbst wachsende Pazifistin, beobachten konnte, als erste einige kritische Gedanken darüber: »Joan Baez war eine Persönlichkeit, bevor sie überhaupt eine Person geworden war. Und wie alle, die in diese

Lage kommen, ist sie ein glückloses Opfer dessen, was andere in ihr gesehen und über sie geschrieben haben – und wie sie sie hatten haben wollen oder nicht.« Aus der Opferrolle hat Baez sich schnell befreien können; als glücklos würde sie sich wohl kaum bezeichnen; und dass das äußere, in Wandel begriffene Bild von ihr nicht unbedingt mit der Eigenwahrnehmung identisch sein muss, steht auf einem anderen Blatt. Doch sind andere Aspekte der Definition durchaus bedenkenswert. »Zumindest unbewusst«, so fuhr Didion fort, versuche Baez »an der Unschuld und dem Aufgewühltsein ihrer Jugend und der Jugend im Allgemeinen festzuhalten. An dieser Fähigkeit, sich zu wundern, sei sie auch noch so seicht und vordergründig.« Ist eine solche Fähigkeit, wie sie hier schon der jungen Baez zugebilligt wird, nicht überhaupt die elementare Voraussetzung für eine »gesunde« Empörung und den daraus resultierenden Impuls zum konkreten politischen Handeln? »Diese Offenheit, diese Verletzbarkeit sind natürlich genau der Grund, weshalb sie so ›gut ankommt‹ bei den Jungen, den Einsamen und bei denen, die Schwierigkeiten haben, sich auszudrücken«, behauptete Didion. »Bei all denen, die den Verdacht haben, dass niemand sonst auf der ganzen Welt Schönheit, Schmerz, Liebe und Brüderlichkeit versteht.« In diesen Zuschreibungen, treffend und schonungslos zugleich, steckt bereits etwas Prophetisches – für Tausende von Unverstandenen war und bleibt Baez aufgrund der ihr zugeschriebenen Eigenschaften ihrer sensiblen Persönlichkeit und ihrer fragilen Erscheinung für Jahrzehnte die Garantin für diese kostbaren Empfindungen. Wird zum Sprachrohr, zur Identifikationsgestalt, zur stellvertretend Leidenden, zur Unfehlbaren sogar. Nur wenige ihrer Hörer oder Fans werden sich aber weiterreichende Fragen nach der aktuellen Befindlichkeit ihrer »Heldin« gestellt haben. Wer andere so gut »versteht« wie sie, kann oder darf womöglich nicht unbedingt damit rechnen, dass man echtes Verständnis für sie als Privatperson aufbringt.

Ist latente Einsamkeit demnach der Preis, den man für eine solche Vita zu zahlen hat – für ein so erfolgreiches wie auch folgenreiches Leben? Seit den Neunzigern und vor allem nach der

Jahrtausendwende hat Baez sich ein wenig zurückgezogen. Nicht dass ihre Bühnen- und Friedens-Aktivitäten wirklich spürbar nachgelassen hätten, aber sie hat sich doch bedeutend mehr Zeit als früher für ihre Familie genommen, dem Privaten mehr Raum gegönnt. Ihr früheres Bedauern, sich nicht genug um ihren Sohn gekümmert zu haben, keimt wieder auf, auch wenn Gabe und sie unterdessen ja regelmäßig konzertieren, erst unlängst gemeinsam durch Neuseeland tourten und mehr voneinander haben als je zuvor. Das gefällt ihr sehr. »Die meisten Mütter hängen mit ihren Töchtern herum, aber eine Mutter, die viel Zeit mit ihrem Sohn verbringt, ist eine Seltenheit. Vor allem auf der Bühne.« Sie weiß nur zu gut, dass sich nicht alle Versäumnisse wettmachen lassen, dass man keine verpasste Lebenszeit anderweitig nachholen kann. Versuchen kann man es natürlich schon, und beide freuen sich aneinander, wenn sie für sich und vor Publikum Harmonie herstellen können – nicht nur im übertragenen Sinne. Umso mehr genießt Baez die Anwesenheit von Enkelin Jasmine, mit der sie sich ausgiebig beschäftigt. Diesmal aber zur richtigen Zeit. »Nun frage ich mich: Wie kann ich meiner Familie gerecht werden und trotzdem meinem Land dienen?«

Mit ihren Eltern, die ihr schon immer wichtig gewesen sind und jetzt ein gesegnetes, ja biblisches Alter erreichen, und insbesondere mit ihrer geliebten Mutter, in deren unmittelbarer Nähe sie lebt und der sie sich mit großer Aufmerksamkeit widmet, verbringt sie die letzten kostbaren Jahre. Albert stirbt 2007 mit vierundneunzig, Big Joan 2013 als Hundertjährige. Über den Verlust von Schwester Mimi, die im Sommer 2001, mit erst Mitte fünfzig, einer heimtückischen Krebserkrankung zum Opfer fällt, ist sie lange nicht hinweggekommen. Bis zuletzt waren die beiden einander eng verbunden; Joan ist Mimi in den schweren Stunden des Abschieds eine Stütze, begleitet sie in den Tod. Nach dem Ableben ihrer ältesten Schwester – Pauline segnet im Sommer 2016 das Zeitliche – ist sie nunmehr ganz auf sich allein gestellt. Schon 45 Jahre lebt sie mittlerweile in ihrem ländlichen Anwesen in Woodside, wo sie sich, umgeben von sehr viel Natur, ausreichend Stille und gelegentlich gackernden Hühnern, sehr wohlfühlt und bei Bedarf in einem Baumhaus verkriechen kann.

Dort oben, den Sternen nahe und den Lauten der Natur lauschend, verbringt sie auch gern die Nacht. Woodside ist für sie ein Ort zum Abschalten, zum Nichtstun. Selten genug. In Woodside stellt sie sich allmählich auch aufs Älterwerden ein. Wenn sie nicht gerade meditiert, liest oder sich, beim Trainieren auf einem Laufband, fit hält. »Ich möchte gern mit Würde altern, auf intelligente Weise. Allzu viele Beispiele gibt es da jetzt nicht gerade.« Seit einiger Zeit hat sie sich, zusätzlich zu allem anderen, was sie auf Trab hält, der figurativen Malerei verschrieben. So verbringt sie, mit verblüffendem Fleiß, viele Stunden in ihrem Atelier – mit beachtlichen Resultaten: Porträts stehen im Zentrum ihrer Kunst, Menschenbilder. Immer wieder auch Asiaten, Kinder, Babys, vietnamesische Mönchsnovizen. Studien von Martin Luther King, Darstellungen von Mimi, verletzliche Frauengesichter. Einiges an Materialien ist da bereits zusammengekommen, die Leinwände beginnen sich zu stapeln: Lange wird es nicht mehr dauern bis zu Baez' erster großer Einzelausstellung.

Viel ist – wie so oft bei bedeutenden Gestalten, die in die Jahre gekommen sind – spekuliert worden über einen möglichen, endgültigen Rückzug Baez' von der Bühne. Wilde Spekulationen zumeist. Und auch eine seriöse: »Als meine Mutter ungefähr neunzig war, teilte ich ihr mit, dass ich aufhören wolle, und sie erwiderte: ›Was werden deine Fans dazu sagen?‹« Damit ist das Thema gleich wieder vom Tisch. Als es einige Jahre später doch noch einmal zur Sprache kommt, meint Big Joan jedoch, ihre Tochter habe genug getan und genug geleistet. Aber sie täuscht sich: Derzeit, auch und gerade nach dem Einzug von Donald Trump ins Weiße Haus, ist Baez gefragt wie selten zuvor. Und ein neues Album ist inzwischen erschienen, das seit Anfang März 2018 ihre Hörer fasziniert.

Wird Baez, die auf der Bühne in zunehmendem Maße als Matriarchin des Folk oder als Phänomen aufgefasst wird, auf der Straße oder im Supermarkt von Fremden angesprochen, dann sind es eher selten jüngere Leute, die sich an sie wenden, sondern meist solche,

»die mich am längsten kennen. Die den Vietnamkrieg« hinter sich und überlebt haben. »Die stehen dann vor mir, mit Tränen in den Augen und sagen: ›Ich habe dich in den Sechzigern gehasst, aber ich hatte Unrecht.‹ Dann fange ich«, bekennt Baez, »selbst an zu heulen«. Es geht ihr also nicht um Genugtuung. Und schon gar nicht um Rechthaberei. Viel lieber wäre ihr ja, sie hätte *nicht* recht behalten müssen … Ihr jetziger Part muss aber erst noch definiert werden. Bislang ist Baez, jedenfalls was ihre selbstgeschriebenen Songs angeht, erst selten gecovert worden. Auch Baez-Imitatorinnen sind weit und breit keine zu erblicken. Bislang scheint niemand in die Rolle einer »neuen Baez« schlüpfen, in ihre Fußstapfen treten zu wollen – vielleicht auch, weil sie so groß sind. Und ob sie Nachwuchssänger maßgeblich beeinflussen kann, wird erst die Zukunft erweisen. Einstweilen scheint es, als habe Joan von 1958 an eine ganz eigene, neue Tradition begründet, die nur bedingt zur Nachahmung taugt, unantastbar geblieben ist und vor allem Vorbildcharakter besitzt.

Damit an diesem Status gerüttelt, damit sich an dieser unbehaglichen, weil vorerst unbeweglichen Situation wirklich etwas ändern könnte, müssten im Grunde neue Baezes und neue Dylans auf den Plan treten, müsste vor allem der Glaube daran, dass mit der Form des Liedprotests substantielle Veränderung möglich sein könnte, glaubhaft wiederbelebt werden. Erst im vergangenen Februar, unmittelbar nach den amerikaweiten Women's Marches als sichtbares Zeichen einer femininen bzw. sogar feministischen Trump-Opposition, hat Baez ihre Forderung nach der Schaffung von aktuellem, zeitgemäßem Liedgut bekräftigt: »Wir benötigen dringend neue Lieder für den Widerstand.« Nicht in alle Ewigkeit mag oder wird sie *We Shall Overcome, Joe Hill, There But For Fortune* oder *Deportee* intonieren – Hymnen, die ihre Schuldigkeit getan haben, deren Klassiker-Status gerade sie jahrzehntelang eindrucksvoll untermauert hat. Vielmehr wünscht sie sich auch eine innovative Gestaltung des Songwriting. »Mehr Tiefe in dem, was wir schreiben, wie wir denken und in den Liedern, die wir singen, würde unserem Leben eine bessere Qualität geben. Und damit auch das Leben anderer bereichern. Gerade in dieser Zeit, wo wir unsere Herzen an Oberflächlichkeiten hängen.«

Zugleich ist sie sich sehr wohl bewusst, dass der frühere kulturelle Kontext nicht mehr gegeben ist. Dass sich die Uhr nicht zurückdrehen lässt. »Die Sechziger waren einfach eine einzigartige Ära. Das darf man nicht vergessen. Man kann den Geist dieser Zeit nicht einfach wieder zum Leben erwecken. Das heißt aber nicht, dass Musiker heute keine politischen Songs schreiben können.« Und dass sie sich als unverbesserliche Optimistin verstehe, wie ihr gebetsmühlenartig unterstellt wird, verneint sie ebenfalls entschieden. »Die Leute sagen immer zu mir: Wo hast du bloß deinen ganzen Optimismus her? Und ich gebe zurück: optimistisch? Bin ich nie gewesen.«

***

Für bestimmte Politiker und deren Zielsetzungen, seien sie auch noch so unterstützenswert, hat sich Baez in der Vergangenheit grundsätzlich nie einsetzen mögen. Stets war sie davon überzeugt, dass Zugehörigkeit zu einem Clan oder zu einer Interessenvereinigung mit der sofortigen Aufgabe jeglicher Ideale gleichzusetzen ist, mit der Opferung des Gewissens, mit Abhängigkeit, mit dem Zwang zur Anpassung und dem Verlust von Glaubwürdigkeit. Je weiter jemand in einem Parteiapparat aufsteigt und im Politikbetrieb Fuß fasst, so betonte sie ein ums andere Mal, desto größer wird die Gefahr des Wankelmuts und der Korrumpierbarkeit. Nach ihrem Verständnis lassen sich durchgreifende gesellschaftliche Veränderungen und genuiner Fortschritt in Menschenrechtsfragen nur außerparlamentarisch oder durch fortgesetzte, hartnäckige Demonstration und Mobilisierung der Öffentlichkeit durchsetzen. Jedoch nicht in Lobbys oder gar im Establishment, wo selbst Kandidaten, die anfangs noch ehrenwerte Vorhaben verfolgen, binnen Kurzem in fremdgesteuerte Marionetten verwandelt werden. Jahrzehntelang ist sie diesem Prinzip parteipolitischer Neutralität treu geblieben. Erst im Falle des demokratischen

Präsidentschaftsanwärters Barack Obama, in dessen Persönlichkeit, Engagement und Stil sie bewundernswerte Elemente der Dynamik, des Charismas und der visionären Attitüde von Martin Luther King wiederzuerkennen glaubte, hat Baez ihre Meinung geändert und sich verschiedentlich für ihn stark gemacht – in Form von publizistischen Interventionen im Vorfeld seiner Wahl, als Sängerin beim »Inauguration Ball« im Januar 2009 und als Gastinterpretin bei einem intimen Konzert im Weißen Haus in Anwesenheit des neuen Amtsinhabers.

Inkonsequent? Ebenso wenig hat sie, nachdem Obama bereits für eine zweite Amtszeit wiedergewählt worden war, allerdings einen Hehl aus ihrer Skepsis und auch Enttäuschung über bestimmte (Fehl-)Entwicklungen und problematische Beschlüsse des Demokraten gemacht; ferner hat sie das Ausbleiben ersehnter Reformen beklagt oder Unverständnis über langwierige, nicht selten zähe Entscheidungsfindungsprozesse geäußert. Erst spät ringt sie sich zu der Erkenntnis durch, dass auch dem 44. Präsidenten der Vereinigten Staaten nur ein recht bescheidenes, fest abgestecktes Terrain für eigenmächtiges Durchgreifen zur Verfügung steht, dass auch er nur im Rahmen des »Machbaren« agieren kann, dass er sich, mehr als ihm lieb ist, kompromissfähig zeigen und dabei Kröten schlucken muss, dass ihm die politischen Gegner Knüppel zwischen die Beine werfen, aber manchmal auch Vertreter seines eigenen Lagers ihn an der zügigen, konsequenten Durchführung lobenswerter Vorhaben hindern. Immerhin ist er mit Leidenschaft bei der Sache gewesen und hat rhetorisch überzeugen können. Auch hat er versucht, ausgleichend zu wirken, Pragmatismus walten zu lassen und dabei einem erstrebenswerten Esprit der Humanität das Wort zu reden. Große Wunder sind nicht erfolgt, weil sie nicht im Bereich des Möglichen lagen. Baez teilt somit die kollektive Ernüchterung nach acht Jahren Obama, erkennt aber schließlich seine Verdienste an.

Die erschreckende Aussicht, für die nächsten vier Jahre von Donald Trump regiert zu werden, weckt jedoch augenblicklich wieder ihren Widerstandsgeist und ihre so vertraute Kampfbereitschaft. Lange bevor der US-Wahlkampf in die entscheidende Phase geht, bezieht Baez Stellung gegen den Republikaner und nimmt dabei kein Blatt vor den Mund: »Trump ist größenwahnsinnig, rassistisch, frauenverachtend«, stellt sie bereits im Sommer 2016 fest. Seinen Populismus und seine Unberechenbarkeit findet sie nachgerade beängstigend. »Er ist ein gefährlicher Mann. Andererseits: Wenn du Trump öffentlich so nennst, spielst du auf eine Weise auch sein Spiel mit. Stattdessen möchte ich deshalb lieber sagen: Lasst uns gemeinsam für diesen Mann beten. Denn seine Äußerungen zeigen: Er ist ein sehr kranker Mensch.« Auch scheut sie sich nicht, ihn als Höhlenbewohner zu bezeichnen und ihn, dies sogar mehrfach, in Verbindung mit Hitler zu bringen.

Nach der Schicksals-Wahlnacht vom November 2016, als die Demokratin Hillary Clinton sich geschlagen geben und das Feld ihrem Widersacher Trump, inzwischen Amerikas 45. Präsidenten, überlassen musste, zieht Baez erst recht alle Register des Protestes und trägt zum organisierten Widerstand gegen das neue Staatsoberhaupt bei: mit Interviews und Stellungnahmen, in denen sie ihre Zuhörer auffordert, nicht klein beizugeben, sondern sich für großangelegte Protestaktionen zu rüsten. Mit der Teilnahme an Community Action Rallies in Kalifornien, so fröhliche wie aufmüpfige Veranstaltungen, in deren Verlauf die Women's Marches wirkungsvoll flankiert werden. Mit der Widmung einer Open-Air-Darbietung von *Forever Young* an Michelle und Barack Obama, die sie sogleich mit einer Erklärung verbindet: »Wir Frauen müssen Empathie zeigen, wenn es überall an Empathie mangelt. Wir müssen Freundlichkeit an den Tag legen, gerade wenn Freundlichkeit nicht hoch im Kurs steht.« Und mit dem Tragen eines schwarzen T-Shirts in der Öffentlichkeit, das den Schriftzug »Nasty Woman« trägt, in Anspielung an Trumps Verunglimpfung seiner einstigen Konkurrentin.

Mit der Aufnahme eines frechen, mutigen neuen Songs, im April 2017, mit dem Titel *Nasty Man*, der auf YouTube sogleich von Zehntausenden angeklickt und weiterverbreitet wird, ist sie auf einmal wieder in aller Munde, erzielt große Durchschlagskraft – sie trägt ein selbstgeschriebenes Spottlied auf Präsident Trump vor, dessen Name darin selbstverständlich kein einziges Mal fällt. Joans kinderliedartige Satire handelt von einem dringend therapiebedürftigen Mann, der sich eindeutig auf dem falschen Weg befindet und dem man an seinem ziellosen Herumirren und wahllosen Handeln unbedingt hindern sollte. Von einem Mann, der neue Mauern errichten will, wo es doch viel sinnvoller wäre, bestehende einzureißen. *Nasty Man* wird innerhalb weniger Tage zum Online-Hit und »goes viral«. »Das ist kein wirklich guter Song«, räumt seine Verfasserin ein, »aber er wird die Leute zum Lachen bringen.« Und hoffentlich auch auf die Straße. Denn ihr Befund lässt keinen Zweifel zu: »Wir stehen nahe am Abgrund.« Selbst als Baez im selben Monat in die Rock and Roll Hall of Fame aufgenommen wird und ihr Kollege Jackson Browne in New York eine schöne öffentliche Würdigung ihrer Errungenschaften und Leistungen vornimmt, nutzt sie die Gunst der Stunde – sowie die uneingeschränkte Aufmerksamkeit eines wohlwollenden Publikums – zu einer Ansprache, die aufhorchen lässt und in der erneut ihre Mahnung zum Aufbegehren anklingt: Niemand solle sich mit der bestehenden Situation abfinden oder gar in Fatalismus verfallen.

Noch bei ihrer eigenen Ehrung denkt Joan Baez, anstatt sich im Scheinwerferlicht zu sonnen, also zuallererst an die Zukunft ihres Landes und an den Frieden. Ihre Dankesrede gerät einmal mehr zum Weckruf und zur Warnung. Sie redet ihren Mitbürgern ins Gewissen, gibt sich unverzagt und lässt nicht zu, dass sich Lethargie oder Resignation breitmachen. »Was in den letzten Jahren auf der Strecke geblieben ist«, bemängelt sie, »ist die Bereitschaft der Menschen, Risiken einzugehen«, echte Anstrengungen zu investieren und dabei auch das Scheitern in Kauf zu nehmen. Baez setzt der Apathie, der Routine und der so überaus gefährlichen Einlullung ihre gewohnte Umtriebigkeit entgegen, die sich – auf lange Sicht – noch immer als effizient erwiesen hat.

Im Gespräch mit dem *Rolling Stone* verleiht sie ihrer großen Besorgnis über die Schwäche und mangelnde Wirksamkeit der aktuellen Protestbewegung Ausdruck: »Es wird einfach nicht genug Druck ausgeübt. Da muss jetzt viel, viel mehr kommen. Das ist unerhört wichtig, weil wir nur so den Mut nicht verlieren werden.« Ob angesichts einer verfahrenen Lage oder einer aussichtslosen Konstellation ein Song in dieser Welt überhaupt noch etwas ausrichten könne, wurde sie vor zwei Jahren in einem anderen Interview gefragt. Baez' Antwort ist eindeutig: »Auf jeden Fall. Er kann ermutigen, für eine gewisse Erleichterung sorgen, weil man weiß, dass man mit seinen Sorgen nicht allein ist.« *Nasty Man* ist womöglich so ein Titel. »Lieder oder auch Konzerte können ein Hort der geistigen Gesundheit sein. Mir ging es nie darum, mit Liedern Menschen anzuleiten. Ich habe gehofft, dass das Leben, das ich führe, ein Beispiel sein könnte.«

***

Vom britischen Schriftsteller Aldous Huxley, dem Autor der verstörenden Dystopie *Brave New World*, stammt das bekannte und nach wie vor aktuelle, bedenkenswerte Diktum: »Wer so tut, als bringe er die Menschen zum Nachdenken, den lieben sie. Wer sie wirklich zum Nachdenken bringt, den hassen sie.« Wenn diese Behauptung zutrifft, dann muss auch Joan Baez, weit stärker als es ihre so unerschütterliche, abgeklärte Haltung vermuten und ihre ruhige, freundliche Ausstrahlung erahnen lässt, immer wieder mit Feindseligkeit, Gehässigkeit und offener Ablehnung konfrontiert worden sein. Was ihrem Ruhm und der immer größeren internationalen Anerkennung ihrer Lebensleistung keinen Abbruch tut. Die Auszeichnungen und Preisverleihungen, ihr zu Ehren, häufen sich, je älter sie wird.

Das letzte glanzvolle Event, mit dem man sie ausgiebig feierte, liegt sechs Jahre zurück. In Berlin nimmt sie im Mai 2015 den Ambassador of Conscience Award, verliehen von Amnesty International als Zeichen der Würdigung und Dankbarkeit für ihr exemplarisches »menschenrechtliches Engagement«, entgegen, und die nicht minder großartige Patti Smith, die bei den Feierlichkeiten ebenso überglücklich und überwältigt wirkt wie die Geehrte selbst, stellt in ihrer Laudatio auf Joan mit großer Emphase die besondere historische Bedeutung der Kämpferin aus Woodside in den Vordergrund: »Das 15. Jahrhundert hatte Jeanne d'Arc, wir hatten« und haben noch immer »Joan Baez«. Smith verneigt sich vor ihrer fünf Jahre älteren Schwester im Geiste, wie sie eine Freidenkerin, die sich in keine Schublade pressen lässt.

Und Baez selbst, die soeben wohl auch für ihre übliche Demut und Bescheidenheit ausgezeichnet worden ist, verneigt sich auf ihrer anschließenden Deutschland-Tournee wieder einmal vor den Klassikern ihres Repertoires. »Wenn Joan Baez, die Königin der Love & Peace-Bewegung, Hof hält, dann werden die Fans andächtig und ehrfurchtsvoll«, schwärmt die Münchner Lokalpresse. Anzunehmen, dass Baez mit ihren Songs bereits der Geschichte angehöre, sei ein großer Trugschluss. Nur selten habe Lennons naiv-optimistischer Zweizeiler »You may say I'm a dreamer / but I'm not the only one« aus *Imagine* so überzeugend und aktuell gewirkt wie in ihrer Interpretation, in der ja auch die Erfahrungen und Enttäuschungen, die Frustrationen und Hoffnungen der letzten fünfzig Jahre mitschwingen. Von »Verzauberung« und starken »kämpferischen Gesten« ist die Rede.

Noch einen Schritt weiter als Smith und die Münchner Konzertkritiker geht Baez' Kollegin und alte Freundin, die Folk-Legende Judy Collins. Ihre Hommage an Joan, formuliert anlässlich der Party zu Joans 75. Geburtstag, verbindet sie mit einer Forderung: »Schon seit längerer Zeit ist die Rede davon, dass Joan Baez einen hoch angesehenen Friedenspreis erhalten soll, den Friedensnobelpreis. Ich bin ganz und gar dafür. Mir ist kein anderer Künstler oder keine andere Künstlerin bekannt, der oder die so aktiv und aufopferungsvoll gewesen ist, der oder die sich – mit einem sozialen Bewusstsein ohnegleichen – in brisanten politischen Situationen mit solcher Hingabe engagiert und Bürgerrechtsfragen gewidmet hat. Sie ist eine erstaunliche Frau.« Jetzt, nachdem Dylan im Herbst 2016 der Literaturnobelpreis zuerkannt worden ist – eine Entscheidung, die seitdem kontrovers diskutiert wird –, wirkt Collins' berechtigte Anregung weniger vermessen, sondern plausibel. Nunmehr steigen womöglich die Chancen für eine solche

Auszeichnung. Verdient hätte Baez sie allemal – nur wer würde diesbezüglich schon eine Prognose wagen oder Wetten darauf abschließen? Man hat indessen kaum den Eindruck, dass Joan nach derlei prestigereichen Trophäen schielt, es auf Preise, Belohnungen, Orden oder Ehrendoktorwürden wirklich abgesehen hat.

Auf sie wartet, solange die Welt im Argen liegt, solange auf allen Kontinenten desaströse Konflikte schwelen, vielerorts der Völkermord wütet und solange auch die politische Gemengelage in ihrem Heimatland Anlass zu größter Sorge bereitet, einstweilen viel Arbeit. Sich aufs Altenteil zurückzuziehen, jetzt, da sich das Ende ihres achten Lebensjahrzehntes nähert, kommt für sie noch lange nicht in Frage. Die selbsterklärte »Nasty Woman« hat alle Hände voll zu tun: mit Proben für die Four Voices-Tournee, die sie und ihre musikalischen Teamgefährtinnen demnächst unter anderem nach Raleigh, Nashville, Chicago und Toronto führen wird. Mit der Werbekampagne und Welttournee für ihr neues Album, das sie *Whistle Down the Wind* genannt hat und mit den Vorarbeiten zu ihrer Vernissage in Kalifornien, wo sie erstmals ihre Gemälde ausgestellt hat. Zeit zum notwendigen Innehalten, Zeit für Selbstzweifel oder müßige Rückzugsgedanken wird da kaum bleiben. Und für Niedergeschlagenheit, Zaudern oder Verzweiflung sieht sie erst gar keinen Anlass. Zwar hat sie sich »nie Illusionen gemacht. Ich konnte schon wütend sein oder verletzt oder depressiv, in Panik – alles. Aber ich war nie desillusioniert. Denn die menschliche Rasse hat nun mal die Angewohnheit, sich schlecht aufzuführen. Wenn man das weiß, wird jeder kleine Sieg, denn man erringt, sehr wichtig.«

In dieser Aussage klingt noch einmal eine bedeutsame Zeile aus ihrem schönen, nachdenklichen und eben nicht allein auf Dylan gemünzten Song *To Bobby* an: »And we're still marching in the streets / with little victories and big defeats / but there is joy / and there is a hope, and there's a place for you.« Kleine Siege liegen erneut in greifbarer Nähe, und mit Niederlagen ist sie bislang noch immer fertig geworden.

Wir werden bald wieder von Joan Baez hören.

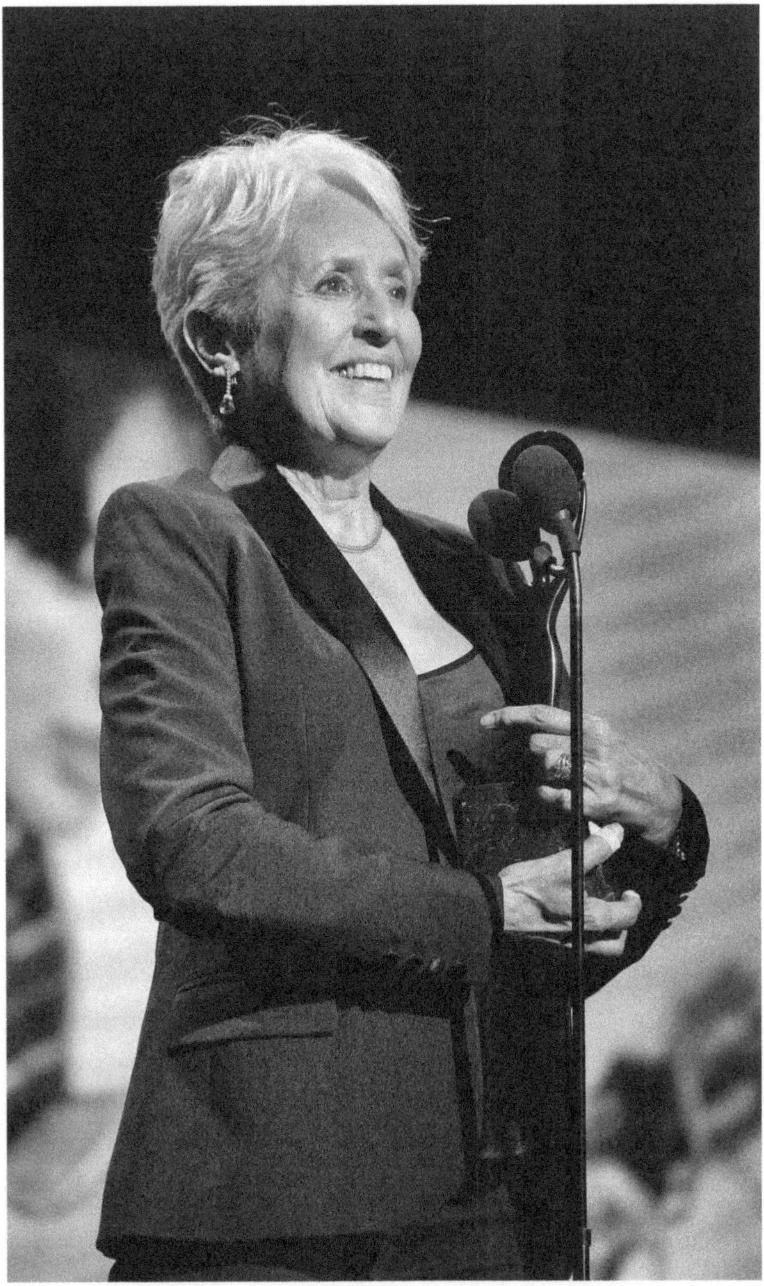

Forever young: Die 76-Jährige bei ihrer feierlichen Aufnahme in die Rock and Roll Hall of Fame, Brooklyn, April 2017.

Zeittafel

1912

14. Juli: Geburt des einflussreichen linken Singer-Songwriters und sozialkritischen Balladenautors Woody Guthrie, eine Vaterfigur bzw. ein »Übervater« des politischen Folk.

15. November: Geburt des Vaters Albert Vinicio Baez (Báez), künftiger Mathematiker, Physiker, Forscher und Erfinder von Mikroskopen, genannt »Professor Al«, »Popsy« oder »Abo«, in Puebla, Mexiko.

1913

11. April: Geburt der Mutter Joan Chandos Bridge, genannt »Big Joan«, in Edinburgh, Schottland. Schon als Kleinkind kommt sie in die USA und wächst bei zwei Stiefmüttern auf.

1914

Baez' Großvater väterlicherseits, ein Methodisten-Pastor namens Reverend Alberto Báez, zieht mit seiner Familie nach New York City. Sohn Albert wächst in einer spanischsprachigen Gemeinde in Brooklyn auf.

1919

3. Mai: Geburt des sozialkritischen Folkmusikers und Aktivisten Pete Seeger.

1923

11. März: Geburt von Ira Sandperl, Baez' Mentor und »intellektueller Landstreicher«.

1927

27. Juli: Geburt des Folkmusikers und Musikwissenschaftlers Guy Carawan.

1929

15. Januar: Geburt von Martin Luther King Jr.

1931

1. August: Geburt des Folksingers Ramblin' Jack Elliott.

1936

Heirat der Eltern von Joan Baez.

1937

28. Januar: Geburt von Carolyn Hester (Waco, Texas), die in den frühen Sechzigern zu einer vielversprechenden Folksängerin und zentralen Figur in der Folk-Szene des Greenwich Village werden sollte. Sie war von 1960–62 Richard Fariñas erste Ehefrau.

8. März: Geburt von Richard Fariña in Brooklyn, New York.

1938

4. Oktober: Geburt von Pauline Thalia, Baez' älterer Schwester (Oktober).

15. Oktober, nur wenige Tage später: Geburt von Brice Marden, renommierter bildender Künstler (Minimalist) und künftiger Ehemann von Pauline (später: Pauline Bryan). Marden und Pauline heirateten 1960 und sind die Eltern des Bassisten Nick Marden, künftiges Mitglied in der New Yorker Punkrock-Band The Stimulators. Baez nahm ihren Neffen Nick, bereits als er ein kleiner Junge war, mit auf Musikfestivals.

1939

1. Mai: Geburt von Judy Collins in Seattle.

1941

Am 9. Januar wird Joan Chandos Baez als mittlere von drei Töchtern auf Staten Island im Bundesstaat New York geboren.

20. Februar: Geburt von Buffy Sainte-Marie in der Plains Cree First Nation Reserve im kanadischen Saskatchewan.

24. Mai: Geburt von Bob Dylan in Duluth, Minnesota.

Bald darauf – Joan ist noch ein Kind – konvertieren die Baezes, zuvor Methodisten, zum Quäkertum.

1943

19. Januar: Geburt von Janis Joplin in Port Arthur, Texas.

7. November: Geburt von Joni Mitchell in Fort Macleod, Alberta/Kanada.

1945

30. April: Geburt von Margarita Mimi Baez Fariña, genannt Mimi, Joans jüngerer Schwester.

1946

Geburt von David Harris, Baez' späterem Ehemann.

1948

Lee Hays und Pete Seeger gründen, gemeinsam mit zwei anderen Sängern, das beliebte und erfolgreiche Folkquartett The Weavers im New Yorker Greenwich Village.

30. Januar: Der indische Widerstandskämpfer, Pazifist und Asket Mahatma Gandhi, geboren 1869, wird in Neu-Delhi bei einem Attentat ermordet.

1950 und davor

Ständige Umzüge, den wechselnden beruflichen Aktivitäten des Vaters für die UNESCO und Postenwechsel im Gesundheitswesen geschuldet, führen die fünfköpfige Familie quer durch die Vereinigten Staaten und Kanada. Doch die Kinder machen auch Bekanntschaft mit Europa (Frankreich, England, Spanien, Schweiz) und dem Nahen Osten.

1950–56

Albert Baez, 1950 in Physik promoviert (Stanford University) und zeitweise auch am Cornell Aeronautical Laboratory in Buffalo/New York tätig, hat eine Professorenstelle in Redlands, Kalifornien inne.

1951

Die Familie Baez, die zuvor kurzfristig u. a. schon in Menlo Park, Boston, Buffalo, Clarence Center, Paris, Istanbul und Rom beheimatet war, verbringt ein Jahr im Irak, in Bagdad. Albert Baez, vorübergehend für die UNESCO tätig, ist an der dortigen Universität für den Aufbau des physikalischen Instituts und eines Forschungslabors zuständig.

Joan liest in Bagdad *Das Tagebuch der Anne Frank* und ist davon tief beeindruckt.

Umzug nach Kalifornien.

1954

Joan wird von einer Tante (Big Joans Schwester »Tia«) und deren Lebensgefährten (»Rugger«) in ein Konzert von Pete Seeger eingeladen – Persönlichkeit und Repertoire Seegers werden zum Schlüsselerlebnis für den Teenager.

Fertigt – oftmals karikaturhafte – Zeichnungen von Familienmitgliedern und Stars an. Darüber hinaus amüsiert sie Schwestern und Freunde mit Imitationen und Parodien.

Bei ihr wird ein gutartiger Tumor entfernt.

Singt erstmals öffentlich bei einer Gemeindeversammlung im kalifornischen Saratoga.

1955

Schreibt und illustriert einen ersten autobiographischen Text mit dem Titel *What I Believe*, den sie erst 30 Jahre später wiederentdeckt.

Einer der größten Hits des Jahres, *Suddenly There's a Valley*, eingespielt von Cogi Grant, wird auch zu Joans aktuellem Lieblingssong.

1956

Erwirbt ihre erste Gitarre (eine Gibson), versucht sich – wie Schwester Pauline – auch auf der Ukulele, mitgebracht von Alberts Stanforder Kollegen Paul Kirkpatrick.

Kommt mit den Songs von Harry Belafonte in Berührung, später dann mit Aufnahmen von Marian Anderson und Odetta.

Hört im kalifornischen Asilomar erstmals eine Rede von Martin Luther King Jr. (King ist damals Vortragsgast des American Friends Service, einer für Sozialfragen zuständigen Quäker-Organisation).

Gründung der beliebten und enorm einflussreichen irischen Folkgruppe The Clancy Brothers in New York City. Ihre größten Erfolge feiern sie gemeinsam mit Tommy Makem. Ihr Label Tradition Records veröffentlicht später die ersten Solo-LPs von Carolyn Hester und Odetta.

1957

Stellt ihre Courage zum ersten Mal, noch als Schülerin der Palo Alto High School, nachdrücklich unter Beweis, als sie sich weigert, während einer Luftschutzübung, bei der ein Angriff sowjetischer Langstreckenraketen simuliert wird, das Klassenzimmer zu verlassen. Dieser frühe Akt zivilen Ungehorsams – sie erklärt die Anordnung seitens der Schulbehörden als »sinnlos« und absurd – bringt sie sogleich in die Schlagzeilen der Lokalpresse und wird somit zur Geburtsstunde einer politischen Aktivistin. Schon damals also verunglimpft man sie als missliebige Wichtigtuerin und Besserwisserin. (Mehrere Quellen nennen hierfür das Jahr 1958.)

Bei einer der Quäker-Versammlungen, denen die Baez-Töchter eher aus Pflichtgefühl beiwohnen, lernt sie Ira Sandperl kennen, der sie mit der Lehre und dem Wirken Mahatma Gandhis vertraut machen und ihr politisches Denken stark beeinflussen wird.

Das Kingston Trio feiert seinen Durchbruch im Purple Onion Club in San Francisco.

1958

Erwirbt ihren Schlussabschluss an der Palo Alto High School. Nimmt ein Demo-Album auf, dem von Plattenfirmen keine Beachtung geschenkt wird.

Umzug der Familie Baez nach Belmont in Massachusetts. Albert tritt dort eine Stelle am MIT (Massachusetts Institute of Technology) an. Pauline geht zum Studium an die Drew University in New Jersey, Mimi an die Belmont High School.

Schreibt sich an der Boston University ein, versucht sich an der dortigen Fine Arts School of Drama, bricht das Studium jedoch nach nur sechs Wochen wieder ab.

Wird zum Singen und Auftreten von Peter Robinson, einem Freund der Familie, ermuntert. Er unterstützt sie bei ihren Tastversuchen in der Folk-Szene.

Joan tummelt sich in der Coffeehouse- und Hootenanny-Szene und erkundet Lokale und Studententreffs rund um den Harvard Square, wie etwa Tulla's Coffee Grinder, das Salamander, das Café Yana, das Unicorn, den Ballad Room oder das Golden Vanity. Schaut sich von der ungefähr gleichaltigen Debbie Green Gitarrengriffe und Gesangstechniken ab. Erwirbt eine klassische Gitarre, das verbreitete Modell »Goya« des Instrumentenbauers Herman Carlson Levin. Schließt Freundschaft mit Margie Gibbons und mit dem jungen Exzentriker Geno Foreman.

Erste Auftritte im Club 47, einem Folkmusiklokal in Cambridge in der Mt. Auburn Street. Erwägt zwischenzeitlich, den Künstlernamen »Rachel Sandperl« anzunehmen oder sich einfach nur »Maria« oder »Mariah« zu nennen.

Verliebt sich in Michael New, einen älteren Jungen und Studenten der Altphilologie aus der Karibik.

1959

Tritt inzwischen regelmäßig im Club 47 auf.

Produziert sich zwei Wochen lang im Nightclub The Gate of Horn in Chicago, wo sie, obschon mit dem Rahmen und der Atmosphäre des Lokals unzufrieden, Bekanntschaft mit Bob Gibson und Odetta schließt.

Juli: Erste Teilnahme als Überraschungs-Sängerin am Newport Folk Festival vor einem enthusiastischen Massenpublikum. Auf Initiative von Bob Gibson trägt die unangekündigte Baez mit ihrem Gastgeber zwei Duette vor und avanciert, quasi über Nacht, als »barfüßige Madonna« und »Jungfrau Maria« zu einer weithin bekannten Repräsentantin des derzeit boomenden Folk Revivals. Joan ist in aller Munde.

Kompilation*-LP *Folksingers 'round Harvard Square* (Veritas). Die (Amateur-)Aufnahmen der drei jungen Folkmusiker für ein Bostoner Label waren im Keller eines Freundes entstanden. Neben Baez sind Bill Wood und Ted Alevizos zu hören.

Arbeitet für die Boston Vespa Company, wo sie Kunden im Motorroller-Fahren unterweist, und im Perkins Blindeninstitut in der Nähe von Boston, wo sie sich um bedürftige Kinder kümmert.

Manny Greenhill wird ihr Manager.

Verschiedene Konzerte und Auftritte mit John Jacob Niles, Eric von Schmidt und Pete Seeger.

1960

Schließt einen Plattenvertrag mit Vanguard Records ab, nachdem sie zuvor die weitaus attraktivere Offerte von Columbia Records und deren einflussreichem Manager-Impresario Albert Grossman zurückgewiesen hat. Insgesamt vierzehn Alben werden Vanguard und Maynard Solomon, Mitbegründer des Labels, für und mit Baez produzieren.

Die erste LP mit dem schlichten Titel *Joan Baez*, aufgenommen im Ballsaal des Manhattan Tower Hotel, erscheint folgerichtig bei Vanguard und wird gleich zu einem beachtlichen Erfolg. Sie enthält, mit *El Preso Numero Nueve*, bereits einen spanischsprachigen Titel.

Tritt wieder in Newport auf, diesmal als Solistin, und singt erstmals in New York City, im 92nd Street Y.

Zieht mit ihrem langjährigen Freund Michael New nach Kalifornien.

1961

LP *Joan Baez, Volume Two* (Vanguard).

Lernt in Gerde's Folk City (in New York) Bob Dylan kennen; die beiden begegnen sich außerdem auf einer US-Tournee, bei der Dylan im Vorprogramm von John Lee Hooker Auftritte absolviert.

Begegnet dort auch dem Folkgitarristen, Songwriter und Sänger Mark Spoelstra (1940–2007) wieder, den sie schon zu Teenagerzeiten in Kalifornien gut kannte und der wie sie einer Quäkerfamilie entstammt.

Gründung von Amnesty International in London. Baez ist aktiv mit der Gründung und Organisation der US-amerikanischen Amnesty-Abteilungen befasst.

12. Juni: Geburt von John Baez, Joans Cousin und künftiger prominenter Mathematiker und Physiker.

Vater Albert Baez unterrichtet von 1961 bis 1967 als Wissenschaftsdozent an der UNESCO in Paris.

1962

Erstes Live-Album mit dem Titel *Joan Baez in Concert* (Vanguard).

Verkündet während einer Tournee durch die Südstaaten ihre Entscheidung, ausnahmslos nur dort zu gastieren, wo keine Rassentrennung besteht – woraufhin sich ihr Radius in den USA stark verringert, da ihr somit vorübergehend lediglich die exklusiv schwarzen Universitäten als Auftrittsorte offenstehen.

Nächster großer Karriere-Höhepunkt: Baez ziert die Titelseite des *TIME Magazine* (23. November; mit einem allerdings nicht gerade schmeichelhaften Porträt – ein Ölgemälde von Russell Hoban). Auch die Coverstory ist ihr gewidmet.

1963

Weiteres Live-Album: *Joan Baez in Concert, Part Two* (Vanguard), mit einem Einführungstext von Dylan. Hierauf finden sich u. a. auch die ersten von ihr gecoverten Dylan-Songs.

Erste von bislang acht Grammy-Nominierungen, für ihr Vorjahres-Live-Album (Kategorie »Beste Folk-Einspielung«).

Tritt mit Dylan beim Monterey Folk Festival auf. Holt Dylan beim Newport Folk Festival zu sich auf die Bühne und beginnt von nun an, ihn bei ihren Tourneen systematisch zu fördern: Dylan wird dort regelmäßig Raum für Soli und Duette eingeräumt, was nicht immer auf Begeisterung bei den eingefleischten Baez-Fans stößt.

Zählt, sowohl solistisch als auch gemeinsam mit Dylan, zu den musikalisch Mitwirkenden beim legendären Civil Rights March auf Washington am 28. August. Ihr Vortrag von Guy Carawans und Pete Seegers Friedens- und Gleichheits-Hymne *We Shall Overcome,* die seither auch als Symbol der Überwindung von Rassenschranken aufgefasst wurde, gehört zu den zentralen Momenten der denkwürdigen Massendemonstration, einer Veranstaltung von historischen Dimensionen.

Setzt ihre Mitwirkung an den Shows von ABC aus, da der Sender Pete Seeger, ihren Kollegen und ihr Vorbild, mit einem Auftrittsverbot belegt hat.

12. Oktober: Gibt in der (erstmals seit einem Frank-Sinatra-Gastspiel im Jahre 1944) ausverkauften Hollywood Bowl vor 17 000 Zuhörern ein Solokonzert

Dylan schreibt *The Lonesome Death of Hattie Carroll* und *Lay Down Your Weary Tune* in Baez' Haus im kalifornischen Carmel.

Mimi Baez (erst 17-, dann 18-jährig) und Richard Fariña heiraten zweimal: zunächst heimlich in Paris, danach offiziell im Portola Valley/ Kalifornien.

1964

LP *Joan Baez in San Francisco* (Fantasy), eine nicht genehmigte Veröffentlichung ihrer Teenager-Testaufnahmen. [Später wird sie unter dem Titel *A Package of Joan Baez* vom deutschen Label Bear Records wiederveröffentlicht.]

LP *Joan Baez/5* (Vanguard), ihre fünfte und letzte Platte mit rein akustischen Einspielungen. Der Dichter, Dramatiker und Bürgerrechtler Langston Hughes, einst der Künstlerbewegung Harlem Renaissance zugehörig und Autor des bahnbrechenden Gedichts *I, too, sing America,* verfasst die Einführungstexte für die Plattenhülle.

Das illustrierte *Joan Baez Songbook,* eine veritable Bibel für Generationen von Amateurmusikern, Folkgitarristen und Baez-Fans, erscheint.

Trifft die Beatles im Red Rocks Amphitheatre bei Denver in Colorado und begleitet sie für eine Weile auf deren US-Tour.

Macht ihre Weigerung publik, einen Großteil ihrer Einkommensteuer (sechzig Prozent) zu zahlen. Sie behält ihn ein, um gegen Rüstungsausgaben und Kriegsfinanzierung zu protestieren.

Mai: Beteiligt sich an einem »Salute to President Lyndon B. Johnson« in Washington, an dem auch Mahalia Jackson und weltbekannte Filmschauspieler mitwirken, und singt dort, Auge in Auge mit dem anwesenden Staatsoberhaupt, als Protest gegen die amerikanische Verstrickung in den Vietnam-Krieg, zwei Dylan-Songs. Die Veranstaltung dient der Unterstützung der »Civil Rights«-Gesetzgebung durch die amtierende Regierung.

Publiziert im Sommer in *Sing Out!* einen offenen Brief, in dem sie das Wettrüsten und den Militarismus brandmarkt und ihren Abscheu vor jeglichen Kriegsanstrengungen zum Ausdruck bringt.

Ermutigt die Studenten in der Sproul Hall der University of California in Berkeley, ihr Free Speech Movement (angeführt vom jungen Bürgerrechtler Mario Savio) fortzusetzen.

Gibt ein Seminar zum Thema »New Folk Music« im Esalen Institute im kalifornischen Big Sur. Organisiert bis 1971 sieben Folk Festivals in Big Sur.

14. Oktober: Martin Luther King Jr. erhält den Friedensnobelpreis.

1965

LP *Farewell, Angelina.* (Vanguard)

Auf ihr interpretiert sie erstmals ein Lied in deutscher Sprache: *Sag(t) mir, wo die Blumen sind,* Max Colpets Fassung bzw. Übertragung von Pete Seegers *Where Have All the Flowers Gone?*

Ihre Interpretation von Phil Ochs' Protestsong *There But For Fortune* wird zum Single-Hit und bringt ihr ihre zweite Grammy-Nominierung ein.

Mimi und Richard Fariña legen mit *Celebrations for a Grey Day* ihr erstes von drei Vanguard-Alben vor, auf das *Reflections in a Crystal Wind* und 1968, posthum, *Memories* folgen.

April/Mai: Mit Dylan auf dessen triumphaler, für sie enttäuschender England-Tournee, in Teilen dokumentiert in D. A. Pennebakers Dokumentarfilm *Don't Look Back* – der Anfang vom Ende ihrer Beziehung; nicht zuletzt durch Dylans Weigerung, Baez in seine Bühnenshows zu integrieren oder sie dem englischen Publikum als ebenbürtige Partnerin zu präsentieren.

Trifft die Rolling Stones im Odeon Theatre in Glasgow.

Nimmt im März an den Selma-nach-Montgomery-Märschen, einem der Höhepunkte der amerikanischen Bürgerrechtsbewegung, teil, an der Seite von Martin Luther King Jr. Tritt dort beim »Stars for Freedom«-Konzert gemeinsam mit Nina Simone, Peter, Paul & Mary, Harry Belafonte, Leon Bibb, Tony Bennett und Sammy Davis Jr. auf.

September: Ist beim zweiteiligen »Sing-In for Peace« in der New Yorker Carnegie Hall zu hören.

Eröffnet, gemeinsam mit Sandperl, im Carmel Valley ihre Schule des gewaltlosen Widerstandes, das Institute for the Study of Nonviolence (später in Resource Center for Nonviolence umbenannt).

Aufgrund eines Protestes der Anwohner, die ein erhebliches Absinken der Immobilien- und Grundstückspreise durch den vermeintlich unkontrollierten Zuzug von Hippies und »Subversiven« in ihre Wohngegend befürchten, wird das Institute for the Study of Nonviolence vorübergehend geschlossen, kann aber nach einer öffentlichen Anhörung, bei der zugunsten von Baez und Sandperl entschieden wird, wieder weitermachen.

1966

LP *Noël* (Vanguard). Peter Schickele fungierte als Arrangeur dieses und der beiden darauffolgenden Alben mit deutlich »klassischerem« Gepräge – angelehnt an »E«-Musik und versehen mit entsprechender, teils historisierender Instrumentation.

Baez' erste drei Alben haben inzwischen Gold-Status erlangt.

Richard Fariña und Baez arbeiten an einem neuen, von Fariña produzierten Album; erste Songs dafür werden aufgenommen.

30. April: Unfalltod von Richard Fariña bei einer Motorradtour durch das Carmel Valley, genau am 21. Geburtstag seiner Frau Mimi und nur

wenige Tage nach der Buchpremiere seines Debütromans. Drei Monate später verunglückt auch Dylan, in der Nähe von Woodstock, mit seinem Motorrad schwer.

Baez nimmt in der Bundesrepublik am Ostermarsch Ruhr teil (an der Seite der deutschen Friedensaktivistin und Liedermacherin Fasia Jansen), beteiligt sich an einem DGB-Konzert in West-Berlin (im SFB), singt bei einer Antikriegsveranstaltung der Berliner Falken und gastiert auch in Ostberlin (April/Mai).

1. Mai: Besucht den seinerzeit verfemten, mit Auftritts- und Reiseverbot belegten Liedermacher Wolf Biermann in dessen Wohnung in Ost-Berlin, wo die beiden sich austauschen. Ferner gelingt es ihr, ihren deutschen Song-Kollegen – obschon von DDR-Offiziellen bei ihrer Veranstaltung ausdrücklich als unerwünscht erklärt – in ihr offizielles Recital im Kabarett Distel einzuschmuggeln. Der Eklat hat ein medienpolitisches Nachspiel. Baez verlässt die DDR sodann mit einer antirassistischen Biermann-Ballade im Gepäck. Außerdem werden sowohl in Ost- als auch in West-Berlin entscheidende Aussagen der Baez von Übersetzern einfach nicht übersetzt und damit unterschlagen.

September: Nimmt, an der Seite von Martin Luther King Jr., an einem Protestmarsch in Grenada im Bundesstaat Mississippi teil, wo schwarze Schulkinder am Besuch von Schulen gehindert werden und sich körperlichen Angriffen durch aufgebrachte weiße Mitbürger ausgesetzt sehen. Baez stellt sich schützend vor die Kinder.

Engagiert sich für streikende Landarbeiter in Kalifornien, solidarisiert sich mit dem Bürgerrechtler und Gewerkschaftsführer César Chávez und nimmt über Weihnachten an einer Mahnwache vor dem San Quentin State Prison teil, um gegen bevorstehende Vollstreckungen von Todesstrafen zu protestieren.

Beteiligt sich an weiteren Friedens- und Antikriegskundgebungen, insbesondere gegen den Vietnamkrieg, so z.B. an der Fifth Avenue Peace Parade, die das Fifth Avenue Vietnam Peace Parade Committee im März organisiert.

Weitere Begegnung mit den Beatles in San Francisco.

1967

LP *Joan* (Vanguard).

Wird, gemeinsam mit Big Joan und Dutzenden anderer Frauen, zweimal festgenommen (Okt./Dez.), weil sie den Zugang zum Armed Forces Induction Center im kalifornischen Oakland blockiert hat. Zwei Gefängnisaufenthalte (einmal für zehn, dann für dreißig Tage – statt 90 bzw. 45 Tage) im Santa Rita Rehabilitation Center sind die Folge. Begegnet im Umfeld dieser Aktionen dort David Harris.

Während einer Japan-Tournee werden Baez' unbequeme politische Statements von einem »offiziellen« Übersetzer – der, nach eigenen Aussagen, vom CIA dazu aufgefordert worden sein soll – bewusst falsch bzw. entstellend wiedergegeben. Später widerruft der Übersetzer seine heikle Aussage.

Zieht in Harris' Kommune nahe Stanford, in der sich Widerständler gegen den Einberufungsbefehl zusammengefunden haben.

Die Daughters of the American Revolution (D.A.R.) bewirken ein Auftrittsverbot für Baez, die in der Constitution Hall zu Washington, D.C. gastieren sollte. Daraufhin gibt sie ein Gratis-Konzert, besucht von dreißigtausend Zuhörern, vor dem Washington Monument und ruft öffentlich zum Kriegsboykott auf. Auch ihr neuer, anklagender Song, *Saigon Bride,* ein von Baez vertontes Antikriegsgedicht von Nina Dusche[c]k, rüttelt bei dieser eindrucksvollen Performance die Menge auf.

Firmiert erneut als Star und Zugpferd beim Newport Folk Festival.

Der Cartoonist Al Capp erfindet die Comic-Figur Joanie Phoanie (»unechte, heuchlerische kleine Joan«), eine im Luxus lebende Protestsängerin, die – drastisch überzeichnet – in Teilen deutlich an Baez angelehnt ist. Die Porträtierte empfindet zunehmend Unbehagen an ihrem Alter Ego und diskutiert den Comic-Strip mit Capp kontrovers: Ihr zufolge sei er nichts weiter als eine dümmliche, vulgäre Satire auf die Antikriegsbewegung.

3. Oktober: Tod von Woody Guthrie.

1968

LP *Baptism: A Journey Through Our Time* (Vanguard) – ein absolutes Novum: Gesang, Rezitation und Deklamation von literarischen (meist lyrischen) Texten mehrerer Epochen und unterschiedlicher Provenienz. Die Bandbreite reicht dabei von John Donne, Arthur Rimbaud und Walt Whitman über James Joyce, Federico García Lorca, e. e. cummings und Jacques Prévert bis zu Henry Treece, Norman Rosten sowie japanischer und walisischer Poesie.

LP *Any Day Now* (Vanguard), ein Doppelalbum, das ausschließlich aus Dylan-Covern besteht.

Beide Alben entstehen im Verlauf einer intensiven Aufnahmesession in Nashville, Tennessee.

Ihr Erinnerungs- und Prosaband *Daybreak* erscheint bei Dial Press.

Experimente mit lyrischen Formen und mit Sprechgesang zu instrumentaler Begleitung.

Enthüllungen zufolge sind Baez' Alben bereits über einen längeren Zeitraum aus den Einkaufszentren für US-amerikanische Armeeangehörige verbannt worden.

26. März: Heiratet David Harris in New York – laut einer etwas großspurigen Formulierung des *Time Magazine* handelt es sich dabei angeblich um die »wedding of the century«. Judy Collins singt während der Trauungsfeier, für die ein dezidiert »pazifistischer« Pastor gewonnen werden kann.

Harris und Baez lassen sich in den Los Altos Hills im kalifornischen Santa Clara County nieder. Beide ziehen, mit öffentlichen Lesungen und Konzerten, zum Thema Widerstand gegen die Einberufung zum Vietnamkrieg, durch Amerika.

George Harrison und Ringo Starr besuchen Baez in ihrem Haus.

März: Massaker von My Lai in Südvietnam mit über 500 zivilen Opfern.

4. April: Martin Luther King Jr. wird in Memphis, Tennessee bei einem Attentat ermordet.

September: Mimi Baez Fariña heiratet den Musikproduzenten Milan Melvin anlässlich des Big Sur Folk Festival.

Long Time Coming and a Long Time Gone, eine posthum zusammengestellte Sammlung von Texten Richard Fariña, erscheint mit einem Vorwort von Baez. Zuvor war ihre Hommage an ihn, *Child of Darkness,* deren Titel auf einen Song Fariñas anspielt, bereits 1966 in *Esquire* publiziert worden.

1969

LP *David's Album* (Vanguard).

Einige von Baez' kontroversen Aussagen zum Thema Einberufung für einen CBS-Fernsehbeitrag werden vor der Ausstrahlung zensiert bzw. herausgeschnitten.

16. August: Auftritt beim Woodstock Festival, kurz nach Mitternacht. Baez, im sechsten Monat schwanger, lässt sich vor ihrem riesigen Publikum ausführlich über die Haftbedingungen und den Hungerstreik ihres seit dem 16. Juli für drei Jahre in Gefangenschaft einsitzenden Ehemannes aus. Sie trägt, nur mit Gitarrenbegleitung oder a cappella, mehr als ein Dutzend Titel vor (darunter *Joe Hill* und *Swing Low*) und kassiert dafür eine außergewöhnlich hohe Gage von zehntausend Dollar. Direkt nach ihrem Schluss-Song *We Shall Overcome* geht, gegen zwei oder drei Uhr morgens, ein sintflutartiges Sommergewitter über dem Festival-Gelände nieder.

Dezember: Geburt ihres Sohnes Gabriel Harris, genannt Gabe.

Beteiligt sich an weiteren Protesten zur Beendigung des Vietnamkrieges, dem Moratorium to End the War in Vietnam.

Dritte Grammy-Nominierung, diesmal für ihr Album *Any Day Now.*

1970

LP *One Day At A Time* (Vanguard).

Joan schreibt und komponiert inzwischen ihre eigenen Lieder.

Kompilation früherer Aufnahmen auf der LP *The First Ten Years* (Vanguard).

LP *Joan Baez In Italy* (Vanguard, Live-Doppelalbum).

Joans Auftritt in Woodstock (zwei Nummern: *Joe Hill* und *Swing Low Sweet Chariot*) ist Bestandteil des bei Kritik und Publikum sehr erfolgreichen Dokumentarfilms *Woodstock* von Michael Wadleigh.

September: Wird auf dem Love-and-Peace-Festival auf der Ostsee-Insel Fehmarn erwartet, wo im Küstenort Flügge, unter teilweise chaotischen Bedingungen, u. a. auch Jimi Hendrix, Mungo Jerry, Frumpy und Ton Steine Scherben auftreten. Baez sagt ihre Teilnahme aber ab.

4. Oktober 1970: Tod von Janis Joplin.

1971

LP *Blessed Are …* (Vanguard, Doppelalbum).

Ihr Titel *Here's To You* (Text von Baez selbst) sowie zwei weitere Nummern (alles Teile einer größeren »Ballade«) erscheinen auf dem Soundtrack *Sacco e Vanzetti* (Ariola) zum gleichnamigen Film von Giuliano Montaldo, komponiert von Ennio Morricone. Von *Here's To You*, einem Welthit, werden allein in Frankreich rund 800 000 Singles abgesetzt.

Mitte März: Harris wird nach zwanzig Monaten Gefangenschaft vorzeitig aus der Haft entlassen.

Soundtrack *Carry It On* (Vanguard) zum gleichnamigen (Dokumentar-) Film über Baez und Harris von James Coyne und Chris Knight.

Baez' und Harris' kleiner Band *Coming Out,* ein gemeinsam verfasstes, mit Fotos illustriertes Manifest, wird veröffentlicht.

Mit dem The Band-Cover *The Night They Drove Old Dixie Down* erreicht Baez erstmals eine Spitzenposition in den amerikanischen Charts: Ihre Interpretation wird zum Top-10-Hit. Es handelt sich dabei auch um ihre einzige Gold-Single.

Schreibt und veröffentlicht den Song *The Story of Bangladesh*, später auch *The Song of Bangladesh* genannt, gehört aber nicht zu den *guest stars* des von George Harrison organisierten und eher Rock-dominierten

Benefiz-Doppelkonzertes zugunsten der Opfer des Bangladesch-Krieges im August 1971 im New Yorker Madison Square Garden.

Die Organisation Chicago Business Executives Move for Vietnam Peace ehrt Baez mit einer Auszeichnung.

Im Film *Celebration At Big Sur*, einer Dokumentation des Big Sur Folk Festivals von 1969, sind auch Joans Auftritte enthalten.

Oktober: Gibt im »Griechischen Theater« der University of California in Berkeley in Anwesenheit griechischer Prominenter wie Melina Mercouri vor zehntausend Zuhörern ein ausverkauftes, umjubeltes Konzert als Hommage an die griechische Widerstandsbewegung.

1972

LP *Come From The Shadows* (A&M).

Kompilation-LP *The Joan Baez Ballad Book* (Vanguard).

Wechselt, nach mehr als einem Jahrzehnt Treue zu ihrem bewährten Label Vanguard, zur Plattenfirma A&M (sechs Alben in vier Jahren).

Spielt zwei Songs von Peter Schickele, darunter auch den Titelsong *Rejoice in the Sun*, für den Douglas-Trumbull-Film *Silent Running* (dt.: *Lautlos im Weltraum*) ein, einem apokalyptisch-dystopischen Science-Fiction-Streifen mit beträchtlichem ökologischem Anspruch. Trumbull hatte zuvor die *special effects* von Stanley Kubricks Klassiker *2001 – Odyssee im Weltraum* kreiert.

Produziert in Nashville Jeffrey Shurtleffs Album *State Farm*, zu dem sie auch Gesangspassagen beisteuert.

Vierte Grammy-Nominierung, diesmal als »best female vocalist«.

November: Gastspiel im Gefängnis Sing Sing im Bundesstaat New York an der Seite von B. B. King, Mimi Fariña und den Voices of East Harlem. (Später dokumentiert im Film *Sing Sing Thanksgiving*.)

Engagiert sich beim Aufbau der West Coast Sektion von Amnesty International.

Wirkt bei der Organisation einer Antikriegsdemonstration in Washington, D. C. mit: Hierbei bilden über zweitausend Frauen und Kinder, einander in einer Aktion mit dem Titel »Ring around the Congress« an den Händen haltend, einen perfekten Kreis um das Kongressgebäude – und dies trotz widriger klimatischer Umstände und politischer Störungsmanöver.

Reist kurz vor Weihnachten mit einer Friedensdelegation nach Hanoi, um Pakete an amerikanische Kriegsgefangene zu übergeben und ihre Opposition zur Regierungspolitik zu bekunden. Mitten während dieser humanitären Aktion werden Baez und ihre Mitstreiter von der verheerenden

»Operation Linebacker II« überrascht, auch »Christmas Bombing« genannt. Im Verlauf dieses schweren Bombenangriffs der US Air Force verbringt sie mit einheimischen Zivilisten lebensbedrohliche Stunden in einem Bunker und singt für die Eingekerkerten: Situationen nahenden Todes, die sie mit dem Tonband festhält und im Folgejahr in einer weltweit veröffentlichten Klang-Collage aus dem Luftschutzraum publiziert.

Die erst knapp sechzehnjährige Protestsängerin und Nachwuchshoffnung Juliane Werding landet mit *Am Tag, als Conny Kramer starb,* der deutschen Fassung von *The Night They Drove Old Dixie Down,* in Deutschland sensationell einen Nummer-Eins-Hit, der sich über eine Million Mal verkauft. Auf ihren ersten beiden Alben, *In tiefer Trauer* (1972) und *Mein Name ist Juliane* (1973; beide bei Hansa), finden sich neben *Conny Kramer/The Night* noch zwei weitere Coverversionen von Baez-Titeln: *Bangladesch (Song of Bangla Desh)* sowie *Das Spiel, das man Liebe nennt (Love Song To A Stranger).*

1973

LP *Where Are You Now, My Son?* (A&M). Auf diesem Album – womöglich ihre politisch brisanteste Musikpublikation – ist gleich eine ganze Plattenseite der Dokumentation ihrer Erlebnisse in Vietnam vorbehalten.

Scheidung von Harris. Das Paar hatte sich bald nach Harris' Haftentlassung getrennt. Gabriel wächst bei beiden Elternteilen, wenngleich überwiegend bei Baez, auf.

August: Nimmt, gemeinsam mit César Chávez und dem schwarzen Bluesmusiker Taj Mahal, an der Trauerfeier für den ermordeten mexikanischen Farmarbeiter Juan de la Cruz teil.

1974

LP *Gracias a la vida – Joan Baez canta en español* (A&M). Das Album ist ihrem Vater zugeeignet und enthält ausschließlich spanische bzw. mittel- und lateinamerikanische Lieder, Hymnen und Balladen – mit Ausnahme des traditionellen katalanischen Liedes *El Rossinyol.*

Kompilation-LP *The Contemporary Ballad Book* (Vanguard).

Mimi Baez Fariña gründet Bread and Roses, eine Non-Profit-Organisation, die sich mit Geschenken, künstlerischer Ablenkung und musikalischen Shows um Insassen in Kliniken, Gefängnissen und Altersheimen kümmert.

Baez nimmt im Sommer in Washington, D. C. an der sogenannten Tiger Cage-Mahnwache teil, einer Fasten- und Protestaktion, und lässt sich dabei symbolisch in die Nachbildung eines der »Tigerkäfige«, in denen in Indochina und später Vietnam Gefangene wie Tiere festgehalten wurden, als »human waste« einsperren.

Tourt als Globetrotterin mit Konzerten auf gleich mehreren Kontinenten: Naher Osten, Nordafrika, Argentinien, Australien, Japan.

September: Wird im Anschluss an ein Konzert in Tel Aviv in der Presse kritisiert, weil sie auf der Bühne, in Gegenwart hochrangiger israelischer Politiker, zu einem wünschenswerten friedlichen Verhältnis zwischen Israelis und Palästinensern öffentlich Stellung bezogen hat – anstatt sich »nur aufs Singen« zu beschränken.

1975

Erhält den Thomas Merton Award, einen jährlich in Pittsburgh von der Friedensorganisation Thomas Merton vergebenen Preis, mit dem ein kontinuierlicher Einsatz für Soziale Gerechtigkeit gewürdigt wird.

LP *Diamonds & Rust* (A&M), eines ihrer kommerziell und künstlerisch besonders erfolgreichen Alben. Die Neuaufnahme des Titels *Dida* (in einer anderen Version bereits auf der Vorgänger-LP enthalten) präsentiert sich hier als Duo von Baez und Joni Mitchell.

Oktober 1975 bis Mai 1976: Nimmt an der ausgelassen-zirkushaften Rolling Thunder Revue von Dylan teil, mit der die beiden ehemaligen Gefährten und eine ganze Reihe prominenter Musiker und Künstler als »Karawane« durch die USA ziehen (57 Konzerte in zwei Tourneehälften).

Erhält eine Auszeichnung (Public Service Award) bei den ersten Rock Music Awards.

Auf der CBS-LP *The Earl Scruggs Revue Volume One Anniversary Special* findet sich eine kuriose Kollektiv-Version von Leonard Cohens Song *Passing Through,* strophenweise alternierend interpretiert von Baez, die hier auch Dylan wirkungsvoll karikiert, Cohen, Buffy Sainte-Marie, Ramblin' Jack Elliott und den Pointer Sisters.

März: Wirkt im Golden Gate Park von San Francisco beim S.N.A.C.K.-Benefizkonzert (»Students need athletics, culture and kicks«) als Protest gegen massive Budget-Kürzungen für schulische Freizeitaktivitäten durch die örtliche Schulbehörde mit, an der Seite von Jefferson Starship, Neil Young, Santana, den Doobie Brothers und ihrer Schwester Mimi. Dylan ist Überraschungsgast.

Wirkt im Mai an der Kundgebung »The War is Over!« im New Yorker Central Park mit, die schon im Titel auf Phil Ochs' gleichnamiges Antikriegslied von 1968 Bezug nimmt, gemeinsam mit Ochs, Pete Seeger, Paul Simon, Patti Smith, Harry Belafonte, Odetta und vielen anderen.

2. August: In Atlanta feiert man ihr zu Ehren den »Joan Baez Day«.

8. Dezember: Im New Yorker Madison Square Garden findet eine »Night of the Hurricane« mit Starbesetzung statt, angeführt von Baez, Dylan (Song *Hurricane*), Allen Ginsberg, Roberta Flack, Joni Mitchell sowie

von Muhammad Ali und Martin Luther King Jr.s Witwe Coretta. Musiker, Sportler, Aktivisten und Dichter protestieren gegen die Inhaftierung des Boxers Rubin »Hurricane« Carter.

1976

Live-Doppelalbum *From Every Stage* (A&M).

LP *Gulf Winds* (A&M), auf der erstmals ausnahmslos Eigenkompositionen zu hören sind.

Kompilation-LP *The Joan Baez Lovesong Album* (Vanguard).

Reist nach Nordirland, um dort bei einem Friedensmarsch mit den Irish Peace People zum Gewaltverzicht aufzurufen.

Versucht, indem sie mit einem massenhaft verbreiteten Rundschreiben auf die Notsituation inhaftierter tschechoslowakischer Musiker aufmerksam macht, Künstler-Kollegen und Mitarbeiter der Musikindustrie aufzurütteln.

1977

Kompilation-LP *The Best Of Joan C. Baez* (A&M).

LP *Blowin' away* (Portrait). Erneuter Wechsel des Plattenlabels.

Die britische Heavy-Metal-Band Judas Priest legt auf ihrem dritten Album *Sin After Sin* ihre Version von Baez' autobiographischem Erfolgssong *Diamonds & Rust* vor, das auch als Single-Auskopplung erscheint.

April: Baez, Mimi Fariña und Carlos Santana treten bei einem Solidar-Konzert, organisiert von Bread and Roses, für das kalifornische Soledad Prison in Salinas auf.

Auftritt im spanischen Fernsehen mit dem berühmten *No nos moverán,* womit sie sich über ein vierzig Jahre währendes Wiedergabeverbot dieser Hymne hinwegsetzt.

August: Nimmt an einer Gedenkveranstaltung an das – bis heute ungesühnte – Kent State University Massaker von Ohio teil, bei dem im Mai 1970 bei einer aufgeheizten Demonstration gegen die im April erfolgte Invasion Kambodschas durch Nixons US-Truppen vier unbewaffnete studentische Vietnamkriegsgegner von der zu Hilfe gerufenen Nationalgarde aus sicherer Entfernung willkürlich erschossen – und neun weitere schwer verletzt – wurden.

Schreibt am Silvesterabend ihren Song *For Sasha,* den sie dem deutschen Konzertveranstalter Fritz Rau zueignet. Darin setzt sie sich mit Deutschland, Heidelberg und dem Holocaust auseinander.

Trennung der Eltern Baez.

1978

Spielt in Dylans kontrovers diskutiertem, experimentellem Film-Poem *Renaldo and Clara* an der Seite von Dylans Ex-Gattin Sara Lownds [oder auch Lowndes] die »Woman in White«.

Engagiert sich bei mehreren Benefizkonzerten gegen die kalifornische Proposition 6, die sogenannte Briggs Initiative, mit der ein Lehrverbot für homosexuelle Lehrer an öffentlichen Schulen erreicht werden sollte.

Ein für Juli geplantes Konzert in Leningrad, wo sie gemeinsam mit den Beach Boys und Santana auftreten soll, wird ohne Angabe von Gründen von den sowjetischen Behörden abgesagt. Baez reist dennoch nach Moskau und trifft sich mit den Dissidenten Andrei Sacharow und Jelena Bonner.

26. August: Feiert einen unerwarteten Triumph in Ulm, wo sie im Rahmen eines Rock-Konzertes von Frank Zappa und Genesis auftritt.

27. November: Nimmt am Gedenkmarsch für Harvey Milk, den ermordeten schwulen Stadtrat und beliebten Bürgerrechtler in San Francisco, und für den ebenfalls erschossenen Bürgermeister George Moscone teil, gefolgt von einem Gratis-Konzert.

1979

LP *Honest Lullaby* (Portrait).

Kompilation-LP *The Joan Baez Country Music Album* (Vanguard).

Ihr sehr persönliches, um Zeichnungen bereichertes Songbook *And then I wrote …* erscheint.

Gründet das Humanitas International Human Rights Committee. (Bis 1992 wird sie ihm vorstehen.)

30. Mai: Prangert die fortgesetzten Menschenrechtsverletzungen der neuen sozialistischen (kommunistischen) vietnamesischen Regierung mit einem Offenen Brief an und lanciert dazu in mehreren großen US-amerikanischen Tageszeitungen eine aufsehenerregende Anzeigenkampagne.

Wird, weil sie sich damit offen gegen die Politik der kommunistischen Regierung Vietnams stellt, zur Zielscheibe von Angriffen der amerikanischen Linken – angefeindet auch von zuvor solidarischen KollegInnen wie etwa Jane Fonda.

Siebenwöchige Tournee durch mehr als zwanzig amerikanische Städte.

19. Juli: Ruft, mithilfe eines Friedens- und Gebetsmarsches zum Weißen Haus, den US-Präsidenten Jimmy Carter erfolgreich dazu auf, die Siebte Flotte der US-Marine in das Notgebiet zu entsenden und somit zur Rettung unzähliger Schiffbrüchiger beizutragen.

Reist nach Südostasien, begleitet von dem jüdischen Schriftsteller und Holocaust-Überlebenden Elie Wiesel, um sich, u. a. in thailändischen Auffanglagern, selbst ein Bild von der desolaten Lage der vietnamesischen Boat-People zu machen.

Humanitas gelingt es, in Zusammenarbeit mit einer kalifornischen Fernsehstation und Zeitung, mit dem neugegründeten Cambodia Emergency eine beträchtliche Summe an Hilfsgeldern zu mobilisieren – u. a. durch ein Konzert in Thailand für die dortigen Bootsflüchtlinge, das im amerikanischen TV übertragen wird.

Schreibt das Protestlied *Cambodia.*

1980

Baez werden, neben anderen Auszeichnungen in diesem Jahr, gleich zwei Ehrendoktorwürden verliehen (Antioch University und Rutgers University).

Februar: Reist, in Begleitung weiterer Prominenter wie Liv Ullman und Coretta King erneut nach Südostasien, um mit einer Lkw-Kolonne, von der thailändischen Grenze aus, Nahrungs- und Arzneimittel nach Kambodscha zu bringen und an einer humanitären United Nations Tagung zur gegenwärtigen dortigen Situation teilzunehmen.

Dezember: Gibt, nur zwei Wochen nach der Ermordung John Lennons vor dem Dakota Building in Manhattan, am Heiligabend ein Gratis-Konzert vor 25000 Zuhörern auf dem Vorplatz der Pariser Kathedrale Notre-Dame, das sie den Verfolgten, Kriegsopfern und Unterprivilegierten dieser Welt widmet. Dabei spannt sie den Bogen von Boris Vians Antikriegslied *Le Déserteur* über Paul Simons Klassiker *The Boxer* bis zu Lennons utopischer Vision *Imagine.* Das deutsche Weihnachtslied *Stille Nacht* trägt sie mit Unterstützung eines Kinderchors aus der Pariser Vorstadt Argenteuil vor. Beim Abschluss-Song, Dylans *Blowin' in the Wind,* wirken Orgel und Glockengeläut mit. Angesichts des enormen Aufgebotes an Polizei und Sicherheitskräften schleudert sie ihrem bewegten Publikum selbstbewusst das Bekenntnis »Ich bin eine radikale Gewaltlose!« entgegen.

Ist in den frühen 1980ern mit dem Apple-Mitgründer und Unternehmer Steve Jobs, vierzehn Jahre jünger als Baez, liiert.

1981

Lateinamerika-Reise: nach Argentinien, Brasilien, Venezuela und Chile. Baez wird mehrfach an geplanten Konzerten und Auftritten gehindert, nicht zuletzt durch Todesdrohungen. Sie trifft sich dennoch mit Journalisten und Menschenrechtlern, insbesondere mit dem Bildhauer und Bürgerrechtler Adolfo Pérez Esquivel, und begegnet in Buenos Aires sogar den Müttern der Plaza de Mayo, für die sie singt und die sie auch zu trösten versucht. In Chile gelingt es ihr dann, in einer kleinen Kirche ein nicht genehmigtes Konzert »im Geheimen« zu veranstalten – vor ca. zweihundert mutigen Zuhörern. Von dieser heiklen und gefährlichen, von Zensur und Angriffen bedrohten »Tournee« handelt der Dokumentarfilm *There But For Fortune*.

Baez reist weiter nach Nicaragua, wo sie von der sandinistischen Regierung empfangen wird und auch auftreten darf.

Juli, August, Dezember: Konzerte in Kalifornien mit den Grateful Dead und mit High Noon, einer Bay-Area-Band um den Drummer Mickey Hart. Es kommt auch zu Aufnahmesessions mit den Grateful Dead für eine gemeinsame Produktion, doch das Projekt versandet.

Big Joan engagiert sich, im Alter von 69 Jahren, als freiwillige Helferin während der Hungersnot in Somalia. Sie kümmert sich dort besonders um Frauen und Kinder.

1982

Kompilation-CD *Very Early Joan* (Vanguard). Sie enthält frühe Live-Aufnahmen aus den Jahren 1961–63.

Erhält den Lennon Peace Tribute Award.

Engagiert sich für ein Einfrieren des Atomwaffenarsenals, u. a. bei Konzerten mit Paul Simon in Boston und mit Dylan in Los Angeles.

Nimmt, gemeinsam mit Jackson Browne, an einer Totenwache zu Ehren des im März 1980 in El Salvador ermordeten Erzbischofs, Reformers und Befreiungstheologen Óscar Romero teil.

1983

LP *Live Europe '83/Children of the Eighties* (Ariola/Gamma). Dieses Album, ihr bis dato achtes mit Gold-Status, wird in Frankreich mit dem Preis der Académie Charles Cros ausgezeichnet.

15. Juli: Am Tag nach dem französischen Nationalfeiertag gibt Baez ein Gratis-Konzert auf der Pariser Place de la Concorde vor mehr als hunderttausend Zuhörern unter dem Motto »Non-Violence/Gewaltlosigkeit«. Private Begegnung mit dem französischen Präsidenten François Mitterrand und seiner Frau Danielle.

Wird mit dem französischen Verdienstorden Chevalier de la Légion d'Honneur ausgezeichnet, den sie aber erst 2011 entgegennehmen kann, überreicht vom Kulturminister Frédéric Mitterrand.

2. und 3. September: Beteiligt sich im Hamburger Fußballstadion des FC St. Pauli (Heiligengeistfeld) am Konzert der internationalen Initiative »Künstler für den Frieden«, zusammen mit Gisela May, Udo Lindenberg,

Wolf Biermann, Gianna Nannini, Franz Josef Degenhardt und Harry Belafonte.

Erste USA-Tournee seit drei Jahren.

1984

Verfügt vorläufig über keinen amerikanischen Plattenvertrag mehr.

Tritt im Woody Guthrie-Dokumentarfilm *Hard Travelin'* auf, für dessen Soundtrack sie auch einen Song beisteuert.

1985

13. Juli: Eröffnet in Philadelphia (im JFK Stadion) mit zwei Songs das US-Konzert des weltweit ausgestrahlten Live-Aid-Fundraising-Spektakels, das, maßgeblich initiiert von Bob Geldof, parallel in Großbritannien und in den Vereinigten Staaten veranstaltet wird, um akute Hungersnöte in Äthiopien anzuprangern und, in globalem Rahmen, finanzielle Zuwendungen zugunsten zahlloser afrikanischer Opfer zu ermöglichen.

August: Nimmt am Jubiläumskonzert zum 25-jährigen Bestehen des Club 47 in Boston sowie wieder einmal am Newport Folk Festival (das sechzehn Jahre lang ausgesetzt worden war) teil.

November: Besucht mit ihrer Freundin, der italienischstämmigen Menschenrechtlerin und Aktivistin Ginetta Sagan, Lech Wałęsa in Polen.

USA-, Kanada- und Australien-Tourneen.

1986

Baez beteiligt sich an der sechsteiligen US-Tournee »A Conspiracy of Hope« von Amnesty International, zusammen mit Peter Gabriel, Lou Reed, U2, Bryan Adams und Sting.

Gibt das in Island live übertragene Konzert »The People's Summit« parallel zum Gipfeltreffen der Staatschefs Roland Reagan und Michail Gorbatschow in Reykjavik, um zur Beendigung des Kalten Krieges aufzurufen.

Big Joan, Baez' Mutter, legt ihren Band *One Bowl of Porridge: Memoirs of Somalia* vor, mit einem Vorwort von Joan Jr.; drei weitere Bücher aus ihrer Feder werden folgen.

1987

Joans Autobiographie *And A Voice To Sing With* erscheint bei Summit und entwickelt sich rasch zum Bestseller.

LP *Recently* (Gold Castle).

Reise (Friedensmission) in den Nahen Osten mit Gastspielen sowohl in Israel als auch in Palästina (Gaza-Streifen).

Nimmt an Benefiz-Konzerten in der New Yorker Carnegie Hall (»Countdown '87«, um die diskreditierte US-Politik in Nicaragua bloßzustellen) und im Warfield Theatre in San Francisco (für den AIDS Emergency Fund), bei Letzterem gemeinsam mit Grateful Dead, teil.

1988

Fünfte Grammy-Nominierung, diesmal für den im Vorjahr von ihr gecoverten Johnny-Clegg-Titel *Asimbonanga*, der das Schicksal Nelson Mandelas und anderer Anti-Apartheid-Aktivisten evoziert.

Frühjahr: Deutschland-Tournee mit Konstantin Wecker und Mercedes Sosa, als Trio mit dem Namen »Three Voices«.

Die Eltern Baez veröffentlichen, in Erinnerung an ihren denkwürdigen Irak-Aufenthalt 1951, das Buch *A Year in Baghdad*.

1989

LP *Speaking Of Dreams* (Gold Castle/Virgin).

Live-Album *Diamonds & Rust In The Bullring* (Gold Castle), das ein Konzert im spanischen Bilbao aus dem Vorjahr 1988 dokumentiert.

Mai: Gibt ein Konzert vor Dissidenten in der Tschechoslowakei, das, wie Václav Havel später würdigen sollte, einen wichtigen, ja »entscheidenden« Beitrag zum Erfolg der Samtenen Revolution leistet.

Schreibt und veröffentlicht den Song *China* im Gedenken an das vom Militär verübte Massaker am Pekinger Tian'anmen Platz, mit dem die demokratisch-studentische Protestbewegung, die in einen friedlichen Aufstand mündete, von der kommunistischen chinesischen Staatsführung Anfang Juni brutal niedergeschlagen wurde.

1990

Europa- und USA-Tournee, letztere in Teilen gemeinsam mit den Indigo Girls.

1991

Kompilation-CD *Brothers In Arms* (Gold Castle).

1992

CD *Play Me Backwards* (Virgin).

Bricht zu einer Welttournee auf, die sich bis ins Folgejahr fortsetzt.

Singt bei einer Mahnwache vergeblich vor den Toren des kalifornischen Gefängnisses San Quentin State Prison, um die Hinrichtung (in der Gaskammer) des zum Tode verurteilten Kindermörders und Gewaltverbrechers Robert Alton Harris in letzter Minute zu verhindern.

1993

Sechste Grammy-Nominierung, diesmal für ihr Vorjahresalbum *Play Me Backwards* (»Beste Zeitgenössische Folk-Aufnahme«).

CD-Set *Rare, Live & Classic* (Vanguard) mit seltenen Aufnahmen aus den späten 1950ern bis in die späten 1980er, davon mehr als zwanzig bislang unveröffentlicht.

April: Reist auf Einladung von Refugees International und unterstützt von George Soros' Open Society Foundation nach Bosnien-Herzegowina und wagt sich auch ins vom Bürgerkrieg verwüstete Sarajevo, wo sie auftritt, mit einheimischen Musikern zusammentrifft und auch mitten in der Innenstadt singt. Am 14. April trägt sie mit Kollegen auf der Bühne »Srajevo ljubavi moja« vor.

Baez singt im ehemaligen Bundesgefängnis auf Alcatraz Island. Sie gibt dort 1996 ein weiteres Konzert.

1994

Engagiert sich, an der Seite von Janis Ian, bei einem Benefizkonzert für die National Gay and Lesbian Talk Force in San Francisco.

Mutter Big Joan publiziert zwei weitere Bände: Das Gefängnistagebuch *Inside Santa Rita – The Prison Memoir of a War Protester* (1994) sowie ihre Lebenserinnerungen an *My Childhood – As I Remember It* (1996).

1995

Live-Album *Ring Them Bells* (Guardian).

Gastspielserie im New Yorker Botton Line Club, zusammen mit Schwester Mimi, Mary Chapin Carpenter und den Indigo Girls (mit denen sie in Zukunft, unter dem losen Gruppennamen »Four Voices in Harmony«, viele Konzerte bestreitet), und Janis Ian.

1996

CD *Joan Baez Live At Newport* (Vanguard; historische Aufnahmen aus den Jahren 1963–65).

Ihr wird der – nach 1978 und 1979 – bereits dritte Bammy (»San Francisco Bay Area Music Award«) für herausragende Leistungen als Sängerin zuerkannt.

1997

CD *Gone From Danger* (Guardian).

Für Spike Lees Dokumentarfilm *4 Little Girls,* der sich mit dem vom Ku-Klux-Klan organisierten Bombenattentat auf eine Baptistenkirche in Alabama im September 1963 auseinandersetzt, bei dem vier afroamerikanische Mädchen ums Leben kamen, steuert Baez den Song

Birmingham Sunday bei – dabei handelt es sich um eine Hommage an die Opfer durch ihren Schwager Richard Fariña, die sie schon 1964 für ihr Album *Joan Baez/5* eingespielt hatte.

2000

Erhält in London bei den BBC2 Folk Awards den Lifetime Achievement Award.

2001

18. Juli: Tod der Schwester Mimi Fariña. Im Vorfeld sagt Baez ihre geplante Tournee durch Kanada und die USA ab, um Mimi während der Endphase ihrer schweren Krebskrankheit zur Seite stehen zu können.

Übernimmt für mehrere Spielzeiten eine Hauptrolle als »Contessa« im Vaudeville-artigen Teatro ZinZanni von San Francisco. Später ist sie dort auch als »Gypsy Calliope« zu sehen.

Vanguard bringt sämtliche Baez-Alben der Sechziger und frühen Siebziger in digital restaurierten Aufnahmen, erweitert um Bonus-Tracks, zusätzliche Illustrationen und neu verfasste Booklets, als CD-Serie heraus.

2003

CD *Dark Chords On A Big Guitar* (Koch/Sanctuary).

Konzertreihe in London mit ihr, Billy Bragg, Steve Earle und Emmylou Harris gegen den Einsatz von Landminen.

Nimmt in San Francisco als Sängerin an mehreren Protestkundgebungen gegen den Irakkrieg teil.

Ihr wird eine Auszeichnung der John Steinbeck Society zuteil.

Die klassische Gitarristin und zweifache Grammy-Preisträgerin Sharon Isbin bringt die ihr zugeeignete, siebenteilige *Joan Baez Suite* (op. 144) des englischen Komponisten und Gitarristen John W. Duarte zur Uraufführung.

Baez gehört zu den Jurymitgliedern der Independent Music Awards.

A&M bringt sämtliche Baez-Alben aus den Siebzigern in digital restaurierten Aufnahmen, wieder neu als CD-Serie heraus.

Geburt der Enkelin Jasmine.

2004

Schließt sich dem Filmemacher Michael Moore bei einer Campus-Aktion in den »swing states« an, mit der amerikanische Studenten, die bislang nicht von ihrem Wahlrecht Gebrauch gemacht haben, an die Urnen zurückgeholt werden sollen. In Moores zugehörigem Dokumentarfilm *Slacker Uprising,* der erstmals 2007 auf dem Toronto Film Festival zu sehen ist, singt Baez a cappella eine englische Fassung von Jean Sibelius' *Finlandia*.

Gibt mehrere Konzerte gemeinsam mit Steve Earle, bevor sie zu einer Europatournee aufbricht.

2005

Live-Album *Bowery Songs* (Koch), auf dem ein Konzert im New Yorker Bowery Ballroom vom November 2004 dokumentiert wird.

Gastspiel beim Hardly Strictly Bluegrass Festival im Golden Gate Park von San Francisco.

Demonstriert ihre Unterstützung für die Soldatenmutter Cindy Sheehan in Crawford, Texas und singt dort, bei einer Antikriegswache direkt an der Zufahrt zu Präsident George W. Bushs Ranch, in einem improvisierten Zelt.

Singt bei einer Mahnwache vergeblich vor den Toren des kalifornischen Gefängnisses San Quentin State Prison, um die Hinrichtung (durch eine Giftspritze) des zum Tode verurteilten mutmaßlichen Mörders und Kinderbuchautors Stanley Tookie Williams in letzter Minute zu verhindern.

In Martin Scorseses Dylan-Dokumentarfilm *No Direction Home* gibt Baez Auskunft über His Bobness.

2006

Deutschland-, England und Europa-Tournee.

Januar: Singt, Seite an Seite mit Stevie Wonder und Jesse Jackson, bei den Begräbnisfeierlichkeiten des Sängers Lou Rawls.

Mai: Lässt sich zusammen mit der Umweltaktivistin Julia »Butterfly« Hill in einen Baumriesen mitten in Los Angeles hieven und verbringt dort die Nacht, um gegen den Abriss einer innenstädtischen Farm und die Vertreibung von deren Bewohnern und Landwirten zu demonstrieren. Als Hommage an die vom Umzug bedrohten, mehrheitlich hispanophonen Betreiber der Farm singt sie mehrere ihrer bekannten spanischen Titel.

6. Juni: Tritt im Rahmen eines Bruce-Springsteen-Konzertes in San Francisco auf.

Oktober: Überraschungsgast bei der Eröffnungszeremonie der Forum 2000 Konferenz in Prag in Anwesenheit von Ex-Präsident Václav Havel, auch weiterhin ein glühender Baez-Verehrer.

2007

Februar: Bekommt den Grammy Lifetime Achievement Award zuerkannt.

20. März: Tod des Vaters. Er hatte zuvor den »Hispanic Engineer Albert Baez Award« für herausragende technische Leistungen auf dem humanitären Sektor gestiftet.

Juli: Nimmt am Freiburger Zelt-Musik-Festival ZMF teil.

Spielt *Jim Crow*, ein Duo mit John Mellencamp, für dessen Woody-Guthrie-inspiriertes Rock-Album *Freedom's Road* ein.

2008

CD *Day After Tomorrow* (Proper), produziert von Steve Earle, ihrem Songwriter-Kollegen.

Ist Gaststar des Montreux Jazz Festival – wobei es, animiert von afrikanischer Percussion-Musik, zu einer improvisierten Tanz-Einlage kommt – und des Glastonbury Festivals (Juni/Juli).

Juni: Nimmt im Londoner Hyde Park an den Feierlichkeiten zu Nelson Mandelas 90. Geburtstag teil.

Engagiert sich, erstmals in ihrem Leben, aktiv im US-amerikanischen Wahlkampf und wirbt für den demokratischen Präsidentschaftskandidaten Barack Obama. Sie schreibt zugunsten von Obama an den Herausgeber des San Francisco Chronicle und weist an anderer Stelle auf die Ähnlichkeiten zwischen Obama und Luther King Jr. hin.

2009

Soundtrack des im selben Jahr erscheinenden Baez-Dokumentarfilms *How Sweet The Sound* von Mary Wharton und Mark Spector (Razor & Tie).

Siebte Grammy-Nominierung, diesmal für ihr Vorjahresalbum *Day After Tomorrow* (»Beste Zeitgenössische Folk-Aufnahme«).

Singt im Januar, u. a. beim »Inaugural Peace Ball« in Washington, D.C. im Rahmen der Feierlichkeiten zur Amtseinführung von Präsident Obama.

Feiert den 50. Jahrestag ihres Durchbruchs beim Newport Folk Festival mit einem Jubiläums-Auftritt.

Postet eine in Teilen persischsprachige Fassung von *We Shall Overcome* auf YouTube.

Singt beim Jubiläumskonzert (90. Geburtstag) für Pete Seeger im New Yorker Madison Square Garden, zusammen mit Bruce Springsteen, Rufus Wainwright, Ben Harper, John Mellencamp u.v.a.

2010

Singt im Weißen Haus anlässlich einer »Celebration of Music from the Civil Rights Movement« im Rahmen des »Black Month« in Anwesenheit von Michelle und Barack Obama. Weitere Gäste sind u. a. Bob Dylan, Smokey Robinson und Natalie Cole; Morgan Freeman moderiert die Veranstaltung.

Ihr wird, im Verlauf ihrer Europatournee, der prestigereiche spanische Kultur-Verdienstorden (Orden de las Artes y las Letras de España) überreicht.

2011

Die Menschenrechtsorganisation Amnesty International feiert den 50. Geburtstag ihrer Gründung und verleiht fortan den Joan Baez Award. Baez selbst ist die erste Preisträgerin der nach ihr benannten Auszeichnung.

USA- und Frankreich-Tourneen.

Ihr Debüt-Album *Joan Baez* von 1960 wird in die Grammy Hall of Fame aufgenommen.

5. Oktober: Tod von Steve Jobs. Baez und Bono singen bei seiner Trauerfeier.

11. November: Baez singt bei einer Demo im Freien (Foley Square, Manhattan) am Veterans Day für die Occupy Wall Street Bewegung in New York City.

2013

13. April: Tod von Ira Sandperl.

20. April: Tod der Mutter, nur wenige Tage nach ihrem 100. Geburtstag.

Kehrt, nach über vierzig Jahren, an die Stätten des »christmas bombing« von Hanoi zurück, besucht dasselbe Hotel und denselben Luftschutzraum.

Engagiert sich, an der Seite von Jackson Browne und Emmylou Harris, bei einem Benefiz-Konzert, zugunsten der kalifornischen Organisation Downtown Streets Team, für Obdachlose.

Bringt in der *Huffington Post* eine gewisse Enttäuschung über die bislang von Obama betriebene Politik zum Ausdruck.

2014

Kompilation-CD *Diamantes* mit Live-Aufnahmen spanischer, portugiesischer und englischsprachiger Titel (Proper).

27. Januar: Tod von Pete Seeger.

März: Singt in Santiago de Chile, im Teatro Caupolicán, begleitet von Inti-Illimani, nochmals öffentlich ihren Ennio-Morricone-Klassiker *Here's to You, Nicola and Bart* und auch *No nos moverán,* beide als Hommage an alle Justizopfer dieser Welt und als Hymne einer globalen Menschenrechtsbewegung.

2015

2. Mai: Tod von Guy Carawan.

Baez wird, gemeinsam mit dem chinesischen Künstler Ai Weiwei, von Amnesty International der Ambassador of Conscience Award zuerkannt: Beide werden als »Botschafter des Gewissens« geehrt. Bei der Preisverleihung im Mai in Berlin (im Haus der Berliner Festspiele) hält Patti Smith die Laudatio auf Baez.

Die Library of Congress nimmt ihr Debütalbum *Joan Baez* von 1960 als unverzichtbaren Bestandteil der amerikanischen (Kultur-)Geschichte in das National Recording Registry auf.

Tritt im Sommer in verschiedenen deutschen Städten wie Freiburg (erneut beim ZMF-Festival), Ulm, Bonn, Hamburg und München auf. In München – beim Tollwood-Festival – und dann auch in Wien intoniert sie, zur Überraschung ihres Publikums, Konstantin Weckers Song *Wenn unsere Brüder kommen*. Baez gastiert auch beim Istanbul Jazz Festival.

August: Läuft mit Taylor Swift und Julia Roberts in Santa Clara über den Catwalk bei einer Swift-Show.

Oktober: Neuseeland-Tournee.

November: Singt bei einem Gedenkkonzert zum 100. Jahrestag des Gewerkschaftsaktivisten und Sängers Joe Hill (Joe Hill Centenary Concert) in Los Angeles ihren gleichnamigen Klassiker.

2016

Live-CD und DVD *75th Birthday Celebration* (Razor & Tie).

27. Januar: Begeht nachträglich ihren 75. Geburtstag mit einer All Star Celebration im Beacon Theatre, New York, unter Mitwirkung prominenter Gäste wie David Crosby, Damien Rice, Mary Chapin Carpenter, Emmylou Harris, Jackson Browne, Mavis Staples, den Indigo Girls, Judy Collins, Nano Stern und Paul Simon.

11. Juni: Tod der Schwester Pauline Baez Bryan.

22. Juli bis 3. August: Tritt in verschiedenen deutschen Städten wie Regensburg, Bad Brückenau, Salem, Hanau und Schwetzingen auf.

13. Oktober: Dylan erhält den Nobelpreis für Literatur.

Setzt sich bei Konzerten in ganz Nordamerika für The Innocence Project ein, einer Initiative von US-Rechtsanwälten, mit der zu Unrecht verurteilten schwarzen Häftlingen mittels DNA-Tests zur Freisprechung und damit zur Freiheit verholfen werden soll. Sie wird dabei von der Begleitband Bad Hombres unterstützt.

Äußert sich, bei einem kurzen Interview in Palo Alto, wenige Tage nach Donald Trumps Wahlsieg bei der amerikanischen Präsidentschaftswahl, besorgt über die Persönlichkeit Trumps, die sie mit einem »leeren Gefäß« gleichsetzt. Im gleichen Atemzug erwähnt sie Hitler.

2017

CD-Set *The Complete Gold Castle Masters* erscheint mit den Wiederveröffentlichungen (remastered) von *Recently, Speaking of Dreams* und *Diamonds & Rust In The Bullring*, vervollständigt um einige Bonus-Tracks.

21. Januar: Singt bei einer »Community Action Rally« im kalifornischen Redwood City, einer »familienfreundlichen, überparteiischen« Solidaritätsveranstaltung, die parallel zu den landesweiten »Women's Marches« stattfindet, direkt im Anschluss an die Amtseinführung von Donald Trump und als Protest gegen die Politik des neuen Präsidenten. Noch am selben Tag steht sie in San Francisco beim »Women's March« auf der Bühne, um den Elan der Demonstranten mit Dylans *Forever Young* neu anzufachen.

April: Stellt ein Video mit ihrem Song *Nasty Man* ins Netz, das zahllose unverhohlene Anspielungen auf den derzeitigen Amtsinhaber im Weißen Haus (»a man gone wrong«) enthält. Bereits Anfang März hat sie das ironische Schmählied, voller Verweise auf »fake news«, auf Maui in Hawaii im ausverkauften Castle Theater vorgetragen. Auf ihrem schwarzen T-Shirt, das sie bei dem Konzert auf Maui (im Rahmen eines Benefiz-Events »Sing Out of Sight« der SEVA Foundation) trug, stand der Schriftzug »Nasty Woman«.

April: Baez, mittlerweile 76, wird in die Rock and Roll Hall of Fame (Cleveland, Ohio) aufgenommen. Jackson Browne hält im Barclays Center in Brooklyn eine bewegende Laudatio auf Baez.

Juni: Nimmt in England an einer Veranstaltung der Elton John AIDS Foundation teil.

Juni: Mit den »Four Voices« auf USA- und Kanada-Tournee.

Kündigt in einem Gespräch mit dem *San Francisco Chronicle* für Ende 2017 oder 2018 die Veröffentlichung eines neuen Albums an – ihre Abschieds-CD? Der Arbeitstitel ist *Fare Thee Well.*

September/Oktober: Ausstellung ihrer Gemälde, unter dem Titel „The Mischief Makers", in der Seager/Gray Gallery im kalifornischen Mill Valley.

Auch ein neuer Dokumentarfilm über ihr Leben, diesmal von ihr selbst konzipiert, ist geplant.

2018

CD *Whistle Down the Wind* (Proper), ihr vermutlich letztes Solo-Album, produziert von Joe Henry, mit Titeln von u. a. Tom Waits, Josh Ritter, Anohni, Mary Chapin Carpenter und Zoe Mulford.

Welttournee »Fare Thee Well« mit mehr als achtzig Stationen, die sie u. a. für mehrere Wochen ins Pariser Olympia sowie in zahlreiche europäische, skandinavische, britische und amerikanische Städte führt. Acht Konzerte gibt sie allein in Deutschland.

4. Dezember: Aufnahme in die California Hall of Fame, gemeinsam mit Robert Redford.

2019

Erneute (achte) Grammy-Nominierung für *Whistle Down the Wind.*

Setzt ihre Welttournee mit fünfzig weiteren Konzerten – fünf davon in Deutschland – fort. Am 13. Februar verabschiedet sie sich im Pariser Olympia von ihren Fans; ihre endgültig letzte Station ist am 28. Mai im Teatro Real (Opernhaus) von Madrid.

Latin Grammy Lifetime Achievement Award.

2021

Feiert im Januar ihren 80. Geburtstag.

Jahresbeginn bis Februar: Ausstellung neuer Gemälde, unter dem Titel »The Mischief Makers 2«, wieder in der Seager/Gray Gallery im kalifornischen Mill Valley.

Mai: Wird (bereits 2020) mit den Kennedy Center Honors ausgezeichnet; die Verleihungszeremonie wird wegen der weltweiten Corona-Pandemie vom Vorjahres-Dezember um ein halbes Jahr verschoben.

[*Kompilation: Neu-Zusammenstellung oder Selektion bereits veröffentlichter Titel in veränderter Reihenfolge oder aus verschiedenen Alben bzw. Quellen; »Best Of«s; nach Genres geordnete Sammlungen etc. – im Gegensatz zu Original-LPs, Studio- oder Live-Alben]

Ausgewählte Literatur und Quellen

Die bisherige Baez-Literatur ist recht spärlich: Neben zwei autobiographischen Büchern und einer Materialien-Collage aus der Feder der Protagonistin selbst *(Daybreak; And A Voice to Sing With; And Then I Wrote),* vor bereits mehreren Jahrzehnten erschienen, und einer erhellenden Milieustudie der New Yorker wie Bostoner Folk-Szene zur Zeit der Anfänge von Baez, Dylan, Mimi und Richard Fariña (von David Hajdu, mit dem Titel *Positively Fourth Street)* liegt nur ein halbes Dutzend mehr oder weniger brauchbarer Untersuchungen in Buchform vor. Davon beschäftigen sich zwei knappe akademische Schriften, verfasst von Markus Jäger, mit der politischen Rolle der Baez und ihrem Doppelstatus als Sängerin und Aktivistin.

Für mein Porträt habe ich daher eine ganze Reihe von Artikeln, Essays und Reportagen, allgemeinere Studien sowie Gesamtdarstellungen zu Musik, Gesellschaft, Politik, Kriegs-Problematik und Kultur der sechziger bis neunziger Jahre in den USA ausgewertet und die wichtigsten davon hier aufgelistet. Hinzu kommen etliche Gespräche/Interviews – sowohl in Druckform als auch als Video(s) – mit Baez selbst, mit Zeitzeugen und Weggefährten. Vater Albert Baez' aufschlussreiche Erinnerungen an die Zeit in Bagdad sowie Mary Whartons verdienstvoller Baez-Dokumentarfilm *How Sweet the Sound* vervollständigen das eher skizzenhafte Bild, das wir bisher von der Sängerin besitzen, ansatzweise.

Mit dem nachstehenden Verzeichnis, gegliedert in fünf Abschnitte, möchte ich den Grundstein für eine aktuelle und umfassende Baez-Bibliographie legen.

Berücksichtigt wurden dabei auch Beiträge aus jüngster Zeit.

(Stand: Juli 2017)

Publikationen von Joan Baez

a) Bücher

Joan Baez, *Daybreak. An Autobiography.* New York (Dial Press) 1968

dt.: Joan Baez, *Tagesanbruch.* Frankfurt am Main (Zweitausendeins) 1978

Joan Baez, *And Then I Wrote …* [Songtexte, Noten, Gedichte, Zeichnungen.] New York (Big 3 Music Corporation) 1979

Joan Baez, *And A Voice to Sing With – A Memoir.* New York (Summit Books/Simon & Schuster) 1987

dt.: Joan Baez, *We Shall Overcome – Mein Leben.* Bergisch Gladbach (Lübbe) 1988

The Joan Baez Songbook. Hrsg. von Maynard Solomon, Arrangements und Einführung von Elie Siegmeister, Illustrationen von Eric von Schmidt. New York (Ryerson) 1964

David Harris & Joan Baez Harris, *Coming Out.* Mit Photographien von Bob Fitch. New York (Pocket Books) 1971

b) Artikel

Joan Baez, »I do not believe in war.« In: *Sing Out! The Folk Song Magazine,* Juli 1964, vol. 14, Nr. 3, S. 57

Joan Baez, »With God on Our Side.« In: *Liberation,* 10, August 1965, S. 35

Joan Baez, »Child of Darkness.« [Über Richard Fariña.] In: *Esquire,* September 1966; wieder abgedruckt als Vorwort von Fariñas posthum erschienener Textsammlung *Long Time Coming and a Long Time Gone.* In: New York (Random House) 1968 und New York (Dell) 1970, S. IX–XIII

»Joan Baez on Why Performers Should Speak Out.« In: *U. S. News & World Report*, 1. Oktober 1979, S. 35 f.

Joan Baez, »Did we make a difference?« In: *Humanitas Newsletter*, winter 1981, S. 1 f.

Joan Baez, »Portraits from Latin America.« In: *Humanitas Newsletter*, fall 1981, S. 4 f.

Joan Baez, »Song of Sarajevo.« In: *Washington Post*, 16. Mai 1993

Joan Baez, »Dear Yoko. Los Quatros.« [Beitrag – Brief und Zeichnung in:] *Erinnerungen an John Lennon.* Hrsg. von Yoko Ono. Berlin (Schwarzkopf & Schwarzkopf) 2005, S. 18 f.

Biographien und Monographien zu Joan Baez

Wolfgang Biederstädt, *Joan Baez.* Frankfurt am Main (S. Fischer) 1987

Fletcher Ranney DuBois, *A Troubadour as Teacher: The Concert as Classroom? Joan Baez – Advocate of Nonviolence and Motivator of the Young. A Study in the Biographical Method.* Frankfurt am Main (Haag und Herchen) 1985

Charles J. Fuss, *Joan Baez – A Bio-Bibliography.* Westport (Greenwood Press) 1996

Hedda Garza, *Hispanics Of Achievement – Joan Baez.* New York (Chelsea House) 1991

David Hajdu, *Positively 4th Street: The Lives and Times of Bob Dylan, Joan Baez, Mimi Baez Fariña and Richard Fariña.* New York (Farrar, Straus and Giroux) 2001

Jeffrey Heller, *Joan Baez – Singer With A Cause.* (People of Distinction.) o. O. (Children's Press) 1991

Markus Jäger, *Joan Baez and the Issue of Vietnam – Art and Activism versus Conventionality.* Stuttgart (ibidem) 2003

Markus Jäger, *Popular Is Not Enough – The Political Voice of Joan Baez. A Case Study in the Biographical Method.* Stuttgart (ibidem) 2010

Maritza Romero, *Joan Baez – Folk Singer for Peace.* (Great Hispanics of Our Time.) 1998

Siegfried Schmidt-Joos (Hrsg.), *Idole 1. Von Hibbing nach Ashbury Park – Bob Dylan, Joan Baez, Bruce Springsteen, Phil Ochs.* Reihe »Populäre Kultur.« Frankfurt am Main/Berlin (Ullstein) 1984. Darin: Jutta Kamke, »Joan Baez – Regenbogenkrieger«, S. 75–121

Joan Swanekamp, *Diamonds & Rust – A Bibliography and Discography on Joan Baez.* Ann Arbor (Pierian Press) 1980

Bücher zum zeit-, kultur- und musikgeschichtlichen Umfeld

Günter Amendt, *Reunion Sundown.* Frankfurt am Main (Zweitausendeins) 1985

Jules Archer, *The Incredible Sixties – The Stormy Years That Changed America.* New York (Harcourt Brace Jovanovich) 1986

Albert V. Baez & Joan Baez Sr., *A Year in Baghdad.* Santa Barbara (John Daniel) 1988

Joan Baez Sr., *One Bowl of Porridge – Memoirs of Somalia.* Vorwort von Joan Baez Jr. Santa Barbara (John Daniel) 1986

Joan Baez Sr., *Inside Santa Rita – The Prison Memoir of a War Protester.* (John Daniel) 1994

Joan Baez Sr., *My Childhood – As I Remember It.* Palo Alto (Terrace Press) 1996

Kristin Baggelaar & Donald Milton, *Folk Music – More Than a Song.* New York (Thomas Y. Crowell) 1976

James Baldwin, *Hundert Jahre Freiheit ohne Gleichberechtigung – The Fire Next Time. Eine Warnung an die Weißen.* Reinbek (Rowohlt) 1964

Ariane Barth & Tiziano Terzani, *Holocaust in Kambodscha.* Reinbek (Rowohlt) 1982

Ronald Berman, *America in the Sixties – An Intellectual History.* New York (Free Press) 1968

Wolf Biermann, *Warte nicht auf bessre Zeiten! Die Autobiographie.* Berlin (Propyläen) 2016

Theodore Bikel, *Theo – An Autobiography of Theodore Bikel.* Madison (University of Wisconsin Press) 2002

Rhoda Lois Blumberg, *Civil Rights – The 1960s Freedom Struggle.* Boston (Twayne) 1991

David Bookbinder, *What Folk Music Is All About.* New York (Julian Messner) 1979

Larry Cable, *Unholy Grail – The US and the Wars in Vietnam 1965–8.* New York (Routledge) 1991

Norman F. Cantor, *The Age of Protest – Dissent and Rebellion in the 20th Century.* New York (Hawthorn) 1969

Robert Cantwell, *When We Were Good – The Folk Revival.* Cambridge, Mass. (Harvard University Press) 1997

Ronald D. Cohen, *Rainbow Quest – The Folk Music Revival and American Society, 1940–1970. Culture, Politics, and Cold War.* Amherst (University of Massachusetts) Press 2002

Ronald D. Cohen & Will Kaufman, *Singing for Peace – Antiwar Songs in American History.* Abingdon/New York (Routledge) 2016

David Crosby & David Bender, *Stand and Be Counted – Making Music, Making History. The Dramatic Story of the Artists and Events That Changed America.* San Francisco (HarperCollins) 2000

David De Leon, *Leaders from the 1960's – A Biographical Sourcebook of American Activism.* Westport (Greenwood Press) 1994

Robin Denselow, *When The Music's Over – The Story of Political Pop.* London/Boston (Faber & Faber) 1989

Robin Denselow, *The Beat Goes On: Popmusik und Politik – Geschichte einer Hoffnung.* Reinbek (Rowohlt) 1991

Freimut Duve & Heinrich Böll & Klaus Staeck (Hrsg.), *Zuviel Pazifismus?* Reinbek (Rowohlt) 1981

Anthony Edmonds, *The War in Vietnam.* Westport (Greenwood Press) 1998

Oriana Fallaci, *Wir – Engel und Bestien. Ein Bericht aus dem Vietnamkrieg.* München (dtv) 1988

Richard Fariña, *Been Down So Long It Looks Like Up to Me.* New York (Random House) 1966

Richard Fariña, *Long Time Coming and a Long Time Gone.* New York (Random House) 1968

Benjamin Filene, *Romancing the Folk – Public Memory & American Roots Music.* Chapel Hill/London (University of North Carolina Press) 2000

Pete Fornatale, *Back to the Garden – The Story of Woodstock and How It Changed a Generation.* New York (Touchstone/Simon & Schuster) 2009

Marc Frey, *Geschichte des Vietnamkriegs. Die Tragödie in Asien und das Ende des amerikanischen Traums.* München (C. H. Beck) 2006

Bob Gibson & Caroline Bender, *I Come for to Sing.* Naperville (Kingston Korner/Folk Era) 1999

Todd Gitlin, *The Sixties – Years of Hope, Days of Rage.* Toronto (Bantam Books) 1987

Woody Guthrie, *Dies Land ist mein Land. Autobiographie.* Hamburg (Nautilus) 2001

David Harris, *Goliath.* New York (Avon) 1970

David Harris, *Dreams Die Hard – Three Men's Journey through the Sixties.* New York (St. Martin's) 1982 & San Francisco (Mercury House) 1993

Sarah Hill, *San Francisco and the Long 60s.* New York/London (Bloomsbury) 2016

Barney Hoskins, *Across the Great Divide – The Band and America.* New York (Hyperion) 1993

Walter Isaacson, *Steve Jobs. Die autorisierte Biografie des Apple-Gründers.* München (C. Bertelsmann) 2011

Karla Jay & Allen Young (Hrsg.), *Lavender Culture.* New York/London (New York University Press) 1994

Jutta Kamke, *Schule der Gewaltlosigkeit – Das Modell Palo Alto*. Hamburg (Hoffmann und Campe) 1974

Barbara J. Keys, *Reclaiming American Virtue – The Human Rights Revolution of the 1970s*. Cambridge, Mass./London (Harvard University Press) 2014

Martin Luther King Jr., *Kraft zum Lieben. Betrachtungen und Reden des Friedensnobelpreisträgers*. Konstanz (Bahn) 1964

Martin Luther King Jr., *Freiheit. Aufbruch der Neger Nordamerikas – Busstreik in Montgomery*. Kassel (Oncken) 1964

Martin Luther King, *Warum wir nicht warten können*. Wien/Düsseldorf (Econ) 1964

Wolfgang Kraushaar, *Achtundsechzig – Eine Bilanz*. Berlin (Propyläen) 2008

George Lakoff, *Don't Think of An Elephant – Know Your Values and Frame the Debate*. White River Junction, Vermont (Chelsea Green Publishing) 1990

Jefferson Lang, *American Trilogy*. New York etc. (iUniverse) 2004

Peter Laufer (Hrsg.), *Highlights of a Lowlife – The Autobiography of Milan Melvin*. Portland (Jorvik Press) 2016

Peter Levy, *The Civil Rights Movement*. Westport (Greenwood Press) 1998

Robbie Lieberman, *My Song Is My Weapon – People's Songs, American Communism, and the Politics of Culture, 1930–50*. Chicago (University of Illinois Press) 1995

Dorian Lynskey, *33 Revolutions Per Minute – A History of Protest Songs*. London (Faber & Faber) 2011

Andreas Margara, *Der Amerikanische Krieg – Erinnerungskultur in Vietnam*. Berlin (Regiospectra) 2012

Victor Maymudes & Jacob Maymudes, *Another Side of Bob Dylan – A Personal History on the Road and Off the Tracks*. New York (St. Martin's Press) 2014

Michael Nagler & Egon Spiegel, *Politik ohne Gewalt – Prinzipien, Praxis und Perspektiven der Gewaltfreiheit*. Berlin (Lit) 2008

Lucy O'Brien, *She Bop – The Definitive History of Women in Rock, Pop and Soul*. New York (Penguin) 1996

William L. O'Neill, *Coming Apart. An Informal History of America in the 1960's*. Chicago (Quadrangle) 1977

Don Paulin, *Das Folk-Music-Lexikon*. Frankfurt am Main (Fischer) 1980

Rick Perlstein, *Nixonland – The Rise of a President and the Fracturing of America*. New York (Scribner/Simon & Schuster) 2008

Bruce Pollock, *When The Music Mattered – Rock in the 1960's*. New York (Holt, Rinehart, and Winston) 1983

Fritz Rau, *50 Jahre Backstage. Erinnerungen eines Konzertveranstalters.* Heidelberg (Palmyra) 2005; insbesondere S. 87–95

Emilie Raymond, *Stars for Freedom – Hollywood, Black Celebrities, and the Civil Rights Movement.* Seattle/London (University of Washington Press) 2015

Jeffrey Record, *The Wrong War – Why We Lost in Vietnam*. Annapolis (Naval Institute Press) 1998

Carl-Ludwig Reichert, *Folk*. München (Deutscher Taschenbuch Verlag) 2008

Jerry L. Rodnitzky, *Feminist Phoenix. The Rise and Fall of a Feminist Counterculture.* Westport (Praeger) 1999

Marjorie Rosen, *Popcorn Venus – Women, Movies, and the American Dream.* New York (Avon) 1974

Jens Rosteck, *Bob Dylan – Leben, Werk, Wirkung.* Suhrkamp BasisBiographie, Band 18. Frankfurt am Main (Suhrkamp) 2006; Neuausgabe ebda. 2016; als Hörbuch: Hamburg (Hoffmann und Campe) 2007

Dietmar Rothermund, *Gandhi – Der gewaltlose Revolutionär.* München (C. H. Beck) 2016

Ira Sandperl, *A Little Kinder.* Palo Alto (Science & Behavior Books) 1974

Anthony Scaduto, *Bob Dylan – An Intimate Biography.* New York (Grosset & Dunlap) 1971

dt.: *Bob Dylan – Eine indiskrete Biographie.* Frankfurt am Main (Zweitausendeins) 1979

Eric von Schmidt & Jim Rooney, *Baby, Let Me Follow You Down – The Illustrated Story of the Cambridge Folk Years.* Amherst (University of Massachusetts Press) 1994

Günter Schneidewind, *Der Große Schneidewind. Rock- und Popgeschichten.* Tübingen (Klöpfer und Meyer) 2011

Richard Schuberth, *CrossRoots – Das Lexikon der irischen, schottischen, englischen und bretonischen Folk-Traditional und Roots-Musik.* Moers/Göttingen (Christian Ludwig/Lamuv) 2002

Bruce J. Schulman, *The Seventies – The Great Shift in American Culture, Society, and Politics.* Cambridge (Da Capo Press) 2002

Michael Schumacher, *There But For Fortune – The Life of Phil Ochs.* New York (Hyperion) 1996

Pete Seeger, *The Incomplete Folksinger.* New York (Simon & Schuster) 1972

Mona Simpson, *A Regular Guy*. New York (Knopf) 1996

Larry Ratso Sloman, *On the Road with Bob Dylan – Rolling with the Thunder*. New York (Bantam Books) 1978

David Spener, *We Shall Not Be Moved/No Nos Moverán – Biography of a Song of Struggle*. Philadelphia (Temple University Press) 2016

Diane Telgen & Jim Kamp (Hrsg.), *Notable Hispanic American Women*. Detroit/Washington/London (Gale Research) 1993

Henry David Thoreau, *Über die Pflicht zum Ungehorsam gegen den Staat* [1849] und andere Essays. Diogenes (Zürich) 2010

Richie Unterberger, *Jingle Jangle Morning – Folk-Rock in the 1960s*. e-book [Eigenverlag] 2014

Doan Van Toai & David Chanoff, *The Vietnamese Gulag*. New York (Simon & Schuster) 1986

Elijah Wald, *How The Beatles Destroyed Rock 'n' Roll – An Alternative History of American Popular Music*. Oxford (Oxford University Press) 2009, S. 226

Bettina Wegner, *Wenn meine Lieder nicht mehr stimmen*. Reinbek (Rowohlt) 1979

Aufsätze, Artikel, Reportagen und Interviews

Stu Allen, »Baez at Berkeley – Singing & Politics.« In: *The Stanford Daily*, vol. 160, no. 20, 22. Oktober 1971

Ross Altman, »Joan Baez – Nasty Woman!« In/Auf: *Folkworks*, 5. November 2016, https://folkworks.org/reviews/folkworks-concert-reviews/46273-joan-baez-nasty-woman, zuletzt abgerufen am 5. April 2017

Vicki Anderson, »Joan Baez – activist and cultural icon tours New Zealand.« In: *Stuff*, 14. Oktober 2005

Lily Armstrong, Interview mit Joan Baez: »Dylan, Steve Jobs, Dr King & me.« In/Auf: *Mojo*, 2. Juni 2014, http://www.mojo4music.com/14895/joan-baez-dylan-steve-jobs-dr-king/, zuletzt abgerufen am 4. Januar 2017

Louis Armstrong, »David Harris has forsaken protests and Baez for fellow writer Lacey Fosburgh.« In: *People*, 30. Januar 1978

Drummond Ayres Jr., »30,000 in capital at free concert by Joan Baez – Folk singer chides D.A.R., which protested U.S. site.« In: *New York Times*, 15. August 1967

Dominik Baur, Interview mit Joan Baez: »Im Gefängnis war es wunderbar.« In: *Der Spiegel*, 27. Oktober 2008

Carsten Beyer, Interview mit Joan Baez: »Wer die Welt verändern will, braucht Mut.« Auf: *Deutschlandradio Kultur*, 21. Mai 2015

Iain Blair, »The Voice of Joan Baez – Folk music's ›barefoot madonna‹ is still outspoken afer all these years. The less-than-saintly life of a woman who sings like an angel ...« In: *Chicago Tribune*, 28. Juni 1987, section 13, S. 4 f.

Knut Benzner, »Ungebrochen kämpferisch – Joan Baez wird 75.« Beitrag für *Deutschlandfunk*, »Corso«, 9. Januar 2016

Avital H. Bloch, »Peace activism and the paradox of gender values: Joan Baez and Vietnam.« In: *American Studies and Peace: Proceedings of the 25th AAAS Conference* (November 1999, Salzburg, Schloss Leopoldskron). Hrsg. von Dorothea Steiner und Thomas Harl. Frankfurt am Main (Peter Lang) 2001, S. 209–225

Avital H. Bloch, »Joan Baez: a singer and activist.« In: *Impossible to Hold: Women and Culture in the 1960's*. Hrsg. von Avital H. Bloch und Lauri Umansky. New York (New York University Press) 2005, S. 126–151

Peter Braestrup, »Joan Baez and the interpreter, or What the Japanese didn't hear.« In: *New York Times*, 21. Februar 1967

Emma Brockes, Interview mit Joan Baez. In: *The Guardian*, 24. Januar 2006

Mick Brown, Interview mit Joan Baez. In: *The Telegraph*, 15. September 2009

David Browne, »Joan Baez's fighting side – The life and times of a secret badass.« In: *Rolling Stone*, 5. April 2017

Rick Chatenever, »Maui Connections.« [Über Baez' Auftritt in Hawaii zugunsten von »Sing Out of Sight« der SEVA Foundation.] In: *The Maui News*, 7. März 2017

Randy Cordova, Interview mit »Joan Baez on Bob Dylan's Nobel Prize and when she'll give up performing.« In/Auf: *The Arizona Republic*, 26. Oktober 2016, http://www.azcentral.com/story/entertainment/music/201dani6/10/26/joan-baez-interview-bob-dylan-aging/92732656/, zuletzt abgerufen am 4. Januar 2017

Christoph Dallach & Thomas Hüetlin, »Komm sofort zurück!« [Interview mit Patti Smith über Baez, Dylan und die amerikanische Antikriegs-Bewegung.] In: *Der Spiegel*, 19. März 2007

H. P. Daniels, Interview mit Joan Baez: »Ich bin grundsätzlich eine Pessimistin.« In: *Der Tagesspiegel*, 5. April 2006

H. P. Daniels, »Joan Baez – Nötiger denn je.« In: *Der Tagesspiegel*, 9. Oktober 2008

H. P. Daniels, »Joan Baez – Der Klampf geht weiter.« In: *Der Tagesspiegel*, 8. Januar 2011

H. P. Daniels, Interview mit Joan Baez: »Von Obama enttäuscht? Ich nicht.« In: *Der Tagesspiegel*, 11. Mai 2015

Jonathan Dick, Interview mit Joan Baez: »Risk and Sacrifice – A Conversation with Joan Baez.« Auf: *Weld for Birmingham*, 18. März 2016, http://weldbham.com/blog/2016/03/18/risk-and-sacrifice-joan-baez-birmingham-interview/, zuletzt abgerufen am 4. Januar 2017

Joan Didion, »Where the kissing never stops.« In: Dies., *Slouching Towards Bethlehem*. New York (Farrar, Straus and Giroux) 1968, S. 42–60

dt.: Joan Didion, »Wo die Küsse niemals enden.« In: Dies., *Wir erzählen uns Geschichten, um zu leben*. Berlin (List) 2009, S. 84–101

Lawrence Donegan, Interview mit »Joan Baez – Singer, activist, peacenik, lover, legend.« In: *The Guardian*, 31. August 2014

Arno Frank Eser, »Joan Baez auf dem Tollwood – Woodstock lebt.« In: *Abendzeitung München*, 13. Juli 2015

Nancy Faber, »Baez slows down – new life, new songs, new causes.« [»Singing of fewer causes now.«] In: *People Weekly*, 29. April 1974, S. 54–57

Richard Fariña, »Baez and Dylan – a generation singing out.« In: *Mademoiselle*, März 1964; wieder abgedruckt u. a. in: *The American Folk Scene*, hrsg. von David A. DeTurk und A. Poulin Jr. New York (Dell) 1967, S. 253

Claude Fléouter, »Un tour du monde de l'oppression.« In: *Le Monde*, 26. Dezember 1980

Chet Flippo, »Hurricane's Night – Bob Dylan, Joan Baez, More Bring Thunder to the Garden.« In: *Rolling Stone*, 15. Januar 1976

Michael Forst, Interview mit Joan Baez: »Lasst uns für Trump beten.« In: *Frankfurter Neue Presse*, 1. Juli 2016

Michael Forst, »Augenblicke der Seligkeit – Joan Baez in Hanau.« In: *Frankfurter Neue Presse*, 29. Juli 2016

Stefan Franzen, »Leichtigkeit, Freundlichkeit und Sympathie – Joan Baez [in Freiburg].« [Rezension des Baez-Konzertes am 14. Juli 2015 beim Freiburger ZMF.] In: *Folker*, 5/2015

Inga Frenser, »Steve Jobs und die Frauen. – Was lief da mit Joan Baez?« In: *Bild*, 28. Oktober 2011

Paola Genone, Interview mit Joan Baez: »Puritaine, courageuse et diva capricieuse«. In: *L'Express*, 6. April 2006

Jane Graham, Interview mit Joan Baez: »That night changed me for ever.« In/Auf: *The Big Issue*, 18. Februar 2014, http://www.bigissue.com/features/letter-to-my-younger-self/3528/joan-baez-interview-that-night-changed-me-for-ever, zuletzt abgerufen am 4. Januar 2017

Andy Greene, »Bob Dylan's surprise, extensive new interview – 9 things we learned.« In: *Rolling Stone*, 23. März 2017

Ulrich Greiner, »Sitzen und Singen für den Frieden.« [Zur Friedens-Kundgebung in St. Pauli.] In: *Die Zeit*, 9. September 1983

Beat Grossrieder, »50 Jahre Summer of Love – Warum 1967 das wahre Achtundsechzig war.« In: *Neue Zürcher Zeitung*, 14. Januar 2017

Gerhard Henschel, »Then I am the Prussian Icarus. Jetzt schlägt's dreizehn: Dylan singt Biermann.« [Zu Baez, Biermann und Dylan; 1978 & 1984.] In: *taz*, 15. November 2003

Nat Hentoff, Interview mit Joan Baez. In: *Playboy*, Juli 1970, S. 54–62

Nat Hentoff, »On the road with Bob Dylan, Joan Baez and the Rolling Thunder Revue. – The pilgrims have landed on Kerouac's grave.« In: *Rolling Stone*, 15. Januar 1976

Barbara Hoffman, Interview mit Joan Baez: »Joan Baez's list of ex-lovers is better than yours.« In: *New York Post*, 22. Januar 2016

Peter Howell, »Joan Baez gets her apology.« In: *The Star*, 21. September 2009

Dennis Hunt, »Joan Baez rising her voice again.« In: *Los Angeles Times*, 14. Juni 1987

Allison Hunter, »An interview with David Harris.« In/Auf: www.antiwar.com, http://www.antiwar.com/orig/ahunter1.html, zuletzt abgerufen am 4. Januar 2017

Janis Ian, »Saving Joan Baez from drowning.« In: *The Advocate*, no. 657, 14. Juni 1994, S. 101

Jutta Kamke, »Song vom Frieden – Vom Pop-Song zur Pazifisten-Schule.« In: *Die Zeit*, 16. Oktober 1970

Steffi Kammerer, Interview mit Joan Baez: »Wir stehen nah am Abgrund.« In: *Stern*, 19. Juli 2004

Petra Kipphoff [Kipphos], »Fragen an ein Idol – Joan Baez in der Dachgarten-Bar des Berliner Hilton.« In: *Die Zeit*, 6. Mai 1966

Iona Kirby, »They'll never go out of style! Taylor Swift struts the catwalk with her ›heroes‹ Julia Roberts and Joan Baez on ›1989 World Tour‹.« In: *Daily Mail*, 16. August 2015

Barry Kittleson, »An overwhelming moment – Joan Baez adds hope and inspiration to a Presidential salute.« In: *Music Business*, 13. Juni 1964, S. 19

Steve Knopper, »Joan Baez talks protest in the Trump era: ›We're in for a bumpy ride.‹ - Folk legend on playing Women's March, why we need new songs of resistance.« In: *Rolling Stone*, 6. Februar 2017

Tobias Köberlein, Interview mit Joan Baez: »Sie protestieren, singen, lächeln Polizisten ins Gesicht.« In: *Die Zeit*, 23. Mai 2012

Norbert Koch-Klauke, »Wie Joan Baez und Biermann die Stasi austricksten.« In: *Berliner Kurier*, 16. November 2011

Samir H. Köck, »Ein ›Townhall Man‹ für Joan Baez.« In: *Die Presse*, 11. Juli 2012

Samir H. Köck, Interview mit Joan Baez: »Gegen den Blödsinn rebelliert.« In: *Die Presse*, 20. Juni 2015

Isolde Krapf, »Love and Peace für die Fans im Schlosspark.« In: *Main-Post*, 24. August 2016

Jacqueline Krause-Blouin, Interview mit Joan Baez: »Die Hymnen fehlen!« In: *Rolling Stone*, 27. April 2012

Ulli Kulke, »Linke versus Flüchtlinge – Schwarzhändler, Zuhälter und US-Kollaborateure.« [Zu Joan Baez' Einsatz für die vietnamesischen Boatpeople, 1979–1982.] In: *Die Welt*, 20. Juni 2015

Kurt Loder, »Joan Baez – The Rolling Stone Interview.« In: *Rolling Stone*, 14. April 1983

Johannes Löhr, Interview mit Joan Baez: »Ich bin die Stammesälteste.« In: *Merkur*, 20. Mai 2009

Andreas Margara, »Wo Joan Baez gegen US-Bomben ansang.« In: *Der Spiegel*, 18. Dezember 2016

Georg Mascolo, »Der Schmerz der Mutter.« [Baez' Unterstützung für Soldatenmutter Cindy Sheehan.] In: *Der Spiegel*, 29. August 2005

Till Mayer, »Vietnam-Trauma – Nachts, wenn die Toten zurückkommen.« In: *Der Spiegel*, 5. April 2010

Joyce Maynard, »Times have changed for Baez but the image is hard to shake.« In: *The Globe and Mail*, 9. September 1976, S. 12 f.

Patrick Merla, »Joan Baez – Carrying It On.« In: *Christopher Street*, August 1979, S. 42–55

Brett Milano, Interview mit Joan Baez: »Joan Baez looks back – and forward at career. Forever young.« In: *Boston Herald*, 4. Oktober 2016

Cahal Milmo, »Make war, not peace – [Joni] Mitchell attacks Joan ›break your legs‹ Baez.« In: *The Independent*, 18. Januar 2008

Jürgen Moises, »Stimmungsvoll – Joan Baez verzaubert die Tollwood-Musikarena.« In: *Süddeutsche Zeitung,* 13. Juli 2015

N. N., »Conscientious ›objector‹ stays at school during test.« In: *Palo Alto News,* 7. Februar 1958

N. N., »Joan Baez – folk singing: sybil with guitar.« In: Time, 23. November 1962

N. N. [L. M.], »Ein Lied für Biermann – In Ost-Berlin traf Joan Baez den verbotenen Bänkelsänger.« In: *Die Zeit,* 13. Mai 1966

N. N., »Linke – Schwafel, schwafel. Streit über jenes ferne Land, dessen Schicksal einst die Apo einte, hat Westdeutschlands Linke entzweit: Vietnam.« In: *Der Spiegel,* 24. September 1979

N. N., Artikel »Baez«. In: *The Faber Companion to 20th-Century Popular Music.* Hrsg. von Phil Hardy & Dave Laing. Faber & Faber 1990, S. 34 f.

N. N., »Folk artist Mimi Farina dies.« In: *Billboard,* 19. Juli 2001

N. N., »Folk legend Joan Baez injured after falling from a treehouse.« In: *Daily Mail,* 20. November 2010

N. N., »Freedom journey – Selma to Montgomery march in pictures.« In: *The Guardian,* 17. Dezember 2014

N. N., »Joan Baez läutet neue Protestsong-Ära ein – Joan Baez landet Online-Hit mit Protestsong gegen Donald Trump.« In: *Stern,* 7. April 2017

Aryeh Neier, »The Baez letter.« In: *The Nation,* 23. Juni 1979, S. 739 f.

Denis Niedringhaus, Interview mit Joan Baez: »Bells, bombs and alarm clocks.« In: *Parisvoice,* April 1995, http://www.parisvoice.com/-archives-97-86/345-joan-baez-paris-interview-april-1995, zuletzt abgerufen am 4. Januar 2017

Kevin O'Hare, Interview mit Joan Baez: »Memories of an amazing career.« In: *The Republican*, 27. Oktober 2011

Heinrich Oehmsen, »Aufrechter Gang mit Gitarre – Joan Baez im Stadtpark.« In: *Hamburger Abendblatt,* 29. Juli 2015

Todd Peterson, »Joan Baez plays to Texas protest crowd.« In: *People* [*People Celebrity*], 22. August 2005

John Philpin, »Joan Baez rocks Maui.« In/Auf: *Beyond Bridges,* 8. März 2017, http://beyondbridges.net/2017/03/joan-baez-rocks-maui/, zuletzt abgerufen am 5. April 2017

Mike Ragogna, »How sweet the sound – An interview with Joan Baez.« In: *The Huffington Post,* 15. Oktober 2009

Jerome L. Rodnitzky, »The decline of American Protest Music.« In: *Popular Music and Society*, I, 1971, S. 44–50

Christiane Rösinger, »Dylan zum Siebzigsten – His Bobness, die große Nervensäge.« In: *Der Spiegel*, 24. Mai 2011

Patrick Ryan, »Taylor Swift taught Joan Baez's granddaughter who she was.« In: *USA Today*, 7. April 2017

Mithu Melanie Sanyal: »Joan Baez – We Shall Overcome.« In: *Emma*, 1. April 2010

Rüdiger Schaper, »Stimmen der Freiheit – Preisverleihung der ›Ambassador of Conscience‹-Awards.« In: *Der Tagesspiegel*, 23. Mai 2015

Volker Schmidt, »Die Stimme Südamerikas ist verstummt.« [Nachruf auf Mercedes Sosa.] In: *Die Zeit*, 4. Oktober 2009

Brigitte Schokarth, Interview mit »Joan Baez in Wien: Ein Nostalgietrip.« In: *Kurier* [Wien], 11. Juli 2012

Martin Scholz, Interview mit Joan Baez: »Hashtags erleichtern nur unser Gewissen.« In: *Die Welt*, 12. Mai 2015

Harriet L. Schwartz, »Joan Baez faces fans with new sense of self.« In: *Lesbian News*, vol. 24, no. 2, September 1998, S. 26

Mark Sommer, Interview mit Joan Baez: »Joan Baez talks Trump, Dylan and staying politically active.« In: *The Buffalo News*, 22. März 2016

James Sullivan, »Recalling when a precocious Joan Baez rocked the folk world.«In: *The Boston Globe*, 6. April 2017

Laf Überland, »Musik und Politik- Ein Streifzug durch amerikanische Protestmusik.« In/Auf: *Deutschlandradio Kultur*, 12. Juli 2016, http://www.deutschlandradiokultur.de/musik-und-politik-ein-streifzug-durch-amerikanische.2177.de.html?dram:article_id=359867, zuletzt abgerufen am 13. Februar 2017

Aidin Vaziri, »Joan Baez opens up on retirement, Rock Hall induction.« In: *San Francisco Chronicle*, 1. April 2017

Johannes Waechter, Interview mit Joan Baez: »Es gibt mehr Gründe zu protestieren als je zuvor.« In: *Süddeutsche Zeitung Magazin*, Heft 19, 2015

Don Wakefield, Interview mit Joan Baez: »I'm really a square.« In: *Redbook*, Januar 1967, S. 115

Birgit Walter, »Das letzte Lied – Die Sängerin Bettina Wegner beendet ihre Karriere.« In: *Berliner Zeitung*, 27. Januar 2007

John Walsh, »Joan Baez – folk heroine.« In: *The Independent*, 19. Januar 2004

Alan Weberman & Gordon Friesen, »Joan Baez and the Bob Dylan Songs.« In: *Broadside,* 97, März 1969, S. 1 f. und 9 f.

Nigel Williamson, »The Return of Saint Joan.« In: *Herald Sun Sunday,* 19. Dezember 1999, S. 4–6

Nigel Williamson, »It ain't me, babe, it's Madame ZinZanni«. In: *The Guardian,* 27. August 2003

Steve Winn, »Now it's Countess Baez.« In: *The San Francisco Chronicle,* 12. Oktober 2001

Dokumentarfilme, Videos, Aufzeichnungen von Interviews

Interview »Day at Night« mit James Day (in San Francisco), 1974.

Interview mit Rona Barrett, 29. Januar 1981.

Dokumentar-Feature »Back from Nicaragua« von Nina Serrano und Valerie Landau, 1984.

Interview »At Home with Joan Baez«, 1990.

Interview mit Bob Costas, 1993.

Interview mit Roger Ailes, 15. Dezember 1994.

Interview mit Sir Jeremy Isaacs, BBC, »Face to Face«, 1997.

Interview für Democracy Now!, November 2002.

Interview [in Hamburg] für Signed Media, 2003.

Interview mit Tavis Smiley, 2008.

Rede von David Harris, 2009.

Interview »Une légende naturelle«, 2009.

Interview »Thé ou café« für TV-Sender France 2, Oktober 2011.

Live-Auftritt mit Kris Kristofferson bei David Letterman, 7. November 2011.

Interview mit Philippe Lefait anlässlich des »Festival de Fès des Musiques Sacrées du Monde«, 2012.

Aufzeichnung von der Preisverleihung (Baez, Harry Belafonte, Daniel Ellsberg) des »Peace Award« bei der War Resisters League (90th anniversary), 18. Oktober 2013.

Joan Baez – Rebel Icon. Extended Interview. Mit Nusrat Durrani. MTV/ Rebel Music. 2015.

Interview für craftinamerica.org, 20. November 2015.

DVD *No Direction Home – Bob Dylan* von Martin Scorsese. Paramount 2005.

DVD *Joan Baez – How Sweet the Sound* von Mary Wharton und Mark Spector. Arte/Eikon 2009.

DVD *Joan Baez – 75th Birthday Celebration* im New Yorker Beacon Theatre, Januar 2016. Razor & Tie 2016.

Diskographische Empfehlungen

Bislang liegt noch keine Gesamtausgabe aller Baez-Studioalben oder eine repräsentative Box mit z. B. den fünfzehn oder zwanzig wichtigsten CDs/LPs vor – ein Hinderungsgrund dürfte der Umstand sein, dass ihre Platten auf zu vielen verschiedenen Labels herauskamen bzw. sich in den beiden Anfangsjahrzehnten auf Vanguard und A&M verteilten. Vielleicht wird der bevorstehende 80. Geburtstag 2021 Abhilfe schaffen – wünschenswert wäre es.

An obskuren und teilweise fragwürdigen Best Of- und Greatest Hits-Zusammenstellungen gerade aus den frühen Jahren, viele davon nicht autorisiert bzw. nicht an ihre Stamm-Labels gebunden, herrscht kein Mangel, dadurch herrscht eine gewisse Unübersichtlichkeit; es empfiehlt sich jedoch die Anschaffung der Original-Studioalben. Dankenswerterweise ist die gesamte Vanguard-Serie in einer Remastered Edition greifbar, die zusätzlich zu den früheren Texten auf den Plattenhüllen auch neue, informative Liner Notes (von Arthur Levy) und zahlreiche Bonus-Tracks oder alternative Takes bietet.

Etwas problematischer ist die Situation, was die A&M-Alben, sämtlich hochrangige Aufnahmen aus der Reifephase von Baez, angeht: Hiervon sind aktuell lediglich noch *Diamonds & Rust* und *Gracias a la vida* auf Einzel-CDs zu finden; *Come From the Shadows* und *Where Are You Now, My Son?,* die in diesem Buch ausführlich besprochen werden, sind ebenso wie *Gulf Winds* einzeln nur noch als Vintage-LPs zu haben bzw. als CDs vergriffen. Vor knapp fünfzehn Jahren erschien zum Glück ein Box-Set der genannten 5 Alben auf 4 CDs, *The Complete A&M Recordings,* ebenfalls remastered und ergänzt um das Live-Album *From Every Stage;* wer hiervon ein Exemplar ergattern kann, sollte nicht zögern. Nur einen verschwindend kleinen Ausschnitt von Baez' vielseitigem Schaffen in den Sechzigern und frühen Siebzigern offerieren die offiziellen Vanguard-Sammlungen *Best of the Vanguard Years* sowie *Hits/Greatest & Others;* auch die offizielle A&M-Sammlung *The Best of Joan C. Baez,* das Äquivalent aus den Siebzigern, kann nur mit einer schmalen, repräsentativen Auswahl aufwarten. (Auf jeweils nur einer LP …) Man bekommt aber einen ersten Eindruck.

Wer sich für die »historische« Baez interessiert, ist mit den ersten vier Studio-Alben und den ersten beiden Live-Alben aus den frühen 1960ern bestens bedient. Einen Einblick in ihre frühe, ja früheste Gesangskunst gewährt die Wiederveröffentlichung von *Folksingers 'round Harvard Square:* ihre wirklich allerersten Aufnahmen vom Mai 1959 unter der Regie von Stephen Fassett (Hallmark). Auf dieser CD-Version sind allerdings nur Baez-Soli bzw. Titel mit Baez-Beteiligung enthalten. Ab *Joan Baez/5* und *Farewell, Angelina* ist praktisch jedes Album ab den Mittsechzigern empfehlenswert; hört man die LPs chronologisch, so lässt sich ihre künstlerische Entwicklung auf geradezu ideale Weise Schritt für Schritt nachvollziehen. Die Zusammenarbeit mit Peter Schickele ist auf den deutlich experimentelleren und literarisch ambitionierten, zum Teil raffiniert arrangierten Alben *Noël, Joan* und *Baptism* dokumentiert; die Folge-Alben spiegeln dann Baez' intensive »Nashville«-Periode. Von Platte zu Platte steigert sich dabei der Anteil von Eigenkompositionen. Wer Baez ausschließlich als Dylan-Interpretin erleben möchte, kommt an *Any Day Now* nicht vorbei; *David's Album* und *One Day At A Time* präsentieren uns eine Baez, die den Akzent auf intime, verhaltene Gestaltung legt, auf der Schwelle zur engagierten Sängerin. Auf dem bemerkenswerten Doppelalbum *Blessed Are ...* vollzieht sie dann, neben Cover-Versionen u.a. von The Band, den Beatles und den Rolling Stones, den Wandel zur genuinen Songwriterin.

Die bereits erwähnten sechs A&M-Alben sind, was Vielfalt, Arrangement, Originalität, Qualität der Songs und politische Brisanz angeht, eine Klasse für sich. Über die Nachfolge-LPs *Blowin' Away* und *Honest Lullaby* (beide Portrait/Epic) – weder die eine noch die andere stellen ein Werk »aus einem Guss« dar – lässt sich das nur mit Einschränkung konstatieren, zu uneinheitlich ist das künstlerische Niveau. Doch sind auch dort, wie auf den wenigen Platten aus den Achtzigern (*Recently* oder *Speaking of Dreams;* beide Gold Castle), im Detail reizvolle Entdeckungen zu machen – mithin dürften sich vor allem Fans und Sammler dafür erwärmen können. Ab *Play Me Backwards* (Virgin) aus den frühen Neunzigern beginnt eine innovative Baez-Ära, deren Resultate wieder aufhorchen lassen und die sich, rund um die Jahrtausendwende, mit dem soliden *Gone From Danger* (1997; Guardian) und dem bluesig-melancholischen *Dark Chords On A Big Guitar* (2003; Koch/Sanctuary) fortsetzt. Das von Steve Earle produzierte, überzeugende Album *Day After Tomorrow* (Proper) von 2008, mit Interpretationen u. a. von Earle selbst, Tom Waits und Elvis Costello, ist ihre bis dato vorletzte Studio-Aufnahme.

Ihre nächste, vermutlich letzte Solo-CD, *Whistle Down the Wind,* ist seit Anfang März 2018 auf dem Markt (Proper). Produziert wurde das eher stille, melancholische Album von Joe Henry. Bei den Coverversionen schlägt Baez den Bogen von Tom Waits über Antony Hegarty/Anohni, Josh Ritter und Mary Chapin Carpenter bis hin zu Zoe Mulford.

Baez entfaltet ihre vokale Suggestivkraft indessen ganz besonders bei Live-Auftritten. Beim Erwerb von gelungenen Live-Mitschnitten haben Hörer und Käufer die Qual der Wahl zwischen den beiden frühen Live-Alben von 1962 und 1963 (*In Concert;* Vanguard), dem mythischen *Live at Newport, 1963–1965* (Vanguard 1996) und *From Every Stage,* ihrer womöglich besten Konzert-Aufnahme überhaupt, vom Sommer 1975 (A&M 1976), mit je einem »akustischen« und einem »elektrischen« Set: sozusagen à la Dylan. Gewählt werden kann ferner zwischen dem lebendigen, mehrsprachig vorgetragenen und auf europäische Fans zugeschnittenen Songbook von *Live Europe '83* (Ariola/Gamma) und der Trouvaille *Diamonds & Rust In The Bullring* (Gold Castle 1988), einem schönen Dokument von einem Gastspiel im spanischen Bilbao. Meine Favoriten aus späterer Zeit sind *Ring Them Bells* (Guardian 1995) von ihrem Live-Konzert im New Yorker Bottom Line Cabaret, an dem zahlreiche Gastsänger mitwirkten, *Bowery Songs* aus dem Folgejahrzent (Koch 2005), ein Mitschnitt aus dem Bowery Ballroom in Manhattan, und selbstverständlich das brandaktuelle, liebevoll gestaltete Dreifach-Album *75th Birthday Celebration* (Razor & Tie 2016), das aus einer Doppel-CD und einer dazugehörigen DVD dieses denkwürdigen Jubiläums-Konzertes besteht. Baez' so fröhliche wie bewegende Party im Beacon Theatre am Broadway an der Upper West Side, mit ihrem großen Aufgebot an Stars und Legenden, kann hier wirklich hautnah miterlebt werden.

Das CD-Set *Rare, Live & Classic* (Vanguard 1993) besticht mit seltenen Aufnahmen aus den späten 1950ern bis in die späten 1980er; mehr als zwanzig davon waren bislang unveröffentlicht. Eine veritable Fundgrube, leider inzwischen äußerst schwer aufzutreiben. Erwähnt sei auch, dass Baez auf John Mellencamps fabelhaftem, stilistisch einheitlichem Album *Freedom's Road* (Universal Republic 2007) mit einer »special guest appearance«, beim Protestsong *Jim Crow,* zu hören ist. Darüber hinaus sind auf einer Dreifach-CD mit dem Titel *The Complete Vanguard Recordings* (2001) sämtliche Aufnahmen von Mimi und Richard Fariña zusammengestellt worden: Sie enthält neben den zwei poetischen Original-LPs (beide 1965), publiziert zu Fariñas Lebzeiten, auch das posthume, anrührende Album *Memories.* Ein lohnendes, musikalisch wertvolles Zeitdokument der Folkbewegung aus den Mittsechzigern, nicht allein für Verehrer der Baez-Schwestern oder für Nostalgiker geeignet.

Abschließend noch zwei CD-Tipps für Baez-Einsteiger: Die Dreifach-Kompilation *The Absolutely Essential Joan Baez 3 CD Collection* (Big3 2015) vereint, für Interessenten mit schmalem Budget, die Titel des Debüt-Albums *Joan Baez* (1960), des Folgealbums *Joan Baez Volume Two* (1961), des ersten Live-Albums *Joan Baez in Concert* (1962) sowie die zehn Baez-Nummern von *Folksingers 'round Harvard Square* (1959). Nichts davon ist eigens gekennzeichnet (!). Einen außergewöhnlichen und dabei repräsentativen Querschnitt durch Baez' Œuvre – mit verlässlichen Nachweisen – hält man hingegen mit dem »Soundtrack« von Mary Whartons Baez-Dokumentarfilm *How Sweet The Sound* (Razor & Tie; 2009) in den Händen: eine aufwendig gestaltete CD mit einem aufschlussreichen Booklet und nur fünfzehn, sorgfältig ausgewählten Titeln. Klein, aber fein; mit Mut zur individuellen Auswahl. Es handelt sich dabei durchweg um Raritäten – u. a. um einen Belafonte-Song von 1958, Mitschnitte aus dem Club 47 von 1959, ein Duo mit Dylan, Newport- und BBC-Takes sowie nicht zuletzt gleich vier Songs von Live-Auftritten aus der amerikanischen Provinz (2008/09.) Dieses eindrucksvolle Album sei meinen Lesern besonders ans Herz gelegt.

Zitatnachweise der Motti

S. 5: *Less Than the Song*, Hoyt Axton
S. 9: Baez in der *Zeit*, 16. Oktober 1970
S. 23: Baez, *Daybreak* dt., S. 90
S. 45: Baez als Vierzehnjährige (1955); in: Baez, *And A Voice* engl., S. 33; Übs.: JR
S. 81: Baez im Juni 1972, zitiert nach Kamke 1984; in: Schmidt-Joos 1984, S. 80
S. 127: Dylan im *Rolling Stone*, 23. März 2017
S. 136: Baez im *Spiegel*, 27. Oktober 2008
S. 169: Baez in *Die Presse*, 20. Juni 2015
S. 178: Baez im *Stern*, 19. Juli 2004
S. 200: Didion dt., S. 95
S. 222: *Daybreak* dt., S. 95
S. 251: Baez im *Rolling Stone*, 6. Februar 2017
S. 279: Baez in der *Los Angeles Times*, 14. Juni 1987

Bildnachweis

S. 2: Fotograf: Michael Ochs Archives/Kollektion: Michael Ochs Archives/Getty Images

S. 22: Fotograf: Tom Copi/Kollektion: Michael Ochs Archives/Getty Images

S. 44: Fotograf: The Estate of David Gahr/Kollektion: Premium Archive/Getty Images

S. 95: Fotograf: Bettmann/Kollektion: Bettmann/Getty Images

S. 126: Fotograf: The Estate of David Gahr/Kollektion: Premium Archive/Getty Images

S. 146: Fotograf: Stephen F. Somerstein/Kollektion: Archive Photos/Getty Images

S. 177: Fotograf: Bettmann/Kollektion: Bettmann/Getty Images

S. 201: Fotograf: The Estate of David Gahr/Kollektion: Premium Archive/Getty Images

S. 262: Fotograf: Bettmann/Kollektion: Bettmann/Getty Images

S. 298: Fotograf: Kevin Mazur/Kollektion: WireImage/Getty Images

Personenverzeichnis